高等职业教育"互联网+"新形态一体化教材

电路分析基础

主　编　王海燕　万　震
副主编　林　媚　洪广胜　赵　玲　杨善迎
参　编　张建国　张海军　柴　华　刁振宝

机械工业出版社

本书包含 5 个项目：直流电路分析应用、单相交流电路的应用、三相交流电路的应用、暂态电路的分析应用、互感耦合电路的应用。本书内容丰富、易懂，具有较强的实用性，同时具有较强的系统性，可以适应高等职业教育相关专业的教学需求。

本书在每个学习任务后都配有视野拓展和巩固思考，每个项目后都有拓展训练，可以帮助学生及时复习和巩固所学知识。

本书可作为高等职业教育装备制造大类、交通运输大类、电子与信息大类、能源动力与材料大类专业的教材，也可作为其他相关专业的教学用书，还可作为相关专业工程技术人员的参考用书。

为方便教学，本书配有电子课件、模拟试卷及答案等，凡选用本书作为教材的教师，均可来电（010-88379375）索取或登录机械工业出版社教育服务网（www.cmpedu.com）注册下载。

图书在版编目（CIP）数据

电路分析基础 / 王海燕，万震主编 . -- 北京：机械工业出版社，2025.8. --（高等职业教育"互联网+"新形态一体化教材）. -- ISBN 978-7-111-78845-4

Ⅰ. TM133

中国国家版本馆 CIP 数据核字第 2025G07P94 号

机械工业出版社（北京市百万庄大街 22 号　邮政编码 100037）
策划编辑：王宗锋　　　　　责任编辑：王宗锋　郭　维
责任校对：潘　蕊　李　杉　封面设计：马若濛
责任印制：刘　媛
北京富资园科技发展有限公司印刷
2025 年 9 月第 1 版第 1 次印刷
184mm×260mm ・ 16.5 印张 ・ 419 千字
标准书号：ISBN 978-7-111-78845-4
定价：49.00 元

电话服务　　　　　　　　　网络服务
客服电话：010-88361066　　机 工 官 网：www.cmpbook.com
　　　　　010-88379833　　机 工 官 博：weibo.com/cmp1952
　　　　　010-68326294　　金　书　网：www.golden-book.com
封底无防伪标均为盗版　机工教育服务网：www.cmpedu.com

前　言

本书在编写时遵循"以应用为目的，以必需够用为度"的原则，精选内容，注重应用，并且注重内容结构的合理性和系统性。

"电路分析"是高等职业教育电气工程及自动化等专业开设的专业基础课程。随着电路理论的不断发展，以及新的学科领域和分支的相继涌现，相关专业的知识结构和学时也发生了变化。以"满足社会、贴近实际、贴近学生"为前提、以"理论和实践相融合"为宗旨，编者与行业内的企业合作，编写了这本具有工学结合特色的《电路分析基础》。

本书以电路分析的基本知识、基本技能为出发点，选取适当的项目和任务，借助系列实践活动，让学生比较系统地掌握电路分析中的基本知识、基本理论和基本分析方法，并掌握各种仪器、仪表和电工常用工具等的使用方法。本书内容按项目导读、学习目标、案例引入、知识链接、任务实施、视野拓展、巩固思考和拓展训练等环节展开，理论知识的介绍以简明、扼要为特点，让学生在掌握基本理论知识的基础上，具备一定的电路分析能力，其他知识则安排在视野拓展部分，学生可查阅资料自学。书中标有"*"的部分为选学内容，可根据教学实际酌情取舍。

本书由王海燕、万震任主编，林媚、洪广胜、赵玲、杨善迎任副主编，参加编写的还有张建国、张海军、柴华、刁振宝。其中，项目1主要由万震编写；项目2、3主要由林媚、洪广胜编写；项目4主要由赵玲编写；项目5主要由王海燕编写；杨善迎、张建国、张海军、柴华、刁振宝参与了部分内容的编写和教学资源的制作。

由于编者水平有限，书中不足之处在所难免，恳请广大读者批评指正。

编　者

二维码清单

名称	图形	页码	名称	图形	页码
欧姆定律		15	交流电路中的电容		82
基尔霍夫电流定律		26	交流电路中的阻抗		91
基尔霍夫电压定律		28	三相电源的连接		144
支路电流法		34	三相负载的连接		151
叠加定理		43	动态电路的三要素法		193
戴维南定理		50	微分电路的分析		206
交流电路中的电阻		78	积分电路的分析		206
交流电路中的电感		80	变压器的结构		230

目　录

前言

二维码清单

项目1　直流电路分析应用 ··· 1
　　任务1.1　认识电路基本物理量 ·· 1
　　任务1.2　探究欧姆定律 ·· 14
　　任务1.3　探究基尔霍夫定律 ·· 25
　　任务1.4　探究支路电流法 ·· 33
　　任务1.5　探究叠加定理 ·· 43
　　任务1.6　探究戴维南定理 ·· 49
　　项目小结 ··· 57
　　拓展训练1 ··· 58

项目2　单相交流电路的应用 ··· 61
　　任务2.1　学会表达正弦量 ·· 61
　　任务2.2　单一参数交流电路分析 ·· 77
　　任务2.3　单相交流电路的分析 ·· 90
　　*任务2.4　谐振电路分析应用 ·· 107
　　任务2.5　单相交流电路功率分析 ·· 114
　　*任务2.6　交流电路的功率因数分析 ·· 123
　　项目小结 ··· 131
　　拓展训练2 ··· 131

项目3　三相交流电路的应用 ··· 134
　　任务3.1　初识三相交流电 ·· 134
　　任务3.2　三相电源的连接 ·· 143
　　任务3.3　三相负载星形联结 ·· 150
　　任务3.4　三相负载三角形联结 ·· 159
　　任务3.5　探究三相交流电路功率 ·· 165
　　项目小结 ··· 176
　　拓展训练3 ··· 176

项目 4　暂态电路的分析应用 · 178

　任务 4.1　储能元件与换路分析 · 178

　任务 4.2　一阶线性电路三要素法的分析与应用 · 193

　任务 4.3　微分、积分电路分析与应用 · 205

　项目小结 · 215

　拓展训练 4 · 216

项目 5　互感耦合电路的应用 · 219

　任务 5.1　磁路与磁性材料分析 · 219

　任务 5.2　认识单相变压器 · 229

　任务 5.3　认识三相变压器 · 242

　项目小结 · 255

　拓展训练 5 · 256

参考文献 · 258

项目 1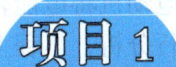
直流电路分析应用

 项目导读

在激励和响应的形式不同时,电路基本定律、定理与分析方法的应用原理依然相同,只是应用形式不同而已。本项目以直流电路为例,学习电路基本物理量、电路元件特性等基本概念,探究欧姆定律、基尔霍夫定律、叠加定理、戴维南定理等电路基本定律和定理,并学习电路设计与安装的基本规则、方法等。本项目以直流电路为例,以欧姆定律和基尔霍夫定律为基础,探究几种不同的电路分析方法。

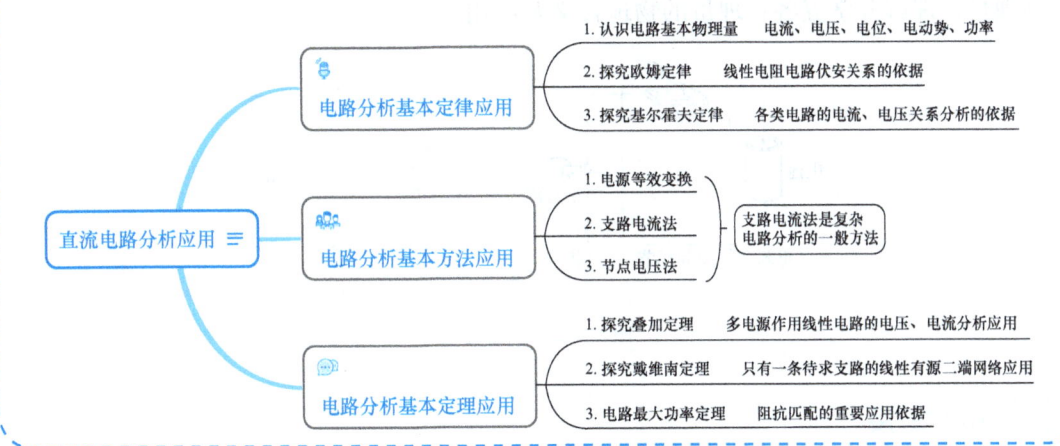

任务 1.1 认识电路基本物理量

 学习目标

知识目标	能力目标	素质目标
理解并掌握电路基本物理量的物理含义、单位等	1) 能正确选用仪表来测量电路参数 2) 能运用电路基本物理量来分析电路	培养学生严谨的科学意识;培养学生的电气职业素养;培养学生的团结协作意识

 案例引入 照明电路物理量

由若干电气设备或元器件按照一定方式连接而成的电流通路称为电路。电路种类繁多,但就其结构而言,一般包括电源、负载和中间环节三部分。电源的作用是为电路提供能量,如发电机将机械能或核能等转化为电能,光电池将光能转化为电能等。负载可将电能转化为其他形式的能加以利用,如电动机将电能转化为机械能等。中间环节则是电源和负载的连接体。为便于对实际电路进行分析,工程上常将实际电路中的元器件理想化,理想化后的元器件称为理想电路元器件,由理想电路元器件组成的电路称为理想电路模型,简称电路模型。本书所讨论的电路均指电路模型。在电路图中,各种电路元器件用规定的图形符号表示。按经典电路理论,五种理想电路元件如图 1-1-1 所示,即电阻、电感、电容、电压源和电流源。

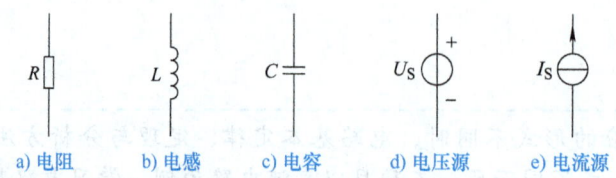

图 1-1-1　理想电路元件

照明电路如图 1-1-2a 所示,为分析照明电路的工作特性,可以建立如图 1-1-2b 所示的电路模型。读者可利用电工实训台,设计并选择具体的电气元件参数,测量电路中的基本物理量,理解并掌握各物理量的物理含义及应用。

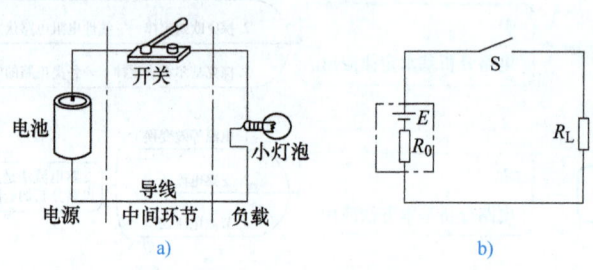

图 1-1-2　照明电路

知识链接

在电路分析过程中,经常用到的电路基本物理量有电流、电压、电位、电动势、电功率和电能等,下面对这些物理量及其相关概念进行简要说明。

1. 电流

(1) 电流的大小

带电粒子的有规则运动形成了电流,如图 1-1-3 所示,电流的定义是:单位时间内通过导体某横截面的电荷量(q 或 Q)。电流以 i(或 I)表示。

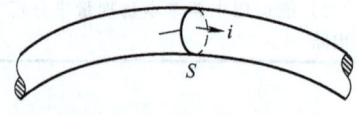

图 1-1-3　电流

大小和方向随时间做周期性变化的电流称为交变电流,简称交流(AC),一般用小写字母 i 表示,其计算公式可写为

$$i = \frac{dq}{dt} \tag{1-1-1}$$

大小和方向都不随时间变化的电流称为直流电流，简称直流（DC），一般用大写字母 I 表示，此时式（1-1-1）可改写为

$$I = \frac{Q}{t} \tag{1-1-2}$$

在国际单位制（SI）中，电流的单位为安培（A），简称安。此外还有千安（kA）、毫安（mA）和微安（μA）等电流单位，其换算关系是

$$1\text{A} = 10^{-3}\text{kA} = 10^{3}\text{mA} = 10^{6}\mu\text{A}$$

（2）电流的方向

习惯上，人们规定正电荷移动方向为电流的正方向。如图 1-1-4 所示，在内电路中，电流由电源负极流向正极；在外电路中，电流由电源正极流向负极。

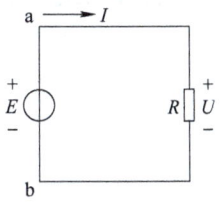

图 1-1-4 简单电路

在分析较为复杂的电路时，往往难以确定电流的实际方向。为便于分析，人们只能假定一个方向作为电路分析和计算时的参考，假定的方向称为参考方向。电流的参考方向在电路图中一般用箭头表示，如图 1-1-5 所示。经求解后，若所求结果为正，说明电流的实际方向与假定的参考方向相同，如图 1-1-5a 所示。若所求结果为负，说明电流的实际方向与假定的参考方向相反，如图 1-1-5b 所示。在假定的参考方向下，根据电流的正负就可以确定电流的实际方向。本书中标注的电流或其他物理量的方向，都是参考方向。

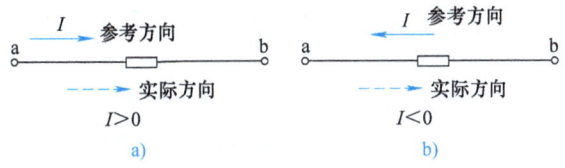

图 1-1-5 电流的实际方向与参考方向

此外，电流的参考方向也可以用双下角标表示，如 I_{ab} 表示电流的方向为由 a 流向 b。

2. 电压

（1）电压的大小

电压是衡量电场力移动电荷时做功大小的物理量。如图 1-1-4 所示，电源两极之间产生电场力，电场力将单位正电荷从电路中的某一点 a 移到另一点 b 时所做的功，称为电压。任意两点 a、b 之间的电压只与 a、b 两点的位置有关，与电荷的移动路径无关。

大小和方向随时间做周期性变化的电压称为交变电压，简称交流（AC），一般用小写字母表示，如 u_{ab}，其计算公式可写为

$$u_{ab} = \frac{\mathrm{d}w}{\mathrm{d}q} \tag{1-1-3}$$

大小和方向都不随时间变化的电压称为直流电压，简称直流（DC），一般用大写字母表示，如 U_{ab}。因此，式（1-1-3）可改写成

$$U_{ab} = \frac{W}{Q} \tag{1-1-4}$$

在国际单位制中，电能 W 的单位是焦耳（J），电压的单位是伏特（V），简称伏。此

外，在工程中还有千伏（kV）和毫伏（mV）等单位，其换算关系是

$$1kV = 10^3V = 10^6mV$$

（2）电压的方向

习惯上，规定电路中两点间电压的正方向为从正极（+）指向负极（-）。有时也可以用字母下角标的先后顺序表示。在分析较为复杂的电路时，往往难以确定某元器件的电压的实际方向。为便于分析，可运用电压的参考方向来进行电路分析。若分析计算结果中电压的值为正，则电压的参考方向与电压的实际方向一致，如图1-1-6a所示。若所求结果为负，说明电压的实际方向与电压的参考方向相反，如图1-1-6b所示。

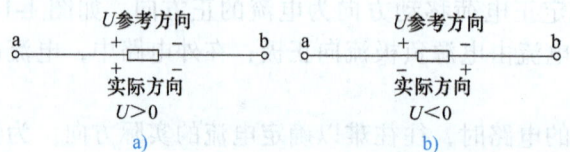

图1-1-6　电压的参考方向与实际方向

电压的参考方向一般用正负号或箭头表示，此外也可以用双下角标表示，如U_{ab}表示a点电位高于b点。

在分析电路时，如果电压与电流的参考方向相同，则称为关联参考方向；如果电压与电流的参考方向不相同，则称为非关联参考方向，如图1-1-7所示。

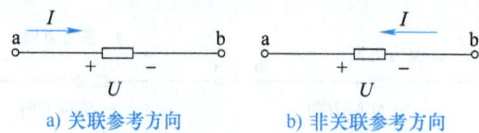

a) 关联参考方向　　　b) 非关联参考方向

图1-1-7　关联参考方向与非关联参考方向

注意：在标注电流和电压的参考方向时，如果采用关联参考方向，则只标出电流或电压其中之一的参考方向即可。如果采用非关联参考方向，则必须全部标注。在标注时一般都采用关联参考方向。

3. 电位

电位是电子电路中的一个极重要的概念。在电子技术中，常使用电位的概念来简化分析电路。例如，二极管只有当其阳极电位高于阴极电位，且两者的电位差大于正向导通电压（锗管的正向导通电压为0.2~0.3V，硅管的正向导通电压为0.6~0.7V）才能导通。在讨论晶体管的工作状态时，也要分析各极电位的高低。为简化电子电路图的画法，也需要应用电位的概念。

为了求出电路中各点的电位，必须选定电路中的某一点作为参考点，并规定参考点的电位为零。也就是说参考点即电位为零的点，用符号"⊥"表示，如图1-1-8所示。电路中的任一点与参考点之间的电压（即电位差）就是该点的电位，用V表示。例如在图1-1-8所示电路中，设定b点为参考点（零电位点），则电场力把单位正电荷从a点移动到b点所做的功就是a点电位。为了区别各点电位，可加下角标来表达，例如a点电位为V_a（或φ_a）。

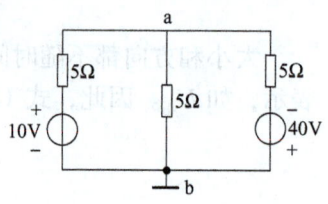

图1-1-8　电位表达法

a 点、b 点电位 V_a、V_b 的大小只与参考点的选择有关。

电路中某点的电位等于该点与参考点之间的电压，因此电路中两点之间的电压也可以用这两点间的电位差来表示，例如 a 点与 b 点之间的电压，即可写为

$$U_{ab} = V_a - V_b \tag{1-1-5}$$

由此可见，两点之间的电压就是两点之间的电位差。

注意：参考点的选择在原则上是任意的，但在电力系统中，常选大地作为参考点，通常用符号"⏚"表示；在电子电路中，常选电源的负极、电路的公共点、设备的金属外壳作为参考点，以符号"⊥"表示。

【**例 1.1.1**】如图 1-1-9 所示，试计算以下两种情况，并分析比较：(1) 以 o 点为参考点，求各点的电位和 U_{bc}；(2) 以 a 点为参考点，求各点的电位和 U_{bc}。

解：(1) 以 o 点为参考点，则

$$I = \frac{10}{4+4+2} A = 1A$$

$$V_a = 10V$$

$$V_c = 2 \times 1V = 2V$$

$$V_b = (10 - 4 \times 1)V = 6V$$

$$U_{bc} = V_b - V_c = (6-2)V = 4V$$

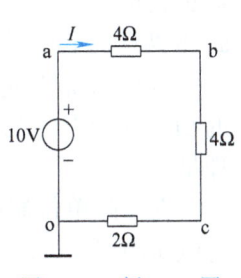

图 1-1-9　例 1.1.1 图

(2) 以 a 点为参考点，则

$$V_a = 0V$$

$$V_b = -4 \times 1V = -4V$$

$$V_c = (-4 - 4 \times 1)V = -8V$$

$$U_{bc} = V_b - V_c = [-4 - (-8)]V = 4V$$

由例 1.1.1 可得到结论：电位的大小是相对的，参考点选得不同，电路中各点的电位也会随着改变，但是电压的大小是绝对的，不管参考点怎么改变，两点间的电压是不变的。

在运用电位分析和计算时，一般只画等效电路图，即把电源、信号输入和信号输出的公共端接在一起作为参考点，而将电源符号省去不画，只标出电位的极性和数值，这样就不必画出完整的闭合电路，而只需画出一个简图，使电路简化，这样一来，图 1-1-8 所示电路可以等效为图 1-1-10 所示电路。在电子电路中，常使用这种画法。

在计算某点的电位时，首先要设定参考点，然后计算该点与参考点之间的电压，即该点的电位。

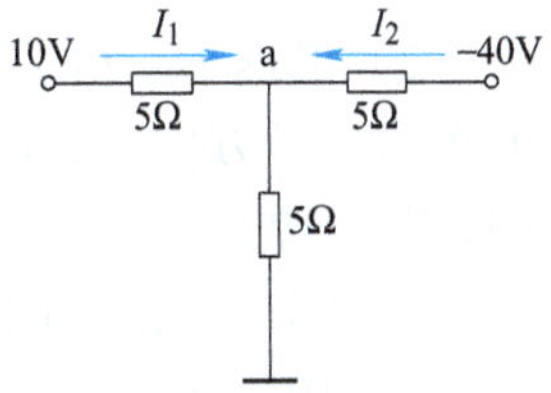

【**例 1.1.2**】求图 1-1-10 所示电路中 a 点的电位 V_a。

解：设电流 I_1、I_2 的参考方向如图 1-1-10 所示，则

$$10 - V_a = 5I_1$$

图 1-1-10　等效电路图

$$-40 - V_a = 5I_2$$

$$V_a = 5(I_1 + I_2)$$

由此可得

$$V_a = -10\text{V}$$

4. 电动势

如图 1-1-11 所示，电源外部在电场力的作用下，正电荷从高电位端 a 沿着导线向低电位端 b 移动，此时 a 端因正电荷减少而使电位逐渐降低，b 端因正电荷增多而使电位逐渐升高。如果只有电场力的作用，其结果是 a、b 两端的电压会逐渐减小到零，导线中的电流也会逐渐减小到零。因此必须有一种力能克服电场力而做功，使 a、b 两端的电压恒定，电源自身就能产生这种力，称为电源力。

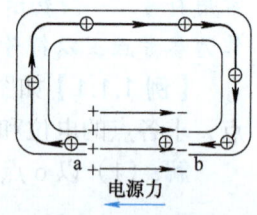

图 1-1-11 电动势

电源力克服电场力将单位正电荷从电源负极移到正极所做的功，称为电源的电动势，用 $E(e)$ 表示。电动势是一个专门描述电源内部特性的物理量。

在国际单位制中，电动势的单位也是伏特（V）。必须注意的是：电动势的实际方向与电压的实际方向相反，电动势的正方向是在电源内部从低电位指向高电位。

5. 电功率和电能

电场力在单位时间内所做的功，称为电功率，简称功率（Power），用 p 表示，即

$$p = \frac{dw}{dt}$$

在国际单位制中，功率的单位是瓦特（W），简称瓦。不随时间变化的功率用 P 表示，随时间变化的功率用 p 表示。

设某元件中电压和电流的参考方向相同，则

$$p = \frac{dw}{dt} = \frac{dw}{dq}\frac{dq}{dt} = ui \tag{1-1-6}$$

式（1-1-6）表明，元件所吸收的电功率等于元件中电压和电流的乘积。由于 u、i 有正负，电功率 p 也有正负，这说明元件有吸收和发出功率之分。人们经常利用这一点来判断元件是电源还是负载。在直流电路中，判断元件性质的方法如下：

1）根据电压和电流的实际方向判断。如果是电源，则 U、I 的实际方向相反，即电流从"+"端流出，发出功率；如果是负载，则 U、I 的实际方向相同，即电流从"-"端流出，吸收功率。

2）根据 U、I 的参考方向判断。当 U、I 采用关联参考方向时，$P=UI$；当 U、I 采用非关联参考方向时，$P=-UI$。若 $P>0$，则元件吸收功率，是负载；若 $P<0$，则元件发出功率，是电源。

【例 1.1.3】如图 1-1-12 所示，已知某元件的电压和电流为：(1) $U=10\text{V}$，$I=-3\text{A}$；(2) $U=-10\text{V}$，$I=-3\text{A}$。试判断在上述两种情况下，该元件是电源还是负载，是发出功率还是吸收功率。

解：(1) 由于电压和电流为关联参考方向，元件的功率为

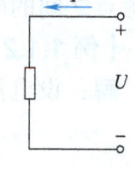

图 1-1-12 例 1.1.3 图

$$P=UI=10\times(-3)\text{W}=-30\text{W}<0$$

故元件为电源，发出功率。

（2）电压和电流仍为关联参考方向，元件的功率为

$$P=UI=(-10)\times(-3)\text{W}=30\text{W}>0$$

故元件为负载，吸收功率。

【例 1.1.4】如图 1-1-13 所示，$I=2\text{A}$，$U_1=12\text{V}$，$U_2=-3\text{V}$，$U_3=9\text{V}$，试求各元件吸收（发出）的功率。

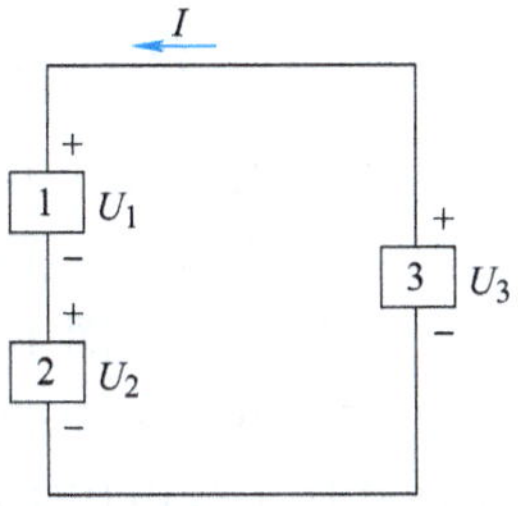

解：元件 1、2 上的电压和电流的参考方向为关联参考方向，其功率分别为

$$P_1=U_1I_1=12\times 2\text{W}=24\text{W}\text{（吸收功率）}$$

$$P_2=U_2I_2=(-3)\times 2\text{W}=-6\text{W}\text{（发出功率）}$$

元件 3 上的电压和电流的参考方向为非关联参考方向，其功率为

$$P_3=-U_3I_3=-9\times 2\text{W}=-18\text{W}\text{（发出功率）}$$

图 1-1-13 例 1.1.4 图

电流所做的功称为电功。电流做功的实质就是将电能转换为其他形式的能，因此电流所做的功与其消耗的电能是相同的。电功以 W（或 w）表示，其大小为

$$w=\int_0^t p\,\text{d}t \tag{1-1-7}$$

在直流电路中，式（1-1-7）可变为

$$W=Pt=UIt \tag{1-1-8}$$

电业部门大多以千瓦时为单位测量用户消耗的电能。1 千瓦时（或称 1 度电）是指功率为 1kW 的负载在 1h 内消耗的电能，电能的单位为焦耳（J），因此有

$$1\text{度电}=1\text{kW}\cdot\text{h}=1000\text{W}\times 3600\text{s}=3.6\times 10^6\text{J}$$

【例 1.1.5】在 220V 的电源上接一个电加热器，已知通过电加热器的电流为 3.5A，问 4h 内，该电加热器用了多少度电？

解：电加热器的功率为

$$P=UI=220\times 3.5\text{W}=770\text{W}=0.77\text{kW}$$

4h 中电加热器消耗的电能为

$$W=Pt=0.77\text{kW}\times 4\text{h}=3.08\text{kW}\cdot\text{h}$$

即该电加热器用了 3.08 度电。

任务实施　电路基本物理量的检测

一、任务实施所需设备

序号	名称	数量	备注
1	直流可调稳压电源	1	0～200V
2	万用表	2	数字式、指针式

(续)

序号	名称	数量	备注
3	直流数字式电压表	1	0～200V
4	直流数字式毫安表	1	0～200mA
5	实验电路板	1	

二、任务实施参考步骤

参照实训图 1-1-1，分小组讨论设计、组建照明电路。注意：在测量电流时，电流表应与负载串联，而在测量电压时，电压表应与负载并联。

接线如实训图 1-1-1a、b 所示。若接法不同，其结果也有所差别。在低压大电流的场合，如果电流表上的电压降比较显著，可以采用如实训图 1-1-1a 所示的接法。反之，电流表内阻上的电压降很小时，可采用如实训图 1-1-1b 所示的接法。

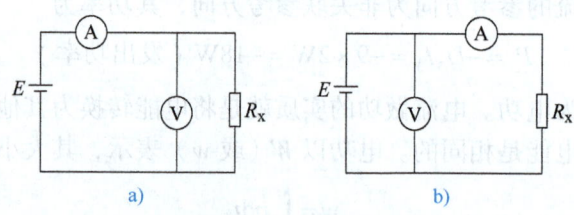

实训图 1-1-1 测量电路

1. 直流电流表与电压表的使用训练

（1）直流电流表的使用训练

电流表又称安培表，是用来测量交、直流电路中电流的仪表。电流表的外形如实训图 1-1-2 所示，电路图中电流表的符号如实训图 1-1-3 所示。

将直流电流表接入电路时，要将它串联在被测电路中，并注意正负极性。通过改变电路中电阻的值，得到一组变化的直流电流，用直流电流表分别测量各电流，正确判断测得值的正、负号后，将数据记入表 1-1-1 中，并进行误差分析。

实训图 1-1-2 电流表的外形

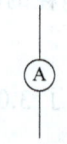

实训图 1-1-3 电流表的符号

表 1-1-1 直流电流表测电流

序号	1	2	3
实际电流值 /A			
测量电流值 /A			
误差			

（2）直流电压表的使用训练

电压表又称伏特表，是用来测量交、直流电路中电压的仪表。电压表的外形如实训图 1-1-4 所示，电路图中电压表的符号如实训图 1-1-5 所示。

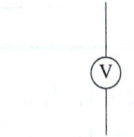

实训图 1-1-4　电压表的外形　　　　　　　　实训图 1-1-5　电压表的符号

将直流电压表接入电路时，要将它并联在被测电路中，并注意正负极性。通过改变电路中电阻的值，得到一组变化的直流电压，用直流电压表分别测量各电压，同时应注意仪表的极性，正确判断测得值的正、负号后，将数据记入表 1-1-2 中，并进行误差分析。

表 1-1-2　直流电压表测电压

序号	1	2	3
实际电压值 /V			
测量电压值 /V			
误差			

2. 万用表的使用训练

万用表按显示方式分为指针式万用表和数字式万用表，如实训图 1-1-6、实训图 1-1-7 所示。应注意区分两种万用表对电路中各物理量的检测方法。

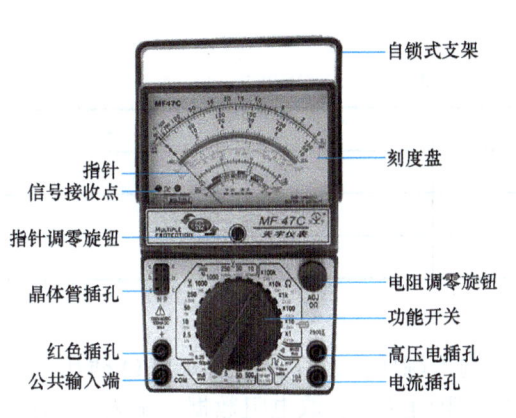

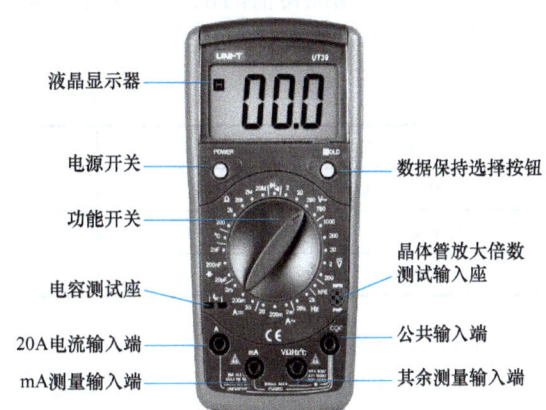

实训图 1-1-6　指针式万用表　　　　　　　　实训图 1-1-7　数字式万用表

（1）测量直（交）流电压

1）如实训图 1-1-8 所示，将黑表笔插入公共输入端（COM）插孔，红表笔插入 V/Ω 插孔。

2）将功能开关置于直（交）流电压档的量程范围，将表笔与被测电压端并联，显示器会显示所测电压值，红表笔的极性也会同时显示于显示器上。测量交流电压时，没有极性显示。正确判断测得值的正、负号后，将数据记入表 1-1-3 中，并进行误差分析。

表 1-1-3　测量直（交）流电压

序号	1	2	3	4
实际电压值 /V				
测量电压值 /V				
误差				

（2）测量直（交）流电流

1）根据电流的大小，选择合适的直（交）流电流档位，不知电流大小时，应选用最大量程。

2）断开被测电路，顺次接入万用表的表笔，以便电流流过万用表（串联）。

3）如实训图 1-1-9 所示，将黑表笔插入公共输入端插孔，根据需要将红表笔插入 A 或 mA 插孔。

 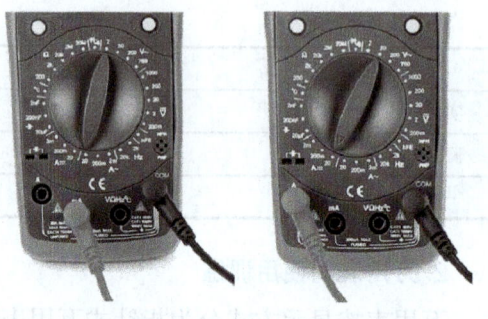

实训图 1-1-8　测量直（交）流电压　　　实训图 1-1-9　测量直（交）流电流

4）正确判断测得值的正、负号后，将数据记入表 1-1-4 中，并进行误差分析。
5）注意所测电流的单位。

表 1-1-4　测量直（交）流电流

序号	1	2	3	4
实际电流值 /A				
测量电流值 /A				
误差				

（3）测量电阻

1）如实训图 1-1-10 所示，将黑表笔插入公共输入端插孔，红表笔插入 V/Ω 插孔。

2）选择合适的电阻量程，将两表笔分别接在电阻两端，读取电阻数据，记入表 1-1-5 中，并进行误差分析。注意，测量时不要用手接触电阻两端，请思考原因。

表 1-1-5　测量电阻

序号	1	2	3
实际电阻值 /Ω			
测量电阻值 /Ω			
误差			

（4）测量电容

1）如实训图 1-1-11 所示，将已放电的电容两引脚直接插入万用表面板的 Cx 插孔。

2）选择合适的电容量程，读取电容数据，记入表 1-1-6 中，并进行误差分析。如果超量程，显示器会显示"1"，此时需要调高量程。

注意： 电容在测量前必须充分放电，请思考原因。

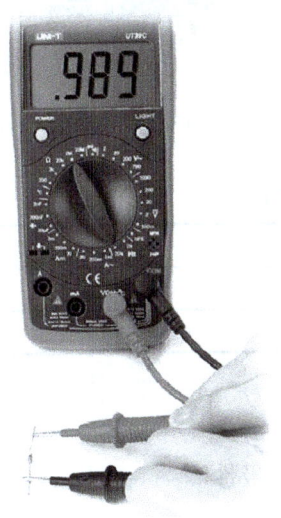

实训图 1-1-10　测量电阻

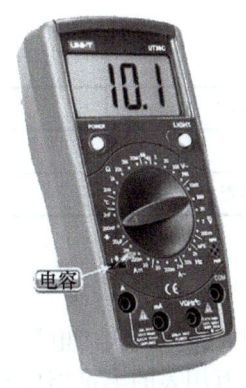

实训图 1-1-11　测量电容

表 1-1-6　测量电容

序号	1	2	3
实际电容值 /μF			
测量电容值 /μF			
误差			

（5）测量二极管

1）将黑表笔插入公共输入端插孔，红表笔插入 V/Ω 插孔。

2）如实训图 1-1-12 所示，将功能开关置于二极管和通断蜂鸣测量档位。

3）若被测二极管正向接入，万用表会显示二极管正向电压降近似值；若被测二极管反向接入或二极管开路，万用表会显示"1"。当待测电阻小于 10Ω 时，蜂鸣器连续鸣响；当待测电阻在 10～70Ω 之间时，蜂鸣器可能鸣响，也可能不鸣响，同时万用表会显示被测电阻值。

4）根据万用表的显示，记录所测二极管的阳极位置，记入表 1-1-7 中。

注意： 在测量二极管前，要确认电路已切断电源，避免损坏仪表。

（6）测量晶体管

1）如实训图 1-1-13 所示，将功能开关置于 hFE 档位。

2）判断待测晶体管是 PNP 型还是 NPN 型，将对应的 B、E、C 极插入测试输入座，显示器会显示被测晶体管的放大倍数（hFE）近似值。根据显示内容，记录被测晶体管的类型，记入表 1-1-7 中。

电路分析基础

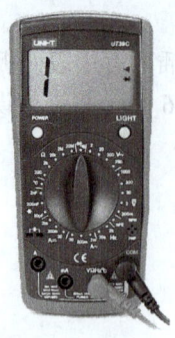

实训图 1-1-12　测量二极管

实训图 1-1-13　测量晶体管

表 1-1-7　测量二极管、晶体管

序号	1	2	3
二极管			
晶体管			

三、任务实施注意事项

1）使用直流电流表、电压表测量时，应注意仪表的极性。
2）注意万用表的测量档位及量程的选择。

四、任务汇报展示评价（见表1-1-8）

表 1-1-8　电路基本物理量的检测任务实施项目评价表

实训项目：　　　　　　学生姓名：

序号	考核项目	考核等级			成绩
		A	B	C	
1	任务实施计划决策	计划合理充分、实施过程准确且有完整详细的记录	计划较合理充分、实施过程较准确且有记录	计划较合理充分、实施过程较准确但没有记录	
2	任务实施检查	在规定时间内能较好地完成物理量的测量，测量数据分析准确	在规定时间内能完成物理量的测量，测量数据分析较准确	在规定时间内能基本完成物理量的测量，测量数据分析较准确	
3	任务实施评估讨论	能独立完成物理量的测量，准确分析数据并得出结论，能积极解决任务实施过程中出现的问题	能较独立地完成物理量的测量，较准确地分析数据并得出结论，能部分解决任务实施过程中出现的问题	能基本完成物理量的测量，能分析数据并得出结论，能部分解决任务实施过程中出现的问题	
4	仪器使用、维护	能严格按照仪器仪表的操作规范进行操作，能及时清清垃圾，将仪器摆放整齐等	能较严格地按照仪器仪表的操作规范进行操作，能清理垃圾，将仪器摆放整齐等	能按照仪器仪表的操作规范进行操作，能清理垃圾，将仪器摆放整齐等	
	团队协作	能与小组成员积极配合，有序地完成训练项目	能与小组成员积极配合，有序地完成训练项目	能与小组成员配合，基本完成训练项目	
	劳动纪律	认真遵守任务实施时间，在任务实施过程中积极动手、动脑	较认真遵守任务实施时间，在任务实施过程中能动手、动脑	能遵守任务实施时间，在任务实施过程中不够积极	
总评					

视野拓展　电路工作状态与额定值

1. 电路工作状态

电路在不同的工作条件下，一般会有三种工作状态，即负载、开路和短路状态。下面分别讨论三种不同的工作状态下电路的特征。

在图 1-1-14 中，电动势 E 和内阻 R_0 串联，U_1 为电源端电压，U_2 为负载端电压，R 为负载。

（1）负载状态

当电源向负载正常供电时，电路中流过电流，这种状态称为有载工作状态（又称负载状态），电路如图 1-1-14a 所示。

处于负载状态时，电源供给外电路负载的功率等于电源电动势发出的功率减去内阻上损耗的功率。

（2）开路状态

当开关断开时，如图 1-1-14b 所示，电源不能向负载供电，电路中电流为零。电源端电压等于电源电动势，称为开路电压或空载电压，用 U_0 表示。电源输出的功率和负载吸收的功率均为零，这种状态称为开路状态。

（3）短路状态

当电源两端由于某种原因直接相连时，电源输出的电流会经过导线直接流回电源，此时电路的状态称为短路状态，或称电源短路，如图 1-1-14c 所示。此时，电源内部将流过极大的短路电流。一般电源的内阻很小，所以短路电流往往很大，一旦时间稍长，就会使供电系统中的设备烧坏或引发火灾。但电源和负载的端电压均为零，输出电流也为零，电源输出的功率和负载吸收的功率均为零。电源的电功率全部被内阻所消耗，这会使电源发热或损坏。因此在使用时应尽量避免电源短路，可以在电路中接入短路保护装置，以便发生事故时迅速切断电源。

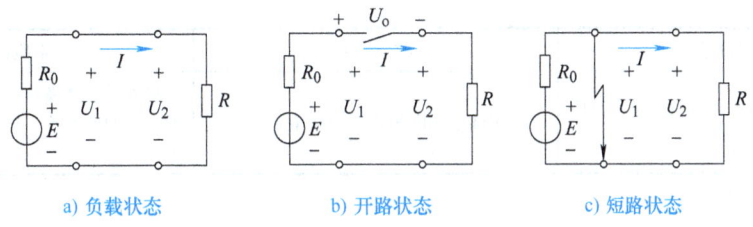

a）负载状态　　　　b）开路状态　　　　c）短路状态

图 1-1-14　电路的工作状态

2. 电气设备的额定值

任何电气设备在使用时，若电流过大，温升过高，就会导致绝缘损坏，甚至烧坏设备或元器件。为了保证电气设备正常工作，制造厂会对电气设备的电压、电流和功率都规定出使用限额，称为额定值，通常标在电气设备的铭牌或说明书上，以此作为使用依据。

电源的额定值一般包括额定电压 U_N、额定电流 I_N 和额定容量 S_N。其中 U_N 和 I_N 是指电源在安全运行时规定的电压和电流限额。额定容量 $S_N = U_N I_N$，表征了电源最大允许的输出功率，但电源在工作时不一定总是输出规定的最大允许电流和功率，究竟输出多大的功率还取决于所连接的负载。

负载的额定值一般包括额定电压 U_N、额定电流 I_N 和额定功率 P_N。对于电阻性负载，由于这三者与电阻 R 之间具有一定的关系式，所以它们的额定值不一定会全部标出。如灯泡会标出 U_N=220V、P_N=60W。

电气设备在运行时一般有三种状态：一是满载工作状态（即额定工作状态），此时 $I=I_N$，$P=P_N$，电气设备在该种状态下运行最经济合理、安全可靠，不仅能充分发挥电气设备的作用，还能保证电气设备的设计寿命；二是过载（超载）状态，此时 $I>I_N$，$P>P_N$，在该种状态下，电气设备会超过额定值工作，由于温度升高需要一定的时间，因此电气设备短时过载不会立即损坏。但如果过载时间较长，则会大大缩短电气设备的使用寿命，甚至会损坏电气设备；三是轻载（欠载）状态，此时 $I<I_N$，$P<P_N$，电气设备低于额定值工作，在严重的欠载下，电气设备不能正常工作，或者不能充分发挥其工作能力，导致电气设备在该种状态下工作不经济。过载和严重欠载在实际工作中都应避免。

 巩固思考

1）电流所经过的路径叫作电路，电路通常由_____、_____和_____三部分组成。

2）实际的电路按功能可分为_____电路和电子技术信号电路两大类。

3）在电路中，如果电流 I 的数值为 –5A，则电流的参考方向与实际方向_____。

4）在电路中，有 a、b 两点，电压 U_{ab}=10V，a 点电位 V_a=4V，则 b 点电位 V_b=_____V。

5）在万用表的读数线上，标有 DC 的代表_____，标有 AC 的代表_____。

任务 1.2　探究欧姆定律

 学习目标

知识目标	能力目标	素质目标
理解并掌握欧姆定律的应用条件及应用方法	能正确运用欧姆定律分析电路	培养学生严谨的科学意识；培养学生的电气职业素养；培养学生的团结协作意识

 案例引入　电阻电路伏安特性分析

电阻元件是从实际电阻器中抽象出来的理想化模型，是代表电路中电能消耗现象的理想二端元件。对于电灯泡、电炉和电烙铁等实际电阻器，当忽略其电感等作用时，可将它们抽象为仅消耗电能的电阻元件。电阻以 R 表示，其单位为欧姆（Ω），简称欧。此外，常用的单位还有千欧（kΩ）、兆欧（MΩ）等。图 1-2-1 所示为常用电阻的外形，图 1-2-2 所示为电阻的符号。

当电阻两端的电压发生变化时，流过电阻的电流就会发生变化。在关联参考方向下，电阻两端的电压与电流的关系为

$$u = iR \tag{1-2-1}$$

图 1-2-1 常用电阻的外形

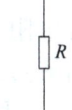
图 1-2-2 电阻的符号

如果以电流为横坐标，以电压为纵坐标，在平面直角坐标系上用曲线来表示电流与电压的关系，即得到电阻元件的伏安特性曲线。如果伏安特性曲线是一条过原点的直线，如图 1-2-3a 所示，则这样的电阻元件称为线性电阻元件，线性电阻元件在电路图中用图 1-2-3b 所示的符号表示。

在工程上，还有许多电阻元件的伏安特性曲线是一条过原点的曲线，这样的电阻元件称为非线性电阻元件，如图 1-2-4a 所示。图 1-2-4b 所示曲线是二极管的伏安特性，所以二极管也是一个非线性电阻元件。

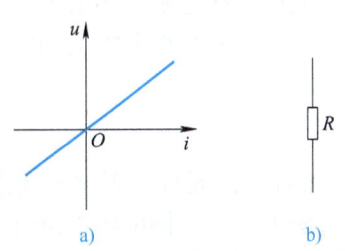
图 1-2-3 线性电阻元件的伏安特性曲线、符号

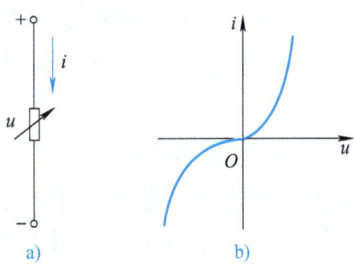
图 1-2-4 非线性电阻及伏安特性曲线

严格来说，实际电路中的电阻都是非线性的。例如常用的白炽灯，只有在一定的工作范围内，才能把白炽灯近似看成线性电阻，如果超过此范围，白炽灯就成了非线性电阻。

本书中所有的电阻元件，除非特别指明，都指的是线性电阻元件。

下面请读者思考图 1-2-5 所示电路的不同点，这些电路是不是都可以用欧姆定律来分析电路元件的电压、电流关系呢？

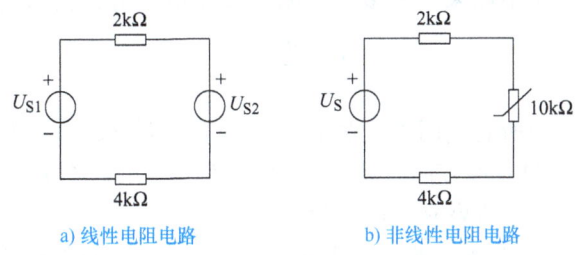
图 1-2-5 两种电阻电路

然后，请设计实验来测定电路元件的外特性，探究哪些元件的外特性符合欧姆定律。

知识链接

欧姆定律是电路分析的基本定律之一，可以用来确定电路各部分元器

欧姆定律

件的电压、电流之间的关系,所以也称为电路的 VCR(Voltage Current Relation)。

1. 无源支路的欧姆定律

电路支路中只有电阻元件等无源元件时,这种支路即称为无源支路。欧姆定律是指流过线性电阻的电流与电阻的端电压成正比的关系。在直流电路中,这种关系的表达式可以写为

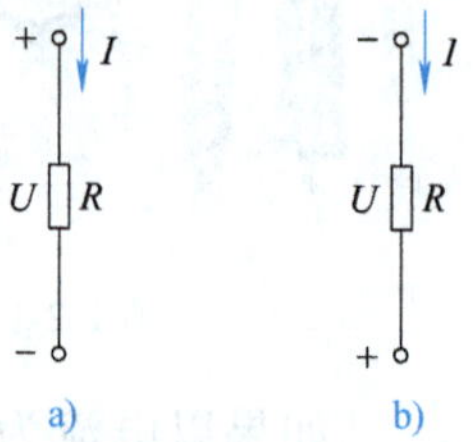

$$U = \pm IR$$

当电压、电流的参考方向为关联参考方向时,如图1-2-6a所示,欧姆定律的表达式取"+";当电压、电流的参考方向为非关联参考方向时,如图1-2-6b所示,欧姆定律的表达式取"−"。按照电工惯例,在分析电路时,如无特殊说明,一般采用关联参考方向,所以欧姆定律的表达式通常写为

图 1-2-6 无源支路

$$U = IR \text{ 或 } I = \frac{U}{R} \tag{1-2-2}$$

当电阻为一个常数时,它的大小与流过它的电流无关,这种电阻被称为 线性电阻。线性电阻上的电压、电流遵循欧姆定律。当流过电阻的电流或加在电阻两端的电压发生变化时,电阻的阻值也会随之改变,这种电阻被称为 非线性电阻。非线性电阻上的电压、电流不遵循欧姆定律。

2. 含源支路的欧姆定律

如果在电路的某一条支路中,不仅有电阻元件,还有电源元件,则这种支路称为含源支路,如图1-2-7a所示。在图1-2-7a所示的含源支路中,有一个电阻R和两个电动势E_1、E_2。支路及各元件的电压、电流的参考方向如图1-2-7a所示。由支路结构特点可以得到

$$U_{ab} = E_1 + IR - E_2$$

整理后可得

$$I = \frac{U_{ab} - E_1 + E_2}{R}$$

可以看出,含源支路中如果含有多个电阻及多个电动势,其欧姆定律表达式为

$$I = \frac{\pm U \pm E}{R} \tag{1-2-3}$$

式中,分母为含源支路中所有电阻的代数和;分子为含源支路中所有电压、电动势的代数和。当电压U与电流I的参考方向一致时,电压取"+",反之取"−";当电动势E与电流I的参考方向一致时,电动势取"+",反之取"−"。

【例1.2.1】设有一个含源支路,支路中各电压、电流的参考方向如图1-2-7a所示,若U_{ab}=5V,E_1=2V,E_2=3V,R=2Ω,求I。

解: 由图1-2-7a可知

$$I = \frac{U_{ab} - E_1 + E_2}{R}$$

所以

$$I = \frac{U_{ab} - E_1 + E_2}{R} = \frac{5 - 2 + 3}{2}\text{A} = 3\text{A}$$

3. 闭合回路的欧姆定律

将图 1-2-7a 所示的含源支路的 a、b 两点用一个电阻连接起来，就形成了一个闭合回路，如图 1-2-7b 所示。

对于图 1-2-7b 所示的闭合回路，回路中电压、电流之间也遵循欧姆定律，其表达式为

$$I = \frac{\sum E}{\sum R} = \frac{E_1 - E_2}{R_1 + R_2} \qquad (1\text{-}2\text{-}4)$$

式中，分母为该闭合回路中所有电阻的代数和；分子为该闭合回路中所有电动势的代数和。当电动势与电流的方向一致时，电动势取"+"，反之取"−"。

【**例 1.2.2**】设有一个闭合回路，回路中各电压、电流的参考方向如图 1-2-7b 所示，若 E_1=6V，E_2=3V，R_1=1Ω，R_2=2Ω，求 I。

解：由图 1-2-7b 可知

$$I = \frac{E_1 - E_2}{R_1 + R_2}$$

所以

$$I = \frac{E_1 - E_2}{R_1 + R_2} = \frac{6-3}{1+2}\text{A} = 1\text{A}$$

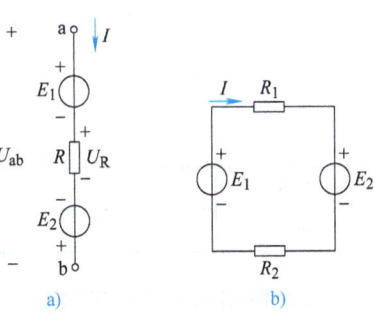

图 1-2-7 含源支路与闭合回路

 任务实施　欧姆定律的验证

一、任务实施所需设备

序号	名称	数量	备注
1	直流可调稳压电源	1	0～30V
2	万用表	1	
3	直流数字式电流表	1	0～2A
4	直流数字式电压表	1	0～200V
5	二极管	1	1N4007
6	稳压二极管	1	1N708
7	电阻	1	1kΩ
8	电阻	1	200Ω

二、任务实施参考步骤

1. 测定线性电阻的伏安特性

1）参照实训图 1-2-1a，分小组自行讨论并设计线性电阻测试电路，然后完成电路的组装。

2）设定电压源 U_{S1}=1V，调节电压源 U_{S2} 的输出电压，从 0V 开始缓慢增加，一直加

到 10V 左右，读出相应的电压表和电流表的读数 U_R、I，并将数据记入表 1-2-1。

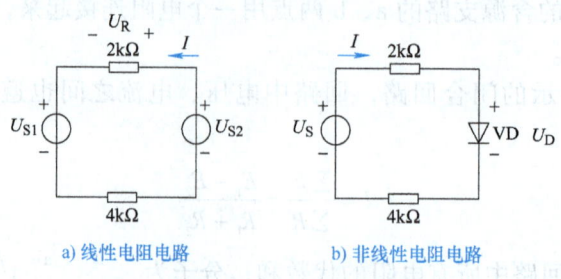

a) 线性电阻电路　　　　b) 非线性电阻电路

实训图 1-2-1　电阻电路

表 1-2-1　线性电阻的伏安特性

U_R/V						
I/mA						

3）根据表 1-2-1 的数据，分析 2kΩ 线性电阻的伏安特性。

2. 测定二极管 1N4007 的伏安特性

1）正向特性实验：参照实训图 1-2-1b，分小组自行讨论并设计特性测量电路，然后完成电路组装。测量二极管的正向特性时，其正向电流不得超过 35mA，二极管的正向电压 U_{D+} 可在 0～0.75V 之间取值，在 0.5～0.75V 之间应多取几个测量点，读出相应的电压表和电流表的读数 U_{D+}、I，并将数据记入表 1-2-2。

表 1-2-2　二极管正向特性实验数据

U_{D+}/V						
I/mA						

2）反向特性实验：测量反向特性时，只需将实训图 1-2-1b 中的二极管 VD 反接，随着反向电压的增加，测量电压、电流，并将数据记入表 1-2-3。反向电压 U_{D-} 可达 30V 左右。

表 1-2-3　二极管反向特性实验数据

U_{D-}/V						
I/mA						

3）根据表 1-2-2 和表 1-2-3 中的数据，分析二极管的伏安特性。

*3. 测定稳压二极管的伏安特性

1）正向特性实验：将实训图 1-2-1b 中的二极管换成稳压二极管 1N708，重复正向特性实验，U_{Z+} 为 1N708 的正向电压。随着 U_{Z+} 的增加，测量电流的数值，并将数据记入表 1-2-4。

表 1-2-4　稳压二极管正向特性实验数据

U_{Z+}/V						
I/mA						

项目1 直流电路分析应用

2）反向特性实验：将1N708反接，测量1N708的反向特性。电压源的输出电压在0～20V之间变化，测量1N708两端的电压U_{z-}及电流I，并将数据记入表1-2-5。

表1-2-5 稳压二极管反向特性实验数据

U_s/V							
U_{z-}/V							
I/mA							

3）根据表1-2-4和表1-2-5中的数据，分析稳压二极管的伏安特性。

三、任务实施注意事项

1）测量二极管、稳压二极管所在支路时，注意它们的极性。
2）注意万用表的测量档位及量程的选择。
3）根据各实验数据，分别在方格纸上绘制出光滑的伏安特性曲线（其中二极管和稳压二极管的正、反向伏安特性均要求画在同一张图中，正、反向电压可取不同的比例尺）。总结、归纳各被测元器件的伏安特性。

四、任务汇报展示评价（见表1-2-6）

表1-2-6 欧姆定律的验证任务实施项目评价表

实训项目：　　　　　　　　　学生姓名：

序号	考核项目	考核等级			成绩
		A	B	C	
1	任务实施计划决策	计划合理充分、实施过程准确且有完整详细的记录	计划较合理充分、实施过程较准确且有记录	计划较合理充分、实施过程较准确但没有记录	
2	任务实施检查	在规定时间内能较好地完成欧姆定律的验证，测量数据分析准确	在规定时间内能完成欧姆定律的验证，测量数据分析较准确	在规定时间内基本完成欧姆定律的验证，测量数据分析较准确	
3	任务实施评估讨论	能独立完成欧姆定律的验证，准确分析数据并得出结论，能积极解决任务实施过程中出现的问题	能较独立地完成欧姆定律的验证，较准确地分析数据并得出结论，能部分解决任务实施过程中出现的问题	能基本完成欧姆定律的验证，能分析数据并得出结论，能部分解决任务实施过程中出现的问题	
4	仪器使用、维护	能严格按照仪器仪表的操作规范进行操作，能及时清理垃圾，将仪器摆放整齐等	能较严格地按照仪器仪表的操作规范进行操作，能清理垃圾，将仪器摆放整齐等	能按照仪器仪表的操作规范进行操作，能清理垃圾，将仪器摆放整齐等	
	团队协作	能与小组成员积极配合，有序地完成训练项目	能与小组成员较积极配合，有序地完成训练项目	能与小组成员配合，基本完成训练项目	
	劳动纪律	认真遵守任务实施时间，在任务实施过程中积极动手、动脑	较认真遵守任务实施时间，在任务实施过程中能动手、动脑	能遵守任务实施时间，在任务实施过程中不够积极	
总评					

视野拓展　电源的等效变换

在电路分析中，经常利用等效的概念来化简电路，即将多个元器件组成的电路化简为只有少数几个元器件组成的电路，从而使电路简化。一般来说，两个电路外特性相同时，不管内部结构是否一样，均称为"等效"。如图 1-2-8 所示，现有两个二端网络 N_1 和 N_2，如果 N_1 和 N_2 的伏安特性完全相同，则称 N_1 和 N_2 是相互等效的。在电路中，可以将 N_1 用 N_2 代替，或将 N_2 用 N_1 代替，这就是利用等效的概念来化简电路。

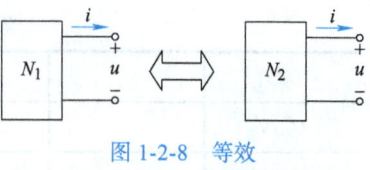

图 1-2-8　等效

电源是可以向电路提供电能的元件，实际的电源可以用两种电路模型来表达：一是以稳恒的，或是按照一个特定规律随时间变化的电压向外电路供电，称为电压源；二是以稳恒的，或是按照一个特定规律随时间变化的电流向外电路供电，称为电流源。

1. 电压源

理想电压源是由实际电源抽象出来的一种理想二端电路元件。理想电压源如图 1-2-9a 所示，其伏安特性如图 1-2-9b 所示。理想电压源有两个基本性质：

1）电压源两端的输出电压为恒定值 U_S，因此电压源又称恒压源。
2）通过电压源的电流取决于外电路。

实际电压源可以看成理想电压源 U_S 与电阻 R_0 的串联，如图 1-2-10a 所示，其中 R_0 为实际电压源的内阻。图 1-2-10b 所示为实际电压源的伏安特性，即

$$U = U_S - IR_0$$

显然，R_0 越小，实际电压源越趋近理想电压源。

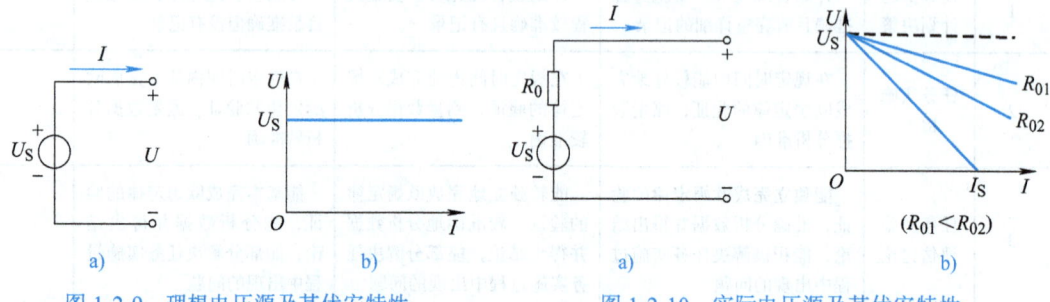

图 1-2-9　理想电压源及其伏安特性　　　　图 1-2-10　实际电压源及其伏安特性

【例 1.2.3】 如图 1-2-11 所示，已知直流电压源的输出电压 $U_S = 10\text{V}$，求：(1) $R \to \infty$ 时的电压 U、电流 I；(2) $R = 10\Omega$ 时的电压 U、电流 I；(3) $R \to 0$ 时的电压 U、电流 I。

解：(1) $R \to \infty$ 时，U_S 为理想电压源，故 $U = U_S = 10\text{V}$，I 为

$$I = \frac{U}{R} = 0\text{A}$$

(2) $R = 10\Omega$ 时，$U = U_S = 10\text{V}$，则 I 为

$$I = \frac{U}{R} = \frac{10}{10}\text{A} = 1\text{A}$$

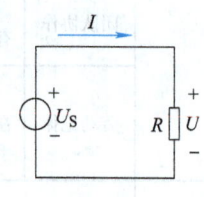

图 1-2-11　例 1.2.3 图

（3）$R \to 0$ 时，$U = U_S = 10\text{V}$，则 I 为

$$I = \frac{U}{R} = \frac{U_S}{R} \to \infty$$

可以看出：理想电压源不允许短路。

2. 电流源

理想电流源是由实际电源抽象出来的又一种理想二端电路元件，如图 1-2-12a 所示，箭头指向电流源输出电流的方向。其伏安特性如图 1-2-12b 所示。

理想电流源有两个基本性质：

1）电流源的输出电流为恒定值 I_S，因此电流源又称恒流源。

2）电流源两端的电压取决于外电路。

实际电流源可以看成理想电流源 I_S 与电阻 R_0' 的并联，如图 1-2-13a 所示。图 1-2-13b 所示为实际电流源的伏安特性，其中 R_0' 称为电流源的内阻，有

$$I = I_S - \frac{U}{R_0'}$$

显然，R_0' 越大，实际电流源越趋近理想电流源。

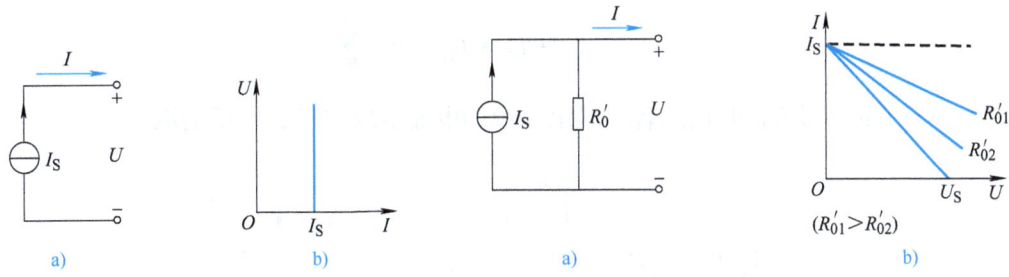

图 1-2-12　理想电流源及其伏安特性　　图 1-2-13　实际电流源及其伏安特性

【例 1.2.4】如图 1-2-14 所示，已知直流电流源的输出电流 $I_S = 1\text{A}$，求：（1）$R \to \infty$ 时的电压 U、电流 I；（2）$R = 10\Omega$ 时的电压 U、电流 I；（3）$R \to 0$ 时的电压 U、电流 I。

解：（1）$R \to \infty$ 时即外电路开路，I_S 为理想电流源，故

$$I = I_S = 1\text{A}$$

$$U = IR \to \infty$$

（2）$R = 10\Omega$ 时，$I = I_S = 1\text{A}$，则

$$U = IR = I_S R = 1 \times 10\text{V} = 10\text{V}$$

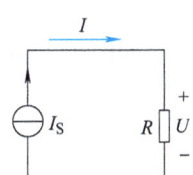

图 1-2-14　例 1.2.4 图

（3）$R \to 0$ 时，$I = I_S = 1\text{A}$，则

$$U = IR = I_S R = 1 \times 0\text{V} = 0\text{V}$$

3. 理想电源的等效分析

（1）电压源的串、并联

如图 1-2-15a 所示，当有多个电压源串联时，可用一个电压源等效代替，如图 1-2-15b 所示。等效电压源的电动势的值等于各串联电压源的电动势的代数和，即

$$U = U_{S1} + U_{S2} + U_{S3} + \cdots = \sum_{i=1}^{n} U_{Si}$$

式中，与 U 的参考方向相同的各串联电压源的电动势取"+"，相反的取"-"。

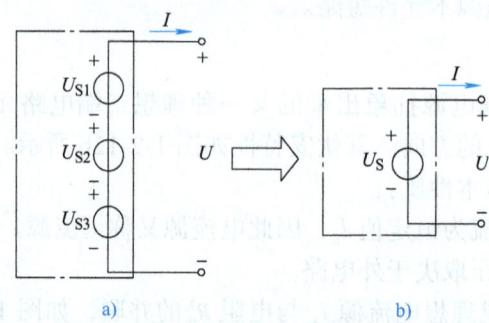

图 1-2-15 电压源的串联

注意：当有多个电压源并联时，只有电动势相等的电压源才允许并联。

（2）电流源的串、并联

如图 1-2-16a 所示，当有多个电流源并联时，可用一个电流源等效代替，如图 1-2-16b 所示。等效电流源的电流值等于各并联电流源的电流的代数和，即

$$I_S = I_{S1} + I_{S2} + I_{S3} + \cdots = \sum_{i=1}^{n} I_{Si}$$

式中，与 I 的参考方向相同的各并联电流源的电流值取"+"，相反的取"-"。

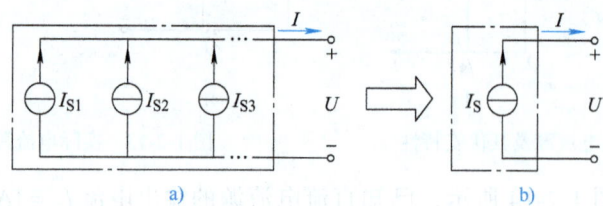

图 1-2-16 电流源的并联

注意：当有多个电流源串联时，只有电流相等的电流源才允许串联。

（3）电流源与电压源的串、并联

如图 1-2-17a 所示，当电压源与电流源串联时，其等效电路如图 1-2-17b 所示。

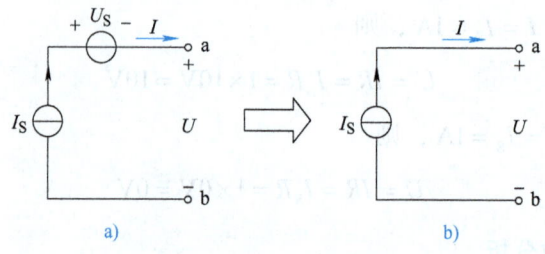

图 1-2-17 电压源与电流源串联

等效电路的含义是指端子的伏安特性相同。对外电路来说，两个电路的电流都从 a 端流出，从 b 端流入。相同的电流必然在外电路产生相同的电压 U，由于两个电路在 a、b

端子处的伏安特性相同,所以在分析与 a、b 端子相连的外电路特性时,可以用图 1-2-17b 所示电路来等效图 1-2-17a 所示电路。

如图 1-2-18a 所示,当电流源与电压源并联时,等效电路如图 1-2-18b 所示。

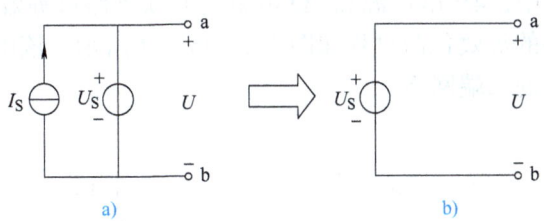

图 1-2-18　电流源与电压源并联

由于 a、b 端子之间的电压在两电路中是相同的,当 a、b 两端子与外电路相连时,会产生相同的电流,即端子的伏安特性相同,所以两电路对于计算与 a、b 两端子相连的外电路中电量而言是等效的。

由图 1-2-18 和图 1-2-17 可以看出,与电流源串联的元件(如电压源、电阻)可以视为一个多余元件,与电压源并联的元件(如电流源、电阻)也可以视为一个多余元件。

4. 实际电源的等效分析

实际电源有电压源与电流源两种模型:电压源模型即恒压源和电阻串联的形式,电流源模型即恒流源和电阻并联的形式。不论是实际电压源还是实际电流源,它们都是二端网络,对于实际电源的外电路而言,这两种实际电源都有可能相互等效。也就是说,在负载输出电压和输出电流不变的条件下,实际电压源与实际电流源是可以相互等效的,如图 1-2-19 所示。

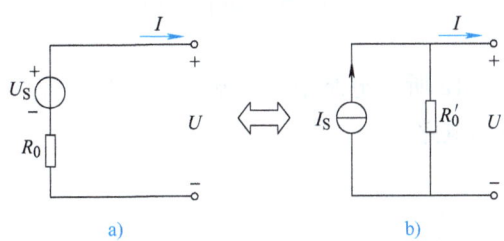

图 1-2-19　实际电源的等效

由图 1-2-19a 可知,其伏安特性为

$$U = U_S - IR_0$$

由图 1-2-19b 可知,其伏安特性为

$$U = I_S R_0' - IR_0'$$

二者等效,系数相同,因此有

$$\begin{cases} R_0 = R_0' \\ U_S = I_S R_0 \end{cases} \qquad (1\text{-}2\text{-}5)$$

注意:

1)实际电压源和实际电流源的等效变换仅对外电路而言是等效的。理想电压源和理

想电流源之间是不能等效的。

2）电压源的极性与电流源的极性必须一致。

【例 1.2.5】求图 1-2-20a 所示二端网络的电压源形式的最简等效电路。

解：在图 1-2-20a 中，4V 电压源和 2Ω 电阻的并联支路可等效为一个 4V 电压源，如图 1-2-20b 所示。电路的等效化简过程如图 1-2-20b ~ f 所示，该电路最终可化为一个 2V 恒压源与 2Ω 电阻串联的二端网络。

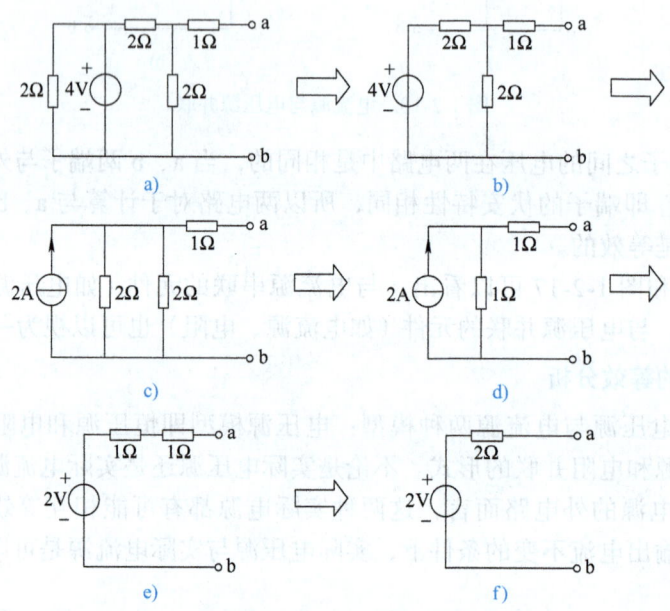

图 1-2-20　例 1.2.5 图

【例 1.2.6】在图 1-2-21a 所示电路中，已知 $U_{S1} = 4V$，$I_{S2} = 2A$，$R_2 = 12Ω$，试将其等效化简为图 1-2-21c 所示电路。

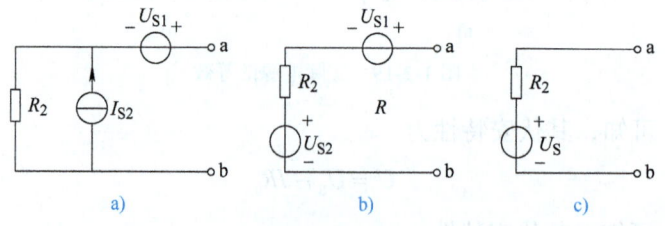

图 1-2-21　例 1.2.6 图

解：在图 1-2-21a 中，把电流源 I_{S2} 与电阻 R_2 的并联变换为电压源 U_{S2} 与电阻 R_2 的串联，如图 1-2-21b 所示，其中有

$$U_{S2} = R_2 I_{S2} = 12 \times 2V = 24V$$

在图 1-2-21b 中，将电压源 U_{S2} 与电压源 U_{S1} 的串联变换为电压源 U_S，如图 1-2-21c 所示，其中有

$$U_S = U_{S2} + U_{S1} = (24 + 4)V = 28V$$

巩固思考

1）欧姆定律只适用于_____电路中。

2）当_____与_____的参考方向为_____时，欧姆定律的表达式可以写为 $U=IR$。

3）当电阻 R 上的 U、I 参考方向为非关联参考方向时，欧姆定律的表达式应为_____。

4）对外提供恒定电压，且电压与流过的电流无关的电源是_____。

5）电气设备在_____状态下工作时，是最经济合理、安全可靠的。

任务 1.3　探究基尔霍夫定律

 学习目标

知识目标	能力目标	素质目标
1）理解并掌握基尔霍夫电流定律 2）理解并掌握基尔霍夫电压定律	能用基尔霍夫定律分析复杂电路	培养学生严谨的科学意识；培养学生的电气职业素养；培养学生的团结协作意识

案例引入　**复杂电路分析**

图 1-3-1 是较为简单的复杂电路，电路中共有 3 个电阻 R_1、R_2、R_3，2 个电压源 E_1、E_2。如何求解电路中各元件的端电压及各支路的支路电流呢？用欧姆定律可以顺利求解吗？

显然，欧姆定律对求解图 1-3-1 所示电路的支路电流、电压无从下手。1845 年，德国物理学家 G.R. 基尔霍夫（Gustav Robert Kirchhoff，1824—1887）提出了解决此类电路问题的基本定律——基尔霍夫定律。基尔霍夫定律（Kirchhoff's Law）是电路中电压和电流所遵循的基本规律，

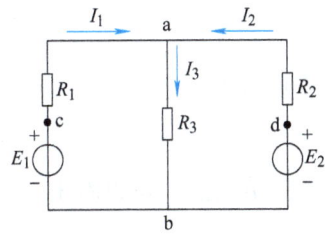

图 1-3-1　复杂电路

也是分析和计算较为复杂电路的基础。基尔霍夫定律既可以用于直流电路的分析，也可以用于交流电路的分析，还可以用于含有电子元器件的非线性电路的分析。那么什么是基尔霍夫定律呢？

 知识链接

要了解基尔霍夫定律，首先需要知道 4 个电路结构名词，它们分别是：

（1）支路

电路中流过同一电流的每一个分支叫作支路，支路用 b（Branch）表示，如图 1-3-1 中，共有 E_1-R_1、R_3 和 E_2-R_2 共 3 条支路，即 $b=3$。

流过支路的电流，称为支路电流。含有电源的支路叫含源支路，如图 1-3-1 中的 E_1-R_1 和 E_2-R_2 支路；不含电源的支路叫无源支路，如图 1-3-1 中的 R_3 支路。

（2）节点

3条或3条以上支路的连接点叫作节点，节点用n（Node）表示，如图1-3-1中，有a、b两个节点，即$n=2$。

（3）回路

电路中任意一个闭合路径叫作回路，回路用l（Loop）表示，如图1-3-1中，有abca、adba、adbca三条回路，即$l=3$。

（4）网孔

中间无支路穿过的回路叫作网孔，网孔用m（Mesh）表示，如图1-3-1中，有abca、adba两个网孔，即$m=2$。

基尔霍夫定律包括基尔霍夫电流定律（KCL）和基尔霍夫电压定律（KVL）。

1. 基尔霍夫电流定律

基尔霍夫电流定律（Kirchhoff's Current Law，KCL）又称基尔霍夫第一定律或节点电流定律。基尔霍夫电流定律是用来确定连接在同一个节点上的各支路电流之间的相互关系的。基尔霍夫电流定律指出：任一瞬间，通过电路中任一节点的电流的代数和恒等于零。即

基尔霍夫电流定律

$$\sum_{k=1}^{K} i_k(t) = 0$$

在直流电路中，写作

$$\sum I = 0$$

如图1-3-2所示，可列出节点a的电流方程为

$$-I_1 + I_2 + I_3 - I_4 + I_5 = 0$$

变形可得

$$I_2 + I_3 + I_5 = I_1 + I_4$$

加以分析后，可以看出

$$\sum I_\text{入} = \sum I_\text{出} \tag{1-3-1}$$

由式（1-3-1）可知：在任一时刻，对电路中的任一节点，流入节点的电流之和等于流出节点的电流之和。

需要明确的是：

1) 基尔霍夫电流定律是电荷守恒和电流连续性原理在电路中任意节点处的反映。

2) 基尔霍夫电流定律是对支路电流施加的约束，与支路上接的是什么元器件无关，与电路是线性的还是非线性的无关。

3) 基尔霍夫电流定律方程按电流的参考方向列写，与电流的实际方向无关。

基尔霍夫电流定律也可以推广应用于包含几个节点的一个封闭面。例如在图1-3-3所示的电路中，封闭面内有3个节点1、2、3，在这3个节点处，分别有

$$\begin{cases} -i_1 - i_{12} + i_{31} = 0 \\ -i_2 - i_{23} + i_{12} = 0 \\ i_3 - i_{31} + i_{23} = 0 \end{cases} \tag{1-3-2}$$

项目1 直流电路分析应用

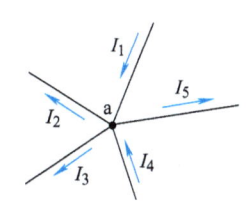

图 1-3-2 基尔霍夫电流定律示例

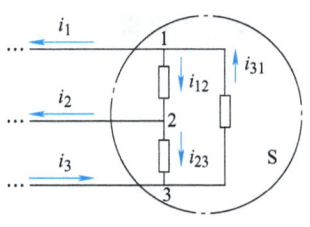

图 1-3-3 广义节点

将式（1-3-2）中的 3 个方程相加，得

$$i_1 + i_2 = i_3$$

可见，汇集于任一封闭面的电流的代数和也恒等于零。这种假想的封闭面，叫作电路的广义节点。

【例 1.3.1】如图 1-3-4 所示，已知 $I = 5A$，$I_1 = 3A$，$I_4 = 2A$，求 I_2、I_3 和 I_5。

解：图 1-3-4 所示的电路有 4 个节点，即 a、b、c、d，由基尔霍夫电流定律对各节点列方程。

对节点 a，有

$$I = I_1 + I_2$$

得

$$I_2 = I - I_1 = (5-3)A = 2A$$

对节点 d，有

$$I_1 + I_4 + I_5 = 0$$

得

$$I_5 = -I_1 - I_4 = (-3-2)A = -5A$$

对节点 c，有

$$I_3 = I + I_4$$

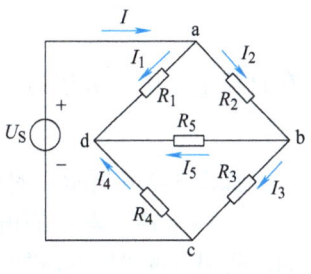

图 1-3-4 例 1.3.1 图

得

$$I_3 = I + I_4 = (5+2)A = 7A$$

核算节点 b，有 $I_2 = I_3 + I_5$，满足基尔霍夫电流定律。

【例 1.3.2】如图 1-3-5 所示，$I_1 = 2A$，$I_2 = 5A$，$I_3 = -3A$，求 I_4 的数值。

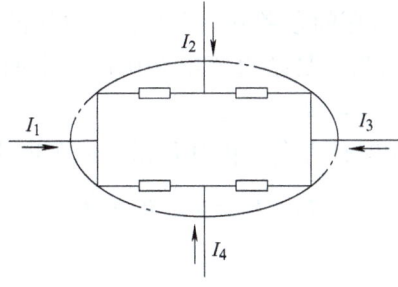

图 1-3-5 例 1.3.2 图

解： 由广义节点可得

$$I_1 + I_2 + I_3 + I_4 = 0$$

所以有

$$I_4 = -(I_1 + I_2 + I_3)$$
$$= -(2 + 5 - 3)\text{A}$$
$$= -4\text{A}$$

由例 1.3.2 可以看出：公式的正负号与变量的正负号不能混淆。如果电流为负值，说明电流的参考方向与实际正方向相反。

2. 基尔霍夫电压定律

基尔霍夫电压定律（Kirchhoff's Voltage Law）又称基尔霍夫第二定律或回路电压定律。基尔霍夫电压定律是用来确定在同一回路（网孔）里各元器件两端电压之间的相互关系的。基尔霍夫电压定律指出：任一时刻，对任一闭合回路，沿回路绕行方向上的各段电压代数和为零，其数学表达式为

基尔霍夫电压定律

$$\sum_{k=1}^{k} u_k(t) = 0$$

在直流电路中，表述为

$$\sum U = 0 \qquad (1\text{-}3\text{-}3)$$

如图 1-3-6 所示，对回路 abcd 列写基尔霍夫电压方程。

先标定各元器件的电压参考方向。然后选定回路绕行方向，即选定顺时针或逆时针为正。最后对回路列基尔霍夫电压方程有

$$u_1 + u_2 - u_3 - u_4 = 0$$

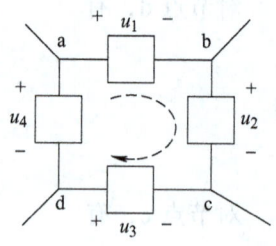

图 1-3-6 基尔霍夫电压定律应用

应当指出的是：在列写基尔霍夫电压方程时，首先要标定电压参考方向，然后为回路选取一个回路绕行方向。通常规定，参考方向与回路绕行方向相同的电压取正号，参考方向与回路绕行方向相反的电压取负号。

需要明确的是：

1）基尔霍夫电压定律实质上反映了电路遵循能量守恒定律。

2）基尔霍夫电压定律是对回路电压施加的约束，与回路各支路上接的是什么元器件无关，与电路是线性的还是非线性的无关。

3）基尔霍夫电压方程按电压的参考方向列写，与电压的实际方向无关。

【例 1.3.3】 图 1-3-6 所示为某复杂直流电路中的一个回路，已知各元器件的电压为 $u_1 = 2\text{V}$，$u_2 = 3\text{V}$，$u_3 = 4\text{V}$，试求 u_4。

解： 设回路绕行方向为顺时针方向，由基尔霍夫电压定律得

$$u_1 + u_2 - u_3 - u_4 = 0$$

将已知数据代入可得

$$u_4 = u_1 + u_2 - u_3 = (2 + 3 - 4)\text{V} = 1\text{V}$$

基尔霍夫电压定律不仅适用于闭合回路，也可推广应用于假想回路（开口电路）。如图 1-3-7a 所示，在 a、b 两点之间可以假想有一个元件与其他元件构成回路，而假想元件的端电压就是 U。

将 a、b 两点间的电压作为电阻的电压降考虑，如图 1-3-7b 所示，然后应用基尔霍夫电压定律，即可列写方程求解。即

$$U = E - R_0 I$$

【例 1.3.4】图 1-3-8 所示为某电路中的一个回路，各元器件模块是任意的，已知各模块的电压为 $U_{AB}=3\text{V}$，$U_{BC}=4\text{V}$，$U_{FD}=-6\text{V}$，$U_{AF}=8\text{V}$，各模块电压的参考方向同样如图 1-3-8 所示，试求：（1）U_{CD}；（2）U_{AD}。

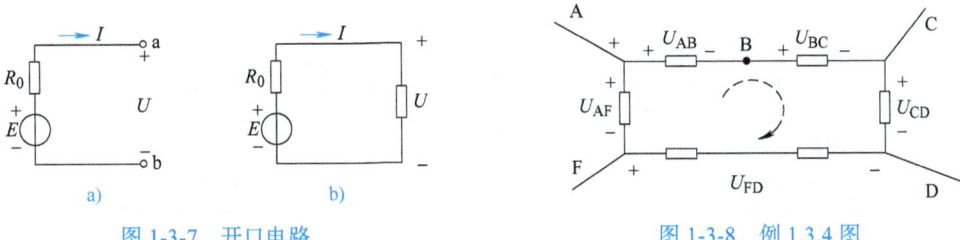

图 1-3-7　开口电路　　　　　图 1-3-8　例 1.3.4 图

解：（1）取回路绕行方向为顺时针方向，由基尔霍夫电压定律得

$$U_{AB} + U_{BC} + U_{CD} + U_{DF} + U_{FA} = 0$$

所以

$$U_{CD} = -(U_{AB} + U_{BC} + U_{DF} + U_{FA})$$

$$U_{CD} = -(3+4+6-8)\text{V} = -5\text{V}$$

（2）设 ADFA 为一个假想回路，取回路绕行方向为顺时针方向，由基尔霍夫电压定律得

$$U_{AD} + U_{DF} + U_{FA} = 0$$

所以

$$U_{AD} = -U_{DF} - U_{FA}$$

$$U_{AD} = (-6+8)\text{V} = 2\text{V}$$

 任务实施　　**基尔霍夫定律的验证**

一、任务实施所需设备

序号	名称	数量	备注
1	直流可调稳压电源	2 路	0～30V
2	直流数字式电压表	1	0～200V
3	直流数字式电流表	1	0～200mA
4	基尔霍夫定律实验电路板	1	

二、任务实施参考步骤

基尔霍夫定律是电路的基本定律。电路中各支路电流及每个元器件两端的电压,应能分别满足基尔霍夫电流定律和基尔霍夫电压定律。即对电路中的任一节点而言,应有 $\sum I = 0$;对电路中的任一闭合回路而言,应有 $\sum U = 0$。

运用基尔霍夫定律时,必须注意各支路或闭合回路中电流的正方向,此方向可预先任意设定。

1)参照实训图 1-3-1,分小组讨论设计并完成基尔霍夫定律验证电路的组装。也可直接采用 DG05 挂箱的"基尔霍夫定律/叠加定理"电路。实验前需要先任意设定 3 条支路和 3 个闭合回路的电流参考方向。在实训图 1-3-1 中,I_1、I_2、I_3 的参考方向已设定。3 个闭合回路的电流参考方向可设为 ADEFA、BADCB 和 FBCEF。

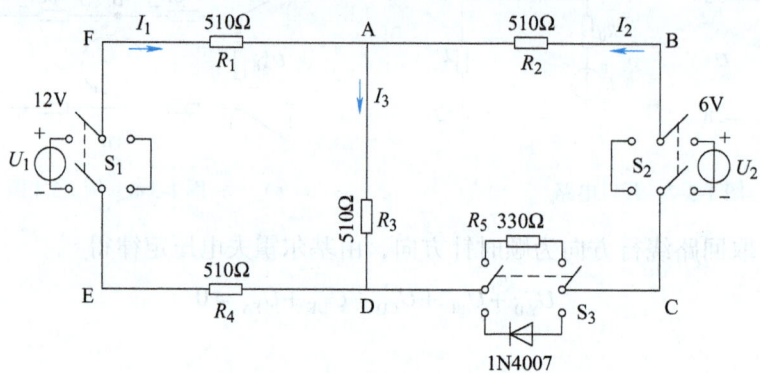

实训图 1-3-1 基尔霍夫定律验证电路

2)分别将两路直流可调稳压电源接入电路,令 $U_1=6\text{V}$,$U_2=12\text{V}$。
3)熟悉电流插头的结构,将电流插头的两端接至数字式电流表的"+""-"两端。
4)将电流插头分别插入 3 条支路的 3 个电流插座中,读出并记录电流值。
5)用直流数字式电压表分别测量两路电源及电阻元件上的电压值,记入表 1-3-1。

表 1-3-1 基尔霍夫定律的验证

被测量	I_1/mA	I_2/mA	I_3/mA	U_1/V	U_2/V	U_{FA}/V	U_{AB}/V	U_{AD}/V	U_{CD}/V	U_{DE}/V
计算值										
测量值										
相对误差										

三、任务实施注意事项

1)U_1 和 U_2 也需测量,不应取电源本身的显示值。
2)测量电流和电压时,所得电压或电流值的正、负号应根据设定的电流参考方向来判断。

四、任务汇报展示评价（见表 1-3-2）

表 1-3-2　基尔霍夫定律的验证实训项目评价表

实训项目：　　　　　　　　　学生姓名：

序号	考核项目	考核等级 A	考核等级 B	考核等级 C	成绩
1	任务实施计划决策	计划合理充分、实施过程准确且有完整详细的记录	计划较合理充分、实施过程较准确且有记录	计划较合理充分、实施过程较准确但没有记录	
2	任务实施检查	在规定时间内能较好地完成基尔霍夫定律的验证，测量数据分析准确	在规定时间内能完成基尔霍夫定律的验证，测量数据分析较准确	在规定时间内基本完成基尔霍夫定律的验证，测量数据分析较准确	
3	任务实施评估讨论	能独立完成基尔霍夫定律的验证，准确分析数据并得出结论，能积极解决任务实施过程中出现的问题	能较独立地完成基尔霍夫定律的验证，较准确地分析数据并得出结论，能部分解决任务实施过程中出现的问题	能基本完成基尔霍夫定律的验证，能分析数据并得出结论，能部分解决任务实施过程中出现的问题	
4	仪器使用、维护	能严格按照仪器仪表的操作规范进行操作，能及时清理垃圾，将仪器摆放整齐等	能较严格按照仪器仪表的操作规范进行操作，能清理垃圾，将仪器摆放整齐等	能按照仪器仪表的操作规范进行操作，能清理垃圾，将仪器摆放整齐等	
	团队协作	能与小组成员积极配合，有序地完成训练项目	能与小组成员较积极配合，有序地完成训练项目	能与小组成员配合，基本完成训练项目	
	劳动纪律	认真遵守任务实施时间，在任务实施过程中积极动手、动脑	较认真遵守任务实施时间，在任务实施过程中能动手、动脑	能遵守任务实施时间，在任务实施过程中不够积极	
总评					

 * 视野拓展　电阻的 丫 - △ 变换

在电路分析中，如果能将串联或并联的电阻等效简化为一个电阻，会使计算分析过程大大简化。但是在电路中，经常会有电阻之间的连接既不是串联也不是并联的情况，如图 1-3-9a 所示。电阻 R_1、R_2、R_3 组成△联结，而电阻 R_1、R_3、R_4 组成丫联结。只有将如图 1-3-9a 所示的丫联结、△联结电阻网络等效转换成电阻的串并联形式，电路才可以进一步化简等效。

例如，将 R_1、R_2、R_3 组成的△联结变成由 R_6、R_7、R_8 组成的丫联结时，如图 1-3-9b 所示，则 a、b 间的等效电阻为

$$R_{ab} = R_6 + (R_4 + R_7)//(R_5 + R_8)$$

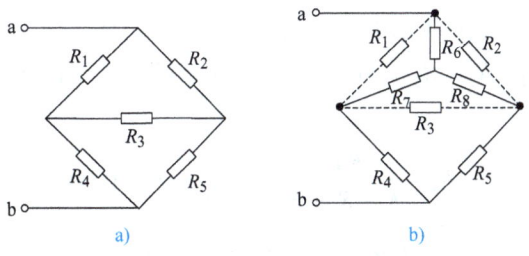

a)　　　　　　　　　　　b)

图 1-3-9　丫联结和△联结

图 1-3-10 中，在对应的端子与端子间，指定了相同的电流、电压参考方向。这样一来，两种结构的等效变换条件如下。

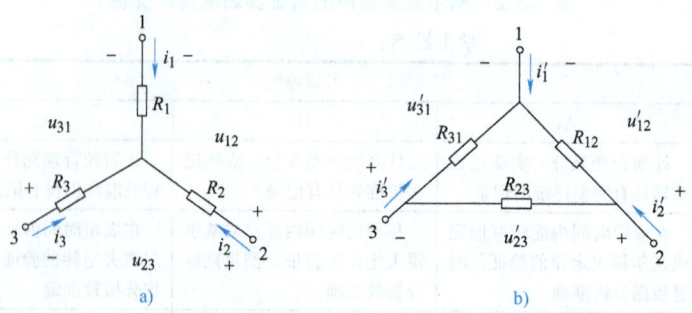

图 1-3-10　Y 联结和 △ 联结等效变换

对应端子的电流与电压应保持不变，即

$$i_1 = i_1', \quad i_2 = i_2', \quad i_3 = i_3'$$

$$u_{12} = u_{12}', \quad u_{23} = u_{23}', \quad u_{31} = u_{31}'$$

在两个网络中，从任意一对相应的端子观看网络时（第三个端子做相同的连接，例如都断开），它们应有相同的输入电阻。据此得出：

1）由给定 △ 联结的 3 个电阻，计算 Y 联结的 3 个电阻的计算公式为

$$R_1 = \frac{R_{31}R_{12}}{R_{12} + R_{23} + R_{31}}$$

$$R_2 = \frac{R_{12}R_{23}}{R_{12} + R_{23} + R_{31}}$$

$$R_3 = \frac{R_{23}R_{31}}{R_{12} + R_{23} + R_{31}}$$

2）由给定 Y 联结的 3 个电阻，计算 △ 联结的 3 个电阻的计算公式为

$$R_{12} = \frac{R_1R_2 + R_2R_3 + R_3R_1}{R_3}$$

$$R_{23} = \frac{R_1R_2 + R_2R_3 + R_3R_1}{R_1}$$

$$R_{31} = \frac{R_1R_2 + R_2R_3 + R_3R_1}{R_2}$$

【例 1.3.5】求图 1-3-11a 所示电路的总电阻 R_{14}。

解： 将 △ 联结的 R_1、R_2、R_5 等效变换为 Y 联结的 3 个电阻 R_6、R_7、R_8，如图 1-3-11b 所示，有

$$R_6 = \frac{R_1R_2}{R_1 + R_2 + R_5} = \frac{1 \times 3}{1 + 3 + 2}\Omega = 0.5\Omega$$

$$R_7 = \frac{R_1R_5}{R_1 + R_2 + R_5} = \frac{1 \times 2}{1 + 3 + 2}\Omega = \frac{1}{3}\Omega = 0.333\Omega$$

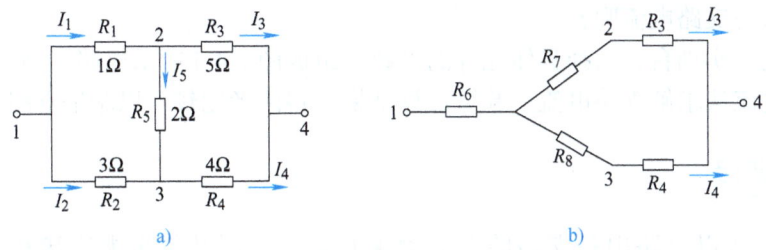

图 1-3-11 例 1.3.5 图

$$R_8 = \frac{R_2 R_5}{R_1 + R_2 + R_5} = \frac{3 \times 2}{1+3+2}\Omega = 1\Omega$$

所以有

$$R_{14} = R_6 + (R_7 + R_3) // (R_8 + R_4) \approx 3\Omega$$

 巩固思考

1）凡是用电阻的串并联和欧姆定律可以求解的电路统称为_____电路，用这些方法不能直接求解的电路，则称为_____电路。

2）基尔霍夫定律包括_____和_____。_____应用于节点，_____应用于回路。

3）对于一个具有 n 个节点、b 条支路的电路，应用基尔霍夫电流定律可以写出_____个独立的节点电流方程。

4）两个电阻串联，$R_1:R_2=1:2$，总电压为 60V，则 U_1 的大小为_____。

5）已知丫联结的 3 个电阻都是 30Ω，则等效的△联结的 3 个电阻阻值为_____。

任务 1.4　探究支路电流法

 学习目标

知识目标	能力目标	素质目标
1）了解简单电路与复杂电路 2）理解并掌握支路电流法的应用 3）理解并掌握支路电流法的适用条件	1）能正确使用仪表测量电路参数 2）能用支路电流法分析复杂电路	培养学生的安全用电意识；培养学生的电气职业素养；培养学生的团结协作意识

 案例引入　复杂电路分析

图 1-4-1 所示电路共有 3 个电阻 R_1、R_2、R_3，2 个电压源 U_{S1}、U_{S2}，元件连接形成 3 条支路，各支路电流分别为 I_1、I_2、I_3，要求解的是 3 条支路的支路电流。显然，该电路无法用欧姆定律直接求解，且支路数不太多，如何用所学的基尔霍夫定律，列

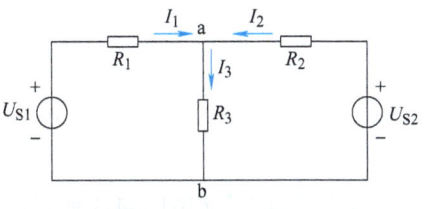

图 1-4-1　复杂电路

写方程组并求解支路电流呢？

先利用电工实训台，选择具体元件的参数，组成图1-4-1所示电路，测量各支路电流，然后用支路电流法求解支路电流，验算计算结果，将两者比较，以验证支路电流法。

 知识链接

支路电流法以电路中各支路的电流为未知量，应用基尔霍夫定律和支路的伏安关系，分别对节点和回路进行分析，列出与支路数相等的独立方程来组成方程组，先解得各未知的支路电流，进而求得电路中的电压或电流。支路电流法是计算分析复杂电路的基本方法之一，也是最直观的方法。

对于一个具有 n 个节点，b 条支路的电路，应用支路电流法进行分析求解的步骤是：

1）规定各支路电流的参考方向及回路的绕行方向。

2）若有 n 个节点，则根据基尔霍夫电流定律，可写出（$n-1$）个独立的节点电流方程。

3）若有 b 条支路，则根据基尔霍夫电压定律，可写出 $b-(n-1)$ 个独立的回路电压方程。

4）联立这些独立方程，得到一个方程组，求解方程组，即可求得各支路电流。

【例 1.4.1】 电路如图1-4-2所示，已知 U_{S1}=10V，U_{S2}=10V，R_1=10Ω，R_2=10Ω，R_3=10Ω。求各支路电流。

解：先假定各支路电流的参考方向如图1-4-2所示，由基尔霍夫电流定律得

$$I_1 + I_3 = I_2$$

选定两个回路的绕行方向为顺时针方向，则由基尔霍夫电压定律得

$$I_2 R_2 - U_{S1} + I_1 R_1 = 0$$

$$-I_3 R_3 + U_{S2} - I_2 R_2 = 0$$

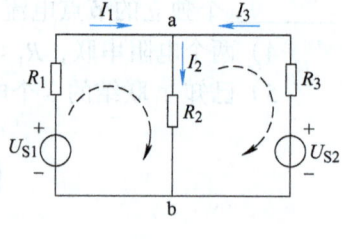

图1-4-2 例1.4.1图

代入数据，联立方程组，有

$$\begin{cases} I_1 + I_3 = I_2 \\ 10I_2 - 10 + 10I_1 = 0 \\ -10I_3 + 10 - 10I_2 = 0 \end{cases}$$

解得

$$\begin{cases} I_1 = \dfrac{1}{3}\text{A} \\ I_2 = \dfrac{2}{3}\text{A} \\ I_3 = \dfrac{1}{3}\text{A} \end{cases}$$

【例 1.4.2】 在图1-4-3所示电路中，试用支路电流法求各支路电流。

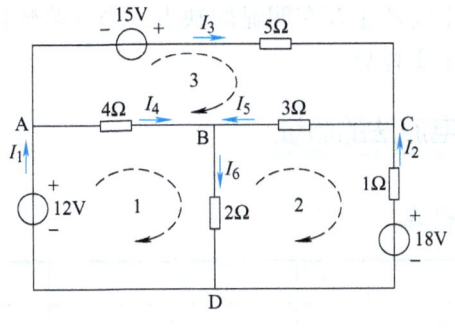

图 1-4-3　例 1.4.2 图

解：该电路的支路数为 6，节点数为 4。

设各个电流的参考方向如图 1-4-3 所示，选择节点 A、B、C 为独立节点，各节点的基尔霍夫电流方程为

$$-I_1 + I_3 + I_4 = 0$$

$$-I_4 - I_5 + I_6 = 0$$

$$-I_2 - I_3 + I_5 = 0$$

选择网孔为独立回路，设各回路的绕行方向均为顺时针方向，各回路的基尔霍夫电压方程为

$$4I_4 + 2I_6 = 12$$

$$-I_2 - 3I_5 - 2I_6 = -18$$

$$5I_3 - 4I_4 + 3I_5 = 15$$

联立以上各式，即有

$$\begin{cases} -I_1 + I_3 + I_4 = 0 \\ -I_4 - I_5 + I_6 = 0 \\ -I_2 - I_3 + I_5 = 0 \\ 4I_4 + 2I_6 = 12 \\ -I_2 - 3I_5 - 2I_6 = -18 \\ 5I_3 - 4I_4 + 3I_5 = 15 \end{cases}$$

解得

$$\begin{cases} I_1 = 3\text{A} \\ I_2 = 1\text{A} \\ I_3 = 2\text{A} \\ I_4 = 1\text{A} \\ I_5 = 3\text{A} \\ I_6 = 4\text{A} \end{cases}$$

可以看出，支路电流法的优点是求解直观，所求的就是支路电流，有了支路电流，即可求解电路中的其他电压、功率等。所以，支路电流法对任何电路都是适用的，也是求解

电路的一般方法。但支路电流法也存在明显的缺点，当支路数目较多时，变量也较多，求解过程麻烦，所以不利于手工计算。

 任务实施　支路电流法的验证

一、任务实施所需设备

序号	名称	数量	备注
1	直流可调稳压电源	1	0～200V
2	万用表	2	数字式、指针式
3	实训功能板	2	XKDG02、XKDG03
4	直流数字式电压表	1	0～200V

二、任务实施参考步骤

（1）利用支路电流法列写方程组并求解支路电流。

1）参照图1-4-1所示电路，分小组讨论设计并组建复杂电路，令 $U_{S1}=130\text{V}$，$U_{S2}=117\text{V}$，$R_1=1\Omega$，$R_2=0.6\Omega$，$R_3=24\Omega$（也可根据教学条件，自行选择参数来验证）。

2）列出支路电流方程组，求解各支路电流，将数据记入表1-4-1中的计算数据一栏。

表1-4-1　支路电流数据之一

测量数据			计算数据		
I_1/A	I_2/A	I_3/A	I_1/A	I_2/A	I_3/A

3）总结支路电流方程组的列写规律。

4）直接用万用表检测各支路电流，将数据记入表1-4-1中的测量数据一栏，并与计算数据比较分析。

（2）根据支路电流方程来还原电路模型

已知某电路的支路电流方程如式（1-4-1）所示，请根据该方程组还原出相应的电路，并求解该电路各支路电流，将数据记入表1-4-2中的计算数据一栏。同时，用万用表直接测量各支路电流，将数据记入表1-4-2中的测量数据一栏，比较数据以验算计算结果。

$$\begin{cases} I_1+I_3=I_2 \\ 10I_2-10+10I_1=0 \\ -10I_3+10-10I_2=0 \end{cases} \quad (1\text{-}4\text{-}1)$$

表1-4-2　支路电流数据之二

测量数据			计算数据		
I_1/A	I_2/A	I_3/A	I_1/A	I_2/A	I_3/A

三、任务实施注意事项

1）使用直流电流表、直流电压表测量时，应注意仪表的极性。

2）注意万用表的测量档位及量程的选择。

3）各小组可以提前将计算数据计算出来，记入表 1-4-1 和表 1-4-2 中，以便在实训测量时节省时间。

四、任务汇报展示评价（见表 1-4-3）

表 1-4-3 支路电流法的验证实训项目评价表

实训项目： 　　　　　　　学生姓名：

序号	考核项目	考核等级			成绩
		A	B	C	
1	任务实施计划决策	计划合理充分、实施过程准确且有完整详细的记录	计划较合理充分、实施过程准确且有记录	计划较合理充分、实施过程较准确但没有记录	
2	任务实施检查	在规定时间内能较好地完成支路电流法的验证，测量数据分析准确	在规定时间内能完成支路电流法的验证，测量数据分析较准确	在规定时间内基本完成支路电流法的验证，测量数据分析较准确	
3	任务实施评估讨论	能独立完成支路电流法的验证，准确分析数据并得出结论，能积极解决任务实施过程中出现的问题	能较独立地完成支路电流法的验证，较准确地分析数据并得出结论，能部分解决任务实施过程中出现的问题	能基本完成支路电流法的验证，能分析数据并得出结论，能部分解决任务实施过程中出现的问题	
4	仪器使用、维护	能严格按照仪器仪表的操作规范进行操作，能及时清理垃圾，将仪器摆放整齐等	能较严格按照仪器仪表的操作规范进行操作，能清理垃圾，将仪器摆放整齐等	能按照仪器仪表的操作规范进行操作，能清理垃圾，将仪器摆放整齐等	
	团队协作	能与小组成员积极配合，有序地完成训练项目	能与小组成员较积极配合，有序地完成训练项目	能与小组成员配合，基本完成训练项目	
	劳动纪律	认真遵守任务实施时间，在任务实施过程中积极动手、动脑	较认真遵守任务实施时间，在任务实施过程中能动手、动脑	能遵守任务实施时间，在任务实施过程中不够积极	
总评					

视野拓展　节点电压法的应用

对于支路多、节点少的电路，为了减少方程的个数，可以采用节点电压法。所谓节点电压法，就是在电路中先选定参考点，并假设其余节点的电压为中间未知量，根据基尔霍夫电流定律和电压定律列出各节点电流方程和回路电压方程，然后联立求解，得到节点电压，最终求得各支路电流的方法。

节点电压法以节点电压作为电路的独立变量来列写方程。这里的节点电压是指各节点与参考点之间的电压，即各节点的电位。下面以图 1-4-4 所示电路为例来讨论节点电压法的求解规律。

在图 1-4-4 所示电路中，设 C 点为参考点，电路中各个量的参考方向如图中所示，求 A、B 两点的电位 V_A、V_B。

C 点为参考点，列电路中各节点电流方程如下。

节点 A 有

$$I_1 + I_2 = I_{S1} + I_{S3}$$

节点 B 有

$$-I_2 + I_3 = I_{S1} - I_{S3}$$

电路中各电导的伏安关系为

$$I_1 = G_1 V_A$$
$$I_2 = G_2(V_A - V_B)$$
$$I_3 = G_3 V_B$$

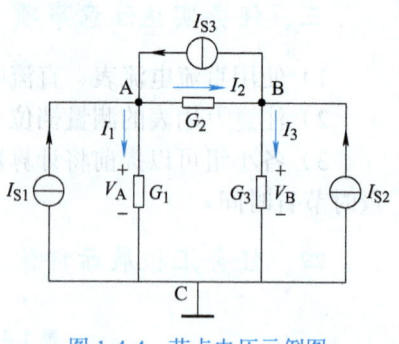

图 1-4-4 节点电压示例图

将 $I_1 \sim I_3$ 代入节点 A 和节点 B 的节点电流方程,得

$$(G_1 + G_2)V_A - G_2 V_B = I_{S1} + I_{S3}$$
$$-G_2 V_A + (G_2 + G_3)V_B = I_{S2} - I_{S3}$$

这就是节点电压方程,它们的一般形式为

$$\begin{cases} G_{11}V_A + G_{12}V_B = I_{S11} \\ G_{21}V_A + G_{22}V_B = I_{S22} \end{cases}$$

式中,$G_{11} = G_1 + G_2$ 为节点 A 的自导,即连接节点 A 的所有电导之和,总是取正;$G_{22} = G_2 + G_3$ 为节点 B 的自导,即连接节点 B 的所有电导之和,总是取正;$G_{12} = G_{21} = -G_2$ 为连接节点 A 和节点 B 之间的所有电导之和,称为两个节点的互导,互导总是取负;$I_{S11} = I_{S1} + I_{S3}$、$I_{S22} = I_{S2} - I_{S3}$ 分别为流入节点 A 和节点 B 的电流源电流的代数和,流入节点的电流取正,流出的取负。

因此,设有 n 个节点的网络,节点电压方程的标准形式为

$$\begin{cases} G_{11}u_{n1} + G_{12}u_{n2} + \cdots + G_{1j}u_{nj} + \cdots + G_{1k}u_{nk} + \cdots + G_{1(n-1)}u_{n(n-1)} = i_{S11} \\ G_{21}u_{n1} + G_{22}u_{n2} + \cdots + G_{2j}u_{nj} + \cdots + G_{2k}u_{nk} + \cdots + G_{2(n-1)}u_{n(n-1)} = i_{S22} \\ G_{31}u_{n1} + G_{32}u_{n2} + \cdots + G_{3j}u_{nj} + \cdots + G_{3k}u_{nk} + \cdots + G_{3(n-1)}u_{n(n-1)} = i_{S33} \\ \vdots \\ G_{j1}u_{n1} + G_{j2}u_{n2} + \cdots + G_{jj}u_{nj} + \cdots + G_{jk}u_{nk} + \cdots + G_{j(n-1)}u_{n(n-1)} = i_{Sjj} \\ \vdots \\ G_{k1}u_{n1} + G_{k2}u_{n2} + \cdots + G_{kj}u_{nj} + \cdots + G_{kk}u_{nk} + \cdots + G_{k(n-1)}u_{n(n-1)} = i_{Skk} \\ \vdots \\ G_{(n-1)1}u_{n1} + G_{(n-1)2}u_{n2} + \cdots + G_{(n-1)j}u_{nj} + \cdots + G_{(n-1)k}u_{nk} + \cdots + G_{(n-1)(n-1)}u_{n(n-1)} = i_{S(n-1)(n-1)} \end{cases}$$

式中,G_{kk}、G_{jj} 分别为各节点 (k,j) 的自导,它等于与节点相连(关联)的所有支路电导之和,恒为正值;$G_{jk} = G_{kj}$(无受控电源时)为同时与 j、k 支路相关的支路电导代数和,恒为负值,称为互导;i_{Skk}、i_{Sjj} 分别为各节点 (k,j) 的电流源电流代数和。

注意:

1)各结点 (k,j) 之间若有直连支路,则 $G_{jk} = G_{kj} = 0$。

2）若某支路为电压源和电阻串联的组合，应先化为电流源与电导并联的组合。

3）若某支路为纯电压源，则其关联节点间电压为已知，即（$u_{nk}-u_{nj}=u_{Skj}$），可将电压源中的电流作为变量，按电流源处理。列入方程左边（也可列入方程右边，但应改变符号）。

4）若某支路为纯电流源，无并联电导，则该支路电导为零。

5）若电路中含受控电源，可暂按独立电源处理，但其控制量应用节点电压表示。

如果一个电路中只有两个节点，那么取其中一个节点为参考节点，另一个为工作节点，则节点电压就只有一个。对于两节点电路，有 $G_{11}u_{n1}=i_{S11}$，所以 $u_{n1}=\dfrac{i_{S11}}{G_{11}}$，或两点间电压 $u=\dfrac{\sum i_S}{\sum G}$（弥尔曼定理）。

写成一般形式可得

$$U=\dfrac{\sum\dfrac{U_S}{R}+\sum I_S}{\sum\dfrac{1}{R}} \tag{1-4-2}$$

式中，分母 $\sum\dfrac{1}{R}$ 为连接工作节点的所有电导的和，总取正。分子各项取正、负与参考方向有关，若电压源 U_S 的参考方向与工作节点电压的参考方向相同则取正，反之取负；电流源 I_S 的参考方向与工作节点电压的参考方向相反则取正，反之取负。或者说电流源 I_S 的参考方向是流入节点 A 则取正，流出则取负。

节点电压求出后，就能求出原电路中各支路的电流和电压。

【例 1.4.3】求图 1-4-5 所示电路中 A、B 两点间的电压 U_{AB}。

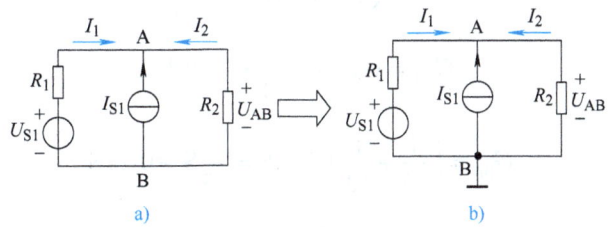

图 1-4-5　例 1.4.3 图

解：设 B 点为参考点，则 $U_{AB}=V_A$。根据弥尔曼定理可列写节点 A 的节点电压方程为

$$U_{AB}=V_A=\dfrac{\sum\dfrac{U_S}{R}+\sum I_S}{\sum\dfrac{1}{R}}=\dfrac{\dfrac{U_{S1}}{R_1}+I_{S1}}{\dfrac{1}{R_1}+\dfrac{1}{R_2}}$$

【例 1.4.4】用节点电压法求图 1-4-6 所示电路中各支路电流，已知 $U_{S1}=6V$，$U_{S2}=8V$，$I_S=0.4A$，$R_1=1\Omega$，$R_2=6\Omega$，$R_3=10\Omega$。

解：设节点 0 为参考节点，则节点电压为 U_{10}，有

$$U_{10} = \frac{\frac{U_{S1}}{R_1} - \frac{U_{S2}}{R_2} + I_S}{\frac{1}{R_1} + \frac{1}{R_2} + \frac{1}{R_3}} = \frac{\frac{6}{1} - \frac{8}{6} + 0.4}{\frac{1}{1} + \frac{1}{6} + \frac{1}{10}} \text{V} = 4\text{V}$$

由欧姆定律及基尔霍夫电压定律得

$$I_1 = \frac{U_{S1} - U_{10}}{R_1} = 2\text{A}$$

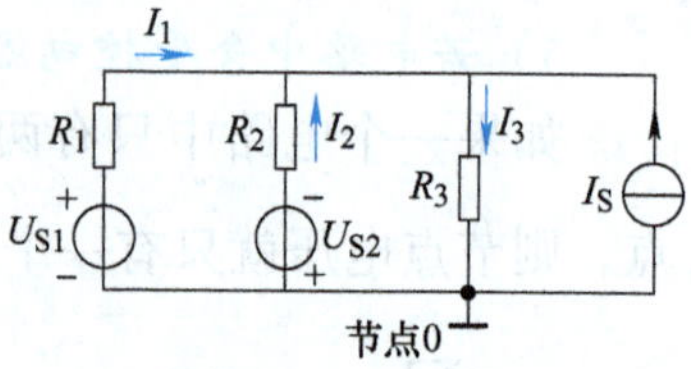

$$I_2 = \frac{-U_{S2} - U_{10}}{R_2} = \frac{-8-4}{6}\text{A} = -2\text{A}$$

$$I_3 = \frac{U_{10}}{R_3} = \frac{4}{10}\text{A} = 0.4\text{A}$$

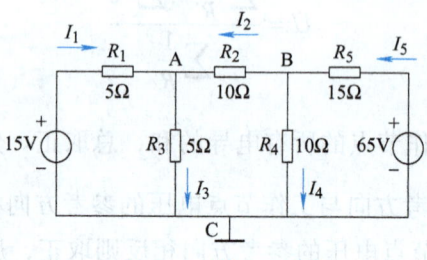

图 1-4-6 例 1.4.4 图

【例 1.4.5】电路如图 1-4-7 所示,用节点电压法求通过 R_2 的电流 I_2。

图 1-4-7 例 1.4.5 图

解:设 C 为参考点,先求工作节点 A 和 B 的自导、互导,有

$$G_{AA} = \left(\frac{1}{5} + \frac{1}{5} + \frac{1}{10}\right)\text{S} = 0.5\text{S}$$

$$G_{AB} = G_{BA} = -\frac{1}{10}\text{S} = -0.1\text{S}$$

$$G_{BB} = \left(\frac{1}{15} + \frac{1}{10} + \frac{1}{10}\right)\text{S} = \frac{4}{15}\text{S} = 0.27\text{S} \qquad (1\text{-}4\text{-}3)$$

$$I_{S11} = \frac{15}{5}\text{A} = 3\text{A}$$

$$I_{S22} = \frac{65}{15}\text{A} = \frac{13}{3}\text{A} = 4.33\text{A}$$

对节点 A 和节点 B 列方程组,得

$$\begin{cases} G_{AA}V_A + G_{AB}V_B = I_{S11} \\ G_{BA}V_A + G_{BB}V_B = I_{S22} \end{cases} \qquad (1\text{-}4\text{-}4)$$

将式(1-4-3)代入式(1-4-4),得

$$\begin{cases} 0.5V_A - 0.1V_B = 3 \\ -0.1V_A + 0.27V_B = 4.33 \end{cases} \qquad (1\text{-}4\text{-}5)$$

整理式（1-4-5），得

$$\begin{cases} 5V_A - V_B = 30 \\ -3V_A + 8V_B = 130 \end{cases}$$

解得

$$\begin{cases} V_A = 10\text{V} \\ V_B = 20\text{V} \end{cases}$$

所以

$$I_2 = \frac{V_B - V_A}{10} = \frac{20-10}{10}\text{A} = 1\text{A}$$

* 视野拓展　网孔电流法的应用

在平面网络中，网孔电流法以假想的网孔电流为电路变量，对全部网孔列出一组独立的基尔霍夫电压方程。求解方程得到网孔电流。然后，按照支路电流是网孔电流代数和的约束关系，求取支路电流和电压。若某支路只属于某一网孔，那么该支路的支路电流就是网孔电流。若某支路属于两个网孔共有，则该支路的支路电流等于两网孔电流的代数和，与支路电流方向一致的网孔电流取正号，反之取负号。

所谓平面网络，是指可以画在平面上，而不出现支路交叉的电路网络。下面以图1-4-8所示电路为例说明网孔方程的建立过程。

设有网孔电流 i_{m1}、i_{m2}，其参考方向与网孔绕向一致，则有

$$i_1 = i_{m1}, \quad i_2 = i_{m1} - i_{m2}, \quad i_3 = i_{m2}$$

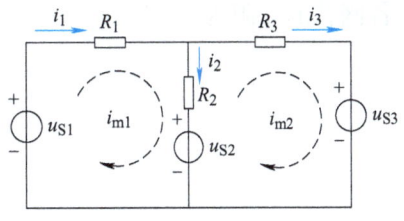

图1-4-8　网孔电流法示例电路

网孔的基尔霍夫电压方程为

$$\begin{cases} R_1 i_1 + R_2 i_2 = u_{S1} - u_{S2} \\ -R_2 i_2 + R_3 i_3 = u_{S2} - u_{S3} \end{cases} \Rightarrow \begin{cases} (R_1 + R_2) i_{m1} - R_2 i_{m2} = u_{S1} - u_{S2} \\ -R_2 i_{m1} + (R_2 + R_3) i_{m2} = u_{S2} - u_{S3} \end{cases}$$

$$\begin{cases} R_{11} i_{m1} + R_{12} i_{m2} = u_{S11} \\ R_{21} i_{m1} + R_{22} i_{m2} = u_{S22} \end{cases}$$

对于有 m 个网孔的平面网络，网孔方程的标准式为

$$\begin{cases} R_{11}i_{m1} + R_{12}i_{m2} + \cdots + R_{1j}i_{mj} + \cdots + R_{1k}i_{mk} + \cdots + R_{1m}i_{mm} = u_{S11} \\ R_{21}i_{m1} + R_{22}i_{m2} + \cdots + R_{2j}i_{mj} + \cdots + R_{2k}i_{mk} + \cdots + R_{2m}i_{mm} = u_{S22} \\ \quad\quad\quad\quad\quad\quad\quad\quad\quad\quad \vdots \\ R_{j1}i_{m1} + R_{j2}i_{m2} + \cdots + R_{jj}i_{mj} + \cdots + R_{jk}i_{mk} + \cdots + R_{jm}i_{mm} = u_{Sjj} \\ \quad\quad\quad\quad\quad\quad\quad\quad\quad\quad \vdots \\ R_{k1}i_{m1} + R_{k2}i_{m2} + \cdots + R_{kj}i_{mj} + \cdots + R_{kk}i_{mk} + \cdots + R_{km}i_{mm} = u_{Skk} \\ \quad\quad\quad\quad\quad\quad\quad\quad\quad\quad \vdots \\ R_{m1}i_{m1} + R_{m2}i_{m2} + \cdots + R_{mj}i_{mj} + \cdots + R_{mk}i_{mk} + \cdots + R_{mm}i_{mm} = u_{Smm} \end{cases}$$

式中，R_{jj}、R_{kk} 分别为各网孔（j、k）上的电阻之和，称为网孔自电阻，恒为正值；$R_{jk}=R_{kj}$ 为互电阻，即 jk 或 kj 网孔公共支路上的电阻（无受控电源时），可正可负，当所有网孔绕向一致时，恒为负值；u_{Sjj}、u_{Skk} 分别为各网孔（j、k）上的总电压源电压代数和。

注意：

1）网孔电流参考方向与网孔方向应一致，或均为顺时针，或均为逆时针。

2）若网孔 j、k 间无公共支路，则 $R_{jk}=R_{kj}=0$。

3）若某支路为电流源与电导并联的组合，应先化为电压源与电阻串联的组合。

4）若某支路为纯电流源，则包含该支路的一个网孔电流或相邻网孔电流的代数和为已知，可将电流源的电压作为电路变量列入方程右边（或左边，应改变符号）。

5）若电路中含受控电源，可暂按独立电源处理。但其控制量应用网孔电流表示。

【例 1.4.6】 图 1-4-9 所示为一个惠斯通电桥电路，已知 $U_S=12V$，$R_0=1\Omega$，$R_1=4\Omega$，$R_2=2\Omega$，$R_3=6\Omega$，$R_4=2.9\Omega$，R_g 为电流计电阻，且 $R_g=1\Omega$，求 R_g 上的电流 I_g。

解： 设各网孔电流的方向如图 1-4-9 所示，则各网孔的自阻为

$$R_{11} = R_1+R_g+R_2 = 7\Omega$$

$$R_{22} = R_3+R_g+R_4 = 9.9\Omega$$

$$R_{33} = R_2+R_4+R_0 = 5.9\Omega$$

各网孔的互阻为

$$R_{12} = R_{21} = R_g = 1\Omega$$

$$R_{13} = R_{31} = -R_2 = -2\Omega$$

$$R_{23} = R_{32} = R_4 = 2.9\Omega$$

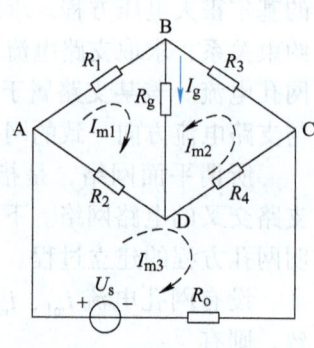

图 1-4-9　例 1.4.6 图

接下来列写方程组，对于网孔 ABDA，有

$$(R_1+R_g+R_2)I_{m1} + R_g I_{m2} - R_2 I_{m3} = 0$$

对于网孔 BCDB，有

$$R_g I_{m1} + (R_3+R_g+R_4)I_{m2} + R_4 I_{m3} = 0$$

对于网孔 ADCA，有

$$-R_2 I_{m1} + R_4 I_{m2} + (R_2+R_4+R_0)I_{m3} = U_S$$

代入数据并整理后，有

$$\begin{cases} 7I_{m1} + I_{m2} - 2I_{m3} = 0 \\ I_{m1} + 9.9I_{m2} + 2.9I_{m3} = 0 \\ -2I_{m1} + 2.9I_{m2} + 5.9I_{m3} = 12 \end{cases}$$

解方程组，得

$$\begin{cases} I_{m1} = 0.93A \\ I_{m2} = 0.83A \\ I_{m3} = 0.1A \end{cases}$$

所以有

$$I_g = I_{m1} + I_{m2} = 1.76\text{A}$$

 巩固思考

1）支路电流法是_____计算的各种方法中的一种最基本的方法。

2）在电路分析中，以支路电流为未知量，直接应用基尔霍夫电流、电压定律求解电路的方法，称为_____法。

3）用支路电流法分析复杂直流电路时，可以列出_____个独立节点电流方程（假设电路有 n 个节点）。

4）用支路电流法分析复杂直流电路时，可以列出_____个回路电压方程（假设电路有 b 条支路、n 个节点和 m 个网孔）。

5）对于_____，在应用支路电流法时，电路内不能含有压控元器件构成的支路。

任务 1.5　探究叠加定理

学习目标

知识目标	能力目标	素质目标
1）叠加定理的应用原理 2）叠加定理的应用步骤 3）叠加定理的适用条件	1）能正确使用仪表测量电路参数 2）能用叠加定理分析复杂电路	培养学生的安全用电意识；培养学生的电气职业素养；培养学生的团结协作意识

案例引入　**电桥电路分析**

图 1-5-1 为电桥电路，该电路中共有 4 个电阻 R_1、R_2、R_3 和 R_4，2 个电源分别为电压源和电流源，元件连接形成 6 条支路，为双电源的复杂电路。要求解各支路电流，特别是要求解其中一条支路的电流时，支路电流法与节点电压法都需要列写方程组来求解支路电流，其计算过程相对复杂。

在线性电路中，可以采用叠加定理来分析运算，使复杂问题简单化。

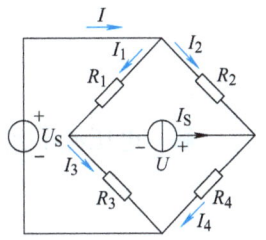

图 1-5-1　电桥电路

 知识链接

叠加定理是线性电路的基本定理，线性电路是指由线性元器件和独立电源组成并满足线性性质的电路。叠加的概念广泛应用于线性电路的许多问题中。当线性电路中有若干个电源共同作用时，各支路的电流（或电压）等于每一个电源单独作用时在该支路产生的电流（或电压）的代数和，这就是线性电路的叠加定理。

应用叠加定理时应注意，所谓每一个电源单独作用，是指其他电源不作用，或者说其他电源的电压值或电流值为零，但电路结构和所有的电阻均不变。其中，电压源以零值来

叠加定理

代替就是以短路线代替；电流源以零值代替就是以开路线代替。或者说，将不作用的电压源短路，不作用的电流源开路，其他元件保持原来的位置不变。

在图 1-5-2a 所示电路中，有两个电源共同作用，一个是电压源 U_S，另一个是电流源 I_S。若要求支路电流 I，可以将该电路分解为图 1-5-2b 和图 1-5-2c 所示的两个等效电路的合成，即：$I = I' + I''$。

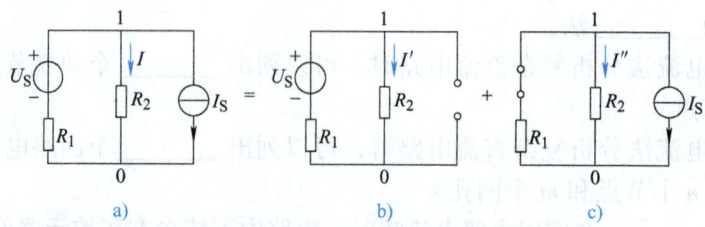

图 1-5-2 叠加定理示意图

利用叠加定理分析电路的步骤如下：

1）将原电路转化为由各独立电源单独作用的分电路，在某个独立电源单独作用时，其余独立电源全为零值，电压源用"短路"替代，电流源用"断路"替代。

2）在各分电路中求各支路电流（或电压）。

3）求各分电路的支路电流（或电压）的代数和。代数和中各独立电源单独作用的分量参考方向与各独立电源共同作用下物理量的原方向一致取"+"，不一致取"-"。

【例 1.5.1】电路如图 1-5-3a 所示，用叠加定理求电流 I 和电压 U。

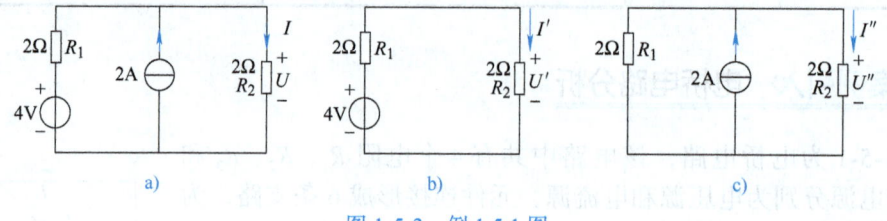

图 1-5-3 例 1.5.1 图

解：电压源单独作用时，其等效电路如图 1-5-3b 所示，由闭合回路欧姆定律得

$$I' = \frac{4}{2+2} A = 1A$$

由欧姆定律得

$$U' = 2 \times 1 V = 2V$$

电流源单独作用时，其等效电路如图 1-5-3c 所示，由分流公式得

$$I'' = \frac{2}{2} A = 1A$$

$$U'' = 2 \times 1 V = 2V$$

两电源共同作用时，有

$$I = I' + I'' = (1+1)A = 2A$$

$$U = U' + U'' = (2+2)V = 4V$$

【例 1.5.2】电路如图 1-5-3a 所示，求：（1）电压源单独作用时，R_2 消耗的功率 P_1；（2）电流源单独作用时，R_2 消耗的功率 P_2；（3）电压源、电流源共同作用时，与电压源串联的电阻所消耗的功率 P。

解：（1）电压源单独作用时，有

$$P_1 = U'I' = 2 \times 1 \text{W} = 2 \text{W}$$

（2）电流源单独作用时，有

$$P_2 = U''I'' = 2 \times 1 \text{W} = 2 \text{W}$$

（3）两电源共同作用时电阻消耗的功率为

$$P = UI = 4 \times 2 \text{W} = 8 \text{W}$$

由此可知，$P \neq P_1 + P_2$，即两电源单独作用时的功率之和不等于两电源共同作用时的功率之和，功率不能叠加。因为功率与电压和电流是二次方关系，即

$$P = I^2 R = (I' + I'')^2 R \neq I'^2 R + I''^2 R$$

注意：
1) 叠加定理只能用来求解线性电路中的电压和电流，且电路中的功率不能叠加。
2) 受控电源不可以单独作用，当每个独立电源作用时均予以保留。

 任务实施　叠加定理的验证

一、任务实施所需设备

序号	名称	数量	备注
1	直流可调稳压电源	1	0～200V
2	万用表	2	数字式、指针式
3	直流数字式电流表	1	0～2A
4	直流数字式电压表	1	0～200V
5	叠加定理实验电路板	1	XKDG03 挂箱

二、任务实施参考步骤

叠加定理指出：在有多个独立电源共同作用的线性电路中，通过每一个元器件的电流或其两端的电压，可以看成是由每一个独立电源单独作用时在该元器件上所产生的电流或电压的代数和。

线性电路的齐次性是指当激励信号（某个独立电源的值）增加到原来的 K 倍或减小到原来的 $1/K$ 时，电路的响应（即在电路中各电阻元件上所建立的电流和电压值）也将增加到原来的 K 倍或减小到原来的 $1/K$。

利用叠加定理求解电路的步骤如下：

1) 已知电路如图 1-5-1 所示，令 U_S=50V，I_S=2A，R_1=100Ω，R_2=100Ω，R_3=50Ω，

$R_4=150\Omega$,也可以根据教学条件,自行选择参数进行验证。

2)令电压源 U_S 单独作用(即电流源 I_S 开路),电路如图 1-5-4a 所示。用直流数字式电流表和电压表测量各支路电流及各电阻元件两端的电压,将数据记入表 1-5-1。

3)令电流源 I_S 单独作用(即电压源 U_S 短路),电路如图 1-5-4b 所示。用直流数字式电流表和电压表测量各支路电流及各电阻元件两端的电压,将数据记入表 1-5-1。

4)令电压源 U_S、电流源 I_S 共同作用,电路如图 1-5-1 所示。用直流数字式电流表和电压表测量各支路电流及各电阻元件两端的电压,将数据记入表 1-5-1。

表 1-5-1 叠加定理实验数据之一

测量项目	U_S/V	I_S/A	I_1/mA	I_2/mA	I_3/mA	I_4/mA	U_{R1}/V	U_{R2}/V	U_{R3}/V	U_{R4}/V
U_S 单独作用										
I_S 单独作用										
U_S、I_S 共同作用										

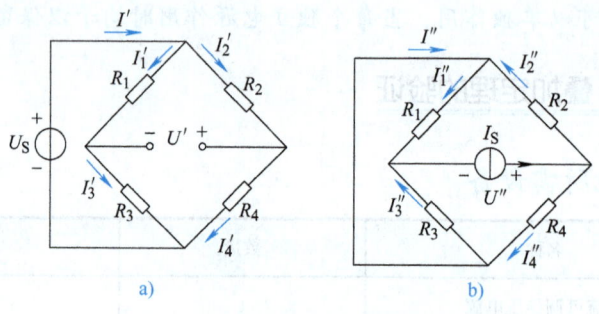

图 1-5-4 电源单独作用时的等效电路

5)将 R_4 换成二极管 1N4007,重复 1)~4)的测量过程,将数据记入表 1-5-2。

表 1-5-2 叠加定理实验数据之二

测量项目	U_S/V	I_S/A	I_1/mA	I_2/mA	I_3/mA	I_4/mA	U_{R1}/V	U_{R2}/V	U_{R3}/V	U_{R4}/V
U_S 单独作用										
I_S 单独作用										
U_S、I_S 共同作用										

最后,总结叠加定理的应用规律。

三、任务实施注意事项

1)使用直流电流表和电压表测量时,应注意仪表的极性。
2)注意万用表测量档位及量程的选择。

项目1 直流电路分析应用

四、任务汇报展示评价（见表1-5-3）

表1-5-3 叠加定理的验证实训项目评价表

实训项目：　　　　　　　　学生姓名：

序号	考核项目	考核等级			成绩
		A	B	C	
1	任务实施计划决策	计划合理充分、实施过程准确且有完整详细的记录	计划较合理充分、实施过程较准确且有记录	计划较合理充分、实施过程较准确但没有记录	
2	任务实施检查	在规定时间内能较好地完成叠加定理的验证，测量数据分析准确	在规定时间内能完成叠加定理的验证，测量数据分析较准确	在规定时间内基本完成叠加定理的验证，测量数据分析较准确	
3	任务实施评估讨论	能独立完成叠加定理的验证，准确分析数据并得出结论，能积极解决任务实施过程中出现的问题	能较独立地完成叠加定理的验证，较准确地分析数据并得出结论，能部分解决任务实施过程中出现的问题	能基本完成叠加定理的验证，能分析数据并得出结论，能部分分解决任务实施过程中出现的问题	
4	仪器使用、维护	能严格按照仪器仪表的操作规范进行操作，能及时清理垃圾，将仪器摆放整齐等	能较严格按照仪器仪表的操作规范进行操作，能清理垃圾，将仪器摆放整齐等	能按照仪器仪表的操作规范进行操作，能清理垃圾，将仪器摆放整齐等	
	团队协作	能与小组成员积极配合，有序地完成训练项目	能与小组成员较积极配合，有序地完成训练项目	能与小组成员配合，基本完成训练项目	
	劳动纪律	认真遵守任务实施时间，在任务实施过程中积极动手、动脑	较认真遵守任务实施时间，在任务实施过程中能动手、动脑	能遵守任务实施时间，在任务实施过程中不够积极	
总评					

 * 视野拓展 受控源的应用

1. 受控源

电压源、电流源统称为独立电源，除此之外还有一类电源，其电压/电流的大小和方向取决于电路中的其他控制量（电流、电压等），此类电源称为受控源。

受控源是四端元件，具有两对端子：控制端（输入端）和受控端（输出端）。控制量可以是电压或电流，受控的可以是电压源或电流源。因此受控源有4种类型，即电压控制电压源（VCVS）、电压控制电流源（VCCS）、电流控制电压源（CCVS）和电流控制电流源（CCCS），如图1-5-5所示。

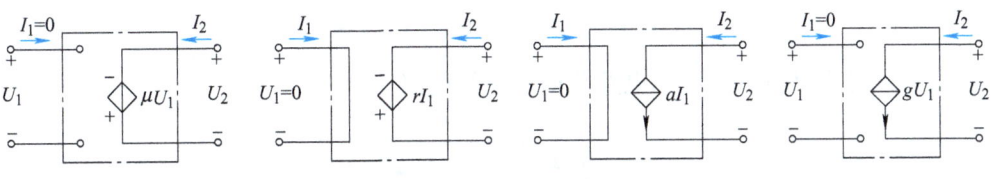

a) 电压控制电压源(VCVS)　　b) 电流控制电压源(CCVS)　　c) 电流控制电流源(CCCS)　　d) 电压控制电流源(VCCS)

图1-5-5 受控源

图1-5-5中的μ、r、a、g分别为电压比、转移电阻、电流比、转移电导。由此可见，受控源与独立电源的主要区别在于受控源不能单独存在，而是会受到电路中其他支路或元

器件上的电压、电流的控制。

受控源是组成电子电路的主要元件之一，它是从电子器件（电子管、晶体管、场效应晶体管和运算放大器等）中抽象出来的一种模型，用来表征电子器件的电特性。由于电子器件的出现和广泛使用，在现代电路理论中，受控源已经和电阻、电容、电感等元件一样，成为电路的基本元件。例如晶体管集电极电流受基极电流的控制，这类器件可以用受控源来描述其性能。受控源对外提供的能量，既非取自控制量，又非受控源内部产生，而是由电子器件所需的直流电源供给的。所以受控源实际上是一种能量转换装置，它可对外提供电压或电流，但它与独立电源不同：受控电压源的电压受其他支路的电流或电压控制；受控电流源的电流受其他支路的电流或电压控制。故受控源又称为非独立电源。当受控源的电压和电流与控制支路的电压或电流成比例变化时，受控源就是线性的。

2. 受控源的等效变换

受控源和独立电源有本质上的不同，但在列写电路方程和对电路进行简化时，可以把受控源作为独立电源看待。

（1）理想受控源的等效变换　理想受控电压源的等效变换如图 1-5-6a 所示，理想受控电流源的等效变换如图 1-5-6b 所示。

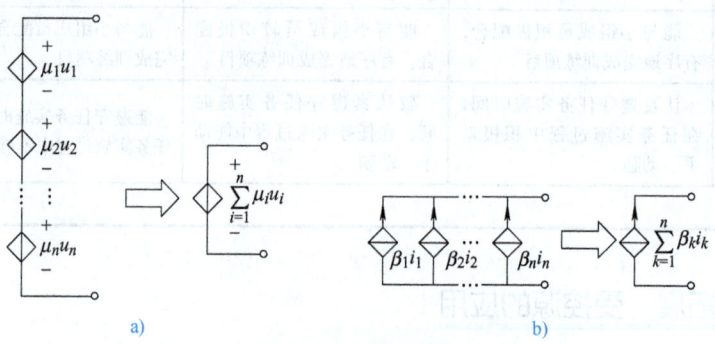

图 1-5-6　理想受控源的等效变换

（2）实际受控源的等效分析　实际受控电压源的等效变换方式如图 1-5-7a 所示，实际受控电流源的等效变换方式如图 1-5-7b 所示。

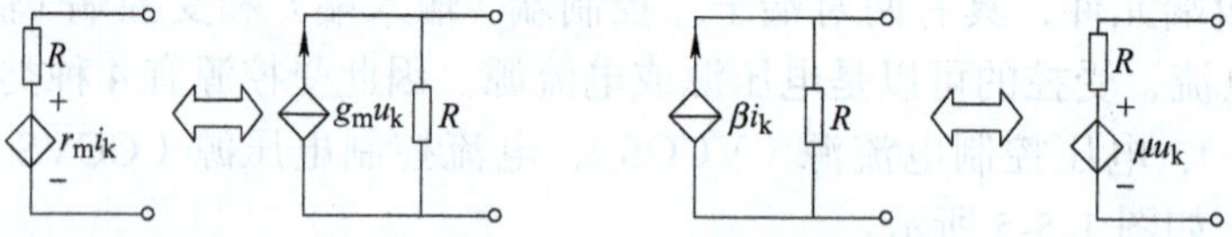

图 1-5-7　实际受控源的等效变换

【例 1.5.3】将图 1-5-8 所示电路化简成最简电路。

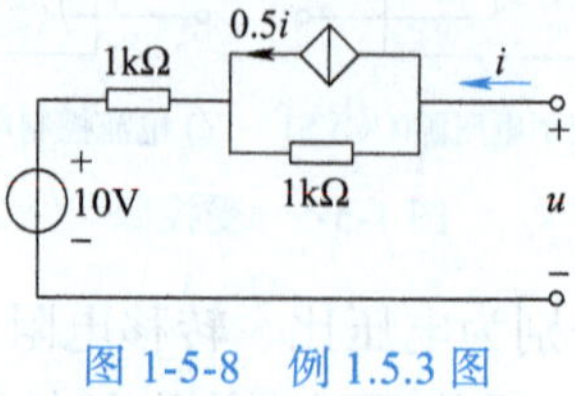

图 1-5-8　例 1.5.3 图

解：将图 1-5-8 中的受控电流源当作独立电源处理，转换成电压源形式，如图 1-5-9 所示。

由 $u = 10 + 2000i - 500i = 10 + 1500i$ 可得图 1-5-10 所示电路。

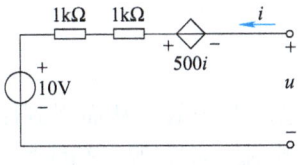
图 1-5-9　转换成电压源形式

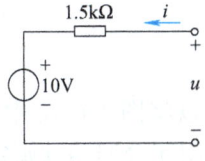
图 1-5-10　最简电路

注意：在化简过程中，不可把受控源的控制量消除掉，如例 1.5.3 中的 i。

 巩固思考

1）叠加定理只适用于_____中。

2）在叠加定理中，为了确定每个独立电源的作用，所有其他独立电流源用_____代替。

3）在叠加定理中，为了确定每个独立电源的作用，所有其他独立电压源用_____代替。

4）叠加定理仅适用于_____和_____的分析计算，不适用于电功率的分析计算。

5）在多个电源共同作用的电路中，任一支路的响应均可看作各激励单独作用下在该支路上所产生的_____响应的_____，这称为叠加定理。

任务 1.6　探究戴维南定理

 学习目标

知识目标	能力目标	素质目标
1）戴维南定理的应用原理 2）戴维南定理的应用步骤 3）戴维南定理的适用条件	1）能正确使用仪表测量电路参数 2）能用戴维南定理分析复杂电路	培养学生的安全用电意识；培养学生的电气职业素养；培养学生的团结协作意识

 案例引入　戴维南定理电路分析

在电路计算和分析中，有时只需要计算和分析电路中某一条支路的电流，如果用任务 1.2～任务 1.5 中提到的方法求解，会引入一些不必要的电流计算，为了简化计算，可以用等效电源的方法，单独划出需要计算的电流支路来计算。例如在图 1-6-1a 所示电路中，共有 3 个电阻 R_1、R_2、R_3，2 个电压源 U_{S1}、U_{S2}，这些元件连接形成 3 条支路，共有 3 个支路电流，但只需要求解 R_3 支路的电流 I。

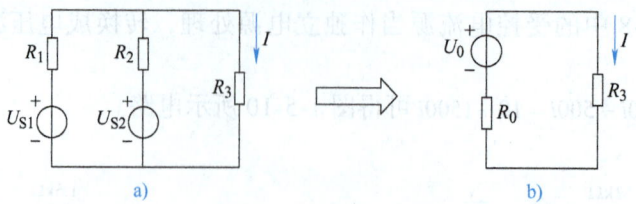

图 1-6-1 戴维南定理电路

为此,可以将图 1-6-1a 中待求支路以外的电路用电压源等效,从而得到图 1-6-1b 所示电路,再使用闭合回路欧姆定律就可以轻松求得支路电流。将有源二端线性网络等效为电压源模型的方法称为戴维南定理。在线性电路中,可以利用戴维南定理分析运算,使复杂问题简单化。

 知识链接

1. 戴维南定理

在电路计算和分析时,可能需要计算电路中某一支路的电流或电压。这时可以将待求支路从电路中分离出来,并将电路的其余部分用一个简单的有源二端网络来等效代替,该二端网络可以等效为一个电压源和一个电阻串联的形式,然后使该二端网络与待求支路构成一个简单的单回路电路,这样可以很容易计算出待求支路的电流或电压。

戴维南定理指出:任何一个线性有源二端网络,都可以等效为一个电压源与一个电阻串联的形式。其中,电压源的电动势的值等于该网络的开路电压 U_{OC},串联电阻 R_0 等于该网络除源后(电压源短路,电流源开路)所得无源二端网络的等效电阻值,如图 1-6-2 所示。

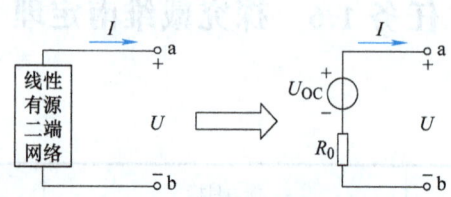

图 1-6-2 戴维南定理示例

在学习戴维南定理前,先介绍 4 个有关的概念。

1)二端网络:具有两个端子与外电路相连的网络称为二端网络。

2)有源二端网络:内部含有独立电源的二端网络称为有源二端网络。

3)开路电压 U_{OC}:如图 1-6-2 所示,将待求支路 R_L 断开后,a、b 两点之间的电压称为开路电压。开路电压的大小与负载无关,仅取决于有源二端网络本身。

4)短路电流 I_S:若将待求支路 R_L 的两端用一根导线短接,则短接导线上流过的电流称为短路电流。短路电流的大小与负载无关,仅取决于有源二端网络本身。

任意线性有源二端网络,对外电路来说,都可以用一个电压源与一个电阻串联的电路模型来等效,其中电压源的电压等于网络端子处开路时的开路电压 U_{OC};电阻等于该线性有源二端网络中所有独立电源为零时,由端子处看进去的等效电阻 R_0。

任何一个线性无源二端网络都可以用一个等效电阻 R_0 来代替,该等效电阻也称为线性无源二端网络的输入电阻。等效电阻一般可用以下两种方法求得：

1）设网络内所有电源为零，用电阻串并联或三角形与星形联结变换加以化简，计算端口的等效电阻 R_0。这种方法适用于电路结构与元件参数已知的情况。

2）用实验方法测量，或用计算方法求得该有源二端网络的开路电压 U_{OC} 和短路电流 I_S，则等效电阻 $R_0 = U_{OC} / I_S$。

【例 1.6.1】如图 1-6-3a 所示，已知 U_{S1}=3V，U_{S2}=6V，R_1=3Ω，R_2=6Ω，R_3=2Ω，用戴维南定理计算电流 I。

解：将电流 I 所在支路断开，这时左边的网络即为一个含源二端网络，如图 1-6-3b 所示，其戴维南等效电路如图 1-6-3c 所示，该二端网络与待求支路构成一个简单的单回路电路，如图 1-6-3d 所示，要求电流 I，只需求出 U_{OC} 和 R_0 即可。

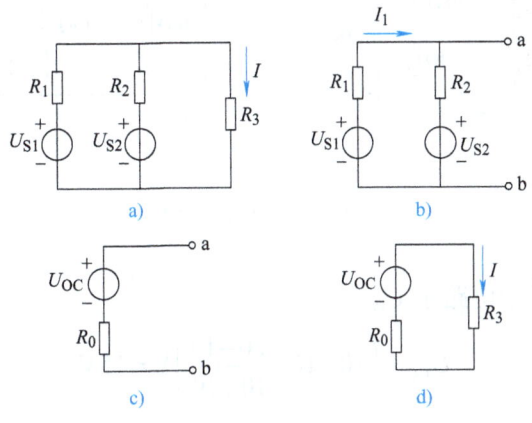

图 1-6-3　例 1.6.1 图

先求 U_{OC}，在图 1-6-3b 中，由含源支路的欧姆定律得 U_{OC} 和 I_1 的关系为

$$U_{OC} = U_{S1} - I_1 R_1$$

$$U_{OC} = U_{S2} + I_1 R_2$$

代入数据得

$$U_{OC} = 3 - 3I_1$$

$$U_{OC} = 6 + 6I_1$$

解得

$$U_{OC} = 4V$$

然后求 R_0，将图 1-6-3b 所示电路中的两个电压源均以零值代替（短路），这时二端网络即变为无源二端网络，因此有

$$R_0 = \frac{R_1 R_2}{R_1 + R_2} = \frac{3 \times 6}{3 + 6}\Omega = 2\Omega$$

最后求电流，在图 1-6-3d 所示电路中，由全电路欧姆定律得

$$I = \frac{U_{OC}}{R_0 + R_3} = \frac{4}{2 + 2}A = 1A$$

【例 1.6.2】如图 1-6-4a 所示，已知 $U_{S1}=20\text{V}$，$U_{S2}=10\text{V}$，$R_1=10\Omega$，$R_2=10\Omega$，$R=5\Omega$，试用戴维南定理求负载电阻 R 中的电流。

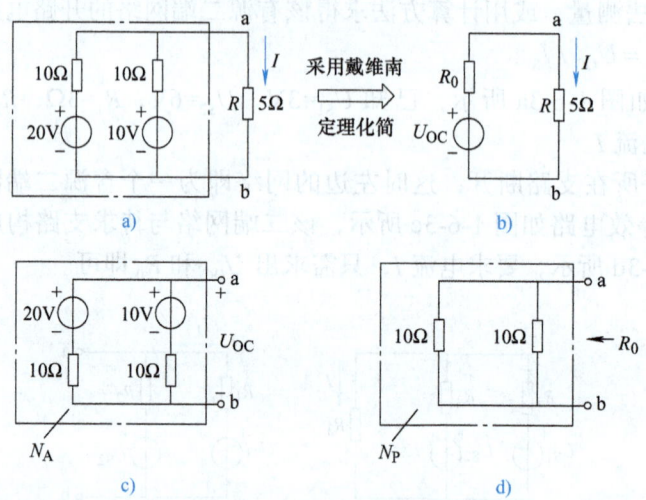

图 1-6-4　例 1.6.2 图

解：由图 1-6-4c 所示电路求 U_{OC}，有

$$U_{OC}=\left(10+10\times\frac{20-10}{10+10}\right)\text{V}=15\text{V}$$

由图 1-6-4d 所示电路求 R_0，有

$$R_0=\frac{10}{2}\Omega=5\Omega$$

所以原电路等效为图 1-6-5 所示电路，有

$$I=\frac{15}{5+5}\text{A}=1.5\text{A}$$

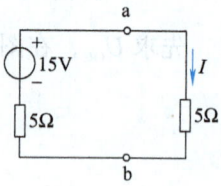

图 1-6-5　例 1.6.2 等效电路

*2. 最大功率输出定理

在图 1-6-6 所示电路中，负载电阻上的功率为

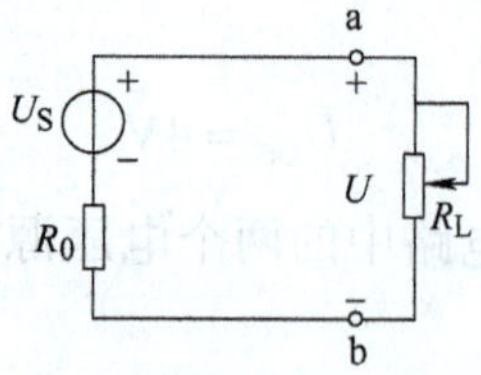

图 1-6-6　最大功率输出定理

$$P_L=I^2R_L=\left(\frac{U_S}{R_0+R_L}\right)^2 R_L \tag{1-6-1}$$

当 R_L 变化时，若想在负载上得到最大功率，必须满足的条件为

$$\frac{dP_L}{dR_L} = \frac{U_S^2[(R_0+R_L)^2 - 2R_L(R_0+R_L)]}{(R_0+R_L)^4} = U_S^2 \frac{R_0 - R_L}{(R_0+R_L)^3} = 0$$

由此可见，当 $R_L = R_0$ 时，负载上得到的功率最大。

将 $R_L = R_0$ 代入式（1-6-1），即可得最大功率为

$$P_{Lmax} = \left(\frac{U_S}{R_0 + R_L}\right)^2 R_L \bigg|_{R_L = R_0} = \frac{U_S^2}{4R_0} \qquad (1\text{-}6\text{-}2)$$

用实际电源向负载供电，只有当负载电阻等于电源内阻时，负载上才能获得最大功率，通常把负载电阻等于电源内阻时的电路工作状态称为匹配状态。

任务实施　戴维南定理的验证

一、任务实施所需设备

序号	名称	数量	备注
1	直流可调稳压电源	1	0～200V
2	万用表	2	数字式、指针式
3	直流数字式电流表	1	0～2A
4	直流数字式电压表	1	0～200V
5	戴维南定理实验电路板	1	XKDG03 挂箱
6	二端网络实验电路板	1	XKDG03 挂箱

二、任务实施参考步骤

戴维南定理指出：任何一个线性有源二端网络都可以用一个理想电压源 U_S 和内阻 R_0 串联的电源来等效代替。其中，等效电压源的电压 U_S 就是线性有源二端网络的开路电压 U_{OC}，即将负载 R_L 断开后 a、b 两端之间的电压。等效电源的内阻 R_0 等于线性有源二端网络中所有电源置零后得到的无源二端网络 a、b 两端之间的等效电阻 R_{eq}。

1. 利用戴维南定理求解电路

1）注意：实验台面板上的可调电压源和可调电流源是非独立电源，在要求使用独立电源时二者不可同时使用。被测线性有源二端网络如实训图 1-6-1 所示，即 XKDG03 挂箱中"戴维南定理/诺顿定理"线路。

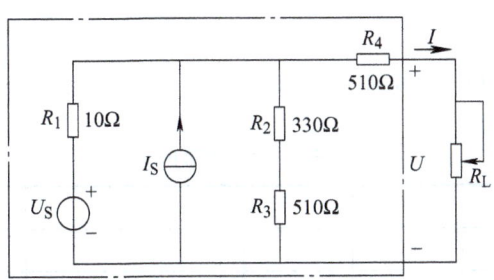

实训图 1-6-1　被测线性有源二端网络

2）用开路电压、短路电流法测定戴维南等效电路的 U_{OC} 和 R_0：在实训图 1-6-1 所示电路中，接入稳压电源 U_S=15V 和电流源 I_S=10mA，不接入 R_L。分别测定 U_{OC} 和 I_{SC}，并计算等效内阻 R_0，将数据记入表 1-6-1 中。

表 1-6-1　戴维南等效电路参数

U_{OC}/V	I_{SC}/mA	$R_0=U_{OC}/I_{SC}$

3）负载实验：按实训图 1-6-1 所示接入 R_L，改变 R_L 的阻值，测量不同端电压下的电流值，并将数据记入表 1-6-2 中，据此画出线性有源二端网络的外特性曲线。

表 1-6-2　线性有源二端网络的参数

R_L/Ω							
U/V							
I/mA							

4）验证戴维南定理：从电阻箱上取步骤 2）所得的等效电阻 R_0 的值。然后令其与直流可调稳压电源（取开路电压 U_{OC}）串联，如实训图 1-6-2 所示，仿照步骤 2）测量其外特性，并将数据记入表 1-6-3 中，对戴维南定理进行验证。

表 1-6-3　戴维南定理的验证

R_L/Ω							
U/V							
I/mA							

*2. 验证诺顿定理

从电阻箱上取步骤 2）所得的等效电阻 R_0 的值。然后令其与直流电流源（取短路电流 I_{SC}）并联，如实训图 1-6-3 所示，仿照步骤 2）测量其外特性，并将数据记入表 1-6-4 中，对诺顿定理进行验证。

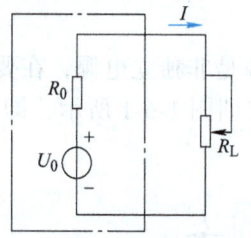

实训图 1-6-2　戴维南等效电路

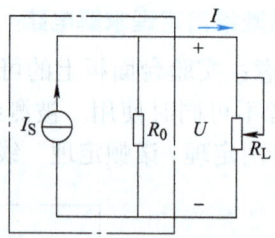

实训图 1-6-3　诺顿等效电路

表 1-6-4　诺顿定理的验证

R_L/Ω							
U/V							
I/mA							

3. 线性有源二端网络等效电阻的直接测量法

对于实训图 1-6-1 所示电路,将被测网络内的所有独立电源置零(电流源断路,电压源短路),然后用伏安法或者直接用万用表的欧姆档去测定等效电阻 R_0,或称网络的入端电阻 R_i。

完成所有任务后,总结戴维南定理的应用规律。

三、任务实施注意事项

1)换接线路时,必须关闭电源开关。
2)实验台面板上的可调电压源和可调电流源是非独立电源。

四、任务汇报展示评价(见表1-6-5)

表 1-6-5 戴维南定理的验证实训项目评价表

实训项目:　　　　　　　　学生姓名:

序号	考核项目	考核等级			成绩
		A	B	C	
1	任务实施计划决策	计划合理充分、实施过程准确且有完整详细的记录	计划较合理充分、实施过程较准确且有记录	计划较合理充分、实施过程较准确但没有记录	
2	任务实施检查	在规定时间内能较好地完成戴维南定理的验证,测量数据分析准确	在规定时间内能完成戴维南定理的验证,测量数据分析较准确	在规定时间内基本完成戴维南定理的验证,测量数据分析较准确	
3	任务实施评估讨论	能独立完成戴维南定理的验证,准确分析数据并得出结论,能积极解决任务实施过程中出现的问题	能较独立地完成戴维南定理的验证,较准确地分析数据并得出结论,能部分解决任务实施过程中出现的问题	能基本完成戴维南定理的验证,能分析数据并得出结论,能部分解决任务实施过程中出现的问题	
4	仪器使用、维护	能严格按照仪器仪表的操作规范进行操作,能及时清理垃圾,将仪器摆放整齐等	能较严格按照仪器仪表的操作规范进行操作,能清理垃圾,将仪器摆放整齐	能按照仪器仪表的操作规范进行操作,能清理垃圾,将仪器摆放整齐	
	团队协作	能与小组成员积极配合,有序地完成训练项目	能与小组成员较积极配合,有序地完成训练项目	能与小组成员配合,基本完成训练项目	
	劳动纪律	认真遵守任务实施时间,在任务实施过程中积极动手、动脑	较认真遵守任务实施时间,在任务实施过程中能动手、动脑	能遵守任务实施时间,在任务实施过程中不够积极	
总评					

*视野拓展　诺顿定理

由戴维南定理可知,一个线性有源二端网络可以等效为一个电压源与一个电阻串联的形式,而电压源与电阻串联的形式又可以等效为电流源与电阻并联的形式。因此,诺顿定理指出:一个线性有源二端网络可以等效为一个电流源与一个电阻并联的形式。其中,电流源的电流等于该网络端口的短路电流 I_{SC},并联电阻等于该网络除源后(电压源短路,电流源开路)的线性无源二端网络的等效电阻,如图 1-6-7 所示。

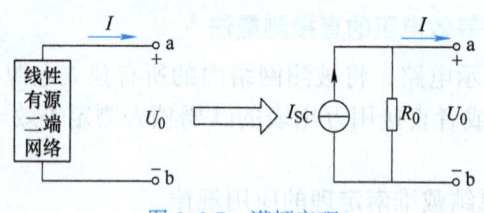

图 1-6-7　诺顿定理

【例 1.6.3】 电路如图 1-6-3a 所示，用诺顿定理求电流 I。

解： 将电流 I 所在支路断开，这时左边的网络即为一个含源二端网络，其诺顿等效电路如图 1-6-8a 所示，该等效电路与待求支路构成一个简单回路，如图 1-6-8b 所示，因此要求电流 I，只需求出 I_{SC} 和 R_0 即可。

先求短路电流 I_S，将图 1-6-3a 所示二端网络短路，如图 1-6-9 所示。

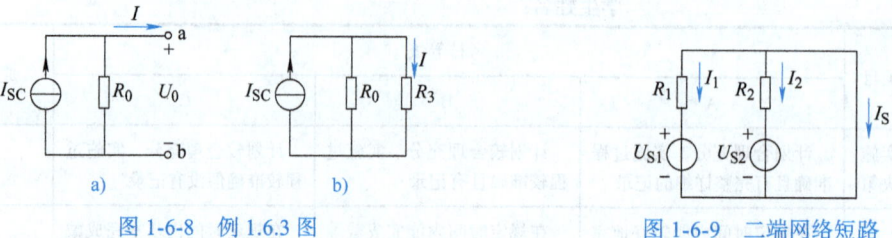

图 1-6-8　例 1.6.3 图　　　　　图 1-6-9　二端网络短路

由基尔霍夫电流定律得

$$I_1 + I_2 + I_{SC} = 0$$

因短路，所以端电压为 0，即

$$U_{S1} + I_1 R_1 = 0$$

$$U_{S2} + I_2 R_2 = 0$$

整理得

$$I_1 = -\frac{U_{S1}}{R_1}$$

$$I_2 = -\frac{U_{S2}}{R_2}$$

代入基尔霍夫电流方程，有

$$I_{SC} = \frac{U_{S1}}{R_1} + \frac{U_{S2}}{R_2}$$

代入数据得

$$I_{SC} = \left(\frac{3}{3} + \frac{6}{6}\right)\text{A} = 2\text{A}$$

再求等效电阻 R_0（求法同例 1.6.1），有

$$R_0 = 2\Omega$$

最后求电流 I，在图 1-6-8b 中，电流为

$$I = \frac{R_0}{R_0 + R_3} I_{SC}$$

代入数据得

$$I = \frac{2}{2+2} \times 2A = 1A$$

巩固思考

1）戴维南定理又称为_____。

2）具有两个引出端子的电路称为_____网络，若其内部含有电源则称为_____网络。

3）戴维南定理可以将复杂的线性有源二端网络等效为一个_____与_____串联的形式。

4）戴维南等效电路的电阻和电压分别等于原网络_____后的等效电阻和_____时的电压。

5）用戴维南定理来求解_____中的电流和电压是很适合的。

项目小结

1）分析电路时，应注意各物理量是有方向的。在电路元器件上的电压和电流参考方向一致时，若功率 P 为正值，则该元器件从外电路吸收功率，属于负载性质的元器件；若功率 P 为负值，则该元器件向外电路发出功率，属于电源性质的元器件。

2）欧姆定律只适用于线性电阻电路。基尔霍夫定律是电路的基本定律之一，它具有普遍的适用性，适用于任一瞬间、任何电路、任何变化的电压及电流关系。

3）理想电压源的输出电压恒定，而电流随外电路变化而变化；理想电流源的输出电流恒定，而电压随外电路的变化而变化。实际的电压源、电流源模型之间可以等效变换，变换的条件是内阻相等，且电压源电压等于电流源电流与内阻的乘积。

4）支路电流法是分析与计算电路的基本方法。它以电路中的支路电流为待求量，应用基尔霍夫定律列写相应的电路方程，联立方程组，最后得到各支路电流。应用支路电流法时，先要规定电路中各元器件电压、电流的参考方向及回路电流方向。若有 n 个节点，可写出（$n-1$）个独立的节点电流方程；若有 b 条支路，可写出 [$b-(n-1)$] 个独立的回路电压方程。一般来说，有几条支路就要列写几个方程，但支路中若含有电流源，可少写一个方程。

5）节点电压法是以节点电压为研究对象的电路分析方法。如果在电路中只有两个节点，那么取其中的一个为参考节点，节点电压就只有一个了。两个节点的节点电压法分析是节点电压法分析的特例，称为弥尔曼定理，这种方法应用颇广。

6）叠加定理只适用于线性电路，使用该定理时，可将多个电源共同作用下产生的电压和电流，分解为各电源单独作用下产生的电压、电流的代数和。但要注意功率不能叠加。

7）戴维南定理可将待求支路以外的线性有源二端网络等效为电压源模型。其中线性

有源二端网络的开路电压为电压源的电压,线性有源二端网络除源后的无源二端网络的等效电阻为电压源的等效电阻。这个过程可以通过电路分析运算得到,也可以采用电源的等效变换得到。将待求支路还原到电压源模型,利用闭合回路的欧姆定律便可得到待求电流。即戴维南定理最适用于求解线性有源网络中一条支路的电流、电压。

在叠加定理和戴维南定理中都需要用到除源法则,在除源时应注意,电源拿掉,内阻留下。

拓展训练 1

1.1 如题图 1-1 所示,电路中电流或电压的参考方向已选定,试标出电流或电压的实际方向。已知 $I_1 = 3A$,$I_2 = -5A$,$U_1 = 15V$,$U_2 = -10V$。

1.2 如题图 1-2 所示,若 $I_1 = 1A$,$I_2 = -2A$,$I_3 = 3A$,$U_1 = 2V$,$U_2 = -3V$,请标出 I_1、I_2、I_3 和 U_1、U_2 的实际方向,并计算元件 1、2 的功率(指出它们是发出功率还是吸收功率)。

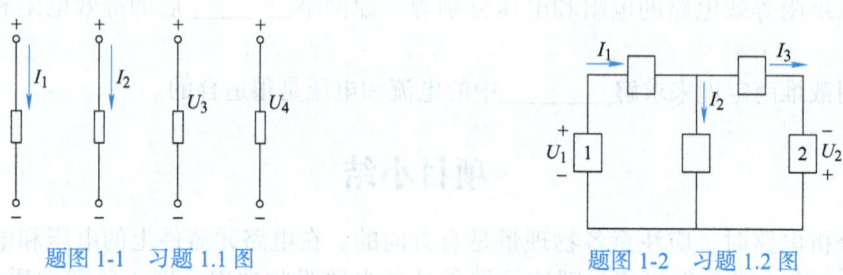

题图 1-1　习题 1.1 图　　　　题图 1-2　习题 1.2 图

1.3 已知有一个指示灯的额定电压 U_N 为 6V,额定功率 P_N 为 0.3W,电源电压为 24V,问能否直接将该灯接入电源?试选择所需的合适电阻值。

1.4 有一个 220V、40W 的台灯,接到 220V 的电源上,求通过台灯的电流和台灯工作在该电压下的电阻。若每晚使用 3h,每月将消耗几度电?

1.5 在 8 个灯泡串联的电路中,除 4 号灯泡不亮外,其他 7 个灯泡都亮。当把 4 号灯泡从灯座上取下后,剩下 7 个灯泡仍亮,问电路中有什么故障?为什么?

1.6 在题图 1-3 所示电路中,已知各支路电流 I、电阻 R 和电动势 E,试写出各支路电压 U 的表达式。

1.7 将题图 1-4 所示各电路化简为最简形式的等效电路。

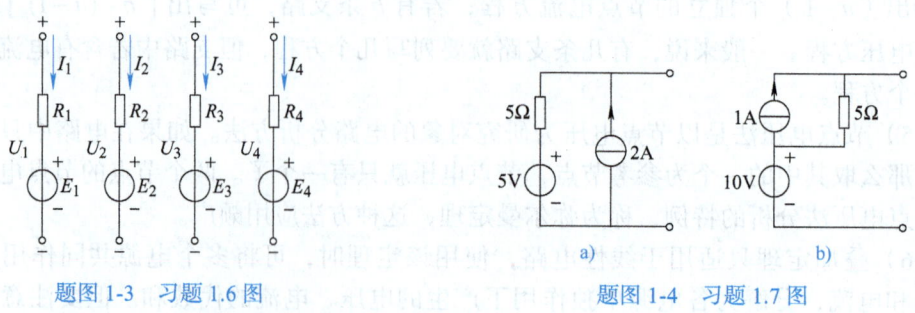

题图 1-3　习题 1.6 图　　　　题图 1-4　习题 1.7 图

1.8 用电源等效变换法,求题图 1-5 所示各电路中的电流 I 和电压 U。

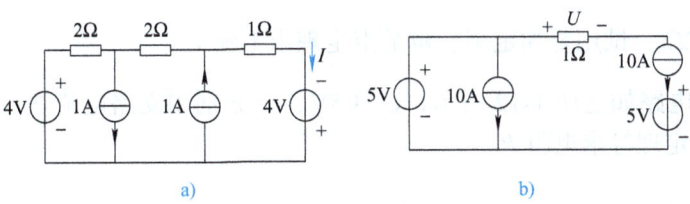

题图 1-5 习题 1.8 图

1.9 如题图 1-6 所示。已知数据如下，用支路电流法求各支路电流。已知 $U_{S1}=15V$，$U_{S2}=4V$，$R_1=2\Omega$，$R_2=4\Omega$，$R_3=6\Omega$。

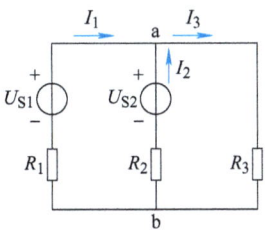

题图 1-6 习题 1.9 图

1.10 电路如题图 1-7 所示，试用节点电压法求电流 I。

1.11 用叠加定理求题图 1-8 所示电路中的电流 I。

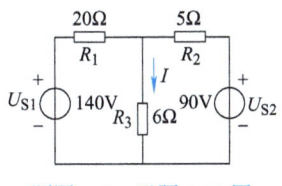

题图 1-7 习题 1.10 图

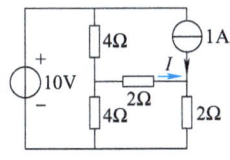

题图 1-8 习题 1.11 图

1.12 分别用支路电流法、电源等效变换法、叠加定理、戴维南定理求题图 1-9 所示电路中的电流 I。

1.13 分别用节点电压法、叠加定理计算题图 1-10 所示电路中 A 点的电位。

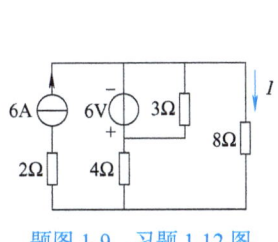

题图 1-9 习题 1.12 图

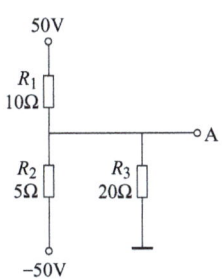

题图 1-10 习题 1.13 图

1.14 在题图 1-11 所示电路中，已知：$R_1 = R_2 = R_3 = R_5 = 1\Omega$，$U_S = 1V$，$I_S = 1A$，$R = \dfrac{1}{6}\Omega$，$R_4 = 2\Omega$，试用叠加定理、戴维南定理求电流 I。

1.15 已知电路如题图 1-12 所示，$U=4.5V$，试分别用支路电流法、节点电压法、叠加定理、戴维南定理等求电阻 R。

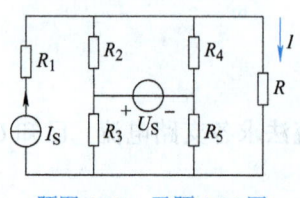

题图 1-11　习题 1.14 图

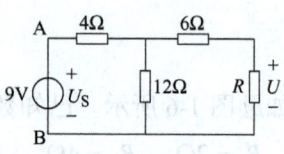

题图 1-12　习题 1.15 图

项目 2 单相交流电路的应用

项目导读

本项目着重介绍单相交流电路的基本特征和相量表示法,并且从单一参数交流电路出发,重点分析和讨论单相交流电路中电压与电流的关系、功率的计算、电路谐振和功率因数等。

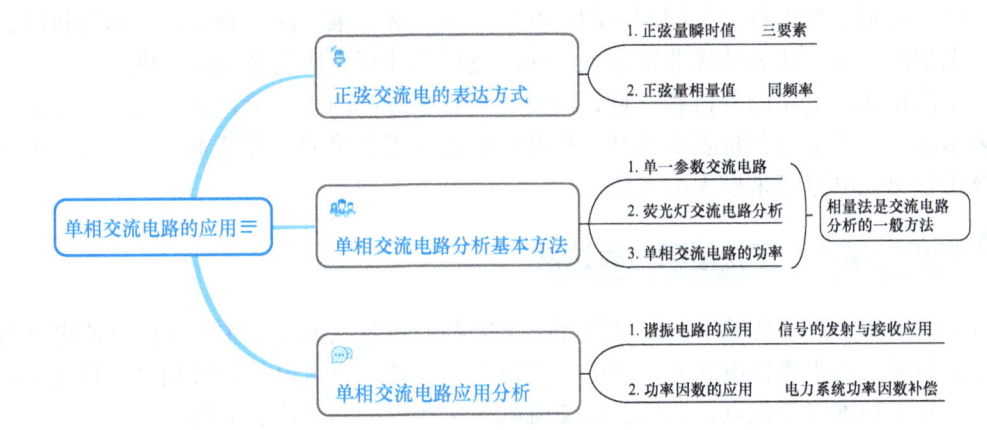

任务 2.1　学会表达正弦量

学习目标

知识目标	能力目标	素质目标
1)理解并掌握正弦量的三要素及波形图 2)理解并掌握相量与复数的特征 3)理解并掌握正弦量与相量的互换	能正确使用正弦量的三要素与相量分析交流电路	培养学生的安全用电意识;培养学生的电气职业素养;培养学生的团结协作意识

案例引入　交流电源的检测

民用电源是周期性的正弦交流电源。如果电流或电压每经过一定时间（T）就重复变化一次,则此种电流或电压就称为周期性交流电流或电压,如正弦波、方波、三角波和锯齿波等。图 2-1-1a 所示为正弦交流电压。图 2-1-1b 所示为方波交流电压,一般也称为方波脉冲信号,主要应用于信号的传递。

如果电路中电动势的大小与方向均随时间按正弦规律变化,则由此产生的电流、电压的大小和方向也随时间按正弦规律变化，此电路就称为正弦交流电路。

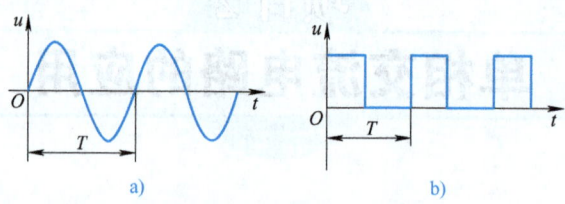

图 2-1-1　周期性交流电压

正弦交流电最基本的表示方法，是用瞬时值表达式来表示，瞬时值表达式能完整、准确地表达出正弦交流电的变化规律，它一般写为

$$u = U_m \sin(\omega t + \varphi) \tag{2-1-1}$$

虽然瞬时值表达式和波形图都是分析计算正弦交流电路的有效工具，但在分析正弦交流电路时，特别是在进行多个同频率的正弦量的加、减、乘、除等数学运算和分析时，正弦交流电用瞬时值表达式计算非常烦琐，而用波形图计算则既复杂又不准确。

为了简化交流电路的分析和计算，需要一种简单方便的正弦量计算方法——正弦量的相量表示法。正弦量的相量表示法是分析计算正弦交流电路的一种基本数学工具，可为分析计算正弦交流电路带来极大的方便。

 知识链接1　正弦量瞬时表达法

目前我国所生产、传输、分配和使用的电能都以正弦交流电为主。正弦交流电具有很多优点，如便于远距离输电和安全用电。交流电气设备与直流电气设备相比，具有结构简单，便于使用和维修等优点，所以正弦交流电在实践中得到了广泛应用。

正弦交流电是指大小和方向均随时间按正弦规律做周期性变化的电量，包括正弦交流电压 u、正弦交流电流 i 等。在正弦交流电作用下的电路称为正弦交流电路。单相正弦交流电路的基本知识是分析和计算正弦交流电路的基础。

正弦量随时间变化，对应每一时刻的数值称为瞬时值，正弦量的瞬时值表示形式一般为表达式或波形图。正弦交流电的瞬时值由三个要素组成，下面以正弦交流电流为例来说明正弦量的三要素，正弦交流电流的波形如图 2-1-2 所示。

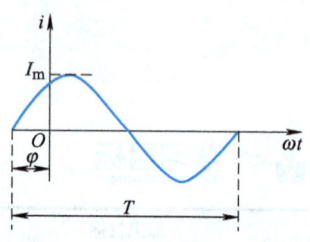

图 2-1-2　正弦交流电流的波形

正弦交流电流的表达式为

$$i = I_m \sin(\omega t + \varphi) \tag{2-1-2}$$

式中，i 为电路中正弦交流电流在任一瞬间的值，称为正弦交流电流的瞬时值；ω 为正弦交流电流的角频率；I_m 为正弦交流电流的最大值，也称为幅值；$(\omega t + \varphi)$ 为正弦交流电流的相位角，简称相位或相角。

角频率、幅值和相位是确定正弦交流电流的三个量，也称为正弦量的三要素。

1. 周期、频率、角频率

正弦量的每个值在经过一定的时间后会重复出现，交流电变化一个循环所需要的时间称为周期，用 T 表示，单位为秒（s）。

周期的倒数（即 1s 内变化的周期的次数）称为频率，用 f 表示，单位为赫兹（Hz），简称赫。两者之间的关系为

$$f = \frac{1}{T} \tag{2-1-3}$$

在高频电路中，常用千赫（10^3Hz）、兆赫（10^6Hz）为单位。我国和大多数国家的电力标准频率为 50Hz，这种频率应用广泛，称为工频。通常的交流电动机和照明电路都采用这种频率。有些国家和地区的工频还会采用 60Hz，如美国、日本等。

人眼对光的感觉是有惯性的（称为视觉暂留现象）。如果用 5Hz 的交流电来照明，那么白炽灯泡将会一亮一暗地闪烁，给人一种错乱的感觉。也就是说，5Hz 交流电的变化时间已经大于人眼的惯性时间。如果把频率提高到 20～30Hz 时，人眼一般就不会感觉到灯泡的闪烁了。从这一点上来说，30Hz 是一个合适的下限频率。

频率的上限也并非越高越好，太高了也会引起麻烦。例如采用 2000Hz 时，一切电机中的铁损耗将增加 40～1600 倍，输电线也将对电话线产生感应噪声，使通话受到干扰。

1900 年，英国规定电力系统中发电机的最高转速是 3000r/min，其对应的频率就是 50Hz。50Hz 便于记忆和运算。

后来，随着科技的发展，人们采用的频率有升高的倾向。如美国即根据欧洲的经验采用了 60Hz。

工业领域也会采用其他的频率，如有线通信的频率为 300～5000Hz；低频信号发生器发出的信号频率为 20～20000Hz。

正弦交流电每变化一个周期，对应的角度就会变化 2π 弧度，正弦量的变化快慢还可以用角频率 ω 表示，其定义是单位时间内完成的正弦交流电变化的电角度，因此角频率为

$$\omega = \frac{2\pi}{T} = 2\pi f \tag{2-1-4}$$

式中，角频率的单位是弧度/秒（rad/s）。

对于工频（50Hz）交流电来说，其角频率 $\omega = 2 \times 3.14 \times 50 \text{rad/s} = 314 \text{rad/s}$。

工程中常用的一些频率范围如下。

1）中频电炉的工作频率：500～8000Hz。
2）高频电炉的工作频率：200～300kHz。
3）无线电工程的频率：10^4～$30 \times 3 \times 10^{11}$Hz。
4）低频电子工程的频率：20～2×10^4Hz。
5）有线通信频率：300～5000Hz。
6）无线通信频率：30kHz～3×10^4MHz。

周期、频率、角频率都是用来表示正弦量变化快慢的量，周期越大，正弦量变化越慢；角频率越大，频率越高，正弦量变化越快。

2. 幅值、有效值

正弦交流电在某一时刻的大小称为该时刻的瞬时值，规定用小写字母表示，例如 u、i、e 分别表示正弦交流电压、电流、电动势的瞬时值，瞬时值是随时间变化的。正弦量在一个周期中两次出现的最大瞬时值称为最大值（又称幅值）。对于给定的正弦交流电来说，其幅值是一个与时间无关的定值，用带下角标 m 的大写字母表示，例如

U_m、I_m、E_m 分别表示正弦交流电压、电流、电动势的幅值。

瞬时值是随时间变化的，最大值只是一个特定瞬间的数值，它们都不便于反映交流电能量转换的实际效果，在电工技术中，常用有效值来衡量正弦交流电压和电流的大小，有效值用大写字母表示，例如 U、I、E 分别表示正弦交流电压、电流、电动势的有效值。以交流电流为例，其有效值的定义为：设一个交流电流 i 和一个直流电流 I 分别通过相同的电阻 R，如果在相同的时间 T（交流电流的周期）内，它们产生了相同的热量，则这个交流电流 i 的有效值就等于直流电流 I。

根据有效值的定义可得

$$\int_0^T Ri^2 \mathrm{d}t = RI^2 T$$

因此正弦交流电流的有效值为

$$I = \sqrt{\frac{1}{T} \int_0^T i^2 \mathrm{d}t}$$

当周期性电流为正弦量时，即 $i = I_m \sin \omega t$，则

$$I = \sqrt{\frac{1}{T} \int_0^T I_m^2 \sin^2 \omega t \mathrm{d}t} = \sqrt{\frac{1}{T} I_m^2 \frac{T}{2}} = \frac{I_m}{\sqrt{2}}$$

即

$$I_m = \sqrt{2} I \qquad (2\text{-}1\text{-}5)$$

由式（2-1-5），同理可有

$$U_m = \sqrt{2} U$$

$$E_m = \sqrt{2} E$$

显然，正弦交流电的电流、电压、电动势的最大值分别是其有效值的 $\sqrt{2}$ 倍。

工程上一般所讲的正弦交流电压或电流的大小，都是指它的有效值。如电压表、电流表测量出来的电压、电流值。电气设备的额定电压和额定电流也是指有效值。

【例 2.1.1】已知正弦交流电压 $u = 311\sin \omega t$，$f = 50\text{Hz}$，试求该正弦交流电压的有效值和 $t = 0.1\text{s}$ 时的瞬时值。

解：

$$U = \frac{U_m}{\sqrt{2}} = \frac{311}{\sqrt{2}} \text{V} = 220\text{V}$$

$$u = U_m \sin 2\pi f t = 311\sin(2\pi \times 50 \times 0.1)\text{V} = 0\text{V}$$

3. 相位、初相位

交流电是随时间一直在变化的，在不同的时刻 t，对应不同的瞬时值。设正弦交流电流的一般表达式为

$$i = I_m \sin(\omega t + \varphi)$$

式中，随时间变化的角度（$\omega t + \varphi$）称为相位角，简称相位。相位反映了正弦交流电变化的进程，当相位随时间连续变化时，交流电的瞬时值也随之连续变化。$t = 0\text{s}$ 时刻的相位叫作初相位，简称初相。初相位反映了正弦交流电变化的初始状态。为了便于分析正弦交

流电路，通常规定初相位的范围是

$$-\pi < \varphi \leq \pi$$

在正弦交流电路中，经常会遇到同频率的正弦量。频率相同的正弦交流电压、电流，其初相位不一定相同，如图 2-1-3 所示。

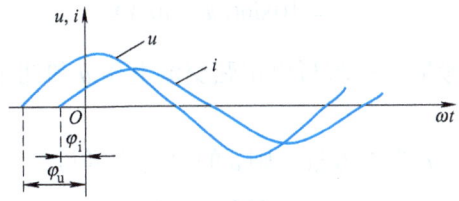

图 2-1-3　u 与 i 的初相位

图 2-1-3 中的正弦电压 u 和正弦电流 i 的波形可表示为

$$u = U_m \sin(\omega t + \varphi_u)$$
$$i = I_m \sin(\omega t + \varphi_i)$$

它们相位之间的差称为相位差，用字母 $\Delta\varphi$ 表示，即

$$\Delta\varphi = (\omega t + \varphi_u) - (\omega t + \varphi_i) = \varphi_u - \varphi_i \tag{2-1-6}$$

由式（2-1-6）可见，两个同频率正弦交流电的相位差等于它们的初相位之差。相位差表示两个或几个同频率正弦交流电的相位关系（也称变化进程或变化步调）。以正弦交流电压 u 和电流 i 为例，根据相位差 $\Delta\varphi$，可有以下 5 种不同的相位关系：

1) $\Delta\varphi = (\varphi_u - \varphi_i) = 0$，说明电压和电流同相位。
2) $\Delta\varphi = (\varphi_u - \varphi_i) > 0$，说明电压超前电流 $\Delta\varphi$ 角，或称电流滞后电压 $\Delta\varphi$ 角。
3) $\Delta\varphi = (\varphi_u - \varphi_i) < 0$，说明电压滞后电流 $\Delta\varphi$ 角；或称电流超前电压 $\Delta\varphi$ 角。
4) $\Delta\varphi = (\varphi_u - \varphi_i) = \pm\pi$，说明电压和电流反相。
5) $\Delta\varphi = (\varphi_u - \varphi_i) = \pm\dfrac{\pi}{2}$，说明电压和电流正交。

图 2-1-3 所示的正弦交流电压 u 和正弦交流电流 i 的相位关系是电压超前电流 $\Delta\varphi$ 角，也称电流滞后电压 $\Delta\varphi$ 角。

图 2-1-4a 所示的正弦交流电压和电流同相，图 2-1-4b 所示的正弦交流电压和电流反相，图 2-1-4c 所示的正弦交流电压和电流正交。

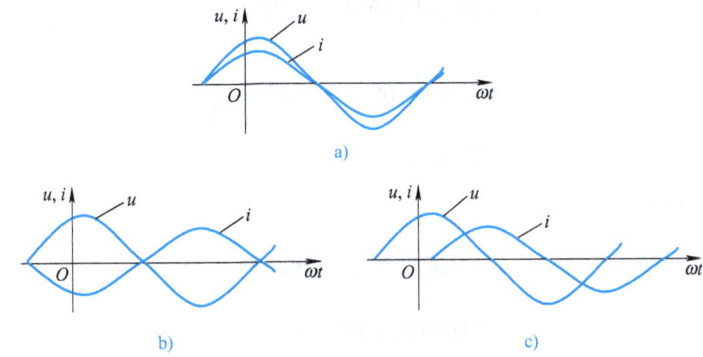

图 2-1-4　同频率正弦交流电的相位关系

【例 2.1.2】已知正弦交流电压 u 和两个正弦交流电流 i_1、i_2 的瞬时值表达式为

$$u = 310\sin(\omega t - 45°)\text{V}$$

$$i_1 = 14.1\sin(\omega t + 60°)\text{A}$$

$$i_2 = 10\sin(\omega t - 30°)\text{A}$$

试以正弦交流电压 u 为参考量,重新写出正弦交流电压 u 和两个正弦交流电流 i_1、i_2 的瞬时值表达式。

解:若以正弦交流电压 u 为参考量,则 u 的表达式可写为

$$u = 310\sin\omega t \text{ V}$$

因为正弦交流电流 i_1 和 u 的相位差为

$$\varphi_1 = \varphi_{i1} - \varphi_u = 60° - (-45°) = 105°$$

所以正弦交流电流 i_1 的表达式写为

$$i_1 = 14.1\sin(\omega t + 105°)\text{A}$$

因为正弦交流电流 i_2 和 u 的相位差为

$$\varphi_2 = \varphi_{i2} - \varphi_u = -30° - (-45°) = 15°$$

所以正弦交流电流 i_2 的表达式写为

$$i_2 = 10\sin(\omega t + 15°)\text{A}$$

综上所述,最大值、角频率(或周期、频率)和初相位是确定正弦交流电变化情况的三个重要物理量,称为正弦交流电的三要素。

【例 2.1.3】已知一个正弦交流电压的频率 $f = 50\text{Hz}$,初相位 $\varphi = \dfrac{\pi}{4}$,电压的有效值 $U = 220\text{V}$,试求:(1)电压的最大值;(2)电压的瞬时值表达式;(3)$t = 0.0075\text{s}$ 和 $t = 0.0025\text{s}$ 时的瞬时值。

解:(1)$U_m = \sqrt{2}U = \sqrt{2} \times 220\text{V} = 311\text{V}$

(2)$\omega = 2\pi f = (2\pi \times 50)\text{rad/s} = (100\pi)\text{rad/s}$

(3)当 $t = 0.0075\text{s}$ 时,有

$$u = 311\sin\left(100\pi t + \frac{\pi}{4}\right)\text{V}$$

$$= 311\sin\left(100\pi \times 0.0075 + \frac{\pi}{4}\right)\text{V}$$

$$= 311\sin\pi\text{V} = 0\text{V}$$

当 $t = 0.0025\text{s}$ 时,有

$$u = 311\sin\left(100\pi \times 0.0025 + \frac{\pi}{4}\right)\text{V}$$

$$= 311\sin(0.5\pi)\text{V} = 311\text{V}$$

知识链接 2　正弦量相量表达法

1. 旋转矢量

以正弦交流电压 $u = U_\mathrm{m}\sin(\omega t + \varphi)$ 为例，它可用一个旋转矢量表示，如图 2-1-5 所示，其表示方法是：在平面直角坐标系中过原点画一个旋转矢量，规定其长度等于正弦交流电压的最大值。它的初始位置（$t = 0\mathrm{s}$ 时的位置）与 x 轴正方向之间的夹角等于正弦交流电压的初相位 φ，矢量按逆时针方向以正弦交流电压的角频率 ω 绕原点旋转，则此旋转矢量既能表示出正弦交流电压的三要素，又能通过其在 y 轴上的投影求得瞬时值，如图 2-1-5a 所示。显然旋转矢量能完整地表达出一个正弦交流电，其中图 2-1-5a 所示为该正弦交流电压对应的旋转矢量，图 2-1-5b 所示为波形图。

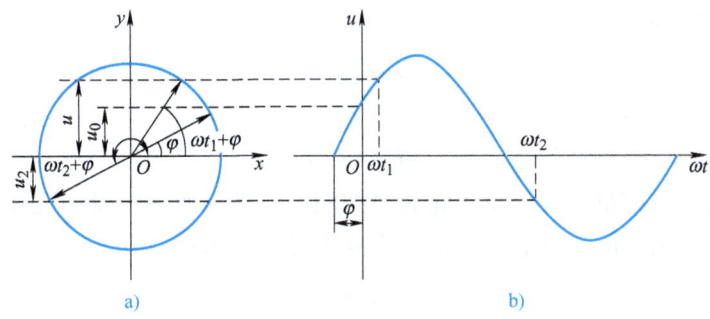

图 2-1-5　正弦交流电的旋转矢量图

必须指出：旋转矢量只用来表示一个随时间按正弦规律变化的电学量，它不是空间矢量。因此，为了与一般的空间矢量相区别，人们把表示正弦交流电的旋转矢量称为最大值相量，并用大写字母加黑点的符号来表示，例如 $\dot{U}_\mathrm{m}$、$\dot{I}_\mathrm{m}$。

求解一个正弦量，必须求得它的三要素。但在分析正弦交流电路时，正弦交流电压和电流的激励和响应大多是与电源同频率的正弦量，而电源的频率往往是已知的，所以频率就不需要再分析了，只需确定正弦量的幅值（或有效值）和相位（或初相位）即可，也就是说旋转矢量的角速度可以省略分析，只需要用一个有一定长度，与 x 轴有一定夹角的矢量来表示正弦量即可，这就是正弦量的相量表达方式。而复数可由模和辐角两个要素确定，所以正弦量也可以用复数来表示。复数的模即为正弦量的幅值（或有效值），辐角即为正弦量的初相位。

在工程技术中，正弦交流电相量可以用复数表示，把对正弦量的各种运算转化为复数的运算，从而大大简化正弦交流电路的分析计算过程，这种方法称为相量表达法。

2. 正弦量的相量

在如图 2-1-6 所示的平面直角坐标系中，以 x 轴为实轴，单位为 +1，以 y 轴为虚轴，单位为 +j（j 为虚数单位，$\mathrm{j}=\sqrt{-1}$）。实轴与虚轴构成的平面称为复平面。

复平面上的任意一点 A 对应一个复数，也即复数对应复平面上的一个点。A 点的复数可以记为

$$A = a + \mathrm{j}b$$

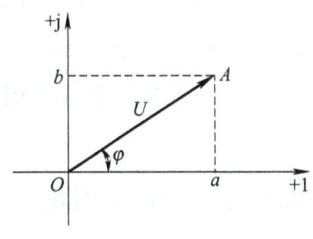

图 2-1-6　复平面及复数

复平面中的矢量 $\overrightarrow{OA}$ 如果长度为 U，且与实轴的夹角为 φ。那么，矢量 $\overrightarrow{OA}$ 可以用来表达正弦交流电压 $u = U_m \sin(\omega t + \varphi)$。此矢量即称为这个正弦交流电压的相量，可以记为

$$\dot{U} = U \underline{/\varphi} \tag{2-1-7}$$

由式（2-1-7）可以看出，正弦交流电压的相量既表达了正弦量的大小，又表达了正弦量的初相位。相量用复数的模来表示正弦量的有效值，用复数的辐角来表示正弦量的初相位，这就是正弦量的相量表示法。相量用大写字母在上面打一个"·"来表示，如分别用 $\dot{U}$、$\dot{I}$、$\dot{E}$ 来表示电压、电流、电动势的相量，这是为了与一般的复数区别开来。为了使计算结果能直接得出正弦量的有效值，一般令相量的模等于正弦量的有效值。

如有正弦交流电流 $i = I_m \sin(\omega t + \varphi) = \sqrt{2} I \sin(\omega t + \varphi)$，则最大值的相量为

$$\dot{I}_m = I_m \underline{/\varphi}$$

有效值的相量为

$$\dot{I} = I \underline{/\varphi}$$

两者之间的关系为

$$\dot{I}_m = \sqrt{2} \dot{I}$$

需要注意的是：相量只表征出了正弦量的两个要素，而正弦量的准确表达需要三个要素。相量仅仅是正弦量的一种表示方法，它并不等于正弦量，即

$$\dot{I} \neq i$$

在分析正弦交流电路时，会遇到各种运算，为简化正弦交流电路的分析计算过程，可以将相量运算用复数运算的法则表达出来。当然，只有电路中的电动势、电压和电流等都是同频率的正弦量时，才能用相量来计算。

在同一正弦交流电路中，因各个交流量的频率相同，相位差总是保持不变，所以相量图中的相量不必旋转，只画起始矢量即可，而且不必建立平面直角坐标系，可取一个相量作为参考相量。另外，在交流电路中通常只计算有效值，而不计算瞬时值。所以通常只画有效值相量。在相量图中，一般把与实轴方向相同的相量作为参考相量，其辐角为零，例如电流参考相量为

$$\dot{I} = I \underline{/0°}$$

图 2-1-7 所示为电压相量 $\dot{U}$ 和电流相量 $\dot{I}$ 的相量图。

只有同频率的正弦量才能画在同一个相量图中进行运算与比较，不同频率的正弦量无法进行运算和比较。在分析电路时，人们常根据相量图上各相量之间的关系，用几何方法求出所需要的结果。

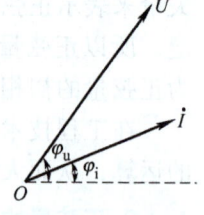

图 2-1-7 相量图

【例 2.1.4】在图 2-1-8 所示的相量图中，已知 $U = 20V$，$I_1 = 5\sqrt{2}A$，$I_2 = 10A$，它们的角频率是 ω，试写出各正弦量的瞬时表达式及相量。

解：设电压为参考相量，则

$$\dot{U} = 20 \underline{/0°} \text{ V}$$

$\dot{I}_1$ 超前于 $\dot{U}$ 90°，因此

$$\dot{I}_1 = 5\sqrt{2} \underline{/90°} \text{ A}$$

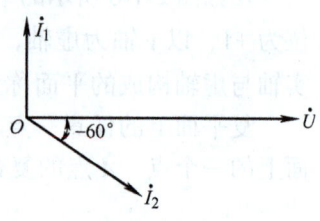

图 2-1-8 例 2.1.4 图

$\dot{I}_2$ 滞后于 $\dot{U}$ 60°，因此

$$\dot{I}_2 = 10 \angle -60° \text{ A}$$

所以，各物理量的瞬时值表达式为

$$u = 20\sqrt{2} \sin \omega t \text{ V}$$

$$i_1 = 10 \sin(\omega t + 90°) \text{ A}$$

$$i_2 = 10\sqrt{2} \sin(\omega t - 60°) \text{ A}$$

【例 2.1.5】写出下列三个正弦交流电的相量式，并画出相量图。这三个正弦交流电分别为

$$i_1 = 50\sqrt{2} \sin\left(100\pi t + \frac{\pi}{6}\right) \text{ A}$$

$$u_1 = 100\sqrt{2} \sin\left(100\pi t + \frac{\pi}{3}\right) \text{ V}$$

$$u_2 = 100\sqrt{2} \sin\left(100\pi t - \frac{2\pi}{3}\right) \text{ V}$$

解：由已知条件可得

$$\dot{I}_1 = 50 \angle \frac{\pi}{6} \text{ A} = 50 e^{j\frac{\pi}{6}} \text{ A}$$

$$= 50\left(\cos \frac{\pi}{6} + j\sin \frac{\pi}{6}\right) \text{ A} = (25\sqrt{3} + j25) \text{ A}$$

$$\dot{U}_1 = 100 \angle \frac{\pi}{3} \text{ V} = 100 e^{j\frac{\pi}{3}} \text{ V}$$

$$= 100\left(\cos \frac{\pi}{3} + j\sin \frac{\pi}{3}\right) \text{ V} = (50 + 50\sqrt{3}) \text{ V}$$

$$\dot{U}_2 = 100 \angle -\frac{2\pi}{3} \text{ V} = 100 e^{-j\frac{2\pi}{3}} \text{ V}$$

$$= 100\left[\cos\left(-\frac{2\pi}{3}\right) + j\sin\left(-\frac{2\pi}{3}\right)\right] \text{ V} = (-50 - j50\sqrt{3}) \text{ V}$$

因 i_1、u_1 和 u_2 是同频率的正弦交流电，所以能画在同一个相量图中，也可选择同一个参考相量，相量图如图 2-1-9 所示。

【例 2.1.6】已知正弦交流电压

$$u_1 = -220\sqrt{2} \sin(314t + 60°) \text{ V}$$

$$u_2 = 220\sqrt{2} \cos(314t + 30°) \text{ V}$$

请写出它们的相量式 $\dot{U}_1$、$\dot{U}_2$。

解：将 u_1、u_2 的瞬时值表达式变换为标准的正弦函数表达式，有

$$u_1 = -220\sqrt{2}\sin(314t + 60°)\text{V}$$
$$= 220\sqrt{2}\sin(314t + 60° - 180°)\text{V}$$
$$= 220\sqrt{2}\sin(314t - 120°)\text{V}$$
$$u_2 = 220\sqrt{2}\cos(314t + 30°)\text{V}$$
$$= 220\sqrt{2}\sin(314t + 30° + 90°)\text{V}$$
$$= 220\sqrt{2}\sin(314t + 120°)\text{V}$$

所以有

$$\dot{U}_1 = 220\angle{-120°}\text{ V}$$
$$\dot{U}_2 = 220\angle{-120°}\text{ V}$$

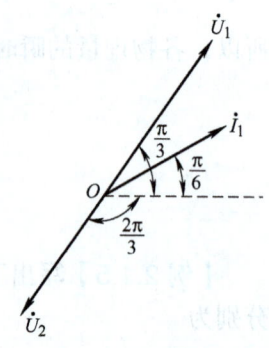

图 2-1-9　例 2.1.5 的相量图

综上所述，以 $u(t) = U_\text{m}\sin(\omega t + \varphi)$ 为例，总结正弦量的 4 种表示方法，见表 2-1-1。

表 2-1-1　正弦量的 4 种表示方法

波形图	![波形图](u 曲线，标注 U_m、φ、T、ωt)
解析式	$u = U_\text{m}\sin(\omega t + \varphi)$
相量图	$\dot{U}$，φ，ω，+1
相量式	$\dot{U} = a + \text{j}b = U\text{e}^{\text{j}\varphi} \Rightarrow U\angle\varphi$

注意：相量只能表示正弦量，但不等于正弦量。

 任务实施　正弦交流电的检测

一、任务实施所需设备

序号	名称	数量	备注
1	低压交流电源	1	5～30V
2	万用表	2	数字式、指针式
3	函数信号发生器	1	
4	双踪示波器	1	
5	实训功能板	2	电阻若干

项目 2　单相交流电路的应用

二、任务实施参考步骤

1. 正弦量三要素检测

1）将函数信号发生器（注意不要使用 380V 正弦交流信号，以防触电）与示波器正确连接，组成正弦交流信号测试电路。

2）将示波器的幅度和扫描速度微调旋钮旋至"校准"位置。

3）接通函数信号发生器的电源，波形选择开关置于"正弦波输出"。通过相应的调节，使输出频率分别为 50Hz、1.5kHz 和 20kHz（由频率计读出）；使输出幅值分别为有效值 0.1V、1V 和 3V（由交流电压表读得）。调节示波器 y 轴和 x 轴的偏转灵敏度至合适的位置，从荧光屏上读取幅值及周期，并将数据填入表 2-1-2，将两者对比后分析误差。

表 2-1-2　三要素检测实验数据

所测项目	不同频率的正弦波信号		
	50Hz	1500Hz	20000Hz
示波器"V/div"位置			
峰–峰值波形格数			
一个周期占有的格数			

2. 正弦交流信号运算检测

1）将函数信号发生器与示波器正确连接，组成正弦交流信号测试电路。

2）将示波器的幅度和扫描速度微调旋钮旋至"校准"位置。

3）接通函数信号发生器的电源，波形选择开关置于"正弦波输出"。通过相应的调节，使输出频率相同，然后使两路输出幅值分别为有效值 1V 和 3V（由交流电压表读得）。调节示波器 y 轴和 x 轴的偏转灵敏度至合适的位置，从荧光屏上读取两路波形的幅值及周期，并将数据填入表 2-1-3，然后将设定值与测量值两者对比，并分析误差。

表 2-1-3　正弦波运算实测实验数据

正弦波	正弦信号设定值			示波器测量值		
	f/Hz	U/V	φ/rad	f/Hz	U/V	φ/rad
波形 A						
波形 B						
波形（A+B）						
波形（A−B）						

三、任务实施注意事项

1）改变电源信号的频率时，避免带电操作。

2）调节函数信号发生器、示波器的旋钮时，注意粗调、微调的运用。

3）调节示波器时，注意触发开关和电平调节旋钮的配合使用，以使显示的波形稳定。

4）开展定量测量时，"t/div"和"V/div"微调旋钮均应旋至"校准"位置。

5）为防止外界干扰，函数信号发生器的接地端与示波器的接地端要相连（称为共地）。

四、任务汇报展示评价（见表 2-1-4）

表 2-1-4　正弦交流电的检测实训项目评价表

实训项目：　　　　　　　　　　　　学生姓名：

序号	考核项目	考核等级			成绩
		A	B	C	
1	任务实施计划决策	计划合理充分、实施过程准确且有完整详细的记录	计划较合理充分、实施过程较准确且有记录	计划较合理充分、实施过程较准确但没有记录	
2	任务实施检查	在规定时间内较好地完成正弦交流电的检测，测量数据分析准确	在规定时间内能完成正弦交流电的检测，测量数据分析较准确	在规定时间内基本完成正弦交流电的检测，测量数据分析较准确	
3	任务实施评估讨论	能独立完成正弦交流电的检测，准确分析数据并得出结论，能积极解决任务实施过程中出现的问题	能较独立地完成正弦交流电的检测，较准确地分析数据并得出结论，能部分解决任务实施过程中出现的问题	能基本完成正弦交流电的检测，能分析数据并得出结论，能部分解决任务实施过程中出现的问题	
4	仪器使用、维护	能严格按照仪器仪表的操作规范进行操作，能及时清理垃圾，将仪器摆放整齐等	能较严格按照仪器仪表的操作规范进行操作，能清理垃圾，将仪器摆放整齐等	能按照仪器仪表的操作规范进行操作，能清理垃圾，将仪器摆放整齐等	
	团队协作	能与小组成员积极配合，有序地完成训练项目	能与小组成员较积极配合，有序地完成训练项目	能与小组成员配合，基本完成训练项目	
	劳动纪律	认真遵守任务实施时间，在任务实施过程中积极动手、动脑	较认真遵守任务实施时间，在任务实施过程中能动手、动脑	能遵守任务实施时间，在任务实施过程中不够积极	
总评					

视野拓展　相量的运算法则

相量表示法的基础是复数，即用一个复数来表示一个正弦量，表示正弦量的复数即称为相量。为分析计算交流电路，需要进行相量的运算。所以，回顾复数及复数的运算就显得尤为重要。

1. 回顾复数

设有一个平面直角坐标系，其 x 轴表示复数的实部，称为实轴，以 +1 为单位；y 轴表示复数的虚部，称为虚轴，以 +j 为单位（为避免与电流 i 混淆，电工学中用 j 代替复数中的 i）。实轴与虚轴构成的平面称为复平面。复平面上的任意一个点都对应一个复数。复数 A 还可以在复平面上用有向线段 $\overrightarrow{OA}$ 表示，其实部为 a，虚部为 b，如图 2-1-10 所示。

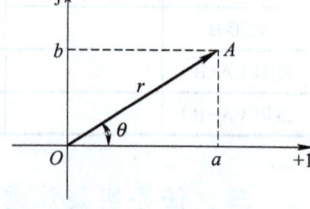

图 2-1-10　复平面及有向线段

由图 2-1-10 可知，有向线段 $\overrightarrow{OA}$ 的复数表达式可以写成

$$A = a + jb = r\cos\theta + jr\sin\theta = r\underline{/\theta}$$

式中，$a = r\cos\theta$ 为复数的实部；$b = r\sin\theta$ 为复数的虚部；$r = \sqrt{a^2 + b^2}$ 为复数的模；$\theta = \arctan\dfrac{b}{a}$ 为复数的辐角。

一个复数有多种表达方式，常见的有代数式、三角函数式、指数式和极坐标式 4 种。

（1）复数的表达方式

1）代数式：即

$$A = a + jb \tag{2-1-8}$$

式中，j 为虚数单位，$j = \sqrt{-1}$。

2）三角函数式：由式（2-1-8）、$a = r\cos\theta$ 和 $b = r\sin\theta$ 得

$$A = r\cos\theta + jr\sin\theta \tag{2-1-9}$$

3）指数式：根据欧拉公式，有

$$e^{j\theta} = \cos\theta + j\sin\theta$$

可得指数式为

$$A = re^{j\theta} \tag{2-1-10}$$

4）极坐标式：在工程上，将指数式记作

$$A = r\underline{/\theta} \tag{2-1-11}$$

式（2-1-11）即称为复数的极坐标式。

【例 2.1.7】把复数 $A = 6+j8$ 化为三角函数式、指数式和极坐标式。

解：

$$r = \sqrt{a^2 + b^2} = \sqrt{6^2 + 8^2} = 10$$

$$\theta = \arctan\frac{b}{a} = 53°$$

三角函数式为

$$A = 10\cos 53° + j10\sin 53°$$

指数式为

$$A = 10e^{j53°}$$

极坐标式为

$$A = 10\underline{/53°}$$

（2）复数的运算

1）复数的相等：当两个复数用代数式表示时，若它们的实部和虚部分别相等，则这两个复数相等；当两个复数用极坐标式表示时，若它们的模和辐角分别相等，则这两个复数相等。

【例 2.1.8】已知复数 $A_1 = a_1 + jb_1$，$A_2 = a_2 + jb_2$，当满足什么条件时，$A_1 = A_2$？

解： 若 $A_1 = A_2$，需满足实部和虚部分别相等，即

$$a_1 = a_2$$
$$b_1 = b_2$$

2）复数的加减运算：当两个复数进行加减运算时，通常用复数的代数式来运算比较方便，此时复数的实部与实部相加减，虚部与虚部相加减，由此得到一个新的复数。

设有复数

$$A_1 = a_1 + jb_1$$
$$A_2 = a_2 + jb_2$$

则有

$$A_1 \pm A_2 = (a_1 \pm a_2) + j(b_1 \pm b_2)$$

【例 2.1.9】已知复数 $A_1 = 3 + j4$，$A_2 = 2 + j$，求 $A = A_1 + A_2$。

解：

$$A_1 + A_2 = (3 + j4) + (2 + j)$$
$$= (3 + 2) + j(4 + 1) = 5 + j5$$

3）复数的乘除运算：当两个复数进行乘法运算时，通常用极坐标式进行运算，此时复数的模与模相乘，辐角与辐角相加，由此得到一个新的复数；当两个复数进行除法运算时，通常也用极坐标式进行运算，此时复数的模与模相除，辐角与辐角相减，由此得到一个新的复数。

设有复数

$$A = r_1 \underline{/\theta_1}$$
$$B = r_2 \underline{/\theta_2}$$

则有

$$A \cdot B = r_1 \underline{/\theta_1} \cdot r_2 \underline{/\theta_2} = r_1 r_2 \underline{/\theta_1 + \theta_2}$$

或者

$$\frac{A}{B} = \frac{r_1 \underline{/\theta_1}}{r_2 \underline{/\theta_2}} = \frac{r_1}{r_2} \underline{/\theta_1 - \theta_2}$$

【例 2.1.10】已知复数 $A_1 = 6 + j8$，$A_2 = 4 - j3$，求 $A = \dfrac{A_1}{A_2}$。

解： 先将复数的代数式转化为极坐标式，得

$$A_1 = 6 + j8 = \sqrt{6^2 + 8^2} \underline{/\arctan \frac{4}{3}} = 10 \underline{/53°}$$

$$A_2 = 4 - j3 = \sqrt{4^2 + (-3)^2} \underline{/\arctan \frac{4}{-3}} = 5 \underline{/-37°}$$

所以

$$A = \frac{A_1}{A_2} = \frac{6 + j8}{4 - j3} = \frac{10 \underline{/53°}}{5 \underline{/-37°}} = 2 \underline{/90°}$$

注意： 求辐角时，先看复数在哪个象限，这样求出的辐角不易出错。

2. 相量运算

相量运算与复数运算极为相似，可以用相量表达式进行加、减、乘、除等运算。但在解决工程问题时，为简化计算，使结果更直观，还可以用相量图进行相量的加、减运算。

（1）相量表达式运算

若采用相量表达式直接计算两个同频率正弦量的加减，则其计算步骤如下：

1）先由已知的正弦量瞬时值表达式写出对应的相量极坐标式。
2）把两个相量分别转化成代数式进行加减，得到两个正弦量的和相量。
3）将计算结果的代数式转化成极坐标式。
4）写出和相量对应的正弦量的解析式。

【例 2.1.11】 已知 $u_1 = 100\sqrt{2}\sin(314t + 45°)\text{V}$，$u_2 = 100\sqrt{2}\sin(314t + 135°)\text{V}$，试求：$u_3 = u_1 + u_2$、$u_4 = u_1 - u_2$、$u_5 = u_1 u_2$、$u_6 = \dfrac{u_1}{u_2}$。

解： u_1 和 u_2 可表示为

$$\begin{aligned}\dot{U}_1 &= 100\underline{/45°}\ \text{V} \\ &= (100\cos 45° + \text{j}100\sin 45°)\text{V} \\ &= (50\sqrt{2} + \text{j}50\sqrt{2})\text{V}\end{aligned}$$

$$\begin{aligned}\dot{U}_2 &= 100\underline{/135°}\ \text{V} \\ &= (100\cos 135° + \text{j}100\sin 135°)\text{V} \\ &= (-50\sqrt{2} + \text{j}50\sqrt{2})\text{V}\end{aligned}$$

所以

$$\begin{aligned}\dot{U}_3 &= \dot{U}_1 + \dot{U}_2 \\ &= [(50\sqrt{2} + \text{j}50\sqrt{2}) + (-50\sqrt{2} + \text{j}50\sqrt{2})]\text{V} \\ &= \text{j}100\sqrt{2}\,\text{V}\end{aligned}$$

$$\begin{aligned}\dot{U}_4 &= \dot{U}_1 - \dot{U}_2 \\ &= [(50\sqrt{2} + \text{j}50\sqrt{2}) - (-50\sqrt{2} + \text{j}50\sqrt{2})]\text{V} \\ &= 100\sqrt{2}\,\text{V}\end{aligned}$$

$$\begin{aligned}\dot{U}_5 &= \dot{U}_1 \dot{U}_2 \\ &= 100\underline{/45°} \times 100\underline{/135°}\ \text{V} \\ &= 10000\underline{/180°}\ \text{V}\end{aligned}$$

$$\dot{U}_6 = \dfrac{\dot{U}_1}{\dot{U}_2} = \dfrac{100\underline{/45°}}{100\underline{/135°}}\ \text{V} = 1\underline{/-90°}\ \text{V}$$

整理可得

$$u_3 = u_1 + u_2 = 200\sin(314t + 90°)\text{V}$$

$$u_4 = u_1 - u_2 = 200\sin 314t\,\text{V}$$

$$u_5 = u_1 u_2 = 10000\sqrt{2}\sin(314t + 180°)\text{V}$$

$$u_6 = \dfrac{u_1}{u_2} = \sqrt{2}\sin(314t - 90°)\text{V}$$

（2）相量图运算

在线性正弦交流电路中，同频率的电流、电压之间的加减运算，可以归结为相量的加减运算。两个相量的加减，符合矢量加法的平行四边形法则。若采用相量图运算，其步骤如下：

1）选择任一相量为参考相量，在同一复平面上画出两个正弦量的相量图。
2）利用平行四边形法则画出两相量的和相量。
3）分析并得出和相量的长度及和相量与参考相量的夹角。
4）写出和相量所对应的正弦量的解析式。

【例 2.1.12】已知 $u_1 = 100\sqrt{2}\sin(314t+45°)$，$u_2 = 100\sqrt{2}\sin(314t+135°)$，试求：$u_3 = u_1 + u_2$、$u_4 = u_1 - u_2$。

解：选择相量 $\dot{U}_1$ 为参考相量，$\dot{U}_1 = 100\angle 0°$ V，根据相量 $\dot{U}_1$、$\dot{U}_2$ 的相位差来画出相量 $\dot{U}_1$、$\dot{U}_2$，然后利用平行四边形法则画出相量 $\dot{U}_1$、$\dot{U}_2$ 的和相量 $\dot{U}_3$，如图 2-1-11a 所示。

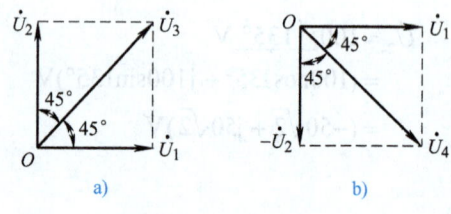

图 2-1-11 例 2.1.12 图

仍选择相量 $\dot{U}_1$ 为参考相量，根据相量 $\dot{U}_1$、$\dot{U}_2$ 的相位差，画出相量 $\dot{U}_1$、$-\dot{U}_2$，然后利用平行四边形法则画出相量 $\dot{U}_1$、$-\dot{U}_2$ 的和相量 $\dot{U}_4$，如图 2-1-11b 所示。

由图 2-1-11 可知，$U_3 = U_4 = U$，因此有

$$U = \sqrt{U_1^2 + U_2^2} = \sqrt{100^2 + 100^2}\,\text{V} = 100\sqrt{2}\,\text{V}$$

由图 2-1-11a 可知

$$\varphi_3 = 45° + 45° = 90°$$

即

$$\dot{U}_3 = 100\sqrt{2}\angle 90°\ \text{V}$$

由图 2-1-11b 可知

$$\varphi_4 = -45° - 45° = -90°$$

即

$$\dot{U}_4 = 100\sqrt{2}\angle -90°\ \text{V}$$

所以

$$u_3 = 100\sqrt{2}\cdot\sqrt{2}\sin(314t+90°)\text{V}$$
$$= 200\sin(314t+90°)\text{V}$$

$$u_4 = 100\sqrt{2}\cdot\sqrt{2}\sin(314t-90°)\text{V}$$
$$= 200\sin(314t-90°)\text{V}$$

巩固思考

1）表达正弦量随时间变化快慢程度的是_____。
2）两个_____正弦量之间的相位之差称为相位差。
3）实验室中的交流电压表和电流表，其读数是交流电的_____。
4）已知 $i = 7.07\sin(314t - 30°)$A，则该正弦交流电流的最大值是_____A，有效值是_____A，角频率是_____rad/s，频率是_____Hz，周期是_____s，与时间相关的相位是_____，初相位是_____。
5）按照各正弦量的大小和相位关系，用初始位置的有向线段画出的若干个相量的图形，称为_____图。

任务 2.2　单一参数交流电路分析

 学习目标

知识目标	能力目标	素质目标
理解并掌握交流电路中电阻、电感、电容元件的电压、电流关系及阻抗的应用	能正确运用相量法分析交流电路	培养学生的安全用电意识；培养学生的电气职业素养；培养学生的团结协作意识

 案例引入　家用电器等效电路

在交流电路中，元器件的电压、电流、功率等都随时间按正弦规律变化。所以，交流电路中的电流不仅与电阻 R 有关，还与电路中的电感 L 和电容 C 有关，这会使得交流电路的负载性质比直流电路的负载性质要复杂些。在分析和计算交流电路时，电路中的 R、L、C 这三个参数都必须考虑。

由于同时考虑三个参数较为复杂，所以这里将三种元件剥离开来，先分别讨论电路中只有一种参数的情况，然后研究三种参数组合的实际电路，这是一种理想化的电路分析方法，也是一种行之有效的电路分析方法。在分析实际电路时，如果具体电路的某一个元件参数起主要作用，而其他元件参数的影响在电路中可以忽略不计，那么电路也可以看作单一参数交流电路来分析。这里请读者思考，家用电饭煲和洗衣机的电路模型有什么不同呢？单一参数交流电路的电压、电流关系是怎样的？

 知识链接

最简单的交流电路是由电阻 R、电感 L 或电容 C 当中的单个元件组成的，电路元件仅由 R、L 或 C 三个参数中的一个来表征其特性，这种电路就称为单一参数交流电路。在工程实际电路中，如果一个实际元件内只有一个主要参数起作用，那么可以把它看作单一参数的理想电路元件。只有掌握了单一参数交流电路中电压与电流及功率的关系，才可以方便地分析计算复杂交流电路。因此，掌握单一参数交流电路的分析与计算是非常重要的。

在以下的推导过程中，设元件两端的电压和流过元件的电流采用关联参考方向，并设

电压、电流的瞬时表达式分别为

$$u = \sqrt{2}U\sin(\omega t + \varphi_u)$$

$$i = \sqrt{2}I\sin(\omega t + \varphi_i)$$

则它们的相量分别为

$$\dot{U} = U\underline{/\varphi_u}$$

$$\dot{I} = I\underline{/\varphi_i}$$

1. 纯电阻电路

在图 2-2-1a 所示电阻 R 的正弦交流电路中，其两端加上了正弦交流电压 u，此时电阻上即流过一个电流 i，其端电压、电流方向同样如图 2-2-1a 所示。

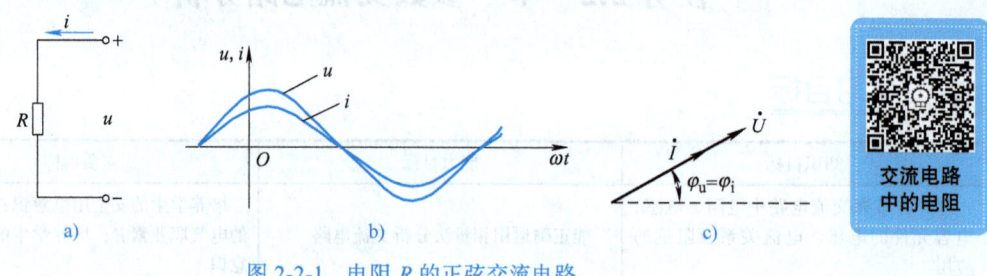

图 2-2-1 电阻 R 的正弦交流电路

图 2-2-1a 所示电路即纯电阻电路，由欧姆定律可得

$$u = iR$$

设流经电阻 R 的电流为

$$i = \sqrt{2}I\sin(\omega t + \varphi_i) \tag{2-2-1}$$

则有

$$u = \sqrt{2}IR\sin(\omega t + \varphi_i) = \sqrt{2}U\sin(\omega t + \varphi_u) \tag{2-2-2}$$

由式（2-2-2）及电压正弦量的三要素，可知

$$U = IR, \quad \varphi_u = \varphi_i$$

即电阻上的端电压与电流的频率相同，相位相同，其有效值关系满足欧姆定律。将电阻上的端电压与电流用相量表达，有

$$\frac{\dot{U}}{\dot{I}} = \frac{U\angle\varphi_u}{I\angle\varphi_i} = \frac{U}{I}\angle\varphi_u - \varphi_i$$

所以

$$\dot{U} = \dot{I}R \tag{2-2-3}$$

电阻上的端电压和电流同相位，且成正比。

电阻上的端电压和电流的波形图如图 2-2-1b 所示。其端电压和电流的相量图如图 2-2-1c 所示。

在交流电路中，某段电路在任一瞬间所吸收的功率称为该段电路的瞬时功率，用小写

字母 p 表示。瞬时功率等于电压瞬时值与电流瞬时值的乘积，即

$$p = ui$$

令 $i = \sqrt{2}I\sin\omega t$，则

$$\begin{aligned}p_R &= u_R i_R \\ &= 2U_R I_R \sin^2\omega t\end{aligned}$$

(2-2-4)

电阻的瞬时功率曲线如图 2-2-2 所示。

可以看出，电阻的瞬时功率是以两倍于电压的频率变化的，但电阻的瞬时功率总是正值。这是因为电阻的端电压、电流同相，它们总是同时为正或同时为负，故两者的乘积总是正值。这说明电阻在任一瞬间，总是从电源吸取电能，是耗能元件。

瞬时功率随时间变化，只能说明功率的变化情况。一般所说的电路的功率是指瞬时功率在一个周期内的平均值，称为平均功率。负载消耗的功率也通常用其平均功率来说明。平均功率用大写字母 P 表示，即

$$P = \frac{1}{T}\int_0^T p\,dt \qquad (2\text{-}2\text{-}5)$$

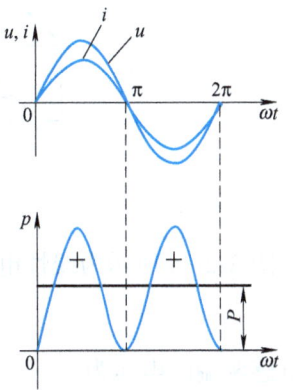

图 2-2-2 电阻的瞬时功率曲线

将式（2-2-4）代入式（2-2-5），得到交流电路中电阻的平均功率为

$$P_R = \frac{1}{T}\int_0^T (2U_R I_R \sin^2\omega t)\,dt = U_R I_R = I_R^2 R \qquad (2\text{-}2\text{-}6)$$

平均功率的单位为瓦特（W）或千瓦（kW）。由于平均功率能反映负载在电路中实际消耗的功率，所以又被称为有功功率。由式（2-2-6）可见，平均功率与直流电路中功率的计算公式完全相同。它代表电阻实际消耗的功率。通常情况下灯泡、电熨斗及电烙铁等的功率都是指有功功率。

【例 2.2.1】已知一个电阻 $R=440\Omega$，将其接在 220V、50Hz 的交流电路上，试求（1）电流 I 和功率 P；（2）如将电源的频率改为 100Hz，则此时电流变不变？

解：（1）电流为

$$I = \frac{U}{R} = \frac{220}{440}\text{A} = 0.5\text{A}$$

功率为

$$P = UI = 220 \times 0.5\text{W} = 110\text{W}$$

（2）因为电阻与频率无关，故电流大小不变。

【例 2.2.2】有一个标称值为 220V、75W 的电烙铁，电源电压为 220V，试求电烙铁的工作电流，并计算它使用 20h 所消耗电能的度数。

解：工作电流为

$$I = \frac{P}{U} = \frac{75}{220}\text{A} = 0.34\text{A}$$

20h 所消耗电能为

$$W = 75 \times 10^{-3} \times 20 \text{kW} \cdot \text{h} = 1.5 \text{kW} \cdot \text{h} = 1.5 \text{度}$$

2. 纯电感电路

在图 2-2-3a 所示电感 L 的正弦交流电路中，电感两端加了一个正弦交流电压 u，电感上流过一个电流 i，其端电压和电流的方向同样如图 2-2-3a 所示。

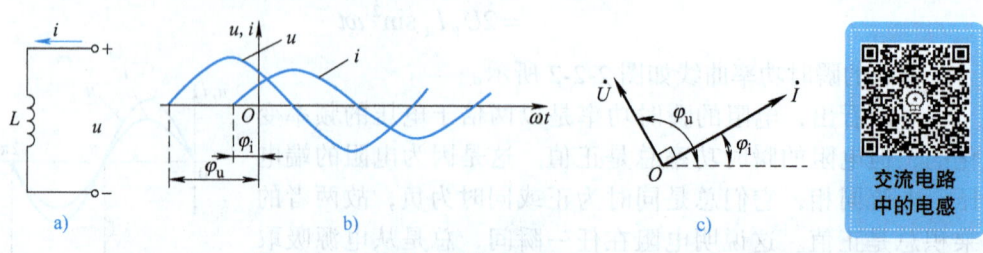

图 2-2-3 电感的正弦交流电路

图 2-2-3a 所示为线性电感 L 的正弦交流电路，设流过电感 L 的正弦交流电流为

$$i = \sqrt{2} I \sin(\omega t + \varphi_i)$$

则电感两端的电压为

$$\begin{aligned}u &= L \frac{\mathrm{d}i}{\mathrm{d}t} \\ &= \sqrt{2} L I \omega \cos(\omega t + \varphi_i) \\ &= \sqrt{2} L I \omega \sin\left(\omega t + \varphi_i + \frac{\pi}{2}\right)\end{aligned} \qquad (2\text{-}2\text{-}7)$$

由式（2-2-7）及电压正弦量的三要素，可知

$$U = \omega L I, \quad \varphi_u = \varphi_i + \frac{\pi}{2}$$

显然，电感上的端电压与电流频率相同，其端电压相位超前电流相位 $\frac{\pi}{2}$，且端电压与电流的有效值成正比，其比值可记为

$$\frac{U}{I} = \omega L = X_L \qquad (2\text{-}2\text{-}8)$$

X_L 称为感抗，它反映了电感对交流电流的阻碍作用。感抗的量纲与电阻相同，单位为欧姆（Ω）。式（2-2-8）反映了电压、电流与感抗之间的关系，在形式上和直流电路的欧姆定律相似，但其本质是不同的，这一点要注意，并请读者思考其原因。感抗与电感及频率成正比，即高频时感抗大。当 $f = 0$ 时，$X_L = 0$，电感相当于短路，故电感具有"通低频，阻高频"的特性。因此，电感常用于高频扼流，可以有效阻止高频电流的通过。而电感在直流稳态电路中，相当于一条短路线。

将电感上的端电压与电流的关系用相量表达，即为

$$\frac{\dot{U}}{\dot{I}} = \frac{U}{I} \angle 90° = \mathrm{j}X_L \qquad (2\text{-}2\text{-}9)$$

端电压与电流的相位差为

$$\Delta\varphi = \varphi_u - \varphi_i = 90° \tag{2-2-10}$$

由式（2-2-9）和式（2-2-10）可看出，正弦交流电路中电感的端电压比电流的相位超前 90°，而端电压的大小等于电流的大小与感抗的乘积。

电感端电压和电流的波形如图 2-2-3b 所示，其相量关系如图 2-2-3c 所示。

【例 2.2.3】 将一个 L=127mH 的线圈（电阻忽略不计），接在 220V、50Hz 的交流电源上，求线圈的感抗和流过的电流大小。若把此线圈接在 220V、1000Hz 的交流电源上，流过线圈的电流又为多少？

解： 当 f=50Hz 时，有

$$X_L = 2\pi f L = 2\pi \times 50 \times 127 \times 10^{-3} \Omega = 40\Omega$$

$$I = \frac{U}{X_L} = \frac{220}{40} A = 5.5A$$

当 f=1000Hz 时，有

$$X_L = 2\pi f L = 2\pi \times 1000 \times 127 \times 10^{-3} \Omega = 800\Omega$$

$$I = \frac{U}{X_L} = \frac{220}{800} A = 0.275A$$

由计算结果可见，电感能有效地阻止高频电流通过。

电感中的电压和电流都随时间的变化而变化，且电压超前电流 90°，纯电感电路的瞬时功率可表示为

$$\begin{aligned} p_L &= u_L i_L \\ &= 2U_L I_L \sin\left(\omega t + \frac{\pi}{2}\right) \sin\omega t \\ &= U_L I_L \sin 2\omega t \end{aligned} \tag{2-2-11}$$

由式（2-2-11）可以看出，电感的瞬时功率是以两倍于电压的频率变化的。与电阻不同的是，电感功率的瞬时值有正有负，如图 2-2-4 所示，在第一个和第三个 $\frac{1}{4}$ 周期内，电感的端电压和电流同时为正或同时为负，p 为正值，表明电感从电源处吸取了电能。在这两个 $\frac{1}{4}$ 周期内，电流的绝对值都在增加，即电感从电源处吸取了电能并转换成磁场能储存起来。在第二个和第四个 $\frac{1}{4}$ 周期内，电感的端电压和电流一个为正另一个为负，p 为负值，表明电感释放了电能。在这两个 $\frac{1}{4}$ 周期内，电流的绝对值都在减小，磁场在消失，也就是说电感将磁场能又重新转换为电能返还给了电源，这一点可以从有功功率的计算中得到验证。

由图 2-2-4 可以看出，电感在交流电路中不断进行着磁场能和电能的交换。将式（2-2-11）代入式（2-2-5），可以得到交流电路电感的有功功率为

$$P_L = \frac{1}{T}\int_0^T p_L dt = \frac{1}{T}\int_0^T U_L I_L \sin 2\omega t = 0 \tag{2-2-12}$$

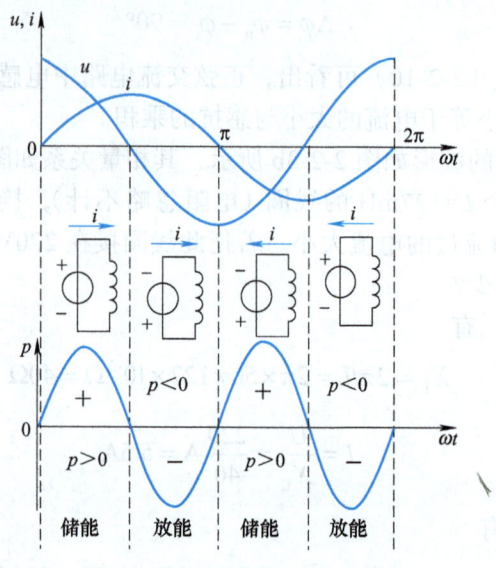

图 2-2-4　电感的瞬时功率曲线

式（2-2-12）表明，电感是不消耗电能的。但它要与电源之间进行能量交换，为了与消耗电能的有功功率相区别，并且要能衡量电感与外电路进行能量交换的规模大小，人们定义电感瞬时功率的最大值为无功功率，用 Q_L 表示，根据定义有

$$Q_L = U_L I_L = I_L^2 X_L = \frac{U_L^2}{X_L} \tag{2-2-13}$$

无功功率具有与有功功率相同的量纲，但二者实际上不相同，为了区别，人们规定无功功率的单位为乏（var）或千乏（kvar）。

应当指出的是，对"无功"两字应理解为"交换而不消耗"，不应理解为"无用"。无功功率在工程技术上占有重要的地位，例如电动机、变压器等具有电感性质的电气设备，没有磁场就无法正常工作。

【例 2.2.4】将一个 $L=127\text{mH}$ 的线圈（线圈的电阻忽略不计）接在电压为 220V，频率为 50Hz 的电源上。试求线圈的有功功率 P 和无功功率 Q。

解：根据已知条件得

$$X_L = 2\pi f L = 2\pi \times 50 \times 127 \times 10^{-3} \Omega = 40\Omega$$

$$I = \frac{U}{X_L} = \frac{220}{40}\text{A} = 5.5\text{A}$$

有功功率为

$$P = 0\text{W}$$

无功功率为

$$Q = UI = 220 \times 5.5 \text{var} = 1210\text{var}$$

3. 纯电容电路

把电容接入直流稳态电路中，则电路中的电流为零，只有在换路瞬间，电容处于充放电状态时，电路中才有电流流过。因此，电容在直流稳态电

交流电路中的电容

路中相当于开路。

在电容两端加一个交流电压，由于交流电压的极性在不断变化，电容也会随着交流电压的极性的不断变化而周期性充电和放电，因而电路中会不断有电流流过。在交流电路中，电容的端电压和电流为关联参考方向，如图 2-2-5a 所示。

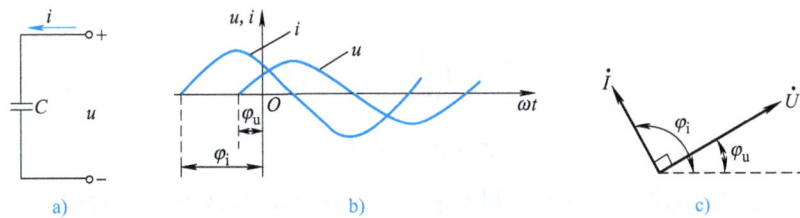

图 2-2-5 电容的正弦交流电路

设在如图 2-2-5a 所示的线性电容 C 两端加上正弦交流电压

$$u = \sqrt{2}U\sin(\omega t + \varphi_u)$$

则电容上流过的电流为

$$\begin{aligned}i &= C\frac{du}{dt} \\ &= \sqrt{2}\omega CU\cos(\omega t + \varphi_u) \\ &= \sqrt{2}\omega CU\sin\left(\omega t + \varphi_u + \frac{\pi}{2}\right)\end{aligned} \quad (2\text{-}2\text{-}14)$$

由式（2-2-14）及正弦量的三要素可知

$$I = \omega CU, \quad \varphi = \varphi_u + \frac{\pi}{2}$$

显然，电容的端电压频率与电流频率相同，端电压滞后电流 $\frac{\pi}{2}$，且端电压与电流有效值成正比，其比值为

$$\frac{U}{I} = \frac{1}{\omega C} = X_C \quad (2\text{-}2\text{-}15)$$

X_C 称为容抗，它表示电容对交流电流的阻碍作用，容抗的量纲与电阻相同，单位为欧姆（Ω）。式（2-2-15）反映了电压、电流与容抗之间的关系，它在形式上和直流电路的欧姆定律相似，但其本质是不同的，这一点要注意，并请读者思考原因。容抗与频率成反比，高频时容抗小。当 $f = 0$ 时，$X_C \to \infty$，电容相当于开路，故电容具有"通高频，阻低频"的特性。这是因为在电压一定的情况下，电源的频率越高，电路中的充放电越频繁，单位时间内电荷的迁移率也就越高，使得电路中的电流变大，阻碍电流的作用也变差。并且电容越大，电容储存电荷的能力也越强，单位时间内电路中充放电移动的电荷量就越大，所以电路中的电流也越大。因此，电容常用于旁路和滤波，它可以有效地使高频电流通过，而使低频信号输出。电容在直流稳态电路中，相当于开路。

将电容的端电压与电流的关系用相量表达，即为

$$\frac{\dot{U}}{\dot{I}} = \frac{U}{I}\angle -90° = -jX_C$$

所以
$$\dot{I} = j\omega C\dot{U}$$

或
$$\dot{U} = -j\frac{1}{\omega C}\dot{I} = -jX_C\dot{I} \qquad (2\text{-}2\text{-}16)$$

$$\Delta\varphi = \varphi_u - \varphi_i = -90° \qquad (2\text{-}2\text{-}17)$$

由式（2-2-16）和式（2-2-17）可以看出，正弦交流电路中电容两端的电压相位比电流相位滞后 90°，而端电压的大小等于电流的大小与容抗的乘积。

电容端电压和电流的波形如图 2-2-5b 所示，其相量关系如图 2-2-5c 所示。

【例 2.2.5】为 $C = 40\mu F$ 的电容接入电源电压 $u = 311\sin(314t + 30°)$，试求容抗 X_C、流过的电流 I 及该电流的瞬时值表达式。

解：根据已知条件，得
$$\omega = 314\text{rad/s} \qquad U = \frac{311}{\sqrt{2}}\text{V} = 220\text{V}$$

$$\varphi_u = 30°$$

所以
$$X_C = \frac{1}{\omega C} = \frac{1}{314 \times 40 \times 10^{-6}}\Omega = 80\Omega$$

$$I = \frac{U}{X_C} = \frac{220}{80}\text{A} = 2.75\text{A}$$

$$\varphi_i = 30° + 90° = 120°$$

$$i = \sqrt{2}I\sin(\omega t + \varphi_i) = 2.75\sqrt{2}\sin(314t + 120°)$$

请思考：如果电源的角频率增大为 $\omega = 3140\text{rad/s}$，试自行分析电容的阻抗和流过的电流，并与例 2.2.5 的数据比较。

电容中的电压、电流都随时间的变化而变化，且电压滞后电流 90°，纯电容电路的瞬时功率可表达为

$$\begin{aligned}p_C &= u_C i_C \\ &= 2U_C I_C \sin\left(\omega t - \frac{\pi}{2}\right)\sin\omega t \\ &= -U_C I_C \sin 2\omega t\end{aligned} \qquad (2\text{-}2\text{-}18)$$

由式（2-2-18）可以看出，电容的瞬时功率是以两倍于电压的频率变化的，其变化曲线如图 2-2-6 所示，与电阻不同的是，电容功率的瞬时值有正有负，在图 2-2-6 中，第一个和第三个 $\frac{1}{4}$ 周期内，电容端电压和电流同时为正或同时为负，p 为正值，表明电容从电

源处吸取了电能。在这两个 $\frac{1}{4}$ 周期内，电压的绝对值都在增加，即电容从电源处吸取了电能并转换成电场能储存起来，当电压达到最大值时，其变化率为零，充电结束，电流变为零。在第二个和第四个 $\frac{1}{4}$ 周期内，电容端电压和电流一个为正另一个为负，p 为负值，表明电容释放了电能。在这两个 $\frac{1}{4}$ 周期内，电压的绝对值都在减小，电场在逐渐消失，也就是说电容将电场能重新转换为电能返还给了电源，这一点也可以从有功功率的计算中得到验证。

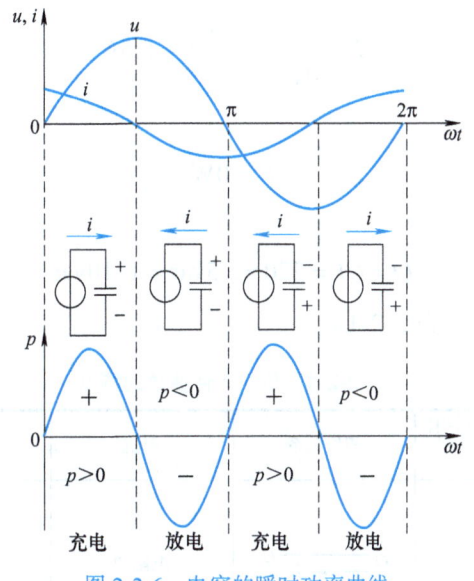

图 2-2-6　电容的瞬时功率曲线

电容在交流电路中不断进行着电场能和电能的交换。将式（2-2-18）代入式（2-2-5），得到交流电路电容的有功功率为

$$P_C = \frac{1}{T}\int_0^T p_C \mathrm{d}t = \frac{1}{T}\int_0^T (-U_C I_C \sin 2\omega t)\mathrm{d}t = 0 \tag{2-2-19}$$

式（2-2-19）说明，电容元件是不消耗电能的。但它要与电源之间进行能量交换，为了与消耗电能的有功功率相区别，并且要能衡量电容与外电路进行能量交换的规模大小，人们定义电容瞬时功率的最大值为无功功率，用 Q_C 表示，根据定义有

$$Q_C = U_C I_C = I_C^2 X_C = \frac{U_C^2}{X_C} \tag{2-2-20}$$

比较 p_C 的波形与 p_L 的波形，可以看出：

1）理想电容与理想电感相似，它们只与外电路进行电能的交换，而不消耗能量，因此是储能元件。

2）电容以电场能的形式与外电路进行能量交换。当电感、电容中流过相同的电流时，二者产生的瞬时功率是反相的。即当电感吸收能量时，电容释放能量；当电感释放能量时，电容吸收能量。由此可以理解为当电容与电感在同一个交流电路中时，它们的无功功率相互补偿。

【例 2.2.6】 已知电容 $C = 80\mu F$，现把它接到 $u = 311\sin(314t + 60°)V$ 的电源上，试求电容的容抗 X_C、流过的电流 I、有功功率 P 和无功功率 Q。

解： 根据已知条件得

$$\omega = 314\text{rad/s} \quad U = \frac{311}{\sqrt{2}}\text{V} = 220\text{V}$$

因此得到

$$X_C = \frac{1}{\omega C} = \frac{1}{314 \times 80 \times 10^{-6}}\Omega = 40\Omega$$

$$I = \frac{U}{X_C} = \frac{220}{40}\text{A} = 5.5\text{A}$$

有功功率为

$$P = 0\text{W}$$

无功功率为

$$Q = UI = 220 \times 5.5\text{var} = 1210\text{var}$$

单一元件参数的特点见表 2-2-1。

表 2-2-1 单一元件参数的特点

电路	电压和电流的大小关系	相位关系	阻抗	功率	相量关系
电阻电路	$U = IR$ $I = \dfrac{U}{R}$	$\dot U$ 与 $\dot I$ 同相	电阻 R	$P = UI$ $= I^2 R$ $= \dfrac{U^2}{R}$	$\dot U = \dot I R$
电感电路	$U = I\omega L = IX_L$ $I = \dfrac{U}{\omega L} = \dfrac{U}{X_L}$	$\dot U$ 超前 $\dot I$ 90°	感抗 $X_L = \omega L$	$P = 0$ $Q_L = I^2 X_L$ $= \dfrac{U^2}{X_L}$	$\dot U = jX_L \dot I$
电容电路	$U = I\dfrac{1}{\omega C} = IX_C$ $I = U\omega C = \dfrac{U}{X_C}$	$\dot I$ 超前 $\dot U$ 90°	容抗 $X_C = \dfrac{1}{\omega C}$	$P = 0$ $Q_C = -I^2 X_C$ $= -\dfrac{U^2}{X_C}$	$\dot U = -jX_C \dot I$

任务实施 单一参数交流电路的验证

一、任务实施所需设备

序号	名称	数量	备注
1	函数信号发生器	1	正弦波
2	万用表	1	数字式

(续)

序号	名称	数量	备注
3	交流电压表	1	数字式
4	交流电流表	1	数字式
5	电阻、电感、电容	若干	
6	自耦调压器	1	

二、任务实施参考步骤

注意：测量 R、L、C 的外特性时，电源电压不要太高，否则易造成触电事故。

1）按实训图 2-2-1 所示，利用电工实训台提供的电阻、电感、电容及函数信号发生器等连接电路，也可以用自耦调压器提供低电压正弦交流信号。在电路中，$r=2.5\Omega$，$L=270\text{mH}$，它们构成实际电感。另外两个元件的参数为 $C=0.22\mu\text{F}$，$R=500\Omega$。读出相应的电压表和电流表的读数 U_R、I，记入表 2-2-2 中。

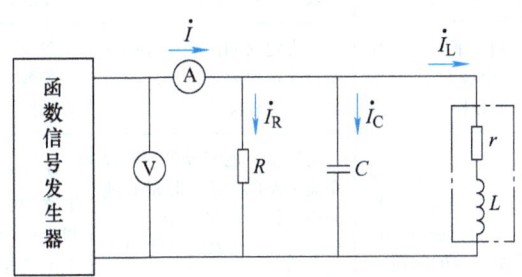

实训图 2-2-1 交流电路元件参数测定

2）将函数信号发生器的输出电压（有效值）调到 4V，频率 $f=10\text{kHz}$，测量各支路电流 I_R、I_C、I_L 和总电流 I，将测量结果填入表 2-2-2 中。

3）将函数信号发生器的频率调至 15kHz，重新测量以上各值，并填入表 2-2-2 中。

4）分别根据电阻、电容、电感的电压、电流相量关系，计算各支路的支路电流，将数据填入表 2-2-2。

5）比较电阻、电容、电感的电流测量值与计算值，计算误差并分析产生误差的原因。思考如何减少测量误差。

表 2-2-2 电阻、电容、电感的电流数据

电流	$f=10\text{kHz}$			$f=15\text{kHz}$		
	测量值	计算值	误差	测量值	计算值	误差
I_R/mA						
I_C/mA						
I_L/mA						
I/mA						

6）画出相量图，说明在正弦信号激励下 R、L、C 并联电路中各电流之间的关系。

三、任务实施注意事项

1）使用前应检查电源电压是否为220V，正确后方可将电源插头插入电源插座内。为了得到更好的使用效果，建议开机预热30min后再使用。

2）进行不同元件的实验时，应先估算电压和电流值。合理选择仪表的量程。

3）实际电感会有大小不一的内阻，内阻对电感量的测定会有影响，应注意分析计算，避免出现高误差。

四、任务汇报展示评价（见表2-2-3）

表2-2-3 单一参数交流电路的验证实训项目评价表

实训项目：　　　　　　　　学生姓名：

序号	考核项目	考核等级			成绩
		A	B	C	
1	任务实施计划决策	计划合理充分、实施过程准确且有完整详细的记录	计划较合理充分、实施过程较准确且有记录	计划较合理充分、实施过程较准确但没有记录	
2	任务实施检查	在规定时间内较好地完成单一参数交流电路的验证，测量数据分析准确	在规定时间内能完成单一参数交流电路的验证，测量数据分析较准确	在规定时间内基本完成单一参数交流电路的验证，测量数据分析较准确	
3	任务实施评估讨论	能独立完成单一参数交流电路的验证，准确分析数据并得出结论，能积极解决任务实施过程中出现的问题	能较独立地完成单一参数交流电路的验证，较准确地分析数据并得出结论，能部分解决任务实施过程中出现的问题	能基本完成单一参数交流电路的验证，能分析数据并得出结论，能部分解决任务实施过程中出现的问题	
4	仪器使用、维护	能严格按照仪器仪表的操作规范进行操作，能及时清理垃圾，将仪器摆放整齐等	能较严格按照仪器仪表的操作规范进行操作，能清理垃圾，将仪器摆放整齐等	能按照仪器仪表的操作规范进行操作，能清理垃圾，将仪器摆放整齐等	
	团队协作	能与小组成员积极配合，有序地完成训练项目	能与小组成员较积极配合，有序地完成训练项目	能与小组成员配合，基本完成训练项目	
	劳动纪律	认真遵守任务实施时间，在任务实施过程中积极动手、动脑	较认真遵守任务实施时间，在任务实施过程中能动手、动脑	能遵守任务实施时间，在任务实施过程中不够积极	
总评					

视野拓展　基本定律的相量形式

在交流稳态电路中，如果各电源的电动势是同频率的正弦量，则电路中各负载上的电流和电压也必定是同频率的正弦量，因此只要将电流和电压的最大值（或有效值）及初相位求出，则正弦交流电流、正弦交流电压完全可以确定。根据交流电路的这一特点，可用正弦量的相量表示法来计算分析交流电路。相量表示法也是分析正弦交流稳态电路的便捷方法，它用被称为相量的复数代表正弦量，将描述正弦交流稳态电路的微分（积分）方程变换成复数代数方程，从而简化了电路的分析和计算。那么，交流电路中的欧姆定律和基尔霍夫定律的相量形式应如何表达呢？

1. 欧姆定律的相量形式

在单一参数交流电路中，元件的端电压和电流都随着时间的变化按正弦规律变化，各元件的外特性除了要表达端电压和电流的大小关系，还要表达端电压和电流的相位关系，具体回顾如下：

（1）电阻

电阻的端电压和电流的幅值符合欧姆定律，且相位相同，其外特性可以表达为 $\dot{U}=\dot{I}R$，其端电压和电流的幅值关系可以表达为 $U=IR$。

（2）电感

对于电感，当电源频率一定时，感抗 X_L 可以看作常量，此时电感的端电压和电流的幅值也符合欧姆定律，且电压相位超前电流相位 90°，其外特性可以表达为 $\dot{U}=\dot{I}(jX_L)$，其端电压和电流的幅值关系可以表达为 $U=IX_L$。

（3）电容

对于电容，当电源频率一定时，容抗 X_C 也可以看作常量，此时电容的端电压和电流的幅值也符合欧姆定律，且电压相位滞后电流相位 90°，其外特性可以表达为 $\dot{U}=\dot{I}(-jX_C)$，其端电压和电流的幅值关系可以表达为 $U=IX_C$。

综上所述，当电源频率一定，且正弦交流电路处于稳态时，R、L、C 的电压和电流关系符合欧姆定律，但要注意其相量关系中的相位表达。

2. 基尔霍夫定律的相量形式

基尔霍夫电流定律指出，在任一时刻，电路中某一节点的所有电流的代数和为零，其数学表达式为 $\sum i=0$，也可以写为

$$i_1+i_2+i_3+\cdots+i_n=0 \tag{2-2-21}$$

假设所有电流都是同频率的正弦量，则式（2-2-21）可以写为

$$\dot{I}_1+\dot{I}_2+\dot{I}_3+\cdots+\dot{I}_n=0$$

所以，正弦交流电路的基尔霍夫电流定律可以表达为

$$\sum \dot{I}=0 \tag{2-2-22}$$

此外，仍有这样的电流正方向规定：流入节点的电流为"+"，流出节点的电流为"−"。

基尔霍夫电压定律指出，在任一时刻，沿闭合回路绕行一周，各段电压的代数和等于零，其数学表达式为 $\sum u=0$，可以写为

$$u_1+u_2+u_3+\cdots+u_n=0 \tag{2-2-23}$$

假设所有电压都是同频率的正弦量，则式（2-2-23）可以写为

$$\dot{U}_1+\dot{U}_2+\dot{U}_3+\cdots+\dot{U}_n=0$$

所以，正弦交流电路的基尔霍夫电压定律可以表达为

$$\sum \dot{U}=0 \tag{2-2-24}$$

此外，仍有这样的电压正方向规定：沿回路绕行方向的电压降取"+"，电压升取"−"。

交流电路中基尔霍夫定律的相量表达形式与其在直流电路中的表达形式相似，但要注意各电流和电压相量的相位关系。

分析以上两个电路分析的基本定律，可以得出结论：在正弦交流电路中，以相量形式表示的欧姆定律和基尔霍夫定律都与在直流电路中的定律表达形式相似。因而在直流电路中由欧姆定律和基尔霍夫定律推导出来的支路电流法、节点电压法、叠加定理和戴维南定理等都同样可以扩展应用到交流电路中来。但要注意，在应用各定律及定理时，直流电路中的所有物理量都要用相量替换，例如 $U \to \dot{U}$、$I \to \dot{I}$、$E \to \dot{E}$，此外还有 $C \to -jX_C$、$L \to jX_L$。请读者自行思考：为什么需要相量替换？如果不用相量替换，会不会影响电路分析结论？电阻 R 需不需要替换？

 巩固思考

1）在单一电感的正弦交流电路中，感抗 $X_L=$_____。
2）314μF 的电容用在 100Hz 的正弦交流电路中，所呈现的容抗为_____。
3）在单一电阻的正弦交流电路中，伏安关系表达式可以写为_____。
4）电源电压不变，当电路的频率变化时，通过电感的电流_____会发生变化。
5）耗能元件消耗的功率为_____。

任务 2.3　单相交流电路的分析

 学习目标

知识目标	能力目标	素质目标
理解并掌握交流电路的电压、电流及阻抗的关系	能用正弦交流电路的相量法分析交流电路	培养学生严谨的科学意识；培养学生的电气职业素养；培养学生的团结协作意识

 案例引入　荧光灯电路的分析

以荧光灯为例来分析交流电路的负载，具有工作原理简单，易于理解和学习的优势。因此，虽然荧光灯在当下已逐渐被 LED 灯取代，但本任务仍以荧光灯为例来讲述交流电源和电路分析。

荧光灯正常工作时，从图 2-3-1 中可以看出，交流电会通过镇流器和灯管，在镇流器的线圈中会产生自感电动势来阻碍电流变化，起镇流（限流）作用，使灯管正常稳定地工作。所以，荧光灯的电路模型是由一个灯管电阻 $R_{灯}$、一个线圈等效电阻 r 及一个电感线圈 X_L 组成的，如图 2-3-2 所示，即由电阻 R、电感 L 串联构成的交流电路，称为 RL 串联电路。RL 串联电路中各电压的关系及电压和电流的关系、串联电路的阻抗以及电路的性质是本任务主要分析解决的问题。

在荧光灯电路中，电源电压与灯管电流的关系是什么？电源电压与灯管电压、镇流器电压又有什么关系？

项目2 单相交流电路的应用

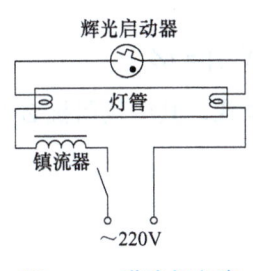

图 2-3-1 荧光灯电路

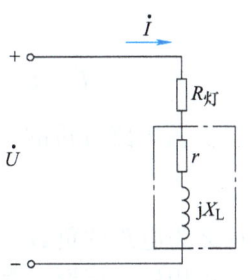

图 2-3-2 荧光灯电路模型

知识链接

实际电路的电路模型一般是由电源及电阻 R、电感 L、电容 C 等几种理想电路元件组成的。因此，研究 R、L、C 几个参数的电路更具有实际意义。其中，RLC 串联电路就是其中最简单的一种交流电路，可以从该电路中得到分析交流电路的一般规律，并可用于更复杂的交流电路。而单一参数交流电路、RC 串联电路、RL 串联电路等则可以看成 RLC 串联电路的特例。这里主要展示 RLC 串联电路的电压、电流关系，电路的阻抗以及电路的性质。

交流电路中的阻抗

由电阻、电感、电容串联构成的电路叫作 RLC 串联电路，如图 2-3-3 所示，由于通过三种元件的电流均相等，所以设电流为参考相量，有

$$i = \sqrt{2}I\sin\omega t$$

在图 2-3-3a 中，由基尔霍夫电压定律得

$$u = u_R + u_L + u_C$$

则根据 R、L、C 的基本特性可得各元件两端的电压为

$$u_R = \sqrt{2}IR\sin\omega t$$
$$u_L = \sqrt{2}IR\sin(\omega t + 90°)$$
$$u_C = \sqrt{2}IR\sin(\omega t - 90°)$$

因此瞬时值关系为

$$u = \sqrt{2}IR\sin\omega t + \sqrt{2}IR\sin(\omega t + 90°) + \sqrt{2}IR\sin(\omega t - 90°)$$

根据基尔霍夫电压定律可得

$$\dot{U} = \dot{U}_R + \dot{U}_L + \dot{U}_C$$

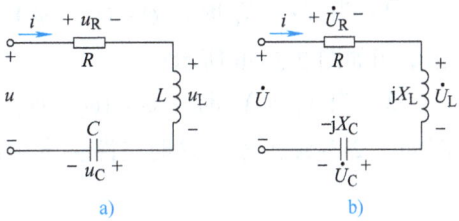

图 2-3-3 RLC 串联电路

如图 2-3-3b 所示，其中

$$\dot{U}_R = R\dot{I}$$
$$\dot{U}_L = jX_L\dot{I}$$
$$\dot{U}_C = -jX_C\dot{I}$$

因此

$$\dot{U} = \dot{U}_R + \dot{U}_L + \dot{U}_C = \dot{I}[R + j(X_L - X_C)] = \dot{I}Z$$

$\dot{U} = \dot{I}Z$ 是交流电路分析的一般电压、电流的相量关系式，其中复阻抗 Z 有

$$Z = R + j(X_L - X_C) \tag{2-3-1}$$

式中，复阻抗 Z 为电路的负载，单位为欧姆（Ω）。

复阻抗 Z 可用极坐标形式表示为

$$Z = |Z|\angle\varphi \tag{2-3-2}$$

式中，有

$$|Z| = \sqrt{R^2 + (X_L - X_C)^2}$$

$$\varphi = \arctan\frac{X_L - X_C}{R}$$

复阻抗的模 $|Z|$ 是电路的总阻抗，复阻抗的辐角 φ 是电压超前电流的相位差，即电路的阻抗角。称 $X = (X_L - X_C)$ 为电抗，则 $|Z|$、X、R 可构成一个直角三角形，称为阻抗三角形，如图 2-3-4 所示。

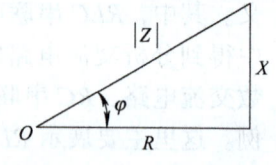

图 2-3-4 阻抗三角形

由以上分析可知，随着电路参数的不同，电压、电流之间的相位差 φ 也不同，因此 φ 的大小是由电路参数（负载）决定的。

1）当 $X_L > X_C$ 时，$\varphi = (\varphi_u - \varphi_i) > 0$，表示 u 超前 i 了 $|\varphi|$ 角，此时电路呈电感性，其相量图如图 2-3-5a 所示。

2）当 $X_L < X_C$ 时，$\varphi = (\varphi_u - \varphi_i) < 0$，表示 u 滞后 i 了 $|\varphi|$ 角，此时电路呈电容性，其相量图如图 2-3-5b 所示；

3）当 $X_L = X_C$ 时，$\varphi = (\varphi_u - \varphi_i) = 0$，表示 u、i 同相，此时电路呈电阻性，其相量图如图 2-3-5c 所示，这时电路会发生谐振。

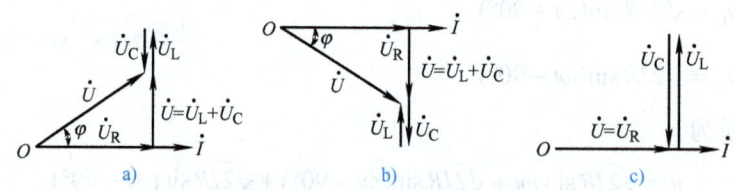

图 2-3-5 RLC 串联电路的相量图

由图 2-3-5a、b 可知，$\dot{U}$、$\dot{U}_R$ 和（$\dot{U}_L + \dot{U}_C$）也组成了直角三角形，称为电压三角形。比较图 2-3-4 所示阻抗三角形和图 2-3-5 所示电压三角形，可发现两个三角形互为相似三角形，对应边之间的倍数关系正好为电流 I 的大小，即

$$R = \frac{U_R}{I} \quad X = \frac{U_X}{I} \quad |Z| = \frac{U}{I}$$

由阻抗三角形和电压三角形可以求出总电压与电流的相位差为

项目 2　单相交流电路的应用

$$\varphi = \arctan\frac{U_L - U_C}{U_R} = \arctan\frac{X_L - X_C}{R} = \arctan\frac{X}{R}$$

如图 2-3-5a 所示，由电压三角形所示的几何关系，可以求得电源电压的有效值为

$$U = \sqrt{U_R^2 + (U_L - U_C)^2}$$
$$= I\sqrt{R^2 + (X_L - X_C)^2}$$

也可以写成

$$\frac{U}{I} = \sqrt{R^2 + (X_L - X_C)} = |Z|$$

综上所述，复阻抗 Z 综合反映了电压和电流之间的大小及相位关系。

【例 2.3.1】 有一个 RLC 串联电路，交流电源电压 U=220V，频率 f=50Hz，R=30Ω，L=382mH，C=40μF。试求（1）电路中的电流大小 I；（2）总电压与电流的相位差 φ；（3）各元件上的电压 U_R、U_L、U_C。

解：（1）电感的感抗为

$$X_L = 2\pi f L = 2 \times 3.14 \times 50 \times 382 \times 10^{-3}\,\Omega = 120\,\Omega$$

电容的容抗为

$$X_C = \frac{1}{2\pi f C} = \frac{1}{2 \times 3.14 \times 50 \times 40 \times 10^{-6}}\,\Omega = 80\,\Omega$$

则电路的阻抗模为

$$|Z| = \sqrt{R^2 + (X_L - X_C)^2} = 50\,\Omega$$

因此

$$I = \frac{U}{|Z|} = 4.4\,\text{A}$$

（2）总电压与电流的相位差为

$$\varphi = \arctan\frac{X_L - X_C}{R} = \arctan\frac{40}{30} = 53.1°$$

即总电压比电流超前 53.1°，电路呈电感性。

（3）各元件上的电压为

$$U_R = RI = 30 \times 4.4\text{V} = 132\text{V}$$

$$U_L = X_L I = 120 \times 4.4\text{V} = 528\text{V}$$

$$U_C = X_C I = 80 \times 4.4\text{V} = 352\text{V}$$

注意：

1）在例 2.3.1 中，电感电压和电容电压都比电源电压大，即在交流电路中，各元件上的电压可以比总电压大，这是交流电路与直流电路特性的不同之处。

2）对于 RL 串联电路，只要将 RLC 串联电路中的电容 C 短路，即令 X_C=0，U_C=0，则有关 RLC 串联电路的公式完全适用于 RL 串联电路。

3）对于 RC 串联电路，只要将 RLC 串联电路中的电感 L 短路，即令 $X_L=0$，$U_L=0$，则有关 RLC 串联电路的公式完全适用于 RC 串联电路。

【例 2.3.2】在 RC 串联电路中，已知电阻 R=30Ω，电容 C=250μF，外加电压为 $u = 141.2\sin 100t$ V，试求：（1）电路中的电流 I；（2）各元件的电压 U_R、U_C；（3）总电压与电流的相位差 φ。

解：（1）电容的容抗为

$$X_C = \frac{1}{\omega C} = \frac{1}{100 \times 250 \times 10^{-6}} \Omega = 40\Omega$$

电路的阻抗模为

$$|Z| = \sqrt{R^2 + X_C^2} = 50\Omega$$

则电流为

$$I = \frac{U}{|Z|} = \frac{100}{50} A = 2A$$

（2）各元件的电压为

$$U_R = RI = 30 \times 2V = 60V$$

$$U_C = X_C I = 40 \times 2V = 80V$$

显然，$U \neq \sqrt{U_R^2 + U_C^2}$。

（3）$\varphi = \arctan\left(-\frac{X_C}{R}\right) = \arctan\left(-\frac{80}{60}\right) = -53.1°$，即总电压滞后电流 53.1°，电路呈电容性。

电路如图 2-3-6a 所示，由于通过 R、L 的电流相等，所以设电流为参考相量，有

$$i = \sqrt{2} I \sin \omega t$$

在图 2-3-6a 中，由基尔霍夫电压定律得

$$u = u_R + u_L$$

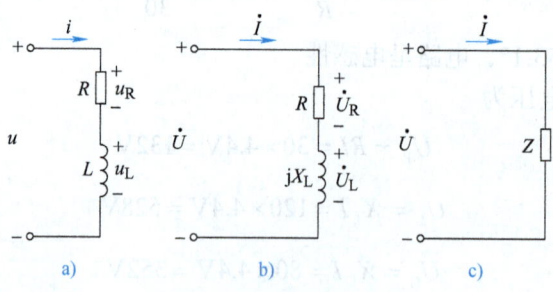

图 2-3-6　RL 串联电路

根据 R、L 的基本特性，可得各元件两端的电压为

$$u_R = \sqrt{2} IR \sin \omega t$$

$$u_L = \sqrt{2} IR \sin(\omega t + 90°)$$

则电压瞬时值关系式可写为

$$u = u_R + u_L$$
$$= \sqrt{2}IR\sin\omega t + \sqrt{2}IR\sin(\omega t + 90°) \quad (2\text{-}3\text{-}3)$$
$$= \sqrt{2}IR\sin(\omega t + \varphi)$$

由式（2-3-3）可以看出，RL 串联电路中的电源电压和各元件的端电压为同频率的正弦量。所以 RL 串联电路的相量表示法如图 2-3-6b 所示，根据基尔霍夫电压定律的相量关系，可得

$$\dot{U} = \dot{U}_R + \dot{U}_L$$

其中

$$\dot{U}_R = R\dot{I}$$

$$\dot{U}_L = jX_L\dot{I}$$

因此

$$\dot{U} = \dot{U}_R + \dot{U}_L = \dot{I}(R + jX_L) \quad (2\text{-}3\text{-}4)$$

令 $Z = R + jX_L$，则

$$\dot{U} = \dot{I}Z \quad (2\text{-}3\text{-}5)$$

RL 串联电路可简化等效为图 2-3-6c 所示电路，该电路中负载的图形符号与直流电路中的电阻相似，但二者的物理含义有本质的区别。式（2-3-5）中的 Z 称为复阻抗，简称阻抗，单位为欧姆（Ω）。它不是相量，而是一个复数，因此字母 Z 上不加点。

将复阻抗 Z 用极坐标形式表示，即

$$Z = |Z|\angle\varphi \quad (2\text{-}3\text{-}6)$$

由复数运算可知，式（2-3-6）中的 $|Z|$ 即复阻抗的模，有

$$|Z| = \sqrt{R^2 + (X_L - X_C)^2} \quad (2\text{-}3\text{-}7)$$

式（2-3-6）中的 φ 即复阻抗的辐角（又称阻抗角），有

$$\varphi = \arctan\frac{X_L - X_C}{R} \quad (2\text{-}3\text{-}8)$$

式（2-3-5）与直流电路的欧姆定律 $U = IR$ 有相似的形式，所以 $\dot{U} = \dot{I}Z$ 被称为正弦交流电路的欧姆定律相量形式。它既表达了交流电路中电压与电流的有效值之间的关系，即 $U = I|Z|$，又表达了电压与电流之间的相位关系，即电压与电流的相位差 φ，这是因为

$$\dot{U} = \dot{I}Z = \dot{I}|Z|\angle\varphi$$

由式（2-3-5）可得

$$Z = \frac{\dot{U}}{\dot{I}} = \frac{U\angle\varphi_u}{I\angle\varphi_i} = \frac{U}{I}\angle\varphi_u - \varphi_i = |Z|\angle\varphi$$

可见

$$|Z| = \frac{U}{I}, \quad \varphi = \varphi_u - \varphi_i \tag{2-3-9}$$

式（2-3-9）表明，阻抗的模$|Z|$是电路的总阻抗，复阻抗的辐角φ是电压超前电流的相位角，称为电路的阻抗角。

由以上分析可知，随着电路参数的不同，电压、电流之间的相位差φ也不同，因此φ的大小是由电路参数（负载）决定的。

1）当$(\varphi_u - \varphi_i) > 0$时，$\varphi > 0$，表示$u$超前$i$了$|\varphi|$角，此时电路呈电感性。

2）当$(\varphi_u - \varphi_i) < 0$时，$\varphi < 0$，表示$u$滞后$i$了$|\varphi|$角，此时电路呈电容性。

3）当$(\varphi_u - \varphi_i) = 0$时，$\varphi = 0$，表示$u$、$i$同相，此时电路呈电阻性。

交流电路的负载会有以上三种性质，荧光灯电路的负载是电感性的。

由式（2-3-4）可以画出如图2-3-7a所示的RL串联电路的电压、电流相量的相量图，其中$\dot{U}$、$\dot{U}_R$和$\dot{U}_L$可以组成一个直角三角形，如图2-3-7b所示，$\dot{U}$、$\dot{U}_R$以及$\dot{U}_L$组成的直角三角形称为电压三角形。比较图2-3-4所示的阻抗三角形和图2-3-7b所示的电压三角形，不难发现，阻抗三角形和电压三角形互为相似三角形，对应边之间的倍数正好为电流I的大小，即

$$R = \frac{U_R}{I}, \quad X_L = \frac{U_L}{I}, \quad |Z| = \frac{U}{I}$$

由阻抗三角形和电压三角形，可以求出总电压和电流的相位差为

$$\varphi = \arctan\frac{U_L - U_C}{U_R} = \arctan\frac{X_L - X_C}{R} = \arctan\frac{X}{R}$$

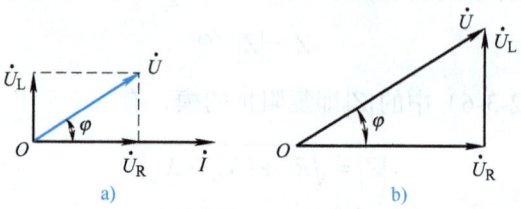

图2-3-7 电压、电流相量图

需要注意的是，复阻抗不是相量，它不是时间的正弦函数。

【例2.3.3】已知有一个继电器，它的线圈电阻$R = 2\text{k}\Omega$，线圈电感$L = 43.3\text{H}$，现把它接到380V的工频交流电源上，试求通过继电器线圈的电流I及电源电压与电流的相位差φ。

解： 这是一个RL串联电路，如图2-3-6b所示，其感抗X_L为

$$\begin{aligned} X_L &= 2\pi fL \\ &= 2 \times 3.14 \times 50 \times 43.3\Omega \\ &= 13600\Omega \end{aligned}$$

阻抗为

$$\begin{aligned} Z &= R + jX_L \\ &= (2000 + j13600)\Omega \end{aligned}$$

由此可得

$$|Z| = \sqrt{R^2 + X_L^2} = \sqrt{2000^2 + 13600^2}\,\Omega = 13700\,\Omega$$

$$\varphi = \arctan\frac{X_L}{R} = \arctan\frac{13600}{2000} = \arctan 6.8 \approx 81.63°$$

电流为

$$I = \frac{U}{|Z|} = \frac{380}{13700}\,\text{A} = 27.7\,\text{mA}$$

例 2.3.3 用解析式求得结论，此外还可以用相量图来求解。先以电流 $\dot{I}$ 为参考相量，由于该电路为电感性电路，所以电压 $\dot{U}$ 超前电流 $\dot{I}$，其相位差为 φ，且电压 $\dot{U}$、$\dot{U}_R$、$\dot{U}_L$ 组成的直角三角形如图 2-3-7b 所示。由于电流 $\dot{I}$ 滞后电压 $\dot{U}$，有

$$\varphi = \arctan\frac{X_L}{R} = \arctan\frac{13600}{2000} = \arctan 6.8 \approx 81.63°$$

而且

$$U_R = U\cos\varphi = 380 \times \cos 81.63°\,\text{V} = 55.3\,\text{V}$$

所以

$$I = \frac{U_R}{R} = \frac{55.3}{2000}\,\text{A} = 27.7\,\text{mA}$$

任务实施　荧光灯电路的检测

一、任务实施所需设备

序号	名称	数量	备注
1	正弦交流电源	1	220V
2	万用表	1	数字式
3	交流电压表	1	数字式
4	交流电流表	1	数字式
5	功率因数表	1	

二、任务实施参考步骤

1）按实训图 2-3-1 所示接线（先不要把电容接入电路），接入 220V 正弦交流电源，合上电源开关，仔细观察荧光灯的点燃过程并思考：荧光灯电路中辉光启动器的作用是什么？若实验时无辉光启动器，你能否点燃荧光灯？试简要说明。

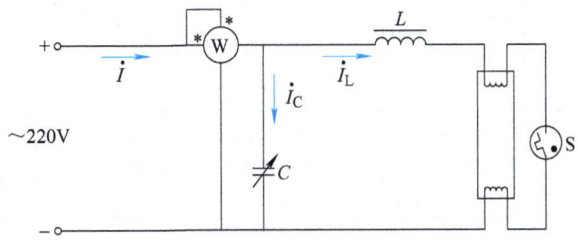

实训图 2-3-1　荧光灯电路接线图

2）用交流电压表检测镇流器、灯管两端电压 $U_镇$、$U_灯$，并测量流过电感的电流 I_L，电路的有功功率 P，将测量结果填入表 2-3-1 中，同时计算电路参数，将计算结果填入表 2-3-1 中。请各组记录并分析所调节电容支路的电流大小与功率因数的关系。

表 2-3-1　荧光灯电路参数

U/V	测量值				计算值			
	$U_镇$/V	$U_灯$/V	I_L/A	P/W	$\cos\varphi$	R/Ω	r/Ω	L/H
220V								

3）验证正弦交流电路中总电压、电流与各元件电压、电流的相量关系，并根据测量数据，验证 $\dot{U} = \dot{U}_R + \dot{U}_L$。

4）比较并验证各参数的相量关系，写出计算荧光灯等效参数 R_L、r、L 和电路功率因数 $\cos\varphi$ 的公式，分析产生误差的原因，思考如何减少测量误差。

三、任务实施注意事项

1）每次电源开关闭合前，电压表要脱离实验电路，防止电压冲击电压表。
2）每次电源开关闭合前，电流表要脱离实验电路，防止电流冲击电流表。
3）在接线、拆线和改换电路时，应先断开电源，并对电容器进行放电。

四、任务汇报展示评价（见表 2-3-2）

表 2-3-2　荧光灯电路的检测实训项目评价表

实训项目：　　　　　　　　学生姓名：

序号	考核项目	考核等级			成绩
		A	B	C	
1	任务实施计划决策	计划合理充分、实施过程准确且有完整详细的记录	计划较合理充分、实施过程较准确且有记录	计划较合理充分、实施过程较准确但没有记录	
2	任务实施检查	在规定时间内能较好地完成荧光灯电路的检测，测量数据分析准确	在规定时间内能完成荧光灯电路的检测，测量数据分析较准确	在规定时间内基本完成荧光灯电路的检测，测量数据分析较准确	
3	任务实施评估讨论	能独立完成荧光灯电路的检测，准确分析数据并得出结论，能积极解决任务实施过程中出现的问题	能较独立地完成荧光灯电路的检测，较准确地分析数据并得出结论，能部分解决任务实施过程中出现的问题	能基本完成荧光灯电路的检测，能分析数据并得出结论，能部分解决任务实施过程中出现的问题	
4	仪器使用、维护	能严格按照仪器仪表的操作规范进行操作，能及时清理垃圾，将仪器摆放整齐等	能较严格按照仪器仪表的操作规范进行操作，能清理垃圾，将仪器摆放整齐等	能按照仪器仪表的操作规范进行操作，能清理垃圾，将仪器摆放整齐等	
	团队协作	能与小组成员积极配合，有序地完成训练项目	能与小组成员较积极配合，有序地完成训练项目	能与小组成员配合，基本完成训练项目	
	劳动纪律	认真遵守任务实施时间，在任务实施过程中积极动手、动脑	较认真遵守任务实施时间，在任务实施过程中能动手、动脑	能遵守任务实施时间，在任务实施过程中不够积极	
总评					

视野拓展　复阻抗的串并联

在交流电路中，R、L、C 对电流都有阻碍作用，合起来的阻碍 Z 叫复阻抗，简称阻抗。交流电路中的阻抗与直流电路中的电阻是对应的。阻抗也有多种多样的连接方式，其中较为简单的连接方式就是阻抗的串联、并联和混联，这与直流电路中电阻的串联、并联和混联极为相似。因此，直流电路中电阻的串联、并联和混联的计算公式也同样可以扩展到正弦交流电路中，用于阻抗的串、并联计算。只是要注意，正弦交流电路中的负载是复阻抗，电压和电流是相量。图 2-3-8a 所示为阻抗的串联。图 2-3-8b 所示为阻抗的并联。

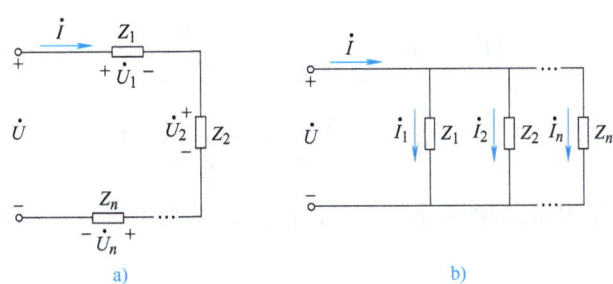

图 2-3-8　阻抗的串、并联

1. 阻抗的串联

图 2-3-8a 所示为多个阻抗串联，通过每个阻抗的电流与总电流相等，即

$$\dot{I} = \dot{I}_1 = \dot{I}_2 = \dot{I}_3 = \cdots = \dot{I}_n \tag{2-3-10}$$

根据基尔霍夫电压定律可以写出串联电路中各电压关系的相量形式，即

$$\dot{U} = \dot{U}_1 + \dot{U}_2 + \cdots + \dot{U}_n \tag{2-3-11}$$

由式（2-3-10）和式（2-3-11）可以看出，阻抗串联的特点与直流电路中电阻串联的特点一致，再由交流电路中电压、电流的关系可得

$$\dot{I}Z = \dot{I}_1 Z_1 + \dot{I}_2 Z_2 + \cdots + \dot{I}_n Z_n$$

所以，串联总阻抗与各阻抗的关系式可表达为

$$Z = Z_1 + Z_2 + \cdots + Z_n \tag{2-3-12}$$

即：串联总阻抗为各串联阻抗的和，且阻抗串联分压。

当只有两个阻抗串联时，如图 2-3-9a 所示，有

$$\dot{U} = \dot{U}_1 + \dot{U}_2 = Z_1 \dot{I} + Z_2 \dot{I} = (Z_1 + Z_2)\dot{I} \tag{2-3-13}$$

所以，两个串联的阻抗可以用一个等效阻抗 Z 来代替，如图 2-3-9b 所示，有

$$\dot{U} = Z\dot{I} \tag{2-3-14}$$

比较式（2-3-13）和式（2-3-14）可以得到

$$Z = Z_1 + Z_2 \tag{2-3-15}$$

由式（2-3-13）可以得到

$$\dot{I} = \frac{\dot{U}}{Z_1 + Z_2}$$

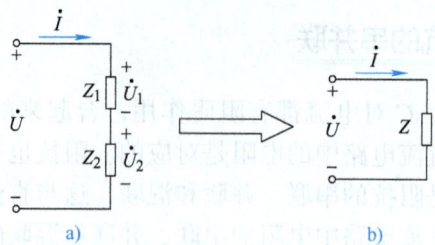

图 2-3-9 串联阻抗及其等效变换

所以

$$\begin{cases} \dot{U}_1 = \dot{I}Z_1 = \dfrac{\dot{U}}{Z_1+Z_2}Z_1 = \dfrac{Z_1}{Z_1+Z_2}\dot{U} \\ \dot{U}_2 = \dot{I}Z_2 = \dfrac{\dot{U}}{Z_1+Z_2}Z_2 = \dfrac{Z_2}{Z_1+Z_2}\dot{U} \end{cases} \qquad (2\text{-}3\text{-}16)$$

式（2-3-16）就是阻抗的串联分压公式，该公式说明串联阻抗和串联电阻一样具有分压作用。

【例 2.3.4】 在图 2-3-9a 所示电路中，$Z_1=(6+j9)\Omega$，$Z_2=(2.66-j4)\Omega$，它们串联后接在 $\dot{U}=220\underline{/30°}$ V 的电源上，试计算各阻抗上的电压，并画出相量图。

解：Z_1、Z_2 串联，由式（2-3-15）得

$$Z = Z_1 + Z_2 = [(6+j9)+(2.66-j4)]\Omega = (8.66+j5)\Omega = 10\underline{/30°}\ \Omega$$

所以

$$\dot{I} = \dfrac{\dot{U}}{Z} = \dfrac{220\underline{/30°}}{10\underline{/30°}}\text{A} = 22\underline{/0°}\ \text{A}$$

$$\dot{U}_1 = \dot{I}Z_1 = 22\times(6+j9)\text{V} = 238\underline{/56.3°}\ \text{V}$$

$$\dot{U}_2 = \dot{I}Z_2 = 22\times(2.66-j4)\text{V} = 105.7\underline{/-56.4°}\ \text{V}$$

各电压和电流的相量如图 2-3-10 所示。

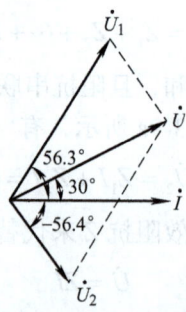

图 2-3-10 例 2.3.4 电压和电流的相量图

请思考：如果采用分压公式，如何计算分析例 2.3.4？请尝试分析并比较。要注意的是 $\dot{U}=\dot{U}_1+\dot{U}_2$，而 $U\ne U_1+U_2$。

【例 2.3.5】 在图 2-3-11a 所示电路中，$Z_1=3\Omega$，$Z_2=-j4\Omega$，它们串联在交流电源

上，已知各元件分得的电压分别为 6V、8V，求电路中的电流和电源的电压，并画出电路各参数的相量图。

解： 由欧姆定律得

$$I = \frac{6}{3}\text{A} = 2\text{A}$$

根据元件性质画出的各电压、电流的相位关系如图 2-3-11b 所示。

所以

$$U = \sqrt{6^2 + 8^2}\,\text{V} = 10\text{V}$$

令

$$\dot{I} = 2\underline{/0°}\ \text{A}$$

则电源电压为

$$\dot{U} = 10\underline{/-53.1°}\ \text{V}$$

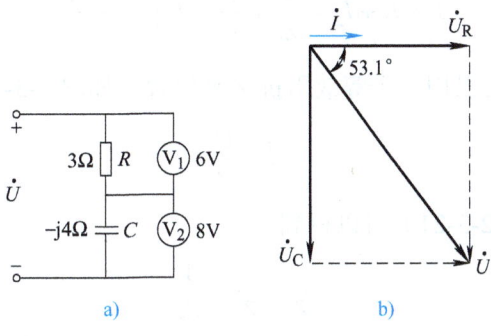

图 2-3-11 例 2.3.5 图

2. 阻抗的并联

图 2-3-8b 所示为多个阻抗并联，此时通过每个阻抗的电压与总电源电压相等，即

$$\dot{U} = \dot{U}_1 = \dot{U}_2 = \cdots = \dot{U}_n \tag{2-3-17}$$

根据基尔霍夫电流定律可以写出各并联支路电流的相量形式，即

$$\dot{I} = \dot{I}_1 + \dot{I}_2 + \cdots + \dot{I}_n \tag{2-3-18}$$

由式（2-3-17）和式（2-3-18）可以看出，阻抗并联的特点与直流电路中电阻并联的特点一致。由交流电路电压和电流的关系可得

$$\frac{\dot{U}}{Z} = \frac{\dot{U}_1}{Z_1} + \frac{\dot{U}_2}{Z_2} + \cdots + \frac{\dot{U}_n}{Z_n}$$

所以，并联总阻抗与各阻抗的关系可表达为

$$\frac{1}{Z} = \frac{1}{Z_1} + \frac{1}{Z_2} + \cdots + \frac{1}{Z_n} \tag{2-3-19}$$

即：并联总阻抗的倒数等于各并联支路阻抗倒数的和，且阻抗并联分流。

当只有两个阻抗并联时，如图 2-3-12a 所示。

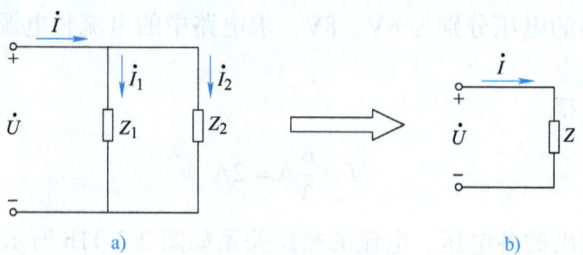

图 2-3-12 并联阻抗及其等效变换

流过每个阻抗的电流为

$$\dot{I}_1 = \frac{\dot{U}_1}{Z_1}, \quad \dot{I}_2 = \frac{\dot{U}_2}{Z_2}$$

在并联电路中，总电流等于每个阻抗的电流的和，根据基尔霍夫电流定律可以写出它们的相量表达式为

$$\dot{I} = \dot{I}_1 + \dot{I}_2 = \frac{\dot{U}}{Z_1} + \frac{\dot{U}}{Z_2} = \dot{U}\left(\frac{1}{Z_1} + \frac{1}{Z_2}\right) \tag{2-3-20}$$

两个并联的阻抗也可以用一个等效阻抗 Z 来代替，如图 2-3-12b 所示。

$$\dot{I} = \frac{\dot{U}}{Z} \tag{2-3-21}$$

比较式（2-3-20）和式（2-3-21）可以得到

$$\frac{1}{Z} = \frac{1}{Z_1} + \frac{1}{Z_2}$$

所以

$$Z = \frac{1}{\frac{1}{Z_1} + \frac{1}{Z_2}} = \frac{Z_1 Z_2}{Z_1 + Z_2} \tag{2-3-22}$$

由式（2-3-21）可得

$$\dot{U} = \frac{\dot{I}}{\frac{1}{Z_1} + \frac{1}{Z_2}}$$

所以

$$\begin{cases} \dot{I}_1 = \dfrac{\dot{U}}{Z_1} = \dfrac{Z_2}{Z_1 + Z_2}\dot{I} \\ \dot{I}_2 = \dfrac{\dot{U}}{Z_2} = \dfrac{Z_1}{Z_1 + Z_2}\dot{I} \end{cases} \tag{2-3-23}$$

式（2-3-23）就是阻抗的并联分流公式，该公式说明并联阻抗和并联电阻一样具有分流作用。

【例 2.3.6】在图 2-3-12a 所示电路中，有阻抗 $Z_1 = (8-j6)\Omega$，$Z_2 = (3+j4)\Omega$，它们并联后接在 $\dot{U} = 220\angle 0°$ V 的电源上，试计算电路中的电流 $\dot{I}_1$、$\dot{I}_2$ 和 $\dot{I}$。

解： 因为

$$Z_1 = (8-j6)\Omega = 10\angle{-37°}\ \Omega$$

$$Z_2 = (3+j4)\Omega = 5\angle 53°\ \Omega$$

所以电路的等效阻抗为

$$Z = \frac{Z_1 Z_2}{Z_1 + Z_2} = \frac{10\angle{-37°}\times 5\angle 53°}{(8-j6)+(3+j4)}\Omega = \frac{50\angle 16°}{11.18\angle{-10.5°}}\Omega = 4.47\angle 26.5°\ \Omega$$

求得各电流为

$$\dot{I}_1 = \frac{\dot{U}}{Z_1} = \frac{220\angle 0°}{10\angle{-37°}}\text{A} = 22\angle 37°\ \text{A}$$

$$\dot{I}_2 = \frac{\dot{U}}{Z_2} = \frac{220\angle 0°}{5\angle 53°}\text{A} = 44\angle{-53°}\ \text{A}$$

$$\dot{I} = \frac{\dot{U}}{Z} = \frac{220\angle 0°}{4.47\angle 26.5°}\text{A} = 49.2\angle{-26.5°}\ \text{A}$$

【**例 2.3.7**】 在图 2-3-13 所示电路中，$I_1 = 10\sqrt{2}\text{A}$，$I_2 = 10\text{A}$，$U = 100\text{V}$，$R = 5\Omega$，$R_1 = X_L$，求 I、X_C、X_L。

解： 设 $\dot{U}_C = U_C \angle 0°\ \text{V}$，则两支路电流为

$$\dot{I}_1 = 10\sqrt{2}\angle{-45°}\ \text{A}$$

$$\dot{I}_2 = 10\angle 90°\ \text{A}$$

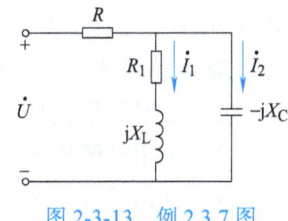

图 2-3-13　例 2.3.7 图

因此总电流为

$$\dot{I} = \dot{I}_1 + \dot{I}_2 = (10\sqrt{2}\angle{-45°}+10\angle 90°)\text{A} = 10\angle 0°\ \text{A}$$

则电阻 R 两端的电压为

$$\dot{U}_R = \dot{I}R = 50\angle 0°\ \text{V}$$

因电容两端的电压为

$$\dot{U}_C = U_C\angle 0°$$

因此有

$$\dot{U} = 100\angle 0°\ \text{V},\quad \dot{U}_C = 50\angle 0°\ \text{V}$$

电容的容抗 X_C 为

$$X_C = \frac{U_C}{I_2} = \frac{50}{10}\Omega = 5\Omega$$

RL 串联支路的阻抗模为

$$|Z_{RL}| = \sqrt{X_L^2 + R_1^2} = \sqrt{X_L^2 + X_L^2} = \sqrt{\frac{U_C}{I_1}} = \sqrt{\frac{50}{10\sqrt{2}}}\Omega$$

因此，电感的感抗 X_L 为

$$X_L = 2.5\Omega$$

【例 2.3.8】在图 2-3-14 所示电路中，有阻抗 $Z_1 = 4\Omega$，$Z_2 = j4\Omega$，它们并联后接在交流电源上，已知各元件分得的电流均为 4A，求电路电流 $\dot{I}_1$、$\dot{I}_2$ 和 $\dot{I}$，以及电源电压 $\dot{U}$，并画出电路中电压、电流的相量图。

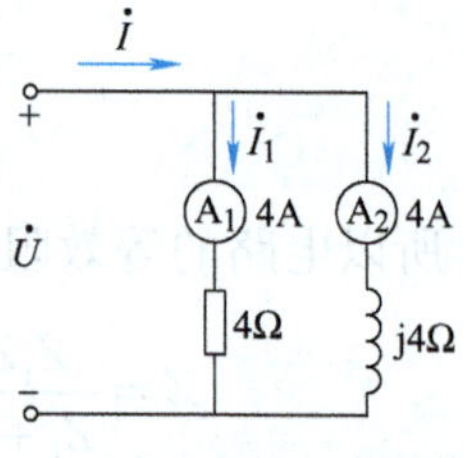

解：设 $\dot{U} = U\angle 0°$ V，则两支路电流为

$$\dot{I}_1 = 4\angle 0° \text{ A}$$

$$\dot{I}_2 = 4\angle -90° \text{ A}$$

所以

$$\dot{I} = \dot{I}_1 + \dot{I}_2 = (4\angle 0° + 4\angle -90°)\text{A} = (4-j4)\text{A} = 4\sqrt{2}\angle -45° \text{A}$$

图 2-3-14　例 2.3.8 图

请思考：用相量图如何求解电流和电源电压？

3. 相量法分析应用

一般正弦交流电路的分析步骤可以总结如下：

1) 保持电路结构不变，根据原电路图得出电路的相量模型。在正弦交流电路中，物理量用相量（$\dot{U}, \dot{I}, \dot{E}$）表示，元件参数用阻抗表示（$R \rightarrow R$，$L \rightarrow jX_L$，$C \rightarrow -jX_C$），将直流电路中的公式、定理和定律转换为相应的相量形式。

2) 根据相量模型，列出电压、电流的相量方程或画出相量图。

3) 用相量解析式或相量图的几何关系等求解。

4) 将相量分析结果转换成所求电压、电流等的解析式。

【例 2.3.9】在图 2-3-15 所示电路中，已知 $I_1=10$A、$U_{AB}=100$V，求电压表和电流表的读数。

解：已知电容支路的电流、电压和部分参数，求总电流和电压，则解题方法有两种。

1) 用相量解析式分析计算。

2) 用相量图法分析求解。

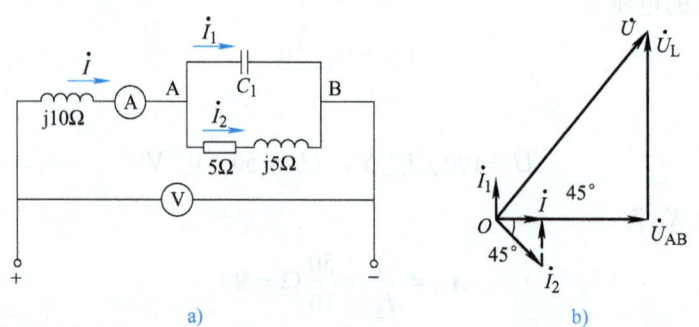

图 2-3-15　例 2.3.9 图

1) 用相量解析式分析计算：

设 $\dot{U}_{AB}$ 为参考相量，即 $\dot{U}_{AB} = 100\angle 0°$ V，所以

$$\dot{I}_2 = \frac{100}{(5+j5)} \text{A} = 10\sqrt{2} \angle -45° \text{ A}$$

$$\dot{I}_1 = 10 \angle 90° \text{ A} = j10\text{A}$$

$$\dot{I} = \dot{I}_1 + \dot{I}_2 = 10 \angle 0° \text{ A}$$

电流表的读数为 10A。

左侧电感的电压降为

$$\dot{U}_L = \dot{I} \times X_L = 10 \angle 0° \times (j10)\text{V} = 100 \angle 90° \text{ V}$$

所以电源总电压为

$$\dot{U} = \dot{U}_L + \dot{U}_{AB} = (100 \angle 0° + 100 \angle 90°) \text{V}$$

$$= 100\sqrt{2} \angle 45° \text{ V}$$

所以电压表的读数为 141V。

2）用相量图法分析求解：

设 $\dot{U}_{AB}$ 为参考相量，即 $\dot{U}_{AB} = 100 \angle 0°$ V，画出的相量图如图 2-3-15b 所示。

由两个等腰直角三角形分别求得

$$\dot{I} = \dot{I}_1 + \dot{I}_2 = 10 \angle 0° \text{ A}$$

$$\dot{U} = \dot{U}_L + \dot{U}_{AB}$$

$$= 100\sqrt{2} \angle 45° \text{ V}$$

【例 2.3.10】在图 2-3-16a 所示电路中，已知 $\dot{U}_1 = 230 \angle 0°$ V，$\dot{U}_2 = 227 \angle 0°$ V，$Z_1 = Z_2 = (0.1+j0.5)\Omega$，$Z_3 = (5+j5)\Omega$。试分别用支路电流法、戴维南定理、叠加定理求解支路电流 I_3。

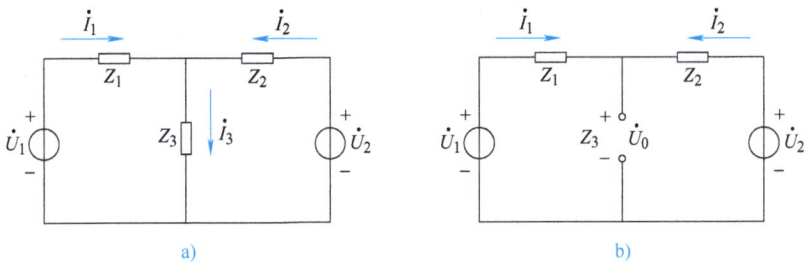

图 2-3-16 例 2.3.10 图

解：（1）应用支路电流法求解：根据基尔霍夫定律列出相量表示的方程，有

$$\begin{cases} \dot{I}_1 + \dot{I}_2 - \dot{I}_3 = 0 \\ Z_1\dot{I}_1 + Z_3\dot{I}_3 = \dot{U}_1 \\ Z_2\dot{I}_2 + Z_3\dot{I}_3 = \dot{U}_2 \end{cases}$$

代入已知数据，可得

$$\begin{cases} \dot{I}_1 + \dot{I}_2 - \dot{I}_3 = 0 \\ (0.1+j0.5)\dot{I}_1 + (5+j5)\dot{I}_3 = 230\underline{/0°} \\ (0.1+j0.5)\dot{I}_2 + (5+j5)\dot{I}_3 = 227\underline{/0°} \end{cases}$$

解之，得

$$\dot{I}_3 = 31.4\underline{/-46.1°}\text{ A}$$

所以，所求支路电流 $I_3 = 31.4\text{A}$。

（2）应用戴维南定理分析计算：如图 2-3-16b 所示，先断开 Z_3 支路，求开路电压 $\dot{U}_0$，有

$$\dot{U}_0 = \frac{\dot{U}_1 - \dot{U}_2}{Z_1 + Z_2}Z_2 + \dot{U}_2$$
$$= 228.5\underline{/0°}\text{ V}$$

如图 2-3-17a 所示，无源二端口网络的等效内阻抗为

$$Z = \frac{Z_1 Z_2}{Z_1 + Z_2} = \frac{Z_1}{2}$$
$$= (0.05 + j0.25)\Omega$$

将待求支路还原到所得的戴维南等效电路中，如图 2-3-17b 所示，求得待求电流 I_3 为

$$\dot{I}_3 = \frac{\dot{U}_0}{Z + Z_3} = \frac{228.5\underline{/0°}}{0.05+j0.25+5+j5}\text{A} = 31.4\underline{/-46.1°}\text{ A}$$

所以，所求支路电流 $I_3 = 31.4\text{A}$。

（3）请理解并掌握交流电路的求解步骤，应用叠加定理自行分析并求解 I_3。

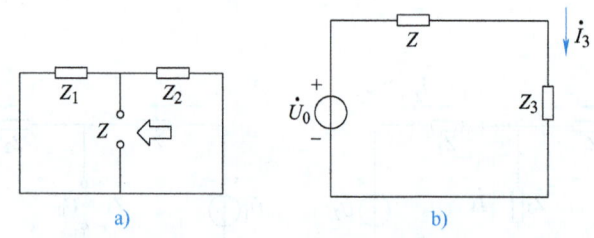

图 2-3-17　例 2.3.10 的戴维南等效电路

巩固思考

1）电阻、电容串联的正弦交流电路中，复阻抗 $Z=$ _____。
2）电阻、电感串联的正弦交流电路中，复阻抗 $Z=$ _____。
3）电阻、电感、电容串联的正弦交流电路中，复阻抗 $Z=$ _____。
4）复阻抗的辐角 φ 是电压电流_____的相位角。
5）当 $X_L > X_C$ 时，$\varphi = (\varphi_u - \varphi_i) > 0$，此时电路呈_____性。

项目 2 单相交流电路的应用

*任务 2.4 谐振电路分析应用

 学习目标

知识目标	能力目标	素质目标
理解并掌握谐振电路的特性	能正确利用谐振的特点来趋利去弊地开展工程应用	培养学生严谨的科学意识；培养学生的电气职业素养；培养学生的团结协作意识

 案例引入 信号接收电路

谐振不仅在力学现象中存在，在电学中，由正弦交流电源和 R、L、C 电子元件组成的电路也会产生谐振。当电源的输出频率达到固有频率时，电路的电压或电流达到最大值即产生谐振现象。如在收音机电路中，常利用串联谐振的原理来选择要收听的信号，这种电路即称为调谐电路，如图 2-4-1a 所示，也是接收信号的接收电路。每个广播电台都有自己的信号频率，也就是说，每个电台会发射不同频率的电磁信号。各种不同频率的电磁信号经过收音机天线时，由于天线线圈与 LC 电路的共同作用，会在 LC 电路中感应产生许多不同频率的电动势 e_1、e_2、e_3、$\cdots$，其等效电路模型如图 2-4-1b 所示。

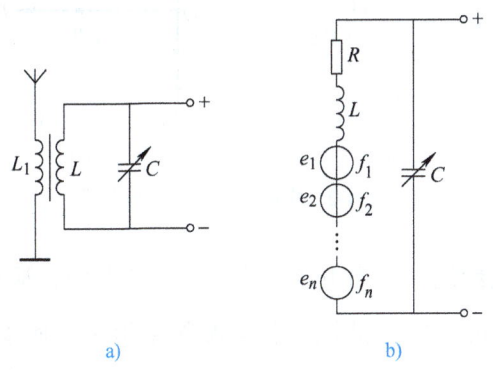

图 2-4-1 调谐电路

通过调节可变电容 C，电路可对某一频率的信号发生谐振，再经过变频、检波处理及放大电路的放大后，收音机的扬声器就可以播放该电台的节目了。那么谐振需要什么样的条件呢？谐振电路有哪些特点呢？谐振在哪些情况下可以利用，而在哪些工作场合不允许出现谐振呢？

 知识链接

在含有电感和电容的电路中，若调节电路的参数（如电感 L 或电容 C）或电源频率 f，使总电压和总电流达到同相位，这时电路就发生了谐振。工作在谐振状态下的电路称为谐振电路。根据发生谐振的电路的连接方式不同，谐振可分为串联谐振和并联谐振两种。

1. 串联谐振的发生条件

根据串联谐振的定义，如图 2-4-2 所示，当电路中的元件满足 $X_L = X_C$，即有 $U_L = U_C$

时，谐振就会发生。谐振时电源的频率称为谐振频率，用 f_0 表示，所以串联谐振发生的条件为

$$\omega_0 L = \frac{1}{\omega_0 C} \quad (2\text{-}4\text{-}1)$$

由式（2-4-1）可得谐振角频率为

$$\omega_0 = \frac{1}{\sqrt{LC}}$$

或

$$f_0 = \frac{1}{2\pi\sqrt{LC}} \quad (2\text{-}4\text{-}2)$$

式中，f_0 为谐振频率，它与电阻 R 无关。

由式（2-4-2）可知，调整电感 L、电容 C 两个参数中的任意一个，谐振频率均可随之改变。

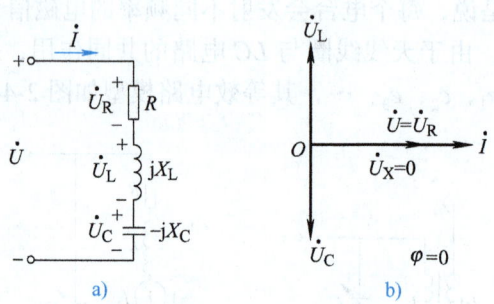

图 2-4-2 串联谐振电路及相量图

如果参数 L、C 都是给定的，而电源频率是可以调节的，那只要调节电源的频率，使 $f_0 = \frac{1}{2\pi\sqrt{LC}}$ 时，电路就可以发生谐振。若电源频率给定，而参数 L、C 是可以调节的，那也能调节到发生谐振的那一点。

2. 串联谐振的特点

由串联谐振的条件 $X_L = X_C$ 可得串联电路谐振时阻抗、电流等的变化。下面具体分析电路发生串联谐振时的特点。

1）串联谐振时的阻抗最小，在电源电压一定时，电路中的电流最大。

发生串联谐振时的阻抗为

$$Z_{\min} = R + j(X_L - X_C) = R$$

发生串联谐振时的电流为

$$I_0 = \frac{U}{Z} = \frac{U}{R}$$

2）串联谐振时，电路的端电压与电流同相位，电路呈电阻性，此时，电路中的无功功率为零，L、C 不再和电源之间有能量交换，能量交换只发生在 L、C 之间。

3）若电路中 $X_L = X_C \gg R$，则 $U_L = U_C \gg U$。也就是说，串联谐振时电感的端电压和电容的端电压大小相等，相位相反，互相抵消，且都比电路的总电压大许多倍。所以串联谐振也称电压谐振。在谐振时，为衡量电感的端电压或电容的端电压比电源电压的数值大多少倍，可以采用电路的品质因数这个物理量来表达，品质因数用 Q 表示，有

$$Q = \frac{U_C}{U} = \frac{U_L}{U} = \frac{1}{\omega_0 RC} = \frac{\omega_0 L}{R} \tag{2-4-3}$$

品质因数的物理含义是：当电路发生串联谐振时，电感 L、电容 C 上的电压是电源电压的多少倍。

3. 串联谐振的应用

在电力系统中，因电源电压本身很高，在谐振时这种高电压可能击穿电感或电容的绝缘而损坏设备，因此要避免串联谐振的发生或接近谐振情况的出现。但在无线电技术中，由于接收的无线电信号比较微弱，往往要利用串联谐振来获得较高的电压。

以收音机的调谐电路为例，每个电台都有一个自己的广播频率，即发射不同频率的电磁波信号，各种不同频率的电磁波信号在经过收音机天线时会产生感应电动势。图 2-4-1a 所示为收音机中的典型输入电路，天线在收到信号后，由于其与 LC 回路的互感作用，会在 LC 回路中产生电动势，如图 2-4-1b 所示。调节可变电容 C，使电路对某一频率的信号产生谐振，如对频率为 f_1 的信号产生谐振，则电路对电动势 e_1 的阻抗模最小，电流最大，在电容两端就会得到较高的输出电压，经过放大后，扬声器就会播出该电台的节目。而对于 f_2、f_3 等信号，由于电路对其不处于谐振状态，回路中的电流就会很小，在电容两端就会得到较小的电压，因此也就收听不到这些电台。这样一来，通过改变 C 的数值，就可以达到选台的目的。

【例 2.4.1】在某收音机的调谐电路中，已知 $L=0.5\text{mH}$，$R=10\Omega$，电容 C 为一可变电容，其变化范围为 12～290pF，当电台信号的频率 $f=1000\text{kHz}$ 时，收音机能否收听到该电台的节目？

解：由式（2-4-2）可得

$$C = \frac{1}{(2\pi f)^2 L} = \frac{1}{(2\pi \times 1000 \times 1000)^2 \times 0.5 \times 10^{-3}} \text{F} = 50.7\text{pF}$$

因为该电容 C 在该可变电容的变化范围内，所以当电容调到 50.7 pF 时会发生谐振，就可以收听到该电台的节目了。

谐振现象是正弦交流电路中的一种特殊现象，谐振现象一方面在电子技术与工程技术中有着积极广泛的应用，另一方面在某些系统中若发生谐振可能会带来严重危害，所以有必要分析和研究谐振现象。

任务实施 谐振电路的特性分析

一、任务实施所需设备

序号	名称	数量	备注
1	函数信号发生器	1	0～200V
2	交流电压表	1	

序号	名称	数量	备注
3	万用表	2	数字式、指针式
4	实训功能板	2	电阻、电感、电容若干

二、任务实施参考步骤

在 RLC 串联电路中，若接入一个电压幅度一定，频率 f 连续可调的正弦交流信号，如实训图 2-4-1 所示，则电路参数都将随着信号频率的变化而变化。在谐振时，阻抗最小，电流最大。串联谐振的谐振频率为 $f_0 = \dfrac{1}{2\pi\sqrt{LC}}$。谐振时电路的端电压与电流同相位，电路呈现电阻性，电感的端电压和电容的端电压大小相等，相位相反，互相抵消。

1. 观测 RLC 串联谐振电路的特性

1）按照实训图 2-4-1 连接电路，将函数信号发生器的输出信号作为 RLC 串联谐振电路的输入交流信号，注意保持信号电压 u_i 的峰值不变（例如 $U_i=4V$）。将 u_i 和 u_R 接入双踪示波器的两个 y 轴输入端。电路和各元件的参考值为 $R=50\Omega$，$L=10\text{mH}$，$C=0.47\mu\text{F}$。

2）在示波器上先观测 u_i 和 u_R 的波形，然后改变 u_i 的频率 f，先定性观察 u_R 的变化，再定量测量 u_R 随 f 的变化，并测出谐振频率 f_0，用交流电压表测量谐振时 U_C 及 U_L 的数值，并记入表 2-4-1。

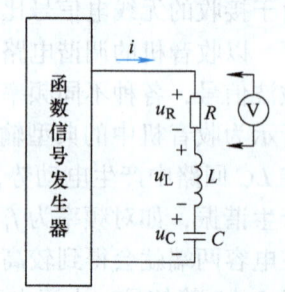

实训图 2-4-1　RLC 串联谐振电路

表 2-4-1　谐振电路的特性分析

电压	所测项目	不同频率的正弦波信号		
		50Hz	1500Hz	20000Hz
u_i	示波器"V/div"位置			
	峰–峰值波形格数			
	一个周期占有的格数			
u_R	示波器"V/div"位置			
	峰–峰值波形格数			
	一个周期占有的格数			

谐振时：$U_C=$
　　　　$U_L=$

2. 测量 i—f 曲线，计算 Q 值。

改变 u_i 的频率 f，定量测量 u_R 随 f 的变化，并测出谐振频率 f_0。注意：为了较准确地

测出谐振频率 f_0 及 i—f 曲线，应根据 u_R 的变化规律选取测量点，并在 f_0 附近多选几个点，测得密些，而在远离 f_0 处则可测得稀些。

将测得的实验数据记入表 2-4-2 中，并做如下分析处理：

1）画出 i—f 曲线，由曲线测出通频带宽度。
2）计算 f_0 的理论值，并与测得的 f_0 比较，求出相对误差。
3）计算 Q 值，并进行比较。

表 2-4-2　$R=50Ω$ 时的 i—f 曲线

f/Hz	200	350	500	600	650	700	710	750	800	950	1100	1250	1400
u_R/V													
i/A													

3）改变电阻 R 的值，取 $R=500Ω$，测出 u_R 随 f 的变化，计算电路的 Q 值，并画出 i—f 曲线，与第 2）步画出的 i—f 曲线做比较，并分析结果，将数据记入表 2-4-3。

表 2-4-3　$R=500Ω$ 时的 i—f 曲线

f/Hz	200	350	500	600	650	700	710	750	800	950	1100	1250	1400
u_R/V													
i/A													

三、任务实施注意事项

1）串联电路谐振时，若要测量电容与电感上的电压，应将电压表的量程置于较大的档位。
2）调节示波器时，要注意触发开关和电平调节旋钮的配合使用，以稳定显示的波形。

四、任务汇报展示评价（见表 2-4-4）

表 2-4-4　谐振电路的特性分析实训项目评价表

实训项目：　　　　　　　　　　　学生姓名：

序号	考核项目	考核等级			成绩
		A	B	C	
1	任务实施计划决策	计划合理充分、实施过程准确且有完整详细的记录	计划较合理充分、实施过程较准确且有记录	计划较准确充分、实施过程较准确但没有记录	
2	任务实施检查	在规定时间内能较好地完成谐振电路的特性分析，测量数据分析准确	在规定时间内能完成谐振电路的特性分析，测量数据分析较准确	在规定时间内基本完成谐振电路的特性分析，测量数据分析较准确	
3	任务实施评估讨论	能独立完成谐振电路的特性分析，准确分析数据并得出结论，能积极解决任务实施过程中出现的问题	能较独立完成谐振电路的特性分析，较准确分析数据并得出结论，能部分解决任务实施过程中出现的问题	能基本完成谐振电路的特性分析，能分析数据并得出结论，能部分解决任务实施过程中出现的问题	

序号	考核项目	考核等级			成绩
		A	B	C	
4	仪器使用、维护	能严格按照仪器仪表的操作规范进行操作,能及时清理垃圾,将仪器摆放整齐等	能较严格按照仪器仪表的操作规范进行操作,能清理垃圾,将仪器摆放整齐等	能按照仪器仪表的操作规范进行操作,能清理垃圾,将仪器摆放整齐等	
	团队协作	能与小组成员积极配合,有序地完成训练项目	能与小组成员较积极配合,有序地完成训练项目	能与小组成员配合,基本完成训练项目	
	劳动纪律	认真遵守任务实施时间,在任务实施过程中积极动手、动脑	较认真遵守任务实施时间,在任务实施过程中能动手、动脑	能遵守任务实施时间,在任务实施过程中不够积极	
总评					

 视野拓展　并联谐振

当电感与电容并联时,也会发生电源电压与总电流同相位的现象,这一现象称为并联谐振。在实际工程中,常用电感与电容并联组成并联谐振电路,如图 2-4-3 所示。

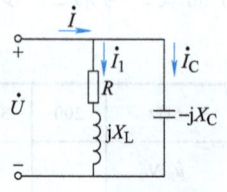

图 2-4-3　并联谐振电路

1. 并联谐振的条件

电路的总阻抗为

$$Z = \frac{Z_1 Z_C}{Z_1 + Z_C} = \frac{(R+j\omega L)\dfrac{1}{j\omega C}}{(R+j\omega L)+\dfrac{1}{j\omega C}}$$

电感的电阻一般很小,在频率很高时,$\omega L \gg R$,则

$$Z \approx \frac{\dfrac{L}{C}}{(R+j\omega L)+\dfrac{1}{j\omega C}} = \frac{1}{\dfrac{RC}{L}+j\left(\omega C - \dfrac{1}{\omega L}\right)}$$

在谐振时,阻抗的虚部为零,因此

$$\omega C - \frac{1}{\omega L} \approx 0$$

即

$$\omega_0 \approx \frac{1}{\sqrt{LC}} \text{ 或 } f_0 \approx \frac{1}{2\pi\sqrt{LC}}$$

此时的频率称为谐振频率 f_0。

并联谐振是建立在 $Q_0 = \dfrac{\omega_0 L}{R} \gg 1$ 条件下的,即电路的感抗 $X_L \gg R$,Q_0 为谐振电路的空载 Q 值,实际电路一般满足该条件。

2. 并联谐振电路的特点

1）电路的总阻抗最大，总电流最小。谐振阻抗和电流分别为

$$|Z_0| = R(1+Q_0^2) \approx Q_0^2 R = \frac{L}{CR}$$

$$I_0 = \frac{U}{|Z_0|}$$

2）谐振时两支路可能产生过电流。在谐振时，$X_L \approx X_C$，则电感支路电流与电容支路电流为

$$I_L \approx I_C = \frac{U}{X_C} \approx \frac{U}{X_L} = Q_0 I_0$$

即谐振时各支路电流为总电流的 Q_0 倍，所以并联谐振又叫作电流谐振。

3. 并联谐振电路的应用

并联谐振电路主要用来构造选频器或振荡器等，广泛用于电子设备中。当电路对电源 E 的某一频率谐振时，谐振电路呈现很大阻抗，因而电路中电流很小。这样在内阻 R 上的电压降也很小。于是在并联支路两端就得到了一个高电压输出，而对于其他频率，电路不发生谐振，阻抗较小，电流也就较大，在内阻 R 上的电压降也较大，使这些不需要的频率信号在并联支路之间形成的电压很低。这样就起到了选择信号的作用。收音机、电视机中的中周变压器就是由并联谐振电路构成的。

谐振是电路的一种特殊情况，在谐振时电路会出现一些特殊现象，只有充分认识这些现象，才能在实际应用中做到趋利避害。

【例 2.4.2】某收音机的调谐电路中，天线电感 L=500μF，可变电容 C 为 20～270pF。求对 560kHz 和 990kHz 电台信号谐振时的电容。

解： 由 $f_0 \approx \dfrac{1}{2\pi\sqrt{LC}}$ 可得

$$C = \frac{1}{4\pi^2 f_0^2 L}$$

当 f_0 = 560kHz 时，有

$$C = \frac{1}{4\pi^2 f_0^2 L} = \frac{1}{4 \times 3.14^2 \times (5.6 \times 10^5)^2 \times 500 \times 10^{-6}} \text{F} \approx 161\text{pF}$$

当 f_0 = 990kHz 时，有

$$C = \frac{1}{4\pi^2 f_0^2 L} = \frac{1}{4 \times 3.14^2 \times (9.9 \times 10^5)^2 \times 500 \times 10^{-6}} \text{F} \approx 52\text{pF}$$

巩固思考

1）串联谐振也称_____谐振。
2）串联谐振时，电路的端电压与电流同相位，电路呈现_____。
3）串联谐振时，电感端电压和电容端电压_____相等，相位相反。

4)串联谐振时,阻抗_____,在电源电压一定时,电路中的电流最大。

5)谐振时,_____可用来表达电感电压或电容电压大于电源电压的倍数。

任务 2.5　单相交流电路功率分析

 学习目标

知识目标	能力目标	素质目标
理解并掌握单相交流电路功率及应用方法	能正确运用功率分析交流电路	培养学生严谨的科学意识;培养学生的电气职业素养;培养学生的团结协作意识

  案例引入　单相交流电路功率

单相交流电路的负载多种多样,可由复阻抗进行等效表示。任务2.2讨论了 R、L、C 单一元件的功率,那么由 R、L、C 组成的二端网络的功率与端电压、电流和两者之间的相位差的关系又如何呢?如图 2-5-1a 所示电路,是 R、L、C 串联的单相交流电路,这也是交流电路中负载最齐全、结构最简单的连接方式。本任务即借用这个电路来分析单相交流电路功率及其应用。

请思考:单相交流电路中有哪几种功率?各功率的物理含义有什么不同?

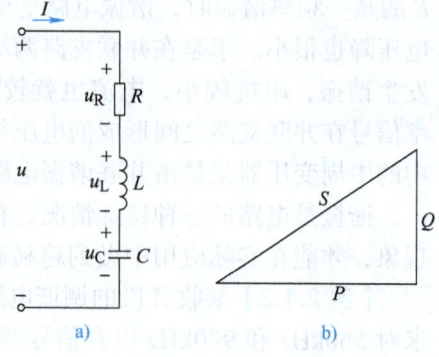

图 2-5-1　单相交流电路与功率三角形

  知识链接

先假设由 R、L、C 串联组成的二端网络的电流为

$$i = I_m \sin \omega t$$

则端电压为

$$u = U_m \sin(\omega t + \varphi)$$

1. 瞬时功率

瞬时功率又称为峰值功率,是指电路在瞬时吸收的功率,其大小等于瞬时电压和瞬时电流的乘积。

设串联电路的电流、电压分别为

$$i = \sqrt{2} I \sin \omega t$$

$$u = \sqrt{2} U \sin(\omega t + \varphi)$$

式中,φ 是电压超前电流的相位。

则瞬时功率为

项目2 单相交流电路的应用

$$p = ui = U_m I_m \sin(\omega t)\sin(\omega t + \varphi)$$
$$= 2UI\left[\frac{1}{2}\cos\varphi - \frac{1}{2}\cos(2\omega t + \varphi)\right] \quad (2\text{-}5\text{-}1)$$
$$= UI\cos\varphi(1 - \cos 2\omega t) + UI\sin\varphi\sin 2\omega t$$

式（2-5-1）指出，正弦交流电路的瞬时功率波形不再是正弦波形，瞬时功率由两部分组成：式（2-5-1）的前半部分在一个周期的平均值是常量，和电压、电流及其相位差 φ 的余弦值 $\cos\varphi$ 有关；另一部分是以2倍于电压频率而变化的量。其中，$\sin\varphi\sin 2\omega t$ 在一周期内的平均值为零。所以，在任一瞬间，电源提供的功率一部分会被耗能元件消耗掉，一部分会与储能元件进行能量交换。

2. 有功功率

在交流电路中，有功功率是指一个周期内发出或负载消耗的瞬时功率的积分平均值（或负载电阻所消耗的功率），因此有功功率也称平均功率。根据有功功率的定义可得

$$P = \frac{1}{T}\int_0^T p\,\mathrm{d}t$$
$$= \frac{1}{T}\int_0^T [UI\cos\varphi - UI\cos(2\omega t + \varphi)]\mathrm{d}t \quad (2\text{-}5\text{-}2)$$
$$= UI\cos\varphi$$

由式（2-5-2）可知，正弦交流电路的平均功率不仅取决于端口电压和电流的有效值，还与它们的相位差有关，式中 $\cos\varphi$ 称为电路的功率因数，φ 称为功率因数角。

注意：功率因数 $\cos\varphi$ 是由负载性质决定的，它与电路的参数和频率有关，与电路的电压和电流无关。

对电阻元件 R：$\varphi = 0$，$P = UI$。

对电感元件 L：$\varphi = 90°$，$P = 0$。

对电容元件 C：$\varphi = -90°$，$P = 0$。

可见，电阻总是消耗能量的，而电感和电容是不消耗能量的，其平均功率都为零。平均功率反映了电路实际消耗的功率，无源二端网络各电阻所消耗的平均功率之和，就是该电路所消耗的平均功率。

式（2-5-2）是计算正弦电路有功功率的一个重要公式，具有普遍意义，可推广到任何复杂交流电路。当然，二端网络的有功功率除了根据定义，从瞬时功率着手分析外，还可以计算为

$$P = P_1 + P_2 + P_3 + \cdots = \sum P_k$$

在图2-5-1a所示电路中，其有功功率等于电阻上消耗的功率，即

$$P = U_R I = I^2 R = P_R$$

3. 无功功率

在有 L 和 C 的电路中，储能元件 L 和 C 虽然不消耗能量，但它们与电源之间存在能量交换，这种交换的规模用无功功率来表示，即衡量交流电路与电源能量交换的规模的功率，称为无功功率。

将式（2-5-1）进行三角函数展开，可得到其表达式为

$$p = UI\cos\varphi(1-\cos 2\omega t) + UI\sin\varphi\sin 2\omega t$$

这个表达式也由两部分组成：一部分是在一个周期内的平均值 $UI\cos\varphi$，即交流电路的平均功率，另一部分是以最大值 $UI\sin\varphi$ 和频率 2ω 做正弦变化的量，它在一个周期内的平均值为零，反映了电路与电源进行能量交换的情况。所以人们将第二部分的最大值定义为交流电路的无功功率，即

$$Q = UI\sin\varphi \qquad (2\text{-}5\text{-}3)$$

式（2-5-3）是无功功率的一般表达式，为了与有功功率区分，无功功率的单位为乏（var）。它表征了电源与电路之间能量交换的规模。无功功率会占用电力资源，因此应该限制。

对电阻元件 R：$\varphi = 0$，$Q = 0$。

对电感元件 L：$\varphi = 90°$，$Q = UI$。

对电容元件 C：$\varphi = -90°$，$Q = -UI$。

因此，电感性的无功功率可以由电容性的无功功率来补偿。

对于图 2-5-1a 所示电路，其无功功率等于电感性无功功率与电容性无功功率的代数和，即

$$Q = Q_L - Q_C$$

所以

$$Q = U_L I - U_C I = I^2(X_L - X_C) = I^2 X$$

4. 视在功率

对于交流电源来说，它输出功率的最大能力与负载无关，仅与 U、I 有关，通常将电路中总电压与总电流有效值的乘积称为视在功率，用 S 表示，即

$$S = UI \qquad (2\text{-}5\text{-}4)$$

注意：视在功率可用来衡量发电机可能提供的最大功率。

为了与有功功率和无功功率相区别，视在功率的单位为伏·安（V·A）。

综上所述，有功功率 P、无功功率 Q 和视在功率 S 之间的关系为

$$S = \sqrt{P^2 + Q^2} = UI$$

显然，P、Q、S 构成了一个直角三角形，这个直角三角形称为功率三角形，如图 2-5-1b 所示，但要注意：P、Q、S 都不是正弦量，因此不能用相量表示。

总结交流电路的阻抗三角形、电压三角形和功率三角形可得出：这三个直角三角形之间互为相似三角形（见图 2-5-2），例如，阻抗三角形与功率三角形对应边之间的倍数正好为电流的二次方。即

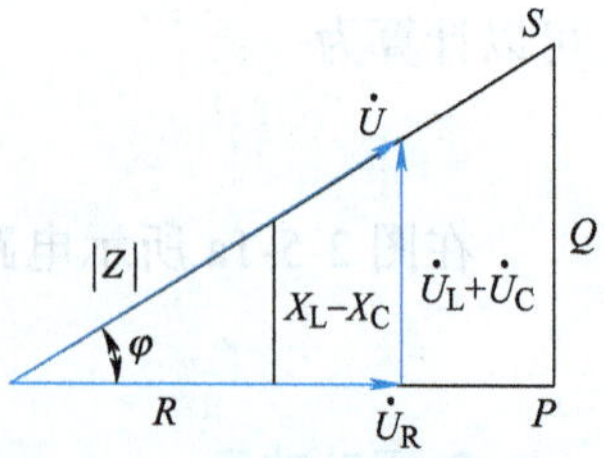

图 2-5-2 阻抗、电压、功率相似三角形

$$R = \frac{P}{I^2} \qquad X = \frac{Q}{I^2} \qquad |Z| = \frac{S}{I^2}$$

对于正弦交流电路而言，功率总是守恒的，消耗在电路中的总有功功率等于电路中各部分有功功率之和，总无功功率等于电路中各部分无功功率的代数和。因为消耗的有功功

率总为正，而电感和电容所储放的能量有正有负。需要注意的是：总的视在功率并不等于电路中各部分视在功率之和。

【例 2.5.1】已知一阻抗 Z 上的电压、电流分别为 $\dot{U} = 220\angle 30°$ V，$\dot{I} = 5\angle -30°$ A，电压和电流的参考方向一致，求 Z、$\cos\varphi$、P、Q、S。

解： 由已知条件，得

$$Z = \frac{\dot{U}}{\dot{I}} = \frac{220\angle 30°}{5\angle -30°}\Omega = 44\angle 60°\ \Omega$$

$$\cos\varphi = \cos 60° = \frac{1}{2}$$

$$P = UI\cos\varphi = 220 \times 5 \times \frac{1}{2}\text{W} = 550\text{W}$$

$$Q = UI\sin\varphi = 220 \times 5 \times \frac{\sqrt{3}}{2}\text{var} = 550\sqrt{3}\text{var}$$

$$S = \sqrt{P^2 + Q^2} = 1100\text{V}\cdot\text{A}$$

【例 2.5.2】在 RLC 串联交流电路中，已知：$R = 30\Omega$，$L = 127\text{mH}$，$C = 40\mu\text{F}$，$u = 220\sqrt{2}\sin(314t + 20°)\text{V}$。求（1）感抗、容抗、阻抗；（2）电流的有效值 I；（3）各部分电压的有效值；（4）功率 P、Q 和 S。

解：（1）由已知条件得

$$X_L = \omega L = 314 \times 127 \times 10^{-3}\Omega = 40\Omega$$

$$X_C = \frac{1}{\omega C} = \frac{1}{314 \times 40 \times 10^{-6}}\Omega = 80\Omega$$

所以

$$|Z| = \sqrt{R^2 + (X_L - X_C)^2}$$
$$= \sqrt{30^2 + (40-80)^2}\Omega = 50\Omega$$

（2）$I = \dfrac{U}{|Z|} = \dfrac{220}{50}\text{A} = 4.4\text{A}$

（3）$U_R = IR = 4.4 \times 30\text{V} = 132\text{V}$

$U_L = IX_L = 4.4 \times 40\text{V} = 176\text{V}$

$U_C = IX_C = 4.4 \times 80\text{V} = 352\text{V}$

（4）$P = UI\cos\varphi = 220 \times 4.4 \times \cos(-53°)\text{W} = 580.8\text{W}$

$Q = (U_L - U_C)I = I^2(X_L - X_C) = -774.4\text{ var}$

$S = UI = 220 \times 4.4\text{V}\cdot\text{A} = 968\text{V}\cdot\text{A}$

任务实施　单相交流电路功率的检测

一、任务实施所需设备

序号	名称	数量	备注
1	电能表	1	1.5A，短时间内最大 6A
2	单相功率表	1	
3	交流电压表	1	0～500V
4	交流电流表	1	0～5A
5	自耦调压器	1	
6	灯泡、灯泡座	2	220V，15W
7	秒表	1	

二、任务实施参考步骤

记录被校验电能表的以下数据：额定电流、额定电压、电能表常数、准确度。

1. 用功率表和秒表校验电能表的准确度

1）按实训图 2-5-1 所示接线。电能表的电流线圈与负载串联，电压线圈与负载并联。

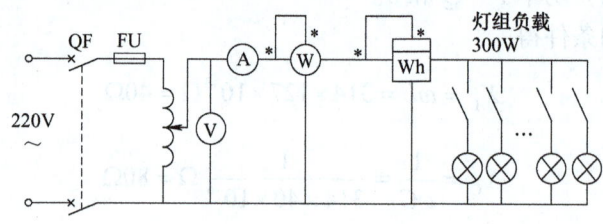

实训图 2-5-1　校验电能表的原理图

2）电路经指导教师检查无误后，接通电源。将自耦调压器的输出电压调到 220V，按表 2-5-1 的要求接通灯组负载，用秒表来定时记录电能表转盘的转数，并记录各仪表的读数，将数据记入表 2-5-1。

表 2-5-1　校验电能表的数据

负载情况	测量值						计算值		
	U/V	I/A	电能表读数/（kW·h）			时间/s	转数 n	计算电能 W/（kW·h）	$\Delta W/W$（%）	电能表常数 N
			起始	终止	W					
30W										
300W										

3）为了准确地计时及记录圈数，可在电能表转盘上的一小段着色标记刚出现（或刚结束）时开始计时，同时读出电能表的起始读数。此外，为了能记录整数转数，可先预定

好转数,待电能表转盘刚转完此转数时停止计时,同时读出电能表的终止读数,将所有数据记入表 2-5-1。建议 n 取 24 圈,则带动 300W 负载时,需 2min 左右。为了准确和熟悉,可重复多做几次。

2. 电能表灵敏度的测试

电能表灵敏度的测试要用到专用的变阻器,此处可将实训图 2-5-1 中的灯组负载改成三个灯组串联,并全部用 220V、15W 的灯泡,再在电能表与灯组负载之间串联 8W、10～30kΩ 的电阻。每组先开通一个灯泡。接通 220V 电源后看电能表转盘是否开始转动。然后逐个增加灯泡或减少电阻。直到转盘转动,此时电流表的读数可大致作为其灵敏度。请读者自行估算其误差。

做此实验前,应使电能表转盘的着色标记处于可看见的位置。由于负载很小,转盘的转动会很缓慢,因此必须耐心观察。

3. 检查电能表的潜动是否合格

断开电能表的电流线圈回路,调节自耦调压器的输出电压为额定电压的 110%(即 242V),仔细观察电能表的转盘是否转动,一般允许转盘有缓慢转动。若转动不超过一圈即停止,则该电能表的潜动合格,反之则不合格。

在实验前,应使电能表转盘的着色标记处于可看见的位置。由于潜动非常缓慢,要观察正常的电能表潜动是否超过一圈,需要 1h 以上。

三、任务实施注意事项

1)只要将电能表挂在 DGJ-04 挂箱上的相应位置,并用螺母紧固即可。接线时要拆下护板。实验完毕,拆除线路后要装回护板。

2)在记录时,同组成员要密切配合。秒表定时、读取转数和电能表读数的步调要一致,以确保测量的准确性。

3)实验中会用到 220V 电压,操作时应注意安全。改动接线时,必须切断电源,接好线后,应检查无误才能加电。

四、任务汇报展示评价(见表 2-5-2)

表 2-5-2 单相交流电路功率的检测实训项目评价表

实训项目:　　　　　　　学生姓名:

序号	考核项目	考核等级			成绩
		A	B	C	
1	任务实施计划决策	计划合理充分、实施过程准确且有完整详细的记录	计划较合理充分、实施过程较准确且有记录	计划较合理充分、实施过程较准确但没有记录	
2	任务实施检查	在规定时间内能较好地完成单相交流电路功率的检测,测量数据分析准确	在规定时间内能完成单相交流电路功率的检测,测量数据分析较准确	在规定时间内基本完成单相交流电路功率的检测,测量数据分析较准确	
3	任务实施评估讨论	能独立完成单相交流电路功率的检测,准确分析数据并得出结论,能积极解决任务实施过程中出现的问题	能较独立地完成单相交流电路功率的检测,较准确地分析数据并得出结论,能部分解决任务实施过程中出现的问题	能基本完成单相交流电路功率的检测,能分析数据并得出结论,能部分解决任务实施过程中出现的问题	

(续)

序号	考核项目	考核等级			成绩
		A	B	C	
	仪器使用、维护	能严格按照仪器仪表的操作规范进行操作，能及时清理垃圾，将仪器摆放整齐等	能较严格按照仪器仪表的操作规范进行操作，能清理垃圾，将仪器摆放整齐等	能按照仪器仪表的操作规范进行操作，能清理垃圾，将仪器摆放整齐等	
4	团队协作	能与小组成员积极配合，有序地完成训练项目	能与小组成员较积极配合，有序地完成训练项目	能与小组成员配合，基本完成训练项目	
	劳动纪律	认真遵守任务实施时间，在任务实施过程中积极动手、动脑	较认真遵守任务实施时间，在任务实施过程中能动手、动脑	能遵守任务实施时间，在任务实施过程中不够积极	
总评					

 视野拓展　认识单相电能表

计量电能的仪表叫作电能表。电能表可以测量某一段时间内电路消耗的电能，它是一种累计仪表。

1. 电能表的分类

常用电能表有多种，如图 2-5-3a 所示。按电能表使用的电路可分为直流电能表和交流电能表，例如家庭用的电源是交流电，因此家庭用电能表是交流电能表。交流电能表按其进表相线又可分为单相电能表、三相三线电能表和三相四线电能表，一般家庭使用的是单相电能表，但别墅和大用电住户也会使用三相四线电能表，工业用户会使用三相三线和三相四线电能表。电能表按其工作原理可分为电气机械式电能表和电子式电能表。在 20 世纪 90 年代以前，常用的一般是电气机械式电能表，随着电子技术的发展，电子式电能表的应用越来越多，有逐步取代电气机械式电能表的趋势。电能表按其用途可分为有功电能表、无功电能表、最大需量表、标准电能表、复费率分时电能表、预付费电能表、多功能电能表。家庭常用的是有功电能表，但预付费电能表的使用也越来越普及，现在一些地区为了节电，也在推广复费率分时电能表。电能表按准确度等级可分为普通安装式电能表（0.2、0.5、1.0、2.0、3.0 级）和携带式精密电能表（0.01、0.02、0.05、0.1、0.2 级），家庭常用的是 2.0 级的。下面主要介绍单相电气机械式电能表和电子式电能表。

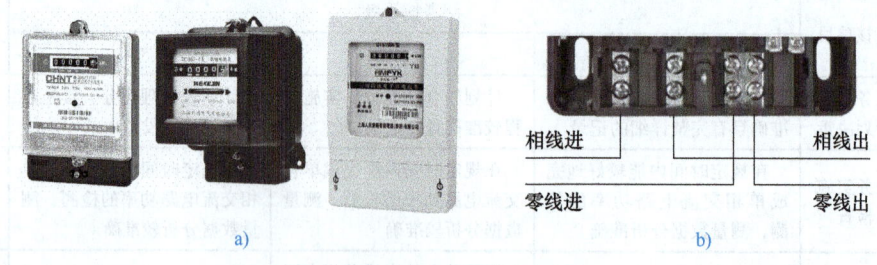

图 2-5-3　单相电能表外形和接线端子分配

2. 电能表的型号解读

从电能表的正面窗口里可看到铭牌上有一些文字和符号，读懂这些文字和符号的意思，对正确使用电能表很有帮助。电能表型号是用字母和数字的排列来表示的，具体内容如下：

$$类别代号+组别代号+设计序号+派生号$$

例如常见的家用单相电能表有DD862-1-4型、DDS971型、DDSY971型等。

1）类别代号：D——电能表。

2）组别代号：

① 表示相线。D——单相；S——三相三线；T——三相四线。

② 表示用途。D——多功能；S——电子式；X——无功；Y——预付费；F——复费率。

3）设计序号：用阿拉伯数字表示，每个制造厂的设计序号有所不同。

综合上面3点可知：DD——单相电能表，如DD971型和DD862型；DS——三相三线电能表，如DS862和DS971型；DT——三相四线电能表，如DT862和DT971型；DX——无功电能表，如DX971和DX864型；DDS——单相电子式电能表，如DDS971型；DTS——三相四线电子式电能表，如DTS971型；DDSY——单相电子式预付费电能表，如DDSY971型；DTSF——三相四线电子式复费率电能表，如DTSF971型；DSSD——三相三线电子式多功能电能表，如DSSD971型。

3. 单相电气机械式电能表

单相电气机械式电能表主要由驱动部分、转动部分、制动部分和积算机构等组成。驱动部分由电压元件和电流元件组成。转动部分的铝制圆盘装在驱动部件和制动磁铁的空隙中，图2-5-4所示为一个单相电气机械式电能表的主要结构。

在图2-5-4中，1为铝制圆盘，2为串联电磁铁，3为制动永久磁铁，4为并联电磁铁，5为连接计数机构的齿轮，6为接线端子板。驱动部分中的电流元件由铁心和绕在铁心上的电流线圈组成。电流线圈的导线较粗，匝数较少，与负载串联，故又称串联电磁铁。电压元件由铁心和电压线圈组成。电压线圈的导线较细，匝数较多，与负载并联，故又称并联电磁铁。转动部分由铝制圆盘和固定圆盘的转轴构成，转轴安装于上下轴承中。在电能表工作时，电流元件和电压元件产生的交变磁场使圆盘感应出电涡流并与该交变磁场相互作用，驱使圆盘转动。制动部分由永久磁铁构成，它是用来在圆盘转动时产生制动转矩的，可使圆盘的转速和被测功率成正比，以便用圆盘的转数来反映被测电能的大小。积算机构用来计算圆

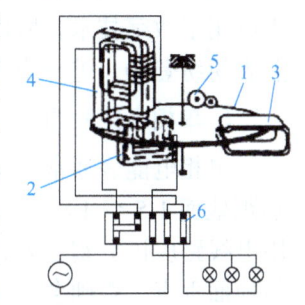

图2-5-4 单相电气机械式电能表的主要结构

盘在一定时间内的转数，以便达到计算电能的目的。当圆盘转动时，通过蜗轮蜗杆及齿轮的传动，带动滚轮转动。这样就可以通过滚轮上的数字来反映圆盘的转数，也就是所测电能的大小。

当电能表接入被测电路后，被测电路的电压加在电压线圈上，当被测电路的电流通过电流线圈时，会产生两个交变磁通穿过圆盘，这两个磁通在时间上相同，分别在圆盘上产生电涡流。磁通与电涡流的相互作用会产生转矩，使圆盘转动。制动磁铁的磁通也穿过圆盘，当圆盘转动时，会切割此磁通，并在圆盘上感应出电流，这个电流和制动磁铁的磁通相互作用，产生一个与圆盘旋转方向相反的制动转矩，使圆盘的转速均匀。

由于磁通与电路中的电压和电流成比例，因而圆盘的转速与电路中消耗的电能成比

例，也就是说，负载功率越大，圆盘转得越快。圆盘的转动经过蜗杆传到计数器后，计数器就自动累计电路中实际消耗的电能。

4. 单相电子式电能表

单相电子式电能表是在数字式功率表的基础上发展起来的，它采用乘法器实现对电功率的测量。电子式电能表由两个主要部分组成：一是电能采样部分，二是单片机数据处理电能计量控制部分。后者使用大规模专用集成电路对电流和电压的信号采样，然后送至计量处理模块，通过单片机实现对电能的精确计量，同时利用单片机的各种接口传递数据，实现各种控制功能，其工作原理框图如图2-5-5所示。

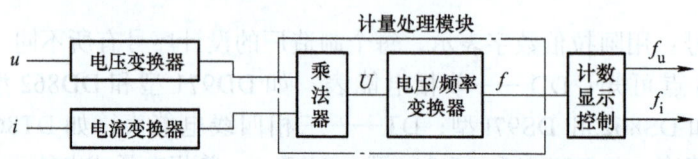

图 2-5-5　单相电子式电能表工作原理框图

被测量的电压 u 和电流 i 经电压变换器和电流变换器转换后送至乘法器，乘法器将电压和电流瞬时值相乘，输出一个与一段时间内的平均功率成正比的直流电压 U，然后利用电压/频率变换器将 U 转换成相应的脉冲频率 f，将该频率分频，并通过一段时间内计数器的计数，显示出相应的电能。

单相电子式电能表可对用户的供电电压和电流实时采样，它采用专用的电能表集成电路，对采样电压和电流信号进行处理并相乘，转换成与电能成正比的脉冲输出，最后用计数器或数字显示器显示。单相电子式电能表比单相电气机械式电能表准确度高、功耗低、起动电流小、负载范围宽，且无机械磨损，因此被越来越广泛地应用。单相电子式电能表应用了数字技术，所以使得分时计费电能表、预付费电能表、多用户电能表和多功能电能表纷纷登场，进一步满足了科学用电、合理用电的需求。

5. 单相电能表的接线

单相电能表通常与配电装置安装在一起，而电能表应该安装在配电装置的下方，其中心距地面1.5～1.8m。并列安装多只电能表时，两表间距不得小于200mm；不同电价的用电线路应该分别装表；同一电价的用电线路应该合并装表；安装电能表时，必须使表身与地面垂直，否则会影响其准确度。接线时应注意电源的相序关系，特别是无功电能表更要注意相序。

电能表的接线端子分配如图2-5-3b所示。使用电能表时要注意，在低电压（不超过500V）和小电流（几十安）的情况下，电能表可直接接入电路进行测量，如图2-5-6a所示。在高电压或大电流的情况下，电能表不能直接接入电路，需配合电压互感器或电流互感器使用，如图2-5-6b、c所示。对于直接接入电路的电能表，要根据负载电压和电流选择合适规格的，确保电能表的额定电压和额定电流，等于或稍大于负载的电压或电流。另外，负载的用电量要在电能表额定值的10%以上，否则容易导致计量不准，甚至有时会根本带不动转盘转动。所以电能表不能选得太大，而选得太小也容易烧坏电能表。当电能表不经互感器而直接接入电路时，可以从电能表上直接读出实际电能数。如果在电能表利用电流互感器或电压互感器扩大量程时，实际消耗的电能应为电能表的读数乘以电流比或电压比。

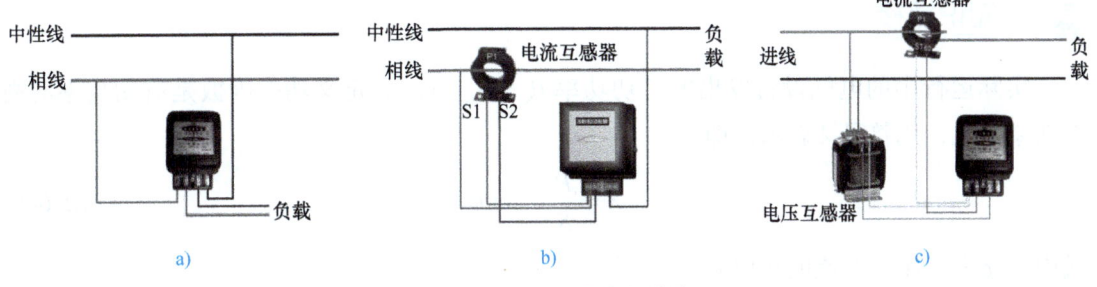

图 2-5-6 单相电能表的接线

巩固思考

1）正弦交流电路的瞬时功率不再是_____，瞬时功率由_____和_____两部分组成。

2）在交流电路中，有功功率是指一个周期内负载电阻所_____功率。

3）_____称为电路的功率因数，功率因数_____是由负载的性质决定的。

4）用以衡量交流电路与电源的能量交换规模的功率，称为_____。

5）通常将电路中总电压与总电流有效值的乘积，称为_____。

*任务 2.6 交流电路的功率因数分析

学习目标

知识目标	能力目标	素质目标
理解并掌握交流电路的功率因数	能用交流电路的功率因数来提高电能的利用率	培养学生严谨的科学意识；培养学生的电气职业素养；培养学生的团结协作意识

案例引入 交流电路的功率因数

功率因数是衡量电气设备效率高低的一个系数。它的大小与电路的负荷性质有关，如白炽灯泡、电阻炉等电阻性负荷的功率因数为1，一般具有电感性负载的电路的功率因数都小于1。随着工农业生产的发展和家用电器的普及，大量的异步电动机成为电力系统的主要负载，由于异步电动机是电感性负载，在工作时除消耗有功功率外，还需要电源提供无功功率，故整个电力系统的功率因数较低。异步电动机满载运行时，功率因数为0.7~0.8；轻载、空载运行时，功率因数为0.3~0.4；荧光灯的功率因数较低，为0.4左右。

功率因数低对电力系统的运行是不利的。一是发电机的效能不能充分发挥，对于同样的发电机，电路的功率因数越低，发电机输出的有功功率越少，设备容量的利用率越低，电源的容量也就不能被充分利用。另一方面，功率因数越低，输电线路上的功率损耗越大，而且输电线路上的电压损失也越大，使输电效率和供电质量降低。

那么，在电力系统中，什么是功率因数？采用什么方式可以提高功率因数呢？

知识链接

实际运行中的电气设备发出的有功功率 $P_N = S_N \cos\varphi$，定义功率因数是有功功率与视在功率之比，用符号 λ 表示，即

$$\lambda = \frac{P}{S} = \cos\varphi \tag{2-6-1}$$

式中，φ 为电压、电流的相位差。

功率因数 λ 是表示交流电路状况的重要数据之一，它的大小由电路性质决定。

1. 提高功率因数的意义

在交流电路中，多数负载是电感性的，如工矿企业中使用的异步电动机、电焊变压器、机床控制电路中的接触器等。电感性负载的增大会使电路的功率因数降低，而功率因数过低，会对电源和输电线路带来以下影响：

1）发电设备的功率不能被充分利用。

由 $P_N = S_N \cos\varphi$ 可得，当负载的功率因数减小时，因为发电设备的电压、电流不允许超过额定值，所以发电设备发出的有功功率会减小，从而使无功功率增大，即当电源向一个低功率因数的负载供电时，电源设备的能力无法充分发挥，从而降低了电源的利用率。

【例 2.6.1】有一台额定容量 $S_N = 50\text{kV}\cdot\text{A}$，额定电压 $U_N = 230\text{V}$，额定电流 $I_N = 217\text{A}$ 的发电机向一组负载供电。如果负载的总功率 $P_N = 25\text{kW}$，额定电压 $U_N = 230\text{V}$，功率因数 $\cos\varphi = 0.5$，则（1）求发电机的输出电流，并判断发电机是否已满载；（2）若负载的有功功率和额定电压都保持不变，将其 $\cos\varphi$ 提高到 0.85，试判断发电机是否还能带其他负载。

解：（1） $I = \dfrac{P_N}{U_N \cos\varphi} = \dfrac{25000}{230 \times 0.5}\text{A} = 217\text{A}$，负载电流等于发电机的额定电流，所以发电机处于满载状态。

（2） $I' = \dfrac{P_N}{U_N \cos\varphi'} = \dfrac{25000}{230 \times 0.85}\text{A} = 128\text{A}$

可见，当功率因数提高后，发电机只需输出 128A 的电流，小于其额定电流 217A，说明发电机还有能力带其他负载。

2）增加电网中输电线路的电能损耗。

当发电机的电压和负载功率一定时，电源供给负载的电流为

$$I = \frac{P}{U\cos\varphi}$$

显然，功率因数 λ 越低，输电线上的电流越大，这将导致输电线路上的电压降增加，降低供电质量，并且使输电线路上的功率损耗 ΔP 增加。

综上所述，在电力系统中，功率因数的高低关系到发电设备的功率能否被充分利用，以及输电效率能否被提高。按照供电原则，高压供电的工业企业的平均功率因数不得低于 0.95，其他用户的平均功率因数不得低于 0.9。

2. 提高功率因数的方法

电感性无功功率可以由电容性无功功率来补偿,所以若在电感性负载的两端并联一个适当容量的电容,就可以提高电路的功率因数,其电路图和相量图如图 2-6-1 所示。

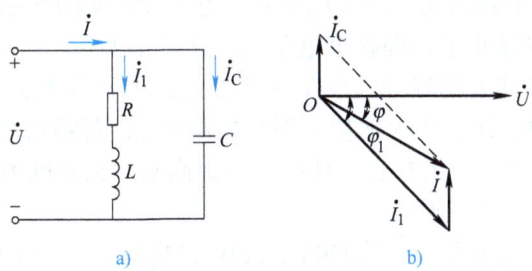

图 2-6-1 电感性负载及提高功率因数的方法

在并联电容后,电感性负载的电流和功率因数都没变化,但电压 u 和电流 i 之间的相位差 φ 变小了,即功率因数 $\cos\varphi$ 变大了。可以看出,提高功率因数是指提高电源或整个电网的功率因数,而不是指提高某个电感性负载的功率因数,负载本身的功率因数在并联电容前后并没有改变。

因有功功率不变,所以并联电容前有

$$P = UI_1 \cos\varphi_1$$

即

$$I_1 = \frac{P}{U\cos\varphi_1}$$

并联电容后有

$$P = UI\cos\varphi$$

即

$$I = \frac{P}{U\cos\varphi}$$

由图 2-6-1b 可知

$$\begin{aligned}I_C &= I_1 \sin\varphi_1 - I\sin\varphi \\ &= \frac{P}{U\cos\varphi_1}\sin\varphi_1 - \frac{P}{U\cos\varphi}\sin\varphi \\ &= \frac{P}{U}(\tan\varphi_1 - \tan\varphi)\end{aligned}$$

又因为

$$I_C = U\omega C$$

所以

$$C = \frac{P}{\omega U^2}(\tan\varphi_1 - \tan\varphi)$$

因此,通过分析可以看出:

1）并联电容后，电感性负载的参数及端电压并没有变化，电感性负载中的电流 $I_L = \dfrac{U}{\sqrt{R^2 + X_L^2}}$ 和功率因数 $\cos\varphi_1 = \dfrac{R}{\sqrt{R^2 + X_L^2}}$ 也没有变化。这里说的功率因数提高了，是指包括电容在内的整个电路的功率因数比单独的电感性负载的功率因数提高了。

2）总电流的数值 I 减小了，即整个电路的损耗减小了。

是不是并联的电容越大越好呢？事实并非如此，电容过大会使补偿后的整个电路呈电容性。在实际生产中，并不要求把功率因数提高到 1，若将功率因数提高到 1，则需要并联的电容较大，这会增加设备投资。功率因数提高到什么程度为宜，只有在做具体的技术、经济指标比较之后，才能确定。

【例 2.6.2】两个负载并联，接到 220V、50Hz 的电源上。一个负载的功率 P_1=2.42kW，功率因数 $\cos\varphi_1 = 0.5$（电感性）；另一个负载的功率 P_2=2.8kW，功率因数 $\cos\varphi_2 = 0.8$（电感性），试求（1）电路的总电流和总功率因数；（2）电路消耗的总有功功率；（3）要使电路的功率因数提高到 0.92，需并联多大的电容？此时电路的总电流为多少？

解：（1）各支路上的电流为

$$I_1 = \dfrac{P}{U_1 \cos\varphi_1} = \dfrac{2420}{220 \times 0.5} \text{A} = 22\text{A}$$

$$I_2 = \dfrac{P}{U_2 \cos\varphi_2} = \dfrac{2800}{220 \times 0.8} \text{A} \approx 16\text{A}$$

由 $\cos\varphi_1 = 0.5$，得 $\varphi_1 = 60°$；由 $\cos\varphi_2 = 0.8$，得 $\varphi_2 = 37°$。

设电源电压 $\dot{U} = 220 \angle 0°$ V，则

$$\dot{I}_1 = 22 \angle{-60°} \text{ A}$$

$$\dot{I}_2 = 16 \angle{-37°} \text{ A}$$

$$\dot{I} = \dot{I}_1 + \dot{I}_2 = 22\angle{-60°} + 16\angle{-37°} \approx 37\angle{-50°}$$

因此，总电流为

$$I = 37\text{A}$$

总的功率因数为

$$\cos\varphi' = \cos(50°) = 0.64$$

（2）电路消耗的总有功功率为

$$P = P_1 + P_2 = (2.8 + 2.42)\text{kW} = 5.22\text{kW}$$

（3）功率因数为 0.92 时，对应的 $\varphi = 23°$，需并联的电容为

$$C = \dfrac{P}{\omega U^2}(\tan 50° - \tan 23°) \approx 264\mu\text{F}$$

电路的总电流为

$$I = \dfrac{P}{U\cos\varphi} = \dfrac{5220}{220 \times 0.92}\text{A} \approx 25.8\text{A}$$

任务实施　荧光灯电路功率因数的检测

一、任务实施所需设备

序号	名称	数量	备注
1	交流电压表	1	0～500V
2	交流电流表	1	0～5A
3	功率表	1	
4	自耦调压器	1	
5	镇流器、辉光启动器	各1	与40W灯管配用
6	荧光灯灯管	1	40W
7	电容器	各1	1μF、2.2μF、2.7μF/500V
8	白炽灯及灯座	1～3	220V、15W
9	电流插座	3	

二、任务实施参考步骤

荧光灯电路的功率因数较低，一般在 0.5 以下，为了提高电路的功率因数，可以采用为电感性负载并联电容的方法。此时总电流 I 是荧光灯电流 I_L 和电容电流 I_C 的相量和，即 $\dot{I} = \dot{I}_L + \dot{I}_C$，在荧光灯电路并联电容后，其相量图如实训图 2-6-1 所示。由于电容支路的电流 I_C 超前于电压 U 90°，抵消了一部分荧光灯支路电流中的无功分量，使电路的总电流 I 减小，从而提高了电路的功率因数。此时电压与电流的相位差由原来的 φ_1 减小为 φ，故 $\cos\varphi > \cos\varphi_1$。

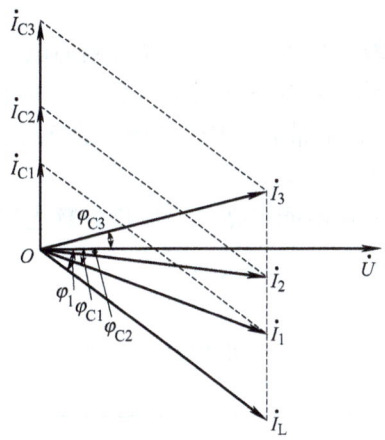

实训图 2-6-1　荧光灯并联电容后的相量图

当电容增加到一定值时，电容电流 I_C 等于荧光灯电流中的无功分量，$\varphi = 0$，$\cos\varphi = 1$，此时总电流下降到最小值，整个电路呈电阻性。若继续增加电容量，则总电流 I 反而会增大，此时整个电路变为电容性负载，功率因数反而下降。

1）按照实训图 2-6-2 接线。

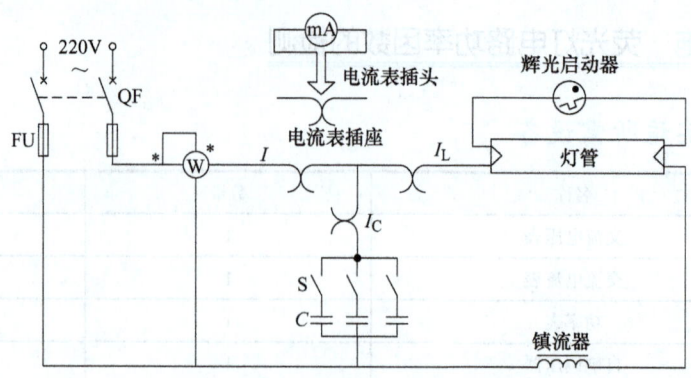

实训图 2-6-2　荧光灯功率因数补偿电路

2）经指导教师检查无误后接通电源，调节电压至 220V，不接入电容，将测量的各参量数值记入表 2-6-1，并验证电压、电流相量的关系。

3）调节电容箱的开关，逐次增加电容量，分别测出并联电容后的各个数据，并将数值记入表 2-6-1。

表 2-6-1　荧光灯功率因数补偿数据

电容量	测量数值					计算值	
$C/\mu F$	P/W	$\cos\varphi$	U/V	I/A	I_L/A	I_C/A	I'/A	$\cos\varphi$
0								
1								
2.2								
2.7								

三、任务实施注意事项

1）线接好后，一定要经教师检查认可，方能合闸通电。要先关电源，后拆线。

2）功率表要正确接入电路。在功率表接入电路时，应将电流线圈与负载串联，将电压线圈与负载并联。功率表面板上带有"V*""I*"的字样，"*"表示同名端，在接线时应先将两个"*"点连接起来（短路）。

3）线路接线正确，但荧光灯不能点亮时，应检查辉光启动器及其接触是否良好。

四、任务汇报展示评价（见表 2-6-2）

表 2-6-2　荧光灯电路功率因数的检测实训项目评价表

实训项目：　　　　　　　　　学生姓名：

序号	考核项目	考核等级			成绩
		A	B	C	
1	任务实施计划决策	计划合理充分、实施过程准确且有完整详细的记录	计划较合理充分、实施过程较准确且有记录	计划较合理充分、实施过程较准确但没有记录	
2	任务实施检查	在规定时间内能较好地完成荧光灯电路功率因数的检测，测量数据分析准确	在规定时间内能完成荧光灯电路功率因数的检测，测量数据分析较准确	在规定时间内基本完成荧光灯电路功率因数的检测，测量数据分析较准确	

（续）

序号	考核项目	考核等级			成绩
		A	B	C	
3	任务实施评估讨论	能独立完成荧光灯电路功率因数的检测，准确分析数据并得出结论，能积极解决任务实施过程中出现的问题	能较独立地完成荧光灯电路功率因数的检测，较准确地分析数据并得出结论，能部分解决任务实施过程中出现的问题	能基本完成荧光灯电路功率因数的检测，能分析数据并得出结论，能部分解决任务实施过程中出现的问题	
4	仪器使用、维护	能严格按照仪器仪表的操作规范进行操作，能及时清理垃圾，将仪器摆放整齐等	能较严格按照仪器仪表的操作规范进行操作，能清理垃圾，将仪器摆放整齐等	能按照仪器仪表的操作规范进行操作，能清理垃圾，将仪器摆放整齐等	
	团队协作	能与小组成员积极配合，有序地完成训练项目	能与小组成员较积极配合，有序地完成训练项目	能与小组成员配合，基本完成训练项目	
	劳动纪律	认真遵守任务实施时间，在任务实施过程中积极动手、动脑	较认真遵守任务实施时间，在任务实施过程中能动手、动脑	能遵守任务实施时间，在任务实施过程中不够积极	
总评					

 视野拓展　认识功率因数表

功率因数表是测量电路中有功功率与视在功率之比的仪表。在交流电路中，电压与电流之间的相位差（φ）的余弦值叫作功率因数，用符号 $\cos\varphi$ 表示。功率因数是交流电路的重要性能参数。常见的功率因数表有电动系、铁磁电动系、磁电系和变换器式等几种，其外形如图 2-6-2 所示。

图 2-6-2　功率因数表的外形

下面以电动系功率因数表为例，介绍其工作原理及应用。

1. 功率因数表的工作原理

采用电动系测量机构的单相功率因数表工作原理如图 2-6-3 所示，其可动部分由两个互相垂直的动圈组成。动圈 1 与电阻 R 串联后接电源电压 U，并和通以负载电流 I 的固定线圈（静圈）组合，相当于一个功率表，从而使可动部分受到一个与功率 $P=UI\cos\varphi$ 和偏转角正弦值 $\sin\alpha$ 的乘积成正比的转矩 M_1，$M_1=K_1UI\cos\varphi\sin\alpha$。式中，$K_1$ 为系数，$\cos\varphi$ 为负载的功率因数。动圈 2 与电感 L（或电容 C）串联后接电源电压 U，并与静圈组合，相当于无功功率表，从而使可动部分受到一个与无功功率 $UI\sin\varphi$ 和偏转角余弦值 $\cos\alpha$ 的乘积成正比的转矩 M_2，$M_2=K_2UI\cos\alpha\sin\varphi$。式中，$K_2$ 为系数。

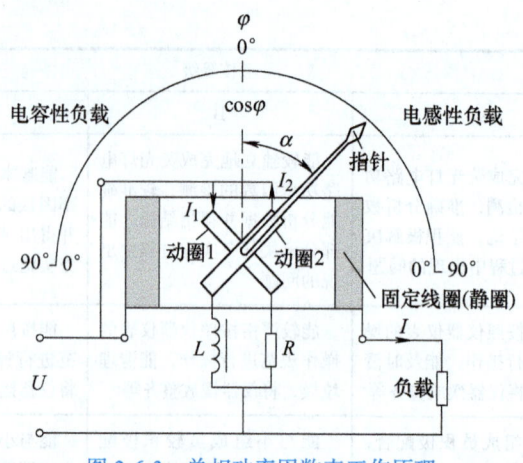

图 2-6-3 单相功率因数表工作原理

对纯电阻性负载，$\varphi = 0°$，$M_2 = 0$，可动部分在 M_1 的作用下，指针转到 $\varphi = 0°$，即 $\cos\varphi = 1$ 的标度处。对纯电容性负载，$\varphi = 90°$，$M_1 = 0$，可动部分在 M_2 的作用下，指针逆时针转到 $\varphi = 90°$，即 $\cos\varphi = 0$（电容性）的标度处。对纯电感性负载，由于静圈电流 I 及转矩 M_2 改变了方向，可动部分在 M_2 的作用下，指针顺时针转到 $\varphi = 90°$，即 $\cos\varphi = 0$（电感性）的标度处。对于一般负载，在转矩 M_1 和 M_2 的作用下，指针转到相应的 $\cos\varphi$ 值的标度处。功率因数表的外部接线如图 2-6-4 所示。

2. 功率因数表的应用

功率因数表常用于电容补偿配电屏上。当功率因数滞后时投入补偿电容，当功率因数超前时切除补偿电容，从而使功率因数控制在合理范围内。

指针式功率因数表和电压表、电流表不同的是，它的表盘上没有 0 位指示数值，而且指针经常指示在中间位置 1 左右。功率因数表最中间的数值是 1，应该在 45° 位置。

单相功率因数表可用来测量单相电路的功率因数，也可用来测量中性点可接的对称三相电路的功率因数，这时单相功率因数表的电压端应接相电压。对中性点不可接的对称三相电路，可采用三相功率因数表来测量功率因数。

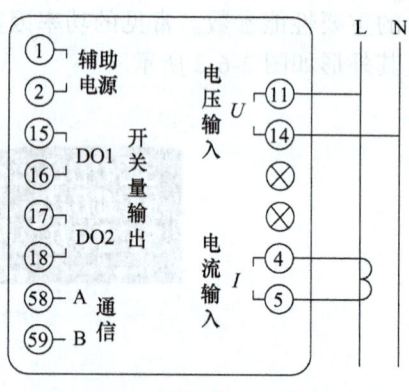

图 2-6-4 功率因数表的外部接线

 巩固思考

1）为提高电路的功率因数，应_____电容而不是串联电容。
2）提高功率因数的意义在于_____电源设备的利用率和减少输电线路中的损耗。
3）每个荧光灯的功率因数为 0.5，当 N 个荧光灯并联时，总的功率因数_____0.5。
4）若电路的总阻抗 $Z = (3 + j4)\Omega$，则该电路的负载一定呈_____。
5）电路并联电容后，电路中电感性负载的电流和功率因数都_____变化。

项目小结

1）随时间按正弦规律周期性变化的电压、电流统称为正弦交流电。只要确定了正弦量的三要素（有效值、频率、初相位），就可以得到正弦量的瞬时值表达式，也可以得到它的波形图来直观地查看正弦量的变化情况，正弦量的三要素能全面表达正弦量，但是不利于工程上的分析和计算。

2）相量表示法是分析和计算正弦交流电路的一种重要工具，它可以借助相量图或复数运算对同频率的正弦量进行分析和计算，十分方便。正弦交流电用相量表示后，直流电路的分析方法便可以应用到交流电路中。

3）单一参数交流电路的电路元件是理想化的电路模型，它们在交流电路中的电压、电流关系如下：电阻元件为 $\dot{U} = \dot{I}R$；电感元件为 $\dot{U} = j\dot{I}X_L$；电容元件为 $\dot{U} = -j\dot{I}X_C$。式中，X_L 为感抗，X_C 为容抗。实际电路可由这些元件和电源的不同组合构成。典型电路为 RLC 串联交流电路。交流电路的负载为复阻抗 Z，有 $Z = R + j(X_L - X_C)$。

4）交流电路中的阻抗有多种多样的连接方式，其中较为简单的连接方式就是阻抗的串联、并联和混联，这与直流电路中电阻的串联、并联和混联极为相似。因此，直流电路中电阻的串联、并联和混联的计算公式也同样可以扩展到正弦交流电路中，用于阻抗的串、并联计算。只是要注意：交流电路的负载是复阻抗，电压和电流是相量。

5）谐振是交流电路的特殊现象，其实质是电路中的 L、C 的无功功率实现了完全的相互补偿，使电路呈现电阻性。无论是并联谐振还是串联谐振，谐振频率都可以约等于 $f_0 = \dfrac{1}{2\pi\sqrt{LC}}$。

6）交流电路的功率有三种：有功功率 $P = UI\cos\varphi$、无功功率 $Q = UI\sin\varphi$ 和视在功率 $S = UI$，它们的单位分别是瓦、乏和伏安。

7）提高功率因数的意义在于提高电源设备的利用率和减少输电线路中的损耗。实际电路中的绝大多数负载都是电感性的。因此，常用并联电容的方法来提高功率因数。

拓展训练 2

2.1 正弦交流电压 $u = 220\sqrt{2}\sin(314t + 30°)\text{V}$，试求：（1）有效值、频率和初相位；（2）$t = 0.1\text{s}$ 时，电压的瞬时值；（3）画出电压的波形图。

2.2 某电容的额定耐压值为 450V，能否把它接在交流 380V 的电源上使用？为什么？

2.3 已知工频正弦交流电流在 $t=0$ 时的瞬时值为 0.5A，其初相位为 30°，求这一正弦交流电流的有效值。

2.4 已知某正弦交流电压的最大值为 311V，$t = 0$ 时的瞬时值为 220V，频率为 50Hz，写出其瞬时值解析式。

2.5 写出下列正弦量的有效值相量。（1）$i = 100\sqrt{2}\sin(\omega t - 30°)\text{A}$ （2）$u = 141.4\sin\left(\omega t + \dfrac{\pi}{3}\right)\text{V}$ （3）$i = 20\sin(\omega t - 90°)\text{A}$ （4）$e = 10\sqrt{2}\sin\left(314t - \dfrac{\pi}{6}\right)\text{V}$

2.6　某电压和电流分别为 $u = 20\sqrt{2}\sin\left(\omega t + \dfrac{\pi}{4}\right)$V 和 $i = 10\sqrt{2}\sin\left(\omega t - \dfrac{\pi}{4}\right)$A。试写出两者的相位差，并说明哪个正弦量超前，然后画出它们的相量图。

2.7　已知 $i_1 = 7.07\sin(314t - 60°)$A 和 $i_2 = 12\sin(314t + 30°)$A，求 $\dot{I}_1$、$\dot{I}_2$ 和 $i = i_1 + i_2$。

2.8　已知 $u_1 = 42.42\sin(\omega t + 30°)$V，$u_2 = 56.56\sin(\omega t - 60°)$V，求 $u = u_1 + u_2$ 并画出其相量图。

2.9　某电阻元件为 8Ω，接在 $u = 220\sqrt{2}\sin 314t$V 的电源上。试求通过该电阻元件的电流 i，如用电流表测量该电路中的电流，其读数为多少？电路消耗的功率为多少瓦？若电源的频率增大一倍，电压有效值不变，情况又如何？

2.10　在电压为 220V、频率为 50Hz 的电源上接电感 $L = 500$mH 的线圈，线圈电阻忽略不计，求感抗 X_L 和通过它的电流 I 的值，并画相量图。如果电源频率变为 1000Hz，电流值又是多少？

2.11　在电压为 220V、频率为 50Hz 的电源上接电容 $C = 40\mu$F，求容抗 X_C 和通过它的电流 I 的值，并画相量图。如果电源频率变为 1000Hz，电流值又是多少？

2.12　已知交流接触器的线圈电阻为 200Ω，电感为 7.3H，接到工频 220V 的电源上。求线圈中的电流 I，如果误将此接触器接到 $U = 220$V 的直流电源上，线圈中的电流又为多少？如果此线圈允许通过的电流为 0.1A，将产生什么后果？

2.13　某线圈的电感为 0.1H，电阻可忽略不计，将它接在 $u = 220\sqrt{2}\sin 314t$V 的交流电源上。试求电路中的电流及无功功率。若电源频率为 100Hz，电压有效值不变，情况又如何？写出电流的瞬时值表达式。

2.14　在电容为 250μF 的电容器两端加 $u = 220\sqrt{2}\sin(314t + 60°)$V 的电压，试计算此时电容的电流及无功功率。

2.15　在题图 2-1 所示电路中，已知 $Z = (30+j30)$Ω，$jX_L = j10$Ω，$U_Z = 85$V，求电路的端电压有效值 U。

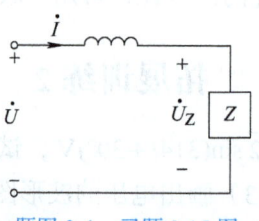

题图 2-1　习题 2.15 图

2.16　已知 RLC 串联电路，$R = 8$Ω，$X_L = 10$Ω，$X_C = 4$Ω，电源电压 $u = 100\sqrt{2}\sin(314t - 53°)$V，试求：(1) 电路的复阻抗 Z、电流和各元件的电压；(2) 电路中的有功功率、无功功率、视在功率和功率因数；(3) 画出相量图。

2.17　在题图 2-2a 所示电路中，已知电流表 A_1、A_2、A_3 的读数都是 50A，求电路中电流表 A 的读数。

2.18　在题图 2-2b 所示电路中，已知电压表 V_1、V_2、V_3 的读数都是 60V，求电路中电压表 V 的读数。

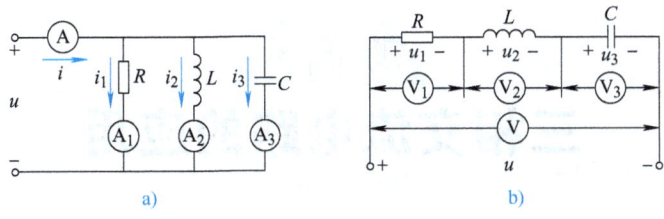

题图 2-2 习题 2.17、习题 2.18 图

2.19 什么是串联谐振？在串联谐振时电路有哪些重要特征？

2.20 已知 RLC 串联电路中 $R=10\Omega$，$L=300\mu H$，$C=150pF$，电路总电压为 $U=100V$，求电路谐振时的频率、电流、电感电压、电容电压和电路的品质因数。

2.21 如题图 2-3-13a 所示，$Z_1=(4+j3)\Omega$，$Z_2=(4-j3)\Omega$，$\dot{U}=220\angle 60°$ V，试计算电路中的电流和各阻抗上的电压，并画出相量图。

2.22 在题图 2-3 所示电路中，已知 $R_1=R_2=1\Omega$，$C_1=C_2=0.01F$，$L=0.01H$，$i_S=10\sqrt{2}\sin 100t$ A，求电流源输出的有功功率 P 和无功功率 Q。

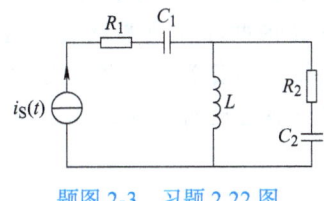

题图 2-3 习题 2.22 图

2.23 已知电感性负载的端电压 $u=311\cos 314t$ V，测得电路中的有功功率为 7.5kW，无功功率为 5.5kvar，试求电路的视在功率及电感性负载的功率因数。

项目 3 三相交流电路的应用

项目导读

由三相交流电源供电的电路,称为三相交流电路。其中三相交流电源是由三个频率相同、电动势幅值相等、在相位上互差 120° 电角度的交流电动势组成的,这三个电动势称为三相对称电动势。目前,我国电能生产、配送、使用的主要电能形式都是三相交流电。三相交流电路应用广泛,是因为三相输电比单相输电节省导线材料,三相用电设备比同容量的单相用电设备结构简单、性能优越等。因此,需要在单相交流电的基础上,来认识三相交流电的基本特征和分析方法。

采用三根相线为用电设备提供电源并使其做功,这样的用电负载就叫三相负载。常见的三相负载可以划分为三相对称负载和三相不对称负载。三相不对称负载通常采用三相四线制,借助中性线实现稳定运行。在三相交流电路中,三相负载的连接方式分为星形联结和三角形联结。

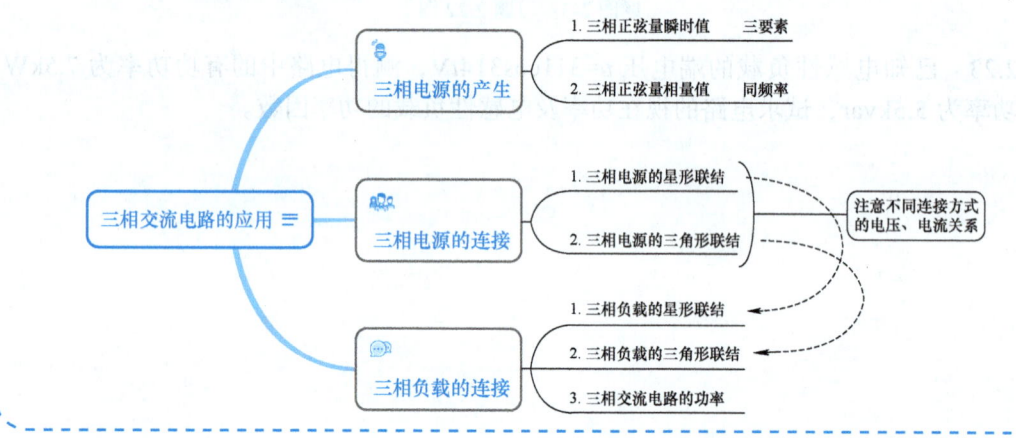

任务 3.1 初识三相交流电

学习目标

知识目标	能力目标	素质目标
理解并掌握三相交流电的特征	能正确认识三相交流电	培养学生的安全用电意识;培养学生的电气职业素养;培养学生的团结协作意识

案例引入　民用输电线路分析

你仔细观察过路旁电杆上的输电线路吗？每一个方向的输电电缆有几根呢？在现代电力工程中，几乎都采用三相四线制，原因是三相交流供电系统在发电、输电和配电方面相比单相供电有很多优点。

我国的民用供电使用三相交流电作为楼层或小区进线，多为星形联结，其相电压为220V，而线电压为380V（近似值），有中性线，一般也有地线，即为三相五线制。而进户线为单相线，即三相中的任意一相，其对地或对中性线电压均为220V。一些大功率空调等家用电器也使用三相四线制接法，此时进户线必须是三相线。工业用电多使用10kV以上的高压三相电进入厂区，经总降压变电所、总配电所或车间变电所变压成为较低电压后以三相或单相的形式深入各车间供电。

三相交流电是工农业生产和日常生活中使用较多的交流电源，那么三相交流电有什么特征？三相交流电是如何产生的呢？产生三相交流电的三相交流发电机具有什么样的结构？它又是如何产生三相交流电压和三相交流电流的呢？

请带着问题开始学习本任务，并在电工实训台上找到三相交流电，用万用表、示波器等检测三相交流电。

 知识链接

三相交流电一般由三相交流发电机产生，三相交流发电机主要是由定子和转子两部分构成的。其中，发电机外面固定不动的部分，称为定子。发电机里面可以旋转的部分，称为转子。定子的主要组成部分是三相定子绕组，转子的主要组成部分是转子磁极，图 3-1-1 所示为三相交流发电机的原理图。定子铁心的内圆表面有开口槽，用以放置对称三相定子绕组，它们在空间上相差 120°，一般用 U_1-U_2、V_1-V_2 和 W_1-W_2 来表示其首、末端，分别称为 U 相、V 相和 W 相绕组。以集中绕组为例，对称三相定子绕组在定子铁心槽内的排放位置同样如图 3-1-1 所示。

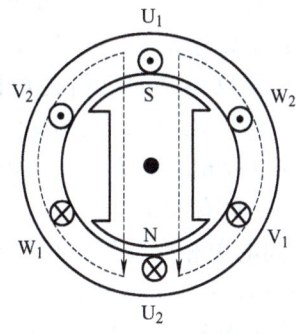

图 3-1-1　三相交流发电机的原理

转子铁心上套放的励磁绕组，用直流励磁。当转子由原动机带动，并按顺时针方向匀速转动时，每相定子绕组依次切割磁力线，并产生频率相同、幅值相等、相位互差 120° 电角度的三个正弦交流电动势（令电动势的参考方向为自绕组的末端指向首端）。每相绕组的感应电动势相当于一个单相电源，三相绕组所产生的感应电动势可以用 e_U、e_V 和 e_W

来表示，它们的瞬时值可写为

$$\begin{cases} e_U = E_m \sin \omega t \\ e_V = E_m \sin(\omega t - 120°) \\ e_W = E_m \sin(\omega t + 120°) = E_m \sin(\omega t - 240°) \end{cases}$$

若用相量形式 $\dot{E}_U$、$\dot{E}_V$、$\dot{E}_W$ 来表示，则其相量表达式为

$$\begin{cases} \dot{E}_U = E \angle 0° \\ \dot{E}_V = E \angle -120° \\ \dot{E}_W = E \angle 120° \end{cases}$$

三相交流电动势的波形图如图 3-1-2a 所示，相量图如图 3-1-2b 所示。由以上关系分析可知：对称三相交流电动势的瞬时值之和或相量之和为零，即

$$e_U + e_V + e_W = 0$$

或

$$\dot{E}_U + \dot{E}_V + \dot{E}_W = 0$$

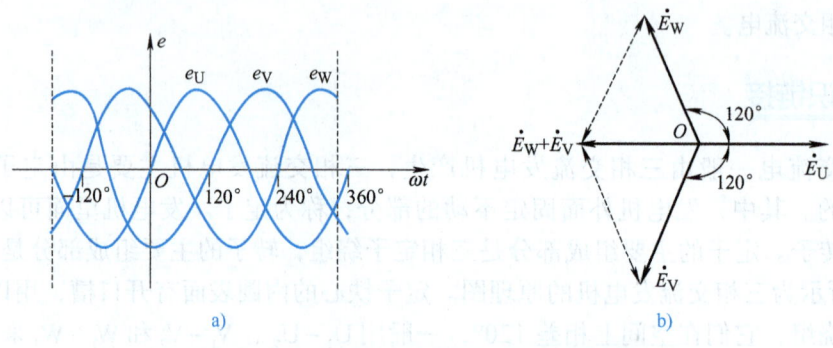

图 3-1-2　三相交流电动势的波形图和相量图

三相交流电动势正幅值（或零值）在相位上出现的先后顺序称为三相交流电的相序。如果三相交流电的电动势 $\dot{E}_U$、$\dot{E}_V$、$\dot{E}_W$ 依次滞后 120° 电角度，则其相序为 U-V-W。根据波形图也可以看出，三相交流电的正相序是 U-V-W-U，三相交流电的反相序是 U-W-V-U。即将其中任意两相对调，可得反相序的三相交流电源。在电力系统中，一般用黄、绿、红色区别 U、V、W 三相。若无特殊说明，三相交流电源的相序均是正相序。在三相异步电动机控制时，可以采用改变电源相序的方式，使电动机反转。

三相交流电与单相交流电相比，具有如下优点：

1）三相交流发电机比功率相同的单相交流发电机体积小、质量小、成本低。

2）在电能输送过程中，当输送功率相同、电压相同、输电距离相同且线路损耗也相同时，三相制输电比单相制输电大大节省了输电线的有色金属消耗量，即输电成本较低，三相输电用铜量仅为单相输电用铜量的 75%。

3）目前获得广泛应用的三相异步电动机，是以三相交流电作为电源的，它与单相电动机或其他电动机相比，具有结构简单、价格低廉、性能良好和使用维护方便等优点。

综上所述，在现代电力系统中，三相交流电路获得了广泛应用。

任务实施　三相交流电探究

一、任务实施所需设备

序号	名称	数量	备注
1	手摇发电机	1	
2	万用表	2	数字式、指针式
3	双踪示波器	2	
4	三相自耦变压器	1	0～380V
5	电容	1	
6	白炽灯	2	

二、任务实施参考步骤

1）三相交流发电机旋转的转子磁场依次切割空间相位相差 120° 电角度的三相定子绕组，在三相定子绕组中产生三相对称交变电动势。

三相交流电的相序是第二相滞后第一相 120° 电角度，最后一相滞后第一相 240° 电角度。但是由于相差 360° 相当于同相位，因此最后一相又相当于超前第一相 120° 电角度。三相交流电相序检测原理如实训图 3-1-1 所示，其中实训图 3-1-1a 所示为电容法判别相序的电路，实训图 3-1-1b 所示为电感法判别相序的电路。电感可以用 100W 控制变压器的一次绕组代替，或者选择稍大功率的电感。

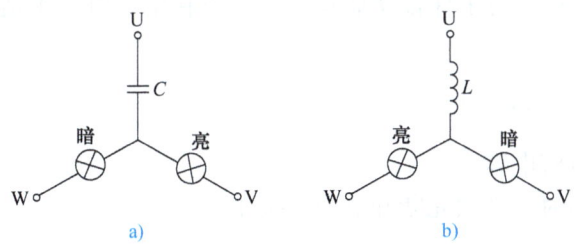

实训图 3-1-1　三相交流电相序检测原理图

2）三相交流发电机工作原理探究：对手摇三相交流发电机按实训图 3-1-2 所示接线，转子绕组接入 4.5V 直流电压，三相定子绕组接为星形联结，三个首端分别接三个交流电流表。当摇动发电机转子时，仔细观察电流表的摆动规律，在表 3-1-1 中记录并分析三相交流电动势的规律。

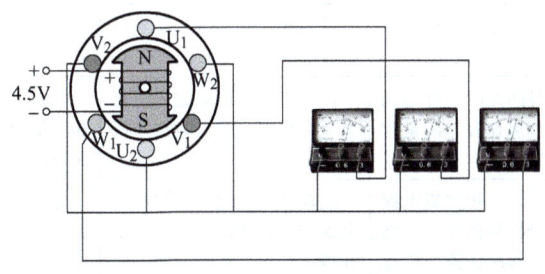

实训图 3-1-2　手摇三相交流发电机接线

表 3-1-1　三相交流发电机工作原理

被测量	三个电流表的摆动规律	三相交流电动势
现象、结论		

3）三相交流电相序的检测。

① 按实训图 3-1-3 所示连接电路，可以先使用三相自耦变压器降低电源电压，然后给电路通电。

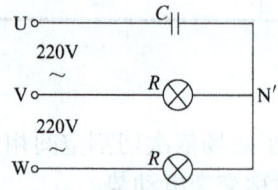

实训图 3-1-3　三相交流电相序的检测电路

② 仔细检查电路，确保接线正确，所选电容的耐压必须达到 500V 以上。使用万用表检查电源电压是否正常。

③ 通过计算使电容的容抗与灯泡的电阻大致相当。若假定接电容的一相为 U 相，那么灯泡亮的一相是 V 相，暗的一相是 W 相。如果电路接成实训图 3-1-1b 所示的形式，那么灯泡暗的一相是 V 相。为了保证实验安全，可以在电容电路中适当串联小电阻，大约 300Ω 即可。

三、任务实施注意事项

1）不可以选用电解电容。
2）需要改接线路时，必须先断开电源再操作。

四、任务汇报展示评价（见表 3-1-2）

表 3-1-2　三相交流电探究实训项目评价表

实训项目：　　　　　　　　学生姓名：

序号	考核项目	考核等级			成绩
		A	B	C	
1	任务实施计划决策	计划合理充分、实施过程准确且有完整详细的记录	计划较合理充分、实施过程较准确且有记录	计划较合理充分、实施过程较准确但没有记录	
2	任务实施检查	在规定时间内能较好地完成三相交流电探究，测量数据分析准确	在规定时间内能完成三相交流电探究，测量数据分析较准确	在规定时间内基本完成三相交流电探究，测量数据分析较准确	
3	任务实施评估讨论	能独立完成三相交流电探究，准确分析数据并得出结论，能积极解决任务实施过程中出现的问题	能较独立地完成三相交流电探究，较准确地分析数据并得出结论，能部分解决任务实施过程中出现的问题	能基本完成三相交流电探究，能分析数据并得出结论，能部分解决任务实施过程中出现的问题	

(续)

序号	考核项目	考核等级			成绩
		A	B	C	
4	仪器使用、维护	能严格按照仪器仪表的操作规范进行操作，能及时清理垃圾，将仪器摆放整齐等	能较严格按照仪器仪表的操作规范进行操作，能清理垃圾，将仪器摆放整齐等	能按照仪器仪表的操作规范进行操作，能清理垃圾，将仪器摆放整齐等	
	团队协作	能与小组成员积极配合，有序地完成训练项目	能与小组成员较积极配合，有序地完成训练项目	能与小组成员配合，基本完成训练项目	
	劳动纪律	认真遵守任务实施时间，在任务实施过程中积极动手、动脑	较认真遵守任务实施时间，在任务实施过程中能动手、动脑	能遵守任务实施时间，在任务实施过程中不够积极	
总评					

 视野拓展　发电厂

发电厂是将自然界蕴藏的各种一次能源转换为电能（二次能源）的工厂。19世纪末，由于电力需求的增长，人们开始提出建立电力生产中心的设想。随着电机制造技术的发展、电能应用范围的扩大和生产活动对电的需求迅速增长，发电厂应运而生。

现在的发电厂按照发电途径的不同可分为多种类型，主要有火力发电厂、水力发电厂、核能发电厂和风力发电厂等。

1. 火力发电厂

火力发电厂利用燃料（煤、石油及其制品、天然气等）燃烧所得到的热能发电，目前世界上多数国家的火力发电厂以燃煤为主。火力发电厂的发电机组主要有两种形式：利用锅炉产生的高温高压蒸汽推动汽轮机旋转并带动发电机发电，称为汽轮发电机组；燃料进入燃气轮机将热能转换为机械能并带动发电机发电，称为燃气轮机发电机组。火力发电厂通常是指以汽轮发电机组为主的发电厂，图3-1-3所示为火力发电厂工作原理图。现代火力发电厂由锅炉、汽轮机和发电机三大核心设备组成。

煤炭先由输煤机从煤场送到煤斗内，再由磨煤机磨粉，磨好的煤粉通过从空气预热器来的热风打至粗细分离器，粗细分离器将合格的煤粉（不合格的煤粉送回磨煤机）通过排粉风机送至粉仓，并由给粉机将煤粉打入喷燃器，送到锅炉燃烧。烟气则经过电除尘除去粉尘，再送至脱硫装置，通过石浆喷淋除去硫元素，再经过吸风机送到烟囱排入大气。

水在锅炉中被加热成蒸汽，然后经过加热器进一步加热后变成过热蒸汽，再通过主蒸汽管道进入汽轮机，高速流动的蒸汽会推动汽轮机的叶片转动，从而带动发电机。为了进一步提高火力发电厂的热效率，一般会从汽轮机的某些中间级后抽出做过功的部分蒸汽，用以加热给水。在现代的大型汽轮机组中，往往采用这种给水回热循环。在超高压机组中还会采用再热循环。

火力发电厂的基本生产过程是：燃料在燃烧时加热水产生蒸汽，将燃料的化学能转换成热能；蒸汽推动汽轮机旋转，将热能转换成机械能；汽轮机带动发电机旋转，将机械能转换成电能。

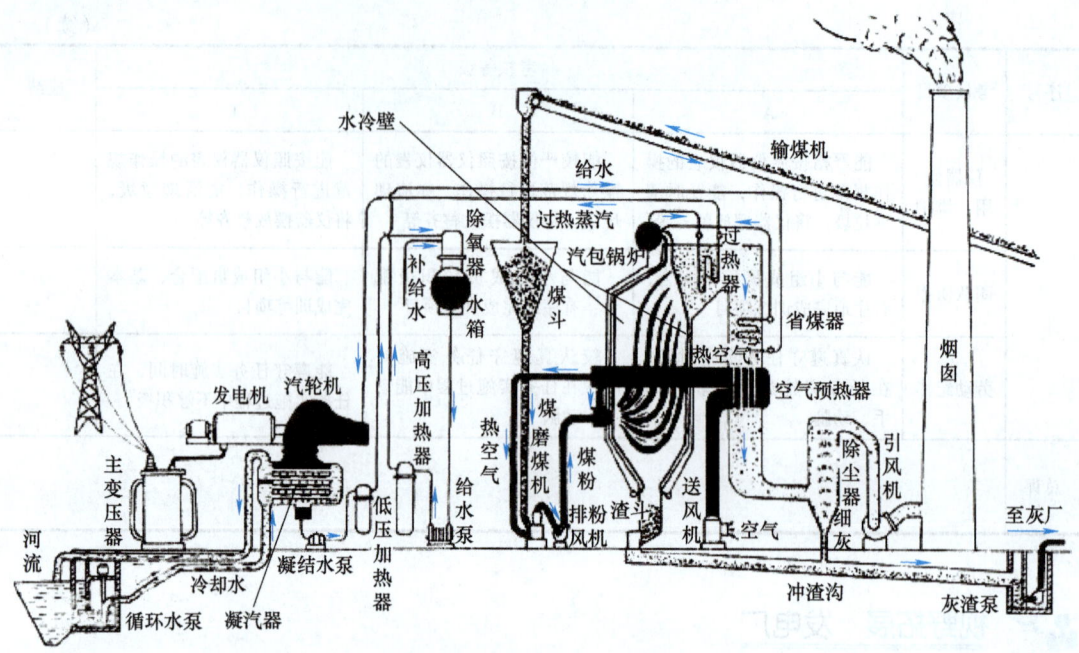

图 3-1-3 火力发电厂工作原理图

2. 水力发电厂

水力发电厂将高处的河水（或湖水、江水）通过导流引到下游，形成落差，推动水轮机旋转，最终带动发电机发电。水力发电厂按结构及水能开发方式分类，有引水式、堤坝式和混合式；按厂房布置位置分类，有坝后式、坝内式；按主机布置方式分类，有地面式、地下式；按电厂性能及水流调节程度分类，有径流式、水库式。其中，径流式水力发电厂没有用于发电的水库，基本上依靠自然来水量的多少来发电；水库式水力发电厂按水库的调节性能又可分为日调节式、年调节式和多年调节式水力发电厂三类。图 3-1-4 所示为水力发电厂工作原理图。

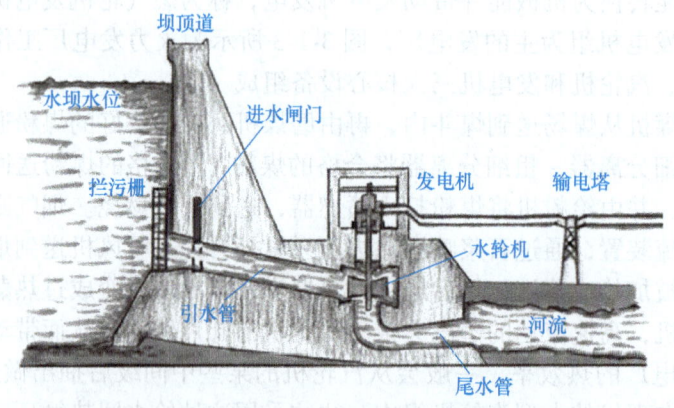

图 3-1-4 水力发电厂工作原理图

上游水库中的水经引水管引向水轮机，推动水轮机转轮旋转，带动发电机发电。做完功的水则通过尾水管排向下游。水头越高、流量越大，水轮机的输出功率也越大。

3. 核能发电厂

核能发电厂利用核反应堆中核燃料（例如铀）裂变所放出的热能产生蒸汽，驱动汽轮机，再带动发电机旋转发电。根据核反应堆的类型，核能发电厂可分为压水堆式、沸水堆式、气冷堆式、重水堆式及快中子增殖堆式等，如图 3-1-5 所示。

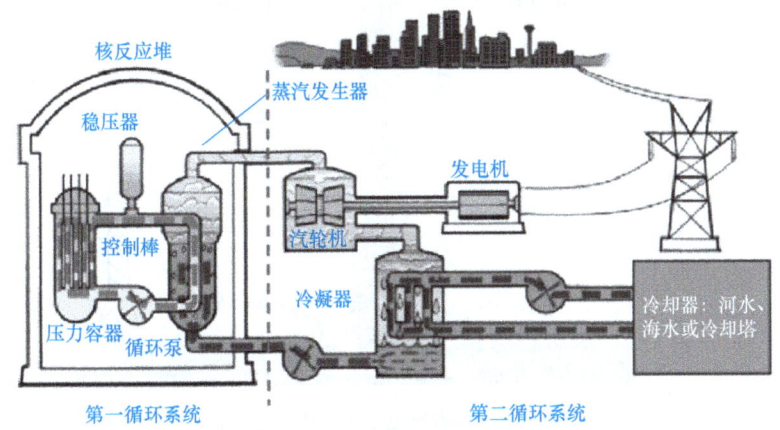

图 3-1-5 热中子压水堆式核能发电厂工作原理图

我国核能发电厂的建设始于 20 世纪 80 年代中期。首台核能发电机的组装在秦山核电站进行，1985 年开工，1994 年商业运行，电功率为 300MW，是我国自行设计、建造和运行的原型核能发电机。

与传统的火力发电厂相比，核能发电厂具有十分明显的优势：

核能发电不像化石燃料发电那样排放巨量的污染物到大气中，核能发电无碳排放，因此核能发电不会造成空气污染，不会加重地球温室效应；核燃料的能量密度比化石燃料高上几百万倍，故核能发电厂所使用的燃料体积小，运输与储存都很方便；在核能发电的成本中，燃料费用所占的比例较低，因此核能发电的成本不易受到国际经济形势的影响，发电成本较为稳定。

核能发电厂也存在一些明显的缺点：

核能发电厂会产生高低阶放射性废料，或者使用过的核燃料，虽然它们所占体积不大，但因其具有放射性，必须慎重处理；核能发电厂会比一般的化石燃料发电厂排放出更多的废热，因此核能发电厂对环境的热污染较严重；核能发电厂的反应堆内有大量的放射性物质，如果这些物质在事故中释放到外界环境，会对生态及民众造成伤害。

4. 风力发电厂

风力发电的原理，是利用风力带动风车叶片旋转，再通过增速机将旋转的速度提升，来推动发电机发电。依据目前的风车技术，在 3m/s 的微风速度下，风力发电机便可以开始发电。由数座甚至数十座风力发电机组成的发电场地称为风力发电厂。风力发电没有燃料问题，也不会产生辐射或空气污染。图 3-1-6 所示为风力发电系统的工作原理图。

最简单的风力发电机由桨叶和发电机两部分构成，立在一定高度的塔架上。风力发电机利用桨叶将风能转变为机械转矩（风轮转动惯量），通过主轴传动链，由变速器增速后，驱动发电机发出电能，并入电网。如果转速超过发电机同步转速，且转子也处于发电状态，则通过变流器向电网馈电。

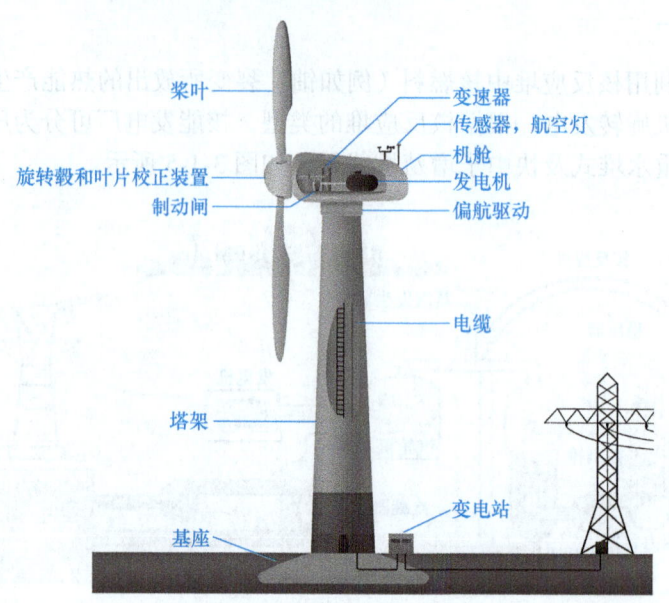

图 3-1-6　风力发电系统的工作原理图

风力发电机因风量不稳定,所以输出的是在 13～25V 间变化的交流电,需经充电器整流,再对蓄电池充电,使风力发电机产生的电能变成化学能。然后通过有保护电路的逆变电源,把蓄电池的直流电转变成交流 220V 的市电,才能保证稳定使用。

风力发电的优势是环保,缺点是占地面积大,发电不稳定。但风力发电利用的是自然能源,相比火电、核电等要更加绿色、环保。

风力资源和太阳能资源是不确定的,由于这种不确定性,风力发电和太阳能发电系统发出的电具有不平衡性,不能直接向负载供电,必须借助蓄电池这个"中枢"才能给负载提供稳定的电源。由蓄电池、太阳能电池板、风力发电机和控制器等构成的智能型风光互补发电系统能将风能和太阳能在时间和地域上的互补性很好地衔接起来。图 3-1-7 所示为风光互补发电系统的简单原理图。

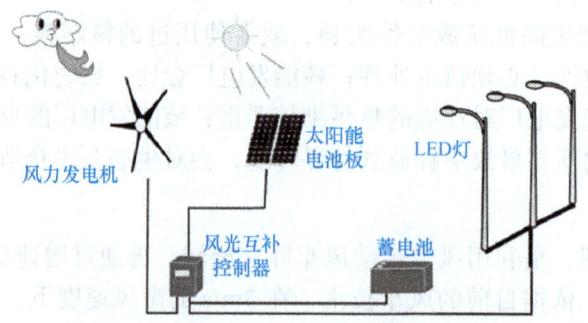

图 3-1-7　风光互补发电系统的简单原理图

风光互补发电系统是针对通信基站、微波站、边防哨所、边远牧区、无电户地区及海岛,在远离大电网,处于无电状态,人烟稀少,用电负荷低且交通不便的情况下,利用本地区充裕的风能、太阳能建设的一种经济实用性发电站。

除以上常见的四类发电厂外,还有地热发电厂、潮汐发电厂和太阳能发电厂等。目前我国的发电厂主要是燃煤的火力发电厂,占总装机容量的 80% 以上,其次是水力发电厂、核能发电厂，约占 15% 左右，其余 5% 是风能、太阳能和生物质能（即燃烧秸秆）发电。

 巩固思考

1）三相对称定子绕组在空间上相差_____电角度。
2）三相定子绕组一般用_____、_____和_____来表示其首、末端，分别称为 U 相、V 相、W 相绕组。
3）在电力系统中，三相绕组一般用_____、_____、_____色区别 U、V、W 三相。
4）若无特殊说明，三相电源的相序均为正相序_____。
5）火力发电厂的基本生产过程是：将燃料的化学能转变成热能，将热能转变成机械能，然后由汽轮机带动发电机旋转，将机械能转变成_____。

任务 3.2　三相电源的连接

 学习目标

知识目标	能力目标	素质目标
理解并掌握三相电源连接方式的分类、特点及应用	能正确选用三相电源及其连接方式	培养学生严谨的科学意识；培养学生的电气职业素养；培养学生的团结协作意识

 案例引入　电力系统供电电源

电力系统是由发电厂、送变电线路、供配电所和用电负载等环节组成的电能生产与消费系统。电力系统的功能是将自然界的一次能源通过发电动力装置（主要包括锅炉、汽轮机、发电机及发电厂辅助生产系统等）转化成电能，再经输、变电系统及配电系统将电能供应到各负载中心，通过各种设备再转换成动力、热、光等不同形式的能量，为国民经济和人民生活服务。我国的电力系统采用的频率是 50Hz，电力系统如图 3-2-1 所示。

图 3-2-1　电力系统

电力自交流发电机生产出来之后，经过升压变压器升压至 500kV 或 220kV 后进行远距离传送，在送达目的地变电站后降压为 110kV 或 35kV，然后传送至各区域变电所，区域变电所再将电压降为 10kV，并将电压为 10kV 的电力送至用户处，最后将电压降为 380V 或 220V 供用户使用。对于用电大户，则直接进行 10kV 或 35kV 供电，由用户根据自身需要进行变压。

用户端的负载类型有多种。工厂用电设备一般为三相低压用电设备，且功率较大；家庭用电设备一般为单相低压用电设备，功率小。为其供电的三相交流电源一般有三相三线制供电方式和三相四线制供电方式，那么它们有什么不同？三相交流电源又是如何连接的呢？

知识链接

由三相交流发电机的结构可知，作为三相电源的三相交流发电机有三个定子绕组，共有六个接线端子。人们常将三相交流电按照一定的方式，连接成一个整体向外输送电能。所以三相电源一般有星形联结和三角形联结两种连接方式。

1. 三相电源的星形联结

如果把三个独立的单相电源绕组分别引出并接上负载，就形成了互不连接的三个单相电路，如图 3-2-2a 所示，这种连接方式叫作三相六线制，显然，这种供电方式需要六根导线，因此在实际供电中，为了节省导线，并且更好地利用三相电源的优点，人们通常会将三相绕组的三个末端连接在一起，然后从三相绕组的三个始端引出三根导线，这种三相电源的连接方式称为三相电源的星形联结或Y联结，如图 3-2-2b 所示。星形联结中三相电源的绕组末端 U_2、V_2、W_2 接在一起，用 N 来表示，称为中性点，从该点引出一根线，叫作中性线或零线，其导线一般可涂成淡蓝色。从三个绕组的始端 U_1、V_1、W_1 各引出一根线，叫作相线，分别用 L_1、L_2、L_3 来表示，其导线可分别涂成黄、绿、红三种颜色。这种由三根相线和一根中性线构成的供电系统称为三相四线制供电系统。低压电网通常采用三相四线制。民用的只有两根导线的单相供电电路，只是三相中的一相，一般由一根相线和一根中性线组成。

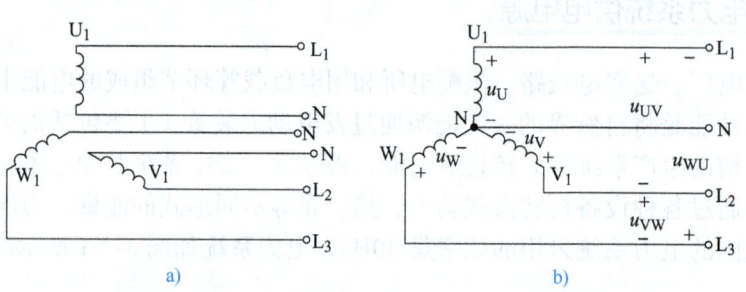

图 3-2-2　三相六线制和三相四线制

如图 3-2-2b 所示，三相四线制供电系统可以提供两种输出电压等级。每一相电源绕组的始端和末端之间的电压，也就是相线和中性线之间的电压称为相电压，相电压的有效值分别用 U_U、U_V、U_W 表示，也可以用 U_p 统一表示。任意两根相线之间的电压称为线电压，其有效值分别用 U_{UV}、U_{VW}、U_{WU} 表示，也可以用 U_l 统一表示。

在图 3-2-2b 所示的各电压参考方向下，线电压和相电压的瞬时值表达式为

$$\begin{cases} u_{UV} = u_U - u_V \\ u_{VW} = u_V - u_W \\ u_{WU} = u_W - u_U \end{cases}$$

因为它们都是同频率的正弦量，所以也能用相量来表示，其电路如图 3-2-3 所示，线电压

和相电压的相量关系可表达为

$$\begin{cases} \dot{U}_{UV} = \dot{U}_U - \dot{U}_V \\ \dot{U}_{VW} = \dot{U}_V - \dot{U}_W \\ \dot{U}_{WU} = \dot{U}_W - \dot{U}_U \end{cases} \quad (3\text{-}2\text{-}1)$$

由于发电机发出的三相电动势是对称的，所以三相电压也是对称的，画电压相量图时，可以先画出相电压 $\dot{U}_U$、$\dot{U}_V$、$\dot{U}_W$，然后根据式（3-2-1）中的线电压、相电压之间的相位关系，分别画出线电压 $\dot{U}_{UV}$、$\dot{U}_{VW}$、$\dot{U}_{WU}$。先假设相电压为

$$\begin{cases} \dot{U}_U = U_U \underline{/0°} \\ \dot{U}_V = U_V \underline{/-120°} \\ \dot{U}_W = U_W \underline{/120°} \end{cases}$$

把三个相电压和三个线电压画在同一个相量图中，如图 3-2-3b 所示。则有

$$\dot{U}_{UV} = \dot{U}_U - \dot{U}_V = \dot{U}_U + (-\dot{U}_V) = \sqrt{3}\dot{U}_U \underline{/30°} \quad (3\text{-}2\text{-}2)$$

根据式（3-2-2），同理可有

$$\begin{cases} \dot{U}_{VW} = \sqrt{3}\dot{U}_V \underline{/30°} \\ \dot{U}_{WU} = \sqrt{3}\dot{U}_W \underline{/30°} \end{cases} \quad (3\text{-}2\text{-}3)$$

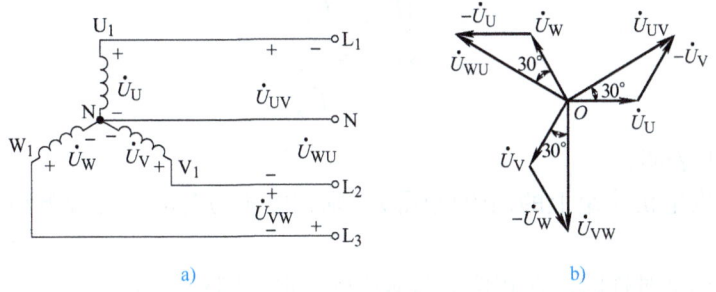

图 3-2-3 三相四线制接法下线电压和相电压之间的关系

式（3-2-2）和式（3-2-3）表明：

1）若忽略发电机绕组上的内阻抗压降，则相电压与对应的电源电动势相等，故相电压是对称的。

2）线电压也是对称的，在相位上比对应的相电压超前 30°，且 $U_l = \sqrt{3}U_p$。

工程上一般所说的三相电源是指对称电源，三相电源的电压是指线电压。

发电机绕组接成星形联结时，可以引出四根线，中性线引出的供电系统称为三相四线制供电系统，这样就可以供给负载两种电压。在低压供电系统中，相电压通常为 220V，线电压为 380V，线电压是相电压的 $\sqrt{3}$ 倍。中性线不引出的供电系统称为三相三线制供电系统，它在大功率长距离输电时普遍使用。如图 3-2-4 所示，在三相三线制系统中，电源的相电压仍为每相绕组的电压，线电压和相电压仍然满足式（3-2-2）和式（3-2-3）中的关系，在此不做重复介绍。

一般低压供电时的线电压是 380V，其相电压就是 220V。可以根据负载的额定电压等级来确定电源与负载的连接方式。例如各种照明灯和家用电器一般采用 220V；电磁铁、

单相异步电动机既有 220V 又有 380V 的,但都是单相负载。单相负载的额定电压如果是 220V,就需要接电源的一根相线,和一根中性线;如果额定电压是 380V,就需要接在电源的两根相线之间。三相负载需要接在三相电源上才能正常工作。

三相电源星形联结时,不能将任何一相接反,否则三相电路内的电压将是相电压的 2 倍,导致环路电流过大,最终烧坏电源绕组,因此在做星形联结前,准确地确定三相绕组的始末端非常重要,请思考这是为什么?

2. 三相电源的三角形联结

三相电源的三角形联结(或称△联结)是指,将三相电源的始、末端依次连接,形成一个闭合回路,再从三个连接点引出线去接负载。三相电源的三角形联结如图 3-2-5 所示。

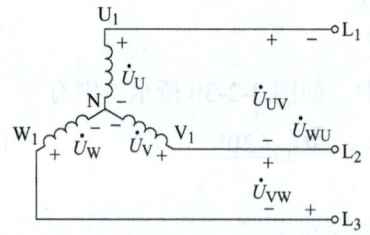
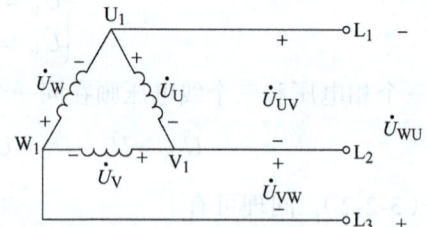

图 3-2-4　三相三线制电源的星形联结　　图 3-2-5　三相电源的三角形联结

在图 3-2-5 所示的参考方向下,根据基尔霍夫电压定律,很容易得出

$$\begin{cases} \dot{U}_{UV} = \dot{U}_{U} \\ \dot{U}_{VW} = \dot{U}_{V} \\ \dot{U}_{WU} = \dot{U}_{W} \end{cases} \quad (3\text{-}2\text{-}4)$$

式(3-2-4)表明:

1)若忽略发电机绕组上的内阻抗压降,则相电压与对应的电源电动势相等,故相电压是对称的。

2)线电压也是对称的,在相位上与对应的相电压同相,且 $U_l = U_p$。

三相电源的三角形联结常在三相变压器中采用,在三相发电机中一般不用。

三角形联结时,也不能将任意一相接反,否则三相电路内的电压将达到相电压的 2 倍,导致电流过大,最终烧坏电源绕组。因此,采用三角形联结时,应预留一个开口,用电压表测量开口电压,如果电压近于零或很小,再闭合开口,否则要查找是哪一相接反了,请思考这是为什么。

任务实施　三相电源星形联结应用

一、任务实施所需设备

序号	名称	数量	备注
1	三相手摇发电机	1	
2	万用表	2	数字式、指针式
3	双踪示波器	1	
4	白炽灯	5	

二、任务实施参考步骤

1）三相电源星形联结的特点是：

① 若忽略发电机绕组上的内阻抗压降，则相电压与对应的电源电动势相等，故相电压是对称的。

② 线电压也是对称的，在相位上比对应的相电压超前30°，且 $U_l = \sqrt{3}U_p$。

2）按实训图 3-2-1 所示电路接线，将三相手摇发电机的三相定子绕组接为星形联结，三相负载为 3 个 6V 指示灯。将指示灯分别接入每相电源，匀速摇动发电机的转子，观察 3 个灯泡是否发亮，用示波器分别检测每一相的电压波形，将数据记入表 3-2-1，并将波形画在坐标纸上。

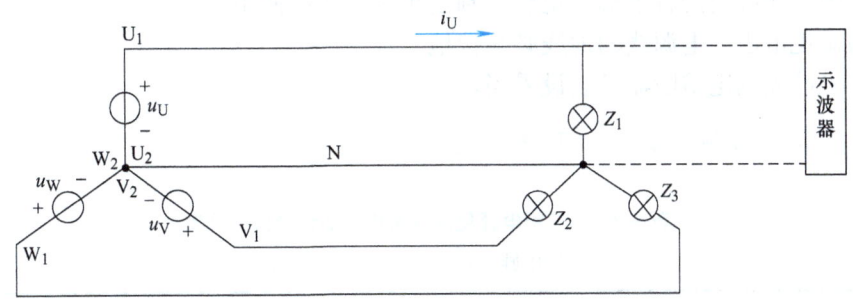

实训图 3-2-1　三相电源星形联结电路

表 3-2-1　三相电压波形

被测量	摇动转子，灯是否亮	三相电压波形
现象、结论	U 相： V 相： W 相：	U 相： V 相： W 相：

3）三相四线制电源探究：按实训图 3-2-2 所示电路接线，先将额定功率和额定电压都相同的 3 个灯泡接入，并在中性线中串联检流计。匀速摇动发电机的转子，观察 3 个灯泡是否发亮，检流计是否摆动，将结果记入表 3-2-2。将其中 1 个或 2 个灯泡换为额定功率、额定电压不相同的，仍在中性线中串联检流计，匀速摇动发电机的转子，观察 3 个灯泡是否发亮，检流计是否摆动。

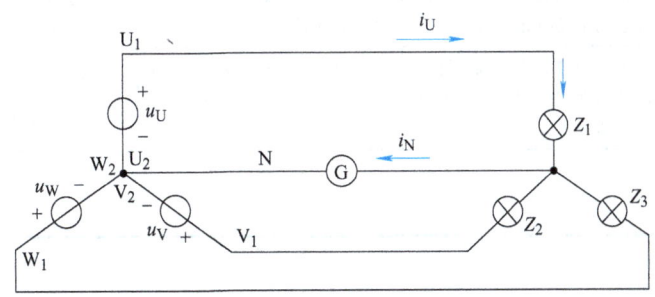

实训图 3-2-2　三相四线制电源探究电路

表 3-2-2　三相四线制电源探究

被测量	灯对称时	灯不对称时
现象、结论	U 相： V 相： W 相： 中性线：	U 相： V 相： W 相： 中性线：
结论：中性线的作用是_____。		

三、任务实施注意事项

1）本实训建议采用手摇发电机。
2）电源三相绕组的首末端一定要在判定正确后才能使用。
3）为避免电击，电源线的地线必须接地。
4）开机前先确定熔断器已装设妥当。

四、任务汇报展示评价（见表3-2-3）

表 3-2-3　三相电源星形联结应用实训项目评价表

实训项目：　　　　　　　　　　　　学生姓名：

序号	考核项目	考核等级			成绩
		A	B	C	
1	任务实施计划决策	计划合理充分、实施过程准确且有完整详细的记录	计划较合理充分、实施过程较准确且有记录	计划较合理充分、实施过程较准确但没有记录	
2	任务实施检查	在规定时间内能较好地完成三相电源星形联结应用，测量数据分析准确	在规定时间内完成三相电源星形联结应用，测量数据分析较准确	在规定的时间内基本完成三相电源星形联结应用，测量数据分析较准确	
3	任务实施评估讨论	能独立完成三相电源星形联结应用，准确分析数据并得出结论，能积极解决任务实施过程中出现的问题	能较独立地完成三相电源星形联结应用，较准确地分析数据并得出结论，能部分解决任务实施过程中出现的问题	能基本完成三相电源星形联结应用，能分析数据并得出结论，能部分解决任务实施过程中出现的问题	
4	仪器使用、维护	能严格按照仪器仪表的操作规范进行操作，能及时清理垃圾，将仪器摆放整齐等	能较严格按照仪器仪表的操作规范进行操作，能清理垃圾，将仪器摆放整齐等	能按照仪器仪表的操作规范进行操作，能清理垃圾，将仪器摆放整齐等	
	团队协作	能与小组成员积极配合，有序地完成训练项目	能与小组成员较积极配合，有序地完成训练项目	能与小组成员配合，基本完成训练项目	
	劳动纪律	认真遵守任务实施时间，在任务实施过程中积极动手、动脑	较认真遵守任务实施时间，在任务实施过程中能动手、动脑	能遵守任务实施时间，在任务实施过程中不够积极	
总评					

视野拓展　三相绕组首末端的判定

三相电源或负载的三相绕组要对称，除三相绕组的摆放位置需要在空间中互差120°

电角度外,三相绕组的材质和结构也要完全相同。已经制成的三相电机、变压器(或其他有绕组的电气设备)等,由于经过浸漆或其他工艺处理,从外观上无法辨认绕组的绕向。要确定三相绕组,就需要运用绕组同名端的原理,用实验的方法测定绕组的极性。

绕组的极性是指在任意瞬间,同一磁通作用下的两个绕组之间感应电动势的相位关系。当电流流入(或流出)两个绕组时,若产生的磁通方向相同,则两个电流流入(或流出)的绕组端子,称为同极性端或同名端。反之,称为异极性端或异名端。在电路中,同名端用相同的记号"*""·"或"±"等标注。判别定子绕组首末端的方法有剩磁与万用表测定法和绕组串联测定法。

1. 剩磁与万用表测定法

1)先用万用表的电阻档测出各相绕组的两个端子,电阻值最小的两个端子为一相绕组的首末端,并做好同相绕组端子的标记。

2)将三相绕组并联在一起,如图3-2-6所示,用万用表的毫安档或低电压档测量两端,转动转子一下,如果表针不动,则表明绕组的3个首端(U_1、V_1、W_1)接在一起,绕组的3个末端(U_2、V_2、W_2)接在一起。如果表针摆动,如图3-2-7所示,说明3个首端没接在一起,应调换一相端子再观察,直至表针不摆动为止,便可做好绕组首末端的标记。

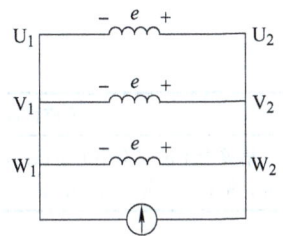
图3-2-6 三相绕组首末端正确

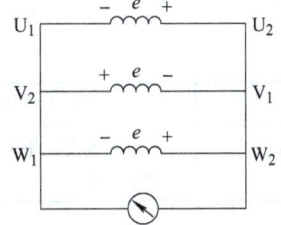
图3-2-7 三相绕组首末端不正确

2. 绕组串联测定法

1)先用万用表的电阻档,测量各相绕组的两个端子,电阻值最小的两个端子为一相绕组的首末端,并做好同相绕组端子的标记。

2)选取U相绕组的任一端头设为首端,并做好U相绕组首末端头的标记。

3)将U相绕组与另外两相绕组中的任一相连接后,与小灯泡串联在一起,如图3-2-8所示,另一相绕组接入较低的电源电压,这里采用36V低压交流电源。当电源接通时,如果灯泡亮,说明相连两相绕组的端部分别为两相绕组的首端和末端。如果灯泡不亮,则说明相连两相绕组的端部同时为两相绕组的首端或末端。这样一来,这两相绕组的首末端便确定了。接着,再用同样的方法区分出第三相绕组的首末端,并做好绕组首末端的标记。

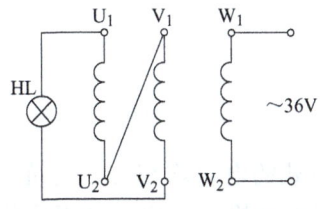
图3-2-8 绕组串联测定法

请根据电磁感应原理，自行分析三相绕组首末端判定方法的原理，并设计其他的绕组首末端判定实验电路。

 巩固思考

1）三相电源一般有_____联结和_____联结两种连接方式。

2．将三相电源绕组的三个末端连接在一起，从三个首端引出三根导线的连接方式，称为_____联结。

3）将三相电源绕组末端 U_2、V_2、W_2 连接在一起，从该点引出一根导线，叫作_____或零线，一般该导线可涂成淡蓝色。

4）从三相电源绕组的首端 U_1、V_1、W_1 各引出一根导线，叫作_____，分别用 L_1、L_2、L_3 来表示，这些导线可分别涂成黄、绿、红三种颜色。

5）工程上一般所说的三相电源是指对称电源，三相电源的电压是指_____。

任务 3.3　三相负载星形联结

 学习目标

知识目标	能力目标	素质目标
理解并掌握三相负载星形联结的特点及应用	能正确使用三相负载星形联结的交流电路	培养学生的安全用电意识；培养学生的电气职业素养；培养学生的团结协作意识

 案例引入　三相负载星形联结

根据使用方式的不同，电力系统的负载可以分成两类：一类负载是如照明负载、家用电器（电风扇、收音机、电烙铁、电视机）等有两个出线端的负载，叫作单相负载；另一类负载是如三相异步电动机等有三个接线端的负载，叫作三相负载。图 3-3-1a 所示为单相照明负载，图 3-3-1b 所示为三相动力负载。

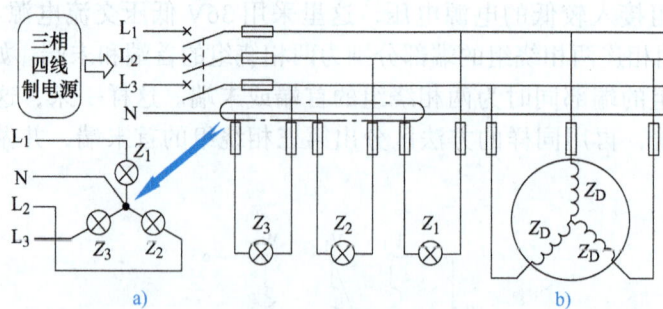

图 3-3-1　单相和三相负载

在三相负载中，如果每相负载的电阻均相等，电抗也相等（且均为容抗或感抗），则称为三相对称负载，如三相异步电动机等。如果每相负载不同，就是不对称的三相负载。如三相照明电路中的负载。三相负载和三相电源一样，也可以采用两种不同的连接方式，即星形联结和三角形联结。那么,图 3-3-1 所示的两种负载是什么样的连接方式?它们的工作特点是什么?

知识链接

将三相负载的三个末端 U_2、V_2、W_2 连在一起,形成一个点接电源中性线,三个首端 U_1、V_1、W_1 引出去分别与三相电源相连,这种方式就叫作负载的星形联结或Y联结,其接法如图 3-3-2 所示。在图 3-3-2 所示的接法中,除了三根相线外,在中性点还接有中性线,即三相四线制。三相四线制除可为三相负载供电外,还可为单相负载供电,因此凡有照明、单相电动机、电风扇、各种家用电器的场合,也就是说一般的低压用电场所,大多采用三相四线制。在三相负载电路中,每相负载中的电流称为相电流,每根相线中的电流称为线电流,流经中性线的电流称为中性线电流。

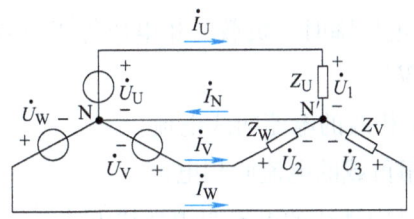

图 3-3-2 三相负载的三相四线制

三相负载的连接

由图 3-3-2 可知,负载为星形联结且有中性线时,每一相负载上的电压即为电源的相电压,且相电流等于线电流,即 $I_l=I_p$。

由基尔霍夫电压定律也可以看出,每一相负载两端的电压就是对应的三相电源的相电压。因此,流过每一相负载的电流为

$$\begin{cases} \dot{I}_U = \dfrac{\dot{U}_U}{Z_U} \\ \dot{I}_V = \dfrac{\dot{U}_V}{Z_V} \\ \dot{I}_W = \dfrac{\dot{U}_W}{Z_W} \end{cases}$$

三相电源提供的相电压和线电压一般是对称的,因此相电流或线电流也必然是对称的,即

$$\begin{cases} \dot{I}_U = \dfrac{\dot{U}_U}{Z} = \dfrac{U_p}{|Z|} \angle -\varphi \\ \dot{I}_V = \dfrac{\dot{U}_V}{Z} = \dfrac{U_p}{|Z|} \angle -120°-\varphi \\ \dot{I}_W = \dfrac{\dot{U}_W}{Z} = \dfrac{U_p}{|Z|} \angle 120°-\varphi \end{cases} \quad (3\text{-}3\text{-}1)$$

因此,当负载对称时,三相电路的分析计算可以化为单相电路的分析计算,即只要计算其中一相,另外两相根据对称关系可以直接写出。

式(3-3-1)表明,各阻抗的电流都比相应的相电压落后 φ,因为电压和阻抗都是对

称的，所以电流也是对称的，即它们的大小相等 $\left(I=\dfrac{U}{|Z|}\right)$，相位依次相差 120°。由于相电流的对称性，有

$$\dot{I}_\mathrm{N}=\dot{I}_\mathrm{U}+\dot{I}_\mathrm{V}+\dot{I}_\mathrm{W}=0$$

显然，当三相电源对称，三相负载也对称时，中性线电流为零，因此可将中性线去掉，成为三相三线制系统，如图 3-3-3 所示。

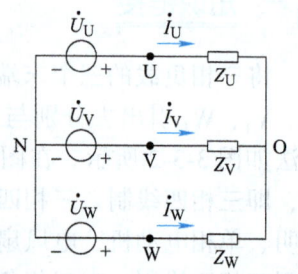

图 3-3-3　对称负载的三相三线制星形联结

这里再次介绍三相交流电路的 5 个参数：

1）线电压 U_l：三相负载的线电压就是电源的线电压，也是两根相线之间的电压。

2）相电压 U_p：每一相负载两端的电压称为负载的相电压，在忽略输电线路上的电压降时，负载的相电压等于电源的相电压，因此在三相负载星形联结时，仍然有 $U_l=\sqrt{3}U_\mathrm{p}$。

3）线电流 I_l：流过每根相线的电流叫线电流。

4）相电流 I_p：流过每相负载的电流叫相电流。

5）中性线电流 I_N：流过中性线的电流叫中性线电流。

对于三相电路中的每一相而言，可以看成一个单相电路，所以各相电流与各相电压间的相位关系及数量关系都可用讨论单相电路的方法来讨论。

若三相负载对称，则在三相对称电压的作用下，流过三相负载中每一相负载的电流应相等，即

$$I_l=I_\mathrm{U}=I_\mathrm{V}=I_\mathrm{W}=\dfrac{U_\mathrm{p}}{|Z_\mathrm{p}|}=I_\mathrm{p}$$

而且每相电流间的相位差仍为 120°。

总结一下，三相负载接成星形联结时的电流、电压关系就是：

1）相电流等于线电流，即：$I_\mathrm{p}=I_l$。

2）加在负载上的相电压和线电压之间的关系为 $U_l=\sqrt{3}U_\mathrm{p}$。

3）流过中性线 N 的电流为 $\dot{I}_\mathrm{N}=\dot{I}_\mathrm{U}+\dot{I}_\mathrm{V}+\dot{I}_\mathrm{W}$。

当三相电路中的负载完全对称时，在任意一个瞬间，三个相电流中，总有一相电流与其余两相电流之和大小相等，方向相反，正好互相抵消。所以，流过中性线的电流等于零。因此，在三相对称电路中，当负载采用星形联结时，由于流过中性线的电流为零，故三相四线制可以变成三相三线制。如三相异步电动机及三相电炉等负载，当采用星形联结时，电源对该类负载就不需接中性线。通常在高压输电时，由于三相负载是对称的三相变压器，所以都采用三相三线制供电。

若三相负载不对称，则中性线电流不为零，中性线不能省略，并且在中性线上不能安装开关、熔断器，而且中性线本身强度要好，接头处应连接牢固。请读者思考其原因。

当三相电源对称而三相负载不对称时，流过每一相负载的相电流大小是不相等的。即通过中性线的电流不为零。若中性线存在，则各相负载的相电压仍保持不变，且三相电压相等，能使星形联结的不对称负载的相电压保持对称，从而使负载正常工作。一旦中性线

断开，对于阻抗较小的负载，其相电压会减小；对于阻抗较大的负载，其相电压会增加，可能会使相电压增大的一相负载烧毁，所以低压照明设备都要采用三相四线制。

对于不对称三相负载的星形联结，其中性线电流为

$$\dot{I}_\mathrm{N} = \dot{I}_\mathrm{U} + \dot{I}_\mathrm{V} + \dot{I}_\mathrm{W} \neq 0$$

在计算时可将三相负载视为三个单相负载分别计算。

负载不对称的三相四线制系统若取消中性线，如图3-3-4所示，则中性线电流无法通过，中性点 N′ 和 N 之间会出现中性点电压 $U_\mathrm{N'N}$。

由节点电压法得

$$U_\mathrm{N'N} = \frac{\dfrac{\dot{U}_\mathrm{U}}{Z_1} + \dfrac{\dot{U}_\mathrm{V}}{Z_2} + \dfrac{\dot{U}_\mathrm{W}}{Z_3}}{\dfrac{1}{Z_1} + \dfrac{1}{Z_2} + \dfrac{1}{Z_3}}$$

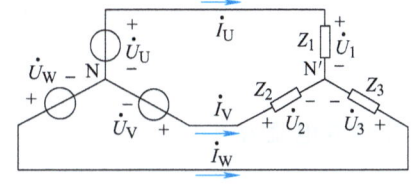

图 3-3-4　负载不对称的三相负载取消中性线

则负载上的相电压为

$$\dot{U}_1 = \dot{U}_\mathrm{U} - \dot{U}_\mathrm{N'N}$$
$$\dot{U}_2 = \dot{U}_\mathrm{V} - \dot{U}_\mathrm{N'N}$$
$$\dot{U}_3 = \dot{U}_\mathrm{W} - \dot{U}_\mathrm{N'N}$$

各相负载的相电流（或线电流）为

$$\dot{I}_\mathrm{U} = \frac{\dot{U}_1}{Z_2}$$

$$\dot{I}_\mathrm{V} = \frac{\dot{U}_2}{Z_2}$$

$$\dot{I}_\mathrm{W} = \frac{\dot{U}_3}{Z_3}$$

由于阻抗不相等，所以负载上可能得到大小不等的电压，有的超过用电设备的额定电压，有的达不到用电设备的额定电压，导致用电设备都不能正常工作。因此，必须有中性线，以此保证星形联结的不对称负载得到相等的相电压，即平衡三相负载相电压。

【例 3.3.1】若电源线电压为380V，有星形联结的对称三相负载，$Z=(3+j4)\Omega$，求各相负载中的电流及中性线电流。

解： 因对称三相负载为星形联结，所以

$$U_\mathrm{p} = \frac{U_1}{\sqrt{3}} = \frac{380}{1.732}\mathrm{V} = 220\mathrm{V}$$

$$Z = (3+j4)\Omega = 5\angle 53.1° \Omega$$

设

$$\dot{U}_\mathrm{U} = 220\angle 1°\ \mathrm{V}$$

因此有

$$\dot{U}_\mathrm{V} = 220\angle -120°\ \mathrm{V}$$

$$\dot{U}_W = 220\underline{/120°}\text{ V}$$

所以

$$\dot{I}_U = \frac{\dot{U}_U}{Z} = \frac{220\underline{/0°}}{5\underline{/53.1°}}\text{A}$$

$$= 44\underline{/-53.1°}\text{ A}$$

根据三相对称关系，有

$$\dot{I}_V = 44\underline{/-173.1°}\text{ A}$$

$$\dot{I}_W = 44\underline{/66.9°}\text{ A}$$

中性线电流为

$$\dot{I}_N = \dot{I}_U + \dot{I}_V + \dot{I}_W = 0$$

显然，对称三相电路的计算可归结为一相电路的计算，其他两相可以根据对称关系直接写出。在实际应用中，三相电动机、三相变压器等都是对称三相负载，也可以如此计算分析。

【例 3.3.2】某星形联结对称三相负载，如图 3-3-3 所示。每相负载为 $Z=5\underline{/45°}\text{ }\Omega$，接在线电压为 380V 的对称三相电源上，求 $\dot{I}_U$、$\dot{I}_V$、$\dot{I}_W$。

解：由于负载对称，只取一相计算，设线电压为

$$\dot{U}_{UV} = 380\underline{/0°}\text{ V}$$

则对应的相电压为

$$\dot{U}_U = 220\underline{/-30°}\text{ V}$$

相电流为

$$\dot{I}_U = \frac{\dot{U}_U}{Z} = \frac{220\underline{/-30°}}{5\underline{/45°}}\text{A} = 44\underline{/-75°}\text{ A}$$

根据对称性可知

$$\dot{I}_V = 44\underline{/165°}\text{ A} \quad \dot{I}_W = 44\underline{/45°}\text{ A}$$

【例 3.3.3】电路如图 3-3-2 所示，若不对称星形联结负载接于对称三相电源上，电源相电压为 220V，U 相接一个 220V、40W 的灯泡，V 相、W 相各接入一个 220V、60W 灯泡，中性线的阻抗忽略不计，求各相电流和中性线电流。

解：因中性线阻抗不计，$U_{N'N}=0\text{V}$。各相电压对称，三相可以分别计算。
设 $\dot{U}_U = 220\underline{/0°}\text{ V}$，则各相负载的电阻值为

$$R_U = \frac{220^2}{40}\Omega = 1210\Omega$$

$$R_V = R_W = \frac{220^2}{60}\Omega = 806.7\Omega$$

因此，各相负载的相电流（即线电流）为

$$\dot{I}_\mathrm{U} = \frac{\dot{U}_\mathrm{U}}{R_\mathrm{U}} = \frac{220\underline{/0°}}{1210}\mathrm{A} = 0.18\underline{/0°}\ \mathrm{A}$$

$$\dot{I}_\mathrm{V} = \frac{\dot{U}_\mathrm{V}}{R_\mathrm{V}} = \frac{220\underline{/-120°}}{806.7}\mathrm{A} = 0.27\underline{/-120°}\ \mathrm{A}$$

$$\dot{I}_\mathrm{W} = \frac{\dot{U}_\mathrm{W}}{R_\mathrm{W}} = \frac{220\underline{/120°}}{806.7}\mathrm{A} = 0.27\underline{/120°}\ \mathrm{A}$$

中性线电流为

$$\dot{I}_\mathrm{N} = \dot{I}_\mathrm{U} + \dot{I}_\mathrm{V} + \dot{I}_\mathrm{W} = (0.18\underline{/0°} + 0.27\underline{/-120°} + 0.27\underline{/120°})\mathrm{A} = -0.09\mathrm{A}$$

任务实施　三相负载星形联结测试

一、任务实施所需设备

序号	名称	数量	备注
1	交流电压表	1	0～450V
2	交流电流表	1	0～5A
3	万用表	1	
4	单相功率表	3	0～450V，0～5V
5	三相灯组负载	9	220V、25W白炽灯

二、任务实施参考步骤

实训时要严格按照要求操作，正确连接实验电路，否则将烧坏实训台。

1）三相负载星形联结（Y$_\mathrm{N}$联结，三相四线制供电）：按实训图3-3-1所示连接电路，即三相灯组负载经三相自耦调压器接对称三相电源，将三相自耦调压器的手柄置于输出为0V的位置（即逆时针旋到底）后，方可开启实训台电源。

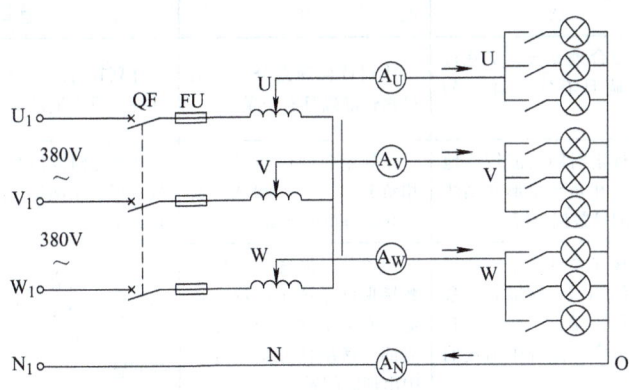

实训图3-3-1　三相负载星形联结实验电路

2）然后调节自耦调压器的输出，使输出的三相线电压为220V，分别测量三相灯组负载的线电流、线电压、相电压、中性线电流、电源与负载中性点间的电压。将所测得的数据记入表3-3-1中，并观察各相灯组亮暗的变化程度，特别要注意观察中性线的作用。

表 3-3-1 三相负载星形联结测试实验数据

实验内容 （负载情况）	开灯盏数			线电流 /A			线电压 /V			相电压 /V			中性线电流 I_0/A	中性点电压 U_{NO}/V
	U 相	V 相	W 相	I_U	I_V	I_W	U_{UV}	U_{VW}	U_{WU}	U_U	U_V	U_W		
Y_N 联结对称负载	3	3	3											
Y 联结对称负载	3	3	3											
Y_N 联结不对称负载	1	2	3											
Y 联结不对称负载	1	2	3											
Y_N 联结 V 相断开	1		3											
Y 联结 V 相断开	1		3											
Y 联结 V 相短路	1		3											

注意：在 Y_N 和 Y 联结的不对称三相负载中，1 指开一盏灯；2 指开两盏灯、3 指所有灯全开。

结论：当负载对称时，_____；当负载不对称时，_____。

三、任务实施注意事项

1）由于采用三相交流市电，线电压为 380V，应穿绝缘鞋进实验室。
2）实验时要注意人身安全，不可触及导电部件，防止意外事故发生。
3）每次接线完毕，同组成员应自查一遍，然后由指导教师检查后，方可接通电源，必须严格遵守先断电，再接线，后通电；先断电，后拆线的实验操作原则。
4）星形联结的负载做短路实验时，必须首先断开中性线，以免发生短路事故。
5）每次实训完毕，均需将三相自耦调压器的手柄调回零位。

四、任务汇报展示评价（见表 3-3-2）

表 3-3-2 三相负载星形联结测试实训项目评价表

实训项目：　　　　　　　　　学生姓名：

序号	考核项目	考核等级			成绩
		A	B	C	
1	任务实施计划决策	计划合理充分、实施过程准确且有完整详细的记录	计划较合理充分、实施过程较准确且有记录	计划较合理充分、实施过程较准确但没有记录	
2	任务实施检查	在规定时间内能较好地完成三相负载星形联结测试，测量数据分析准确	在规定时间内能完成三相负载星形联结测试，测量数据分析较准确	在规定时间内基本完成三相负载星形联结测试，测量数据分析较准确	
3	任务实施评估讨论	能独立完成三相负载星形联结测试，准确分析数据并得出结论，能积极解决任务实施过程中出现的问题	能较独立地完成三相负载星形联结测试，较准确地分析数据并得出结论，能部分解决任务实施过程中出现的问题	能基本完成三相负载星形联结测试，能分析数据并得出结论，能部分解决任务实施过程中出现的问题	
4	仪器使用、维护	能严格按照仪器仪表的操作规范进行操作，能及时清理垃圾，将仪器摆放整齐等	能较严格按照仪器仪表的操作规范进行操作，能清理垃圾，将仪器摆放整齐等	能按照仪器仪表的操作规范进行操作，能清理垃圾，将仪器摆放整齐等	
	团队协作	能与小组成员积极配合，有序地完成训练项目	能与小组成员较积极配合，有序地完成训练项目	能与小组成员配合，基本完成训练项目	

（续）

序号	考核项目	考核等级			成绩
		A	B	C	
4	劳动纪律	认真遵守任务实施时间，在任务实施过程中积极动手、动脑	较认真遵守任务实施时间，在任务实施过程中能动手、动脑	能遵守任务实施时间，在任务实施过程中不够积极	
总评					

视野拓展 三相旋转磁场的产生

三相异步电动机的定子铁心槽中放有对称三相绕组 U_1–U_2、V_1–V_2 和 W_1–W_2。现将对称三相绕组接成星形联结，然后接在三相电源上。此时对称三相绕组中便流入了对称三相电流 i_U、i_V、i_W，电流的瞬时值为

$$\begin{cases} i_U = I_m \sin \omega t \\ i_V = I_m \sin(\omega t - 120°) \\ i_W = I_m \sin(\omega t + 120°) \end{cases} \qquad (3\text{-}3\text{-}2)$$

对称三相电流波形如图 3-3-5 所示。图 3-3-6 所示为三相异步电动机定子的对称三相绕组空间结构示意。由于电流方向会随时间变化，这里规定各相电流"首端进，末端出"时为正，图示为"⊙"；"首端出，末端进"时为负，图示为"⊗"。

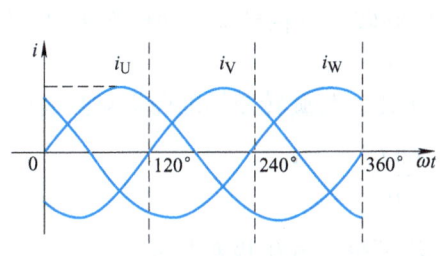

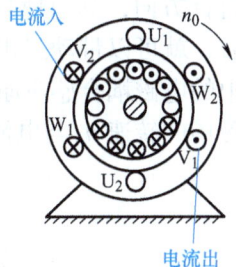

图 3-3-5 对称三相电流波形图   图 3-3-6 定子的对称三相绕组空间结构示意图

现将对称三相电流通入对称三相绕组，为简化分析，这里取几个不同的瞬时电流通入定子绕组。

如图 3-3-7 所示，在 $\omega t = 0°$ 时，定子绕组中的电流方向如图 3-3-7a 所示。这时 $i_U = 0$，$i_V < 0$，$i_W > 0$。将每相电流所产生的磁场相加，便得出三相电流的合成磁场。在图 3-3-7a 中，合成磁场轴线的方向为自上而下。

在 $\omega t = 120°$ 时，定子绕组中的电流方向如图 3-3-7b 所示。这时 $i_V = 0$，$i_W < 0$，$i_U > 0$。将每相电流所产生的磁场相加，便得出三相电流的合成磁场。这时的合成磁场已在空间中顺时针转过了 120°。

在 $\omega t = 240°$ 时，定子绕组中的电流方向如图 3-3-7c 所示。这时 $i_W = 0$，$i_U < 0$，$i_V > 0$。将每相电流所产生的磁场相加，便得出三相电流的合成磁场。这时的合成磁场已

在空间中顺时针转过了 240°。

同理可得在 $\omega t = 360°$ 时三相电流的合成磁场，此时 $i_U = 0$，$i_V < 0$，$i_W > 0$。将每相电流所产生的磁场相加，便得出三相电流的合成磁场，它与 $\omega t = 0°$ 时合成磁场轴线的方向一致，如图 3-3-7d 所示。

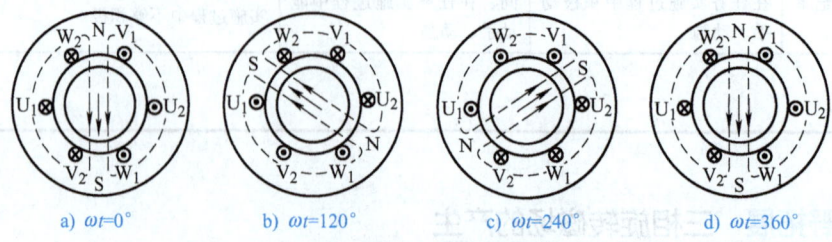

a) $\omega t=0°$ b) $\omega t=120°$ c) $\omega t=240°$ d) $\omega t=360°$

图 3-3-7 三相电流产生的旋转磁场（$p=1$）

由以上分析可见，当三相电流在时间上变化一个周期，即 360° 电角度时，合成磁场便在空间中刚好转过一周，且任何时刻合成磁场的大小均相等。也就是说，当三相定子绕组中通入对称三相电流后，它们共同产生的合成磁场随着电流的变化在空间中不断旋转，这就是旋转磁场。旋转磁场的转速通常称为同步转速。

从图 3-3-7 中可以看出，三相合成磁场的轴线总是与电流达到最大值的那一相绕组的轴线重合。所以，旋转磁场的转向取决于三相电源通入定子绕组的电流的相序。若将 U 相交流电接 U 相绕组，V 相交流电接 V 相绕组，W 相交流电接 W 相绕组，则旋转磁场的转向为 U 相→V 相→W 相，即顺时针方向。

若将定子绕组接到电源上的三根引出线的任意两根对调一下，例如对调 V 与 W 两相，则电动机三相绕组中的 V 相与 W 相对调（注意：三相电源端子的相序未变），此时旋转磁场变为逆时针方向，其原理与图 3-3-7 所示相似，请读者自行画图分析。旋转磁场的方向发生改变后，就可以带动三相异步电动机反向旋转。三相异步电动机旋转的工作原理可结合项目 5 中的电磁耦合感应原理等来分析。

旋转磁场的转速 n_0 与电源电压的频率成正比，与旋转磁场的磁极对数成反比，即

$$n_0 = \frac{60 f_1}{p} \qquad (3-3-3)$$

也就是说，旋转磁场的转速 n_0 取决于电流频率 f_1 和磁极对数 p。

在我国，工频 $f_1=50$Hz，于是由式（3-3-3）可得出对应于不同的 p 的 n_0，见表 3-3-3。了解这些数据有助于准确选择工程中需要的合适转速的三相异步电动机。

表 3-3-3 旋转磁场的转速

p	1	2	3	4	5	6	…
n_0/(r/min)	3000	1500	1000	750	600	500	…

 巩固思考

1）将三相负载的三个末端 U_2、V_2、W_2 连在一起接电源中性线，三个首端 U_1、V_1、

W_1 则分别与三相电源相连，这种方式就叫作三相负载_____联结。

2）在三相负载电路中，每相负载中的电流为_____，每根相线中的电流为_____，流经中性线的电流为中性线电流。

3）三相负载星形联结，除了三根相线外，在中性点还接有中性线，即_____。

4）三相负载星形联结时，对于线电压和相电压的关系，仍然有_____。

5）三相负载星形联结时，相电流和线电流的关系为_____。

任务 3.4　三相负载三角形联结

 学习目标

知识目标	能力目标	素质目标
理解并掌握三相负载三角形联结的特点及应用	能正确使用三相负载三角形联结交流电路	培养学生的安全用电意识；培养学生的电气职业素养；培养学生的团结协作意识

 案例引入　三相负载三角形联结

当三相负载的相电压等于电源的相电压，三相负载的线电压等于电源的线电压时，可将三相负载接为星形联结，例如普通的照明电路、家用电器等。但当三个单相负载的额定电压等于电源线电压时，它们就必须分别接在电源的各相线之间，如图 3-4-1a 所示的单相负载就构成了三角形（△）联结。图 3-4-1b 所示为三相动力负载，它将三相负载的首、末端依次连接起来，三个首端则引出来接到电源的三个相线上。

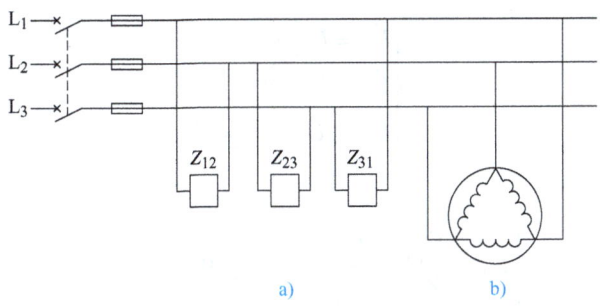

图 3-4-1　三相负载三角形联结

对于图 3-4-1 所示的三角形联结，其工作特点是什么呢？

知识链接

所谓三相负载三角形联结，是指将三相负载的首、末端依次相接，得到三个连接点，然后将三个首端引出，接到三相电源上，如图 3-4-2a 所示，将三个首端 U_1、V_1、W_1 分别与三个末端 W_2、U_2、V_2 连在一起，形成三个连接点，然后引出首端，分别与三相电源相连。

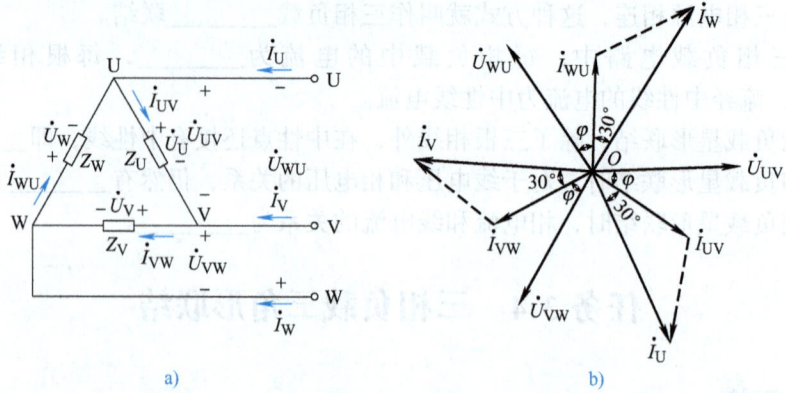

图 3-4-2 三相负载三角形联结及相量图

图 3-4-2a 中，Z_U、Z_V、Z_W 表示三相负载；$\dot{I}_U$、$\dot{I}_V$、$\dot{I}_W$ 表示三相负载的线电流；$\dot{I}_{UV}$、$\dot{I}_{VW}$、$\dot{I}_{WU}$ 表示三相负载的相电流；用 $\dot{U}_{UV}$、$\dot{U}_{VW}$、$\dot{U}_{WU}$ 表示三相负载的线电压；$\dot{U}_U$、$\dot{U}_V$、$\dot{U}_W$ 表示三相负载的相电压。由于三角形联结的三相负载接在三相电源的两根相线之间，因此负载的相电压就是线电压，有

$$\begin{cases} \dot{U}_U = \dot{U}_{UV} \\ \dot{U}_V = \dot{U}_{VW} \\ \dot{U}_W = \dot{U}_{WU} \end{cases}$$

即

$$U_{UV} = U_{VW} = U_{WU} = U_l = U_p$$

如果三相负载对称，即 $Z_{UV} = Z_{VW} = Z_{WU} = Z = |Z|\angle\varphi$，则设对称三相电压分别为

$$\begin{cases} \dot{U}_U = U\angle\varphi \\ \dot{U}_V = U\angle\varphi - 120° \\ \dot{U}_W = U\angle\varphi + 120° \end{cases}$$

则对称的相电流为

$$\begin{cases} \dot{I}_{UV} = \dfrac{\dot{U}_{UV}}{Z_{UV}} = \dfrac{U\angle\varphi}{|Z|\angle\varphi} = I_p \angle 0° \\ \dot{I}_{VW} = \dfrac{\dot{U}_{VW}}{Z_{VW}} = \dfrac{U\angle\varphi - 120°}{|Z|\angle\varphi} = I_p \angle -120° \\ \dot{I}_{WU} = \dfrac{\dot{U}_{WU}}{Z_{WU}} = \dfrac{U\angle\varphi + 120°}{|Z|\angle\varphi} = I_p \angle 120° \end{cases}$$

假设三相电源及负载均对称，则三相电流的大小均相等，为

$$I_p = I_{UV} = I_{VW} = I_{WU} = \dfrac{U_p}{|Z_p|}$$

根据基尔霍夫电流定律，可得负载的线电流为

$$\begin{cases} \dot{I}_\mathrm{U} = \dot{I}_\mathrm{UV} - \dot{I}_\mathrm{WU} \\ \dot{I}_\mathrm{V} = \dot{I}_\mathrm{VW} - \dot{I}_\mathrm{UV} \\ \dot{I}_\mathrm{W} = \dot{I}_\mathrm{WU} - \dot{I}_\mathrm{VW} \end{cases} \quad (3\text{-}4\text{-}1)$$

式（3-4-1）表明，线电流相量等于相应的两个相电流相量之差。将负载的相电流和线电流画在同一个相量图中，如图 3-4-2b 所示，可得到

$$\dot{I}_\mathrm{U} = \dot{I}_\mathrm{UV} - \dot{I}_\mathrm{WU} = \dot{I}_\mathrm{UV} + (-\dot{I}_\mathrm{WU}) = \sqrt{3}\dot{I}_\mathrm{UV}\angle{-30°}$$

同理有

$$\begin{cases} \dot{I}_\mathrm{V} = \sqrt{3}\dot{I}_\mathrm{VW}\angle{-30°} \\ \dot{I}_\mathrm{W} = \sqrt{3}\dot{I}_\mathrm{WU}\angle{-30°} \end{cases}$$

由以上分析可知：对称三相负载的三角形联结中，负载的相电流和线电流也是对称的，且线电流有效值为相电流的 $\sqrt{3}$ 倍。在相位上，线电流比相应的相电流滞后 30°。

因此，对称三相负载三角形联结的电流、电压关系为：

1) 相电压等于线电压，即：$U_\mathrm{l} = U_\mathrm{p}$。

2) 加在负载上的相电流和线电流之间的关系为 $I_\mathrm{l} = \sqrt{3}I_\mathrm{p}$。

在三相三线制电路中，根据基尔霍夫电流定律，把整个三相负载看作一个大节点，则不论负载的接法如何，不论负载是否对称，三相电路中的三个线电流瞬时值之和或三个线电流的相量和总是等于零，即 $\dot{I}_\mathrm{U} + \dot{I}_\mathrm{V} + \dot{I}_\mathrm{W} = 0$。

在实际使用中，三相负载采用何种连接方式由负载的额定电压来决定，当负载的额定电压等于电源线电压时采用三角形联结；当负载的额定电压等于电源相电压时采用星形联结。

【例 3.4.1】某对称三相负载接成三角形联结，如图 3-4-2a 所示。每一相负载为 $Z=5\angle{45°}\ \Omega$，接在线电压为 380V 的对称三相电源上，求 $\dot{I}_\mathrm{U}$、$\dot{I}_\mathrm{V}$、$\dot{I}_\mathrm{W}$。

解： 由于对称，只取一相计算，设线电压为

$$\dot{U}_\mathrm{UV} = 380\angle{0°}\ \mathrm{V}$$

则相电流为

$$\dot{I}_\mathrm{UV} = \frac{\dot{U}_\mathrm{UV}}{Z} = \frac{380\angle{0°}}{5\angle{45°}}\ \mathrm{A} = 76\angle{-45°}\ \mathrm{A}$$

故线电流为

$$\dot{I}_\mathrm{U} = \sqrt{3}\dot{I}_\mathrm{UV}\angle{-30°} = 131.63\angle{-75°}\ \mathrm{A}$$

由对称性可知

$$\dot{I}_\mathrm{V} = 131.63\angle{165°}\ \mathrm{A} \qquad \dot{I}_\mathrm{W} = 131.63\angle{45°}\ \mathrm{A}$$

当不对称三相负载构成三角形联结时，如图 3-4-3 所示。虽然此时三相负载不对称，但三相负载直接接于电源的线电压上，因此各相负载的相电压（也是线电压）等于电源的线电压，总是对称的。虽然负载的电压对称，但由于各相负载不同，负载的相电流和线电流都是非对称的。因此，每一相的相电流和线电流必须根据各相的情况单独计算，即

$$\dot{I}_{UV} = \frac{\dot{U}_{UV}}{Z_{UV}}, \quad \dot{I}_{VW} = \frac{\dot{U}_{VW}}{Z_{VW}}, \quad \dot{I}_{WU} = \frac{\dot{U}_{WU}}{Z_{WU}}$$

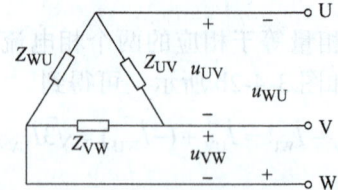

图 3-4-3　不对称三相负载的三角形联结

【例 3.4.2】 如图 3-4-2a 所示，三相对称负载三角形联结。将此负载接在线电压为 220V 的三相对称电源上。若每相负载的电阻 $R=80\Omega$，感抗 $X=60\Omega$，试求当 U 相负载断路时，三相交流电路中的各相电压和各相电流。

解： 当 U 相负载断路时，相电压为

$$U_U = U_V = U_W = 220V$$

相电流为

$$I_V = \frac{U_V}{|Z|} = \frac{380}{\sqrt{80^2 + 60^2}} A = 2.2A$$

$$I_W = \frac{U_W}{|Z|} = \frac{200}{\sqrt{80^2 + 60^2}} A = 2.2A$$

$$I_U = 0A$$

请自行思考并分析，如果 U 相负载短路，则三相交流电路中的各相电压和各相电流是多少？

 任务实施　三相负载三角形联结测试

一、任务实施所需设备

序号	名称	数量	备注
1	交流电压表	1	0～450V
2	交流电流表	1	0～5A
3	万用表	1	
4	单相功率表	3	0～450V，0～5V
5	三相灯组负载	9	220V，25W 白炽灯

二、任务实施参考步骤

实训时要严格按照要求操作，正确连接实验电路，否则将烧坏实训台。

1) 按实训图 3-4-1 所示连接电路，即在三相灯组负载形成三角形联结后，经三相自耦调压器接对称三相电源。一定要注意，将三相自耦调压器的手柄置于输出为 0V 的位置（即逆时针旋到底）后，方可开启实训台电源。

项目 3 三相交流电路的应用

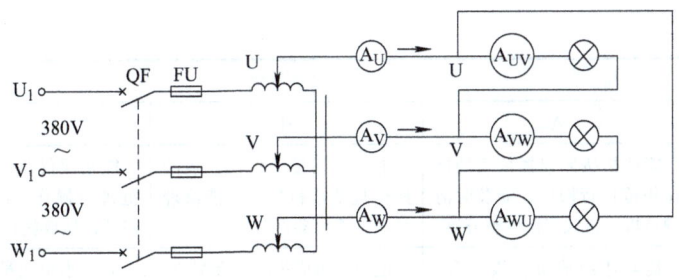

实训图 3-4-1 三相负载三角形联结实验电路

2）然后调节三相自耦调压器的输出，使输出的三相线电压为 220V（也可以根据实际情况，使电源电压略低一些），分别测量三相负载的线电压、相电压、线电流、相电流。将所测得的数据记入表 3-4-1 中，并观察各相灯组亮暗的变化程度。

表 3-4-1 三相负载三角形联结测试实验数据

实验内容（负载情况）	开灯盏数			线电压/V			相电压/V			线电流/A			相电流/A		
	U相	V相	W相	U_{UV}	U_{VW}	U_{WU}	U_U	U_V	U_W	I_U	I_V	I_W	I_{UV}	I_{VW}	I_{WU}
三角形联结对称负载	3	3	3												
三角形联结不对称负载	1	2	3												
三角形联结 V 相断开	1		3												
三角形联结 V 相短路	1		3												

结论：当负载对称时，_____；当负载不对称时，_____。

三、任务实施注意事项

1）由于采用三相交流市电，线电压为 380V，应穿绝缘鞋进实验室。
2）实验时要注意人身安全，不可触及导电部件，防止意外事故发生。
3）每次接线完毕后，同组成员应自查一遍，然后由指导教师检查后方可接通电源，必须严格遵守先断电，再接线，后通电；先断电，后拆线的实验操作原则。
4）每次实训完毕，均需将三相自耦调压器手柄调回零位。

四、任务汇报展示评价（见表 3-4-2）

表 3-4-2 三相负载三角形联结测试实训项目评价表

实训项目： 学生姓名：

序号	考核项目	考核等级			成绩
		A	B	C	
1	任务实施计划决策	计划合理充分、实施过程准确且有完整详细的记录	计划较合理充分、实施过程较准确且有记录	计划较合理充分、实施过程较准确但没有记录	
2	任务实施检查	在规定时间内能较好地完成三相负载三角形联结测试，测量数据分析准确	在规定时间内能完成三相负载三角形联结测试，测量数据分析较准确	在规定时间内基本完成三相负载三角形联结测试，测量数据分析较准确	
3	任务实施评估讨论	能独立完成三相负载三角形联结测试，准确分析数据并得出结论，能积极解决任务实施过程中出现的问题	能独立地完成三相负载三角形联结测试，较准确地分析数据并得出结论，能部分解决任务实施过程中出现的问题	能基本完成三相负载三角形联结测试，能分析数据并得出结论，能部分解决任务实施过程中出现的问题	

（续）

序号	考核项目	考核等级			成绩
		A	B	C	
4	仪器使用、维护	能严格按照仪器仪表的操作规范进行操作，能及时清理垃圾，将仪器摆放整齐等	能较严格按照仪器仪表的操作规范进行操作，能清理垃圾，将仪器摆放整齐等	能按照仪器仪表的操作规范进行操作，能清理垃圾，将仪器摆放整齐等	
	团队协作	能与小组成员积极配合，有序地完成训练项目	能与小组成员较积极配合，有序地完成训练项目	能与小组成员配合，基本完成训练项目	
	劳动纪律	认真遵守任务实施时间，在任务实施过程中积极动手、动脑	较认真遵守任务实施时间，在任务实施过程中能动手、动脑	能遵守任务实施时间，在任务实施过程中不够积极	
总评					

视野拓展 三相绕组的星–三角变换应用

异步电动机因其结构简单、价格便宜、可靠性高等优点被广泛应用。例如水泵（消防、供水等）、鼓风机、挤压机、离心机、输送机、球磨机、制冷压缩机、粉碎机等设备中多采用了三相异步电动机。但在起动过程中，三相异步电动机的起动电流较大，为有效降低起动电流，减小其对电网的冲击，一般容量大的电动机会采用一种简单方便的星–三角减压起动方式，星–三角减压起动可通过手动或自动操作的方式实现。

对于正常运行时定子绕组为三角形联结的三相异步电动机来说，如果在起动时将定子绕组接成星形联结，如图3-4-4a所示，待起动完毕后再接成三角形联结，如图3-4-4b所示，就可以降低起动电流，减轻它对电网的冲击。这样的起动方式称为星–三角减压起动，或简称为星–三角起动。

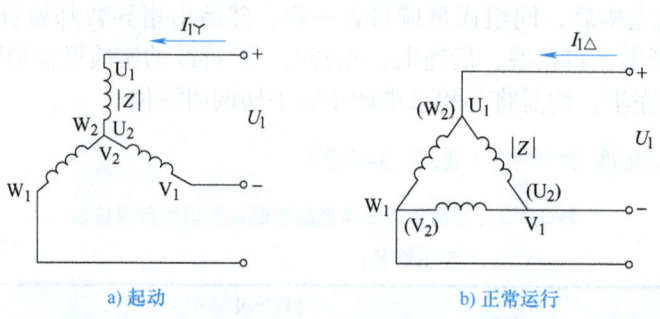

a）起动　　　　　　　　　　　　　　b）正常运行

图3-4-4 三相负载的星、三角形联结电压、电流关系

定子绕组为三角形联结的电动机，起动时先接成星形联结，当转子转速接近额定转速时，定子绕组转换成三角形联结运行。采用这种方式起动时，每相定子绕组电压降低到电源电压的58%，起动电流为直接起动时的33%，起动转矩为直接起动时的33%。星–三角减压起动的优点是不需要添置起动设备，利用起动开关或交流接触器等控制设备就可以实现，缺点是只能用于额定接法是三角形联结的电动机，且大型异步电动机采用星–三角减压起动时不能重载起动。若铭牌标示接法为三角形联结而采用星形联结起动，则起动电流为原接法时的1/3。这是因为，如果定子绕组星形联结起动，则每相绕组的电压降低

为 $\dfrac{U_1}{\sqrt{3}}$，流过每相绕组的电流为 $\dfrac{U_1}{|Z|\sqrt{3}}$，因为定子绕组为星形联结时，线电流等于相电流，故由电网供给电动机的起动电流为 $I_Y = \dfrac{U_1}{|Z|\sqrt{3}}$。而如果定子绕组用三角形联结直接起动，则每相绕组的电压为 U_1，流经每相绕组的电流为 $\dfrac{U_1}{|Z|\sqrt{3}}$。因为定子绕组为三角形联结时，线电流等于相电流的 $\sqrt{3}$ 倍，所以由电网供给电动机的起动电流为 $I_\triangle = \sqrt{3}\dfrac{U}{|Z|}$，由此可得

$$\dfrac{I_Y}{I_\triangle} = \dfrac{1}{3}$$

即三相异步电动机星－三角减压起动时，由电网供给的起动电流可减小到原来的 1/3，同时起动转矩也减小到原来的 1/3。

对于额定电压为 380V 的三相异步电动机，三角形联结和星形联结的转速可视为相同，功率却相差很大。例如三角形联结时为 10kW 的三相异步电动机，在星形联结下运行，其功率只有三角形联结下的 1/3 左右，只有在 380×1.73V=660V 电压下运行时功率才相等。

使用三相异步电动机等对称三相负载时，三相绕组的连接方式的选择，决定了对称三相负载的运行方式，这是在选用对称三相负载时要注意的一个非常重要的问题。

 巩固思考

1）三相负载三角形联结时，三个首、末端依次相连的连接关系分别是_____、_____、_____。

2）在三相负载三角形联结的电路中，每相负载中的电流为_____，每根相线中的电流为_____。

3）当三相负载的额定电压等于三相电源线电压时，负载采用_____联结。

4）三相负载三角形联结时，线电压和相电压的关系为_____。

5）三相负载三角形联结时，相电流和线电流的关系为_____。

任务 3.5　探究三相交流电路功率

 学习目标

知识目标	能力目标	素质目标
理解并掌握三相交流电路功率的类型、应用及测量方法	1）能正确运用功率分析交流电路 2）能用一表法、两表法测量三相交流电路的有功功率	培养学生的安全用电意识；培养学生的电气职业素养；培养学生的团结协作意识

 案例引入　**三相负载铭牌功率**

在三相交流电路中，三相交流电源和负载的功率与单相电路一样，也分为有功功率、无功功率和视在功率。图 3-5-1a 所示为常用三相异步电动机的铭牌，铭牌显示该三相异

步电动机的额定功率是 160kW。图 3-5-1b 所示为电力变压器的铭牌，铭牌显示该电力变压器的额定容量是 200kV·A。可以看出，同样是三相交流电气设备，它们对功率的表达却存在不同。

图 3-5-1 三相负载铭牌功率

那么，在三相交流电路中，三相交流电气设备的有功功率、无功功率和视在功率是如何定义的？它们代表什么物理含义？它们要如何进行分析计算及应用？

 知识链接

1. 三相交流电路的功率

在三相交流电路中，不论负载是否对称，也不论负载是星形联结还是三角形联结，负载消耗的三相总功率为各相功率之和。三相负载也存在有功功率、无功功率、视在功率这三种功率。

（1）有功功率

负载消耗的三相总有功功率为各相有功功率之和，即

$$P = P_U + P_V + P_W$$
$$= U_U I_U \cos\varphi_U + U_V I_V \cos\varphi_V + U_W I_W \cos\varphi_W$$

式中，U_U、U_V、U_W 为各相的相电压有效值；I_U、I_V、I_W 为各相的相电流有效值；$\cos\varphi_U$、$\cos\varphi_V$、$\cos\varphi_W$ 为各相相电压比相电流超前的相位角，即各相负载的阻抗角。

若负载对称，则各相消耗的有功功率相等，总的有功功率为

$$P = 3U_p I_p \cos\varphi$$

式中，U_p 和 I_p 为相电压和相电流的有效值；φ 为相电压和相电流之间的相位差。

在一般情况下，相电压和相电流不容易测量。因此，人们通常用线电压和线电流来计算功率。由于在实际应用中，线电压和线电流比较容易测量，所以总的有功功率一般用线电压和线电流来表示。

当负载星形联结时，$U_l = \sqrt{3}U_p$，$I_l = I_p$；当负载三角形联结时，$U_l = U_p$，$I_l = \sqrt{3}I_p$。因此有

$$P = \sqrt{3} U_l I_l \cos\varphi$$

必须注意，此处的 φ 仍是相电压与相电流之间的相位差，而不是线电压与线电流之间的相位差。

（2）无功功率

负载消耗的三相总无功功率为各相无功功率之和，即

$$Q = Q_U + Q_V + Q_W = U_U I_U \sin\varphi_U + U_V I_V \sin\varphi_V + U_W I_W \sin\varphi_W$$

若负载对称,则各相消耗的无功功率相等,总的无功功率为

$$Q = 3U_p I_p \sin\varphi = \sqrt{3} U_l I_l \sin\varphi$$

(3)视在功率

在对称三相电路中,视在功率为

$$S = \sqrt{P^2 + Q^2} = \sqrt{(\sqrt{3} U_l I_l \cos\varphi)^2 + (\sqrt{3} U_l I_l \sin\varphi)^2} = \sqrt{3} U_l I_l$$

若三相负载不对称,则应分别计算各相功率,三相总功率等于三个单相功率之和。

【例 3.5.1】有一组对称三相负载,每相的阻抗为 $Z=10\angle 53.1°\ \Omega$,接在线电压为 380V 的对称三相电源上,求三相负载分别为星形联结和三角形联结时的总有功功率 P_Y 和 $P_\triangle$。

解: 因为线电压 $U_l = 380\text{V}$,所以三相负载星形联结时,$U_p = \dfrac{U_l}{\sqrt{3}} = 220\text{V}$,每一相负载的相电流为

$$I_p = \frac{U_p}{|Z|} = \frac{220}{10}\text{A} = 22\text{A}$$

因此

$$P_Y = 3U_p I_p \cos\varphi = 3 \times 220 \times 22 \times \cos 53.1°\text{W} = 8.7\text{kW}$$

三相负载三角形联结时,每相负载的相电压等于线电压,即

$$U_p = U_l = 380\text{V}$$

负载的相电流为

$$I_p = \frac{U_p}{|Z|} = \frac{380}{10}\text{A} = 38\text{A}$$

因此

$$P_\triangle = 3U_p I_p \cos\varphi = 3 \times 380 \times 38 \times \cos 53.1°\text{W} = 26\text{kW}$$

三相电路的瞬时功率为各相负载的瞬时功率之和。在对称三相电路中,U 相负载的瞬时功率为

$$p_U = u_U i_U = U_p I_p \cos\varphi - U_p I_p \cos(2\omega t - \varphi)$$

同理可得

$$p_V = U_p I_p \cos\varphi - U_p I_p \cos(2\omega t + 120° - \varphi)$$

$$p_W = U_p I_p \cos\varphi - U_p I_p \cos(2\omega t - 120° - \varphi)$$

因为

$$\cos(2\omega t - \varphi) + \cos(2\omega t + 120° - \varphi) + \cos(2\omega t - 120° - \varphi) = 0$$

所以

$$p = 3U_p I_p \cos\varphi = P = 常数$$

可见，在对称三相电路中，瞬时功率等于有功功率，且为常数。例如向作为对称三相负载的三相电动机通入对称的三相交流电后，每个瞬时转矩是常数，电动机的运行是稳定的，这也是三相电动机的一大优点。

【例 3.5.2】已知某对称三相负载接在线电压为 380V 的三相电源中，其中每一相负载的电阻 $R_p = 6\Omega$，感抗 $X_p = 8\Omega$。试分别计算该负载为星形联结和三角形联结时的相电流、线电流和有功功率。

解：三相负载星形联结时，每一相的阻抗为

$$Z_p = \sqrt{R_p^2 + X_p^2} = \sqrt{6^2 + 8^2}\Omega = 10\Omega$$

而三相负载星形联结时，$U_l = \sqrt{3}U_p$，因此有

$$U_p = \frac{U_l}{\sqrt{3}} = \frac{380}{\sqrt{3}}V = 220V$$

$$I_l = I_p = \frac{U_p}{R_p} = \frac{220}{10}A = 22A$$

$$\cos\varphi = \frac{R_p}{Z_p} = \frac{6}{10} = 0.6$$

$$P = \sqrt{3}U_l I_l \cos\varphi = \sqrt{3} \times 380 \times 22 \times 0.6 W \approx 8.7kW$$

三相负载三角形联结时，有

$$U_l = U_p = 380V$$

$$I_p = \frac{U_p}{Z_p} = \frac{380}{10}A = 38A$$

$$I_l = \sqrt{3}I_p = \sqrt{3} \times 38A \approx 66A$$

$$P = \sqrt{3}U_l I_l \cos\varphi = \sqrt{3} \times 380 \times 66 \times 0.6 W \approx 26kW$$

由以上计算可以知道，三相负载为三角形联结时的相电流、线电流和有功功率均为星形联结时的 3 倍。

【例 3.5.3】有一组对称三相电感性负载星形联结，所接三相电源的线电压为 380V，线电流为 10A，功率为 5700W，求负载的功率因数、各相负载的复阻抗、电路的无功功率和视在功率。

解：负载的功率因数为

$$\cos\varphi = \frac{P}{\sqrt{3}U_l I_l} = \frac{5700}{\sqrt{3} \times 380 \times 10} = 0.866$$

所以

$$\varphi = \arccos 0.866 = 30°$$

各相负载的复阻抗为

$$|Z| = \frac{U_p}{I_p} = \frac{380}{10\sqrt{3}}\Omega = 22\Omega$$

$$Z = 22\underline{/30°}\ \Omega$$

电路的无功功率和视在功率为

$$Q = \sqrt{3}U_1 I_1 \sin\varphi = \sqrt{3} \times 380 \times 10 \times \sin 30° \text{var} = 3291\text{var}$$

$$S = \sqrt{3}U_1 I_1 = \sqrt{3} \times 380 \times 10 \text{V}\cdot\text{A} = 6582\text{V}\cdot\text{A}$$

2. 三相功率的检测

在工程中，除用三相功率表测量三相功率外，一般也可用单相功率表来测量三相功率，常见的测量方法有一表法、两表法和三表法。

（1）一表法测三相三线制电路的有功功率

测对称三相负载的有功功率时，无论是在三相三线制还是在三相四线制电路中，都可以用一个功率表来测量它的有功功率。

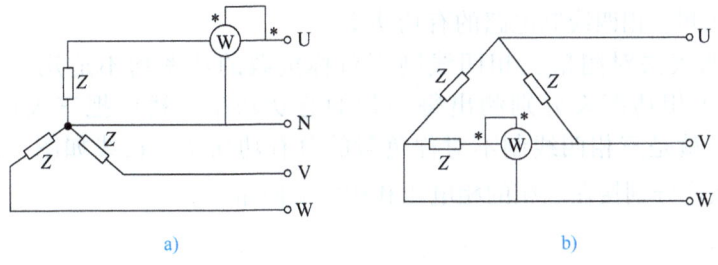

图 3-5-2　一表法接线

一表法测星形联结的对称负载时，其接法如图 3-5-2a 所示，测三角形联结的对称负载时，其接法如图 3-5-2b 所示，功率表都接在负载的相电压和相电流上，此时其读数就是一相的有功功率。再将功率表读数乘以 3，就是三相总有功功率，即 $P = 3P_1$。

（2）两表法测三相三线制电路的有功功率

不管电压是否对称，负载是否平衡，负载是三角形联结还是星形联结，都可用两表法测三相三线制电路的有功功率，其接线如图 3-5-3 所示。

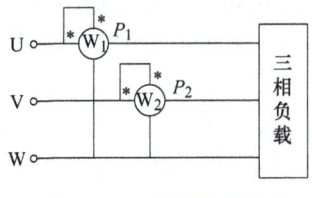

图 3-5-3　两表法接线

注意：若负载为电感性或电容性的，且当相位差 $\varphi > 60°$ 时，电路中的一只功率表指针将反偏（数字式功率表将出现负读数），这时应将功率表中电流线圈的两个端子调换（不能调换电压线圈的端子），其读数应记为负值。而三相总功率 $\sum P = P_1 + P_2$（P_1、P_2 本身无任何物理意义）。

由图 3-5-3 可知，两个功率表的电流线圈分别流过 U 相和 V 相的瞬时电流 i_U、i_V，且 $i_W = i_U + i_V$。两个电压线圈上的电压分别是线电压 u_{UW}、u_{VW}。两功率表的读数和为

$$p = p_1 + p_2$$
$$= i_U u_{UW} + i_V u_{VW}$$
$$= u_U i_U + u_V i_V + u_W i_W$$
$$= p_U + p_V + p_W$$

因此，三相总功率等于两表测得的功率之和，实验用的三相有功功率表实际上就是根据两表法的原理设计的。

两表法的接线应遵守以下规则：

1）两个功率表的电流线圈应串联在不同的两相线上，并将其"*"端接到电源侧，使通过电流线圈的电流为三相电路的线电流。

2）两个功率表电压线圈的"*"端应接到各自电流线圈所在的相上，而另一端则共同接到没有电流线圈的第三相上，使加在电压回路的电压是电源线电压。这时两个功率表都会显示一个读数，把两个功率表的读数加起来就是三相总功率。

（3）三表法测三相四线制电路的有功功率

一表法和两表法对测量三相四线制不对称负载的功率均不适用，对于此类负载，需要采用三个单相功率表分别测出每一相的有功功率，然后把三表的读数相加，即 $P = P_1 + P_2 + P_3$，就是三相四线制不对称负载的总有功功率。接线如图 3-5-4 所示，要注意：三个功率表应分别接在三相的相电压和相电流回路上。

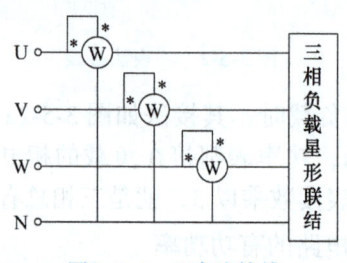

图 3-5-4 三表法接线

（4）三相电能表测三相功率

三相电能表可用来测量三相交流电路中电源输出或负载消耗的电能，它主要包括测量机构、补偿调整装置和辅助部件等。由于测量电路的接线方式不同，三相电能表又分为三相三线和三相四线两种。

1）三相三线电能表：三相三线电能表适用于对三相三线对称或不对称负载做有功电能的计量，可将这种电能表看成是两个单相电能表的组合，其原理结构如图 3-5-5 所示。三相电能表具有两组电流、电压线圈（即两组驱动元件），两个同轴转动的铝制圆盘，两个制动磁铁，一套计度器。铁心采用分离形式。电压元件为半封闭插片结构，性能较稳定，减小了摩擦力矩，有利于提高电能表的灵敏度。有的三相三线电能表（如 DT2 型三相电能表）会使两组驱动元件共同作用在一个铝盘上，其特点是减小了电能表的体积，但两组驱动元件间的电涡流和磁通会相互干扰，比两个圆盘的三相电能表产生的误差大。

三相三线电能表的工作原理与单相电能表的工作原理基本上相同，三相电能表由电流、电压元件产生一个磁场，同时与制动力矩相互作用，使圆盘在磁场中获得的转速正比于负载的有功功率，从而达到计量电能的目的。三相三线电能表在电力系统中有广泛的应用。它不仅能够准确地测量和记录电路中的有功电能，为电力系统的运行和管理提供重要数据支持，还有助于实现能源的有效利用和节约。

2）三相四线电能表：三相四线电能表的结构与三相三线电能表类似，但它内部有三组驱动元件来共同驱动计数机构，适用于对三相四线对称或不对称负载做有功电能的计量。

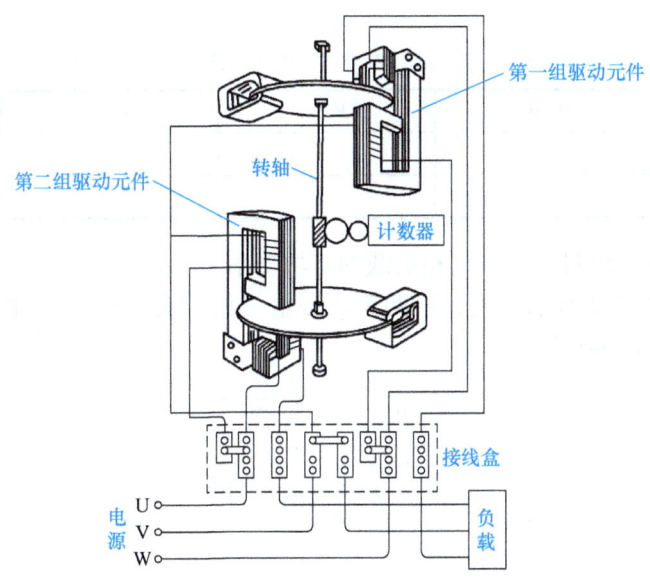

图 3-5-5 三相三线电能表原理结构图

任务实施 三相交流电路功率的检测

一、任务实施所需设备

序号	名称	数量	备注
1	单相功率表	3	
2	三相功率表	1	1
3	万用表	1	1
4	实验电路板	1	三相负载

二、任务实施参考步骤

（1）测量三相四线制电路中三相负载的有功功率

1）按实训图 3-5-1 接线，用三表法测量三相四线制电路中不对称三相负载星形联结的有功功率，将数据记入表 3-5-1。

2）按实训图 3-5-1 接线，用一表法测量三相四线制电路中对称三相负载的有功功率，将数据记入表 3-5-1。

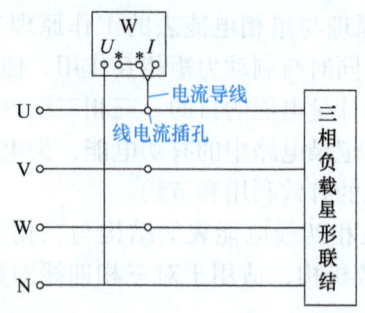

实训图 3-5-1　一表法、三表法参考电路

表 3-5-1　三相四线制电路一表法、三表法测试数据

	P_1/W	P_2/W	P_3/W	P/W
一表法				
三表法				

（2）测量三相三线制电路中三相负载的有功功率

1）按实训图 3-5-2 所示接线，用两表法测量三相三线制电路中对称三相负载的有功功率，将数据记入表 3-5-2。

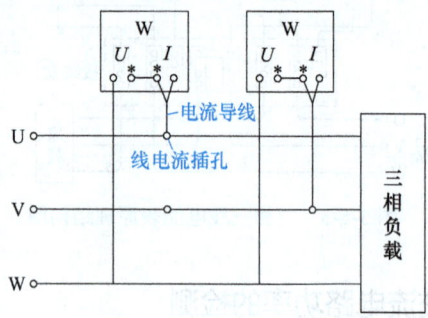

实训图 3-5-2　两表法参考电路

2）按实训图 3-5-2 接线，用两表法测量三相三线制电路中不对称三相负载的有功功率，将数据记入表 3-5-2。

表 3-5-2　三相三线制电路两表法测试数据

	P_1/W	P_2/W	P/W
对称三相负载			
不对称三相负载			

三、任务实施注意事项

1）电源电压为 110V，功率表量程为 500V、0.4A。

2）实验电路应在检查无误后才可通电。

3）更改电路、拆线、接线时都要将电源电压调零。

4）用电流线测功率时，如果没有读数，但是指针在摆动，应调换电流线的红、黑端子。

5）必须使电流线的金属棒悬空，才可以调换红、黑端子。

四、任务汇报展示评价（见表 3-5-3）

表 3-5-3 三相交流电路功率的检测实训项目评价表

实训项目：　　　　　　　　　　学生姓名：

序号	考核项目	考核等级			成绩
		A	B	C	
1	任务实施计划决策	计划合理充分、实施过程准确且有完整详细的记录	计划较合理充分、实施过程较准确且有记录	计划较合理充分、实施过程较准确但没有记录	
2	任务实施检查	在规定时间内能较好地完成三相交流电路功率的检测，测量数据分析准确	在规定时间内能完成三相交流电路功率的检测，测量数据分析较准确	在规定时间内基本完成三相交流电路功率的检测，测量数据分析较准确	
3	任务实施评估讨论	能独立完成三相交流电路功率的检测，准确分析数据并得出结论，能积极解决任务实施过程中出现的问题	能较独立地完成三相交流电路功率的检测，较准确地分析数据并得出结论，能部分解决任务实施过程中出现的问题	能基本完成三相交流电路功率的检测，能分析数据并得出结论，能部分解决任务实施过程中出现的问题	
	仪器使用、维护	能严格按照仪器仪表的操作规范进行操作，能及时清理垃圾，将仪器摆放整齐等	能较严格按照仪器仪表的操作规范进行操作，能清理垃圾，将仪器摆放整齐等	能按照仪器仪表的操作规范进行操作，能清理垃圾，将仪器摆放整齐	
4	团队协作	能与小组成员积极配合，有序地完成训练项目	能与小组成员较积极配合，有序地完成训练项目	能与小组成员配合，基本完成训练项目	
	劳动纪律	认真遵守任务实施时间，在任务实施过程中积极动手、动脑	较认真遵守任务实施时间，在任务实施过程中能动手、动脑	能遵守任务实施时间，在任务实施过程中不够积极	
总评					

视野拓展　认识三相电能表

三相电能表是用于测量三相交流电路中电源输出（或负载消耗）的电能的仪表。三相电能表主要分为直入式和互感式两类。在每个类别中，又分为三相三线和三相四线两种类型。因此，三相电能表有 4 种不同的类型：三相三线直入式、三相四线直入式、三相三线互感式以及三相四线互感式。三相三线电度表（DS 型）仅可对三相三线对称或不对称负载做有功电能的计量；三相四线电能表（DT 型）可对三相四线对称或不对称负载做有功电能的计量。

电能表的形式和功能很多，各厂家在型号命名上也不尽相同，大多数电能表只用 2 个字母表示其功能和用途。一些特殊功能或电子式的电能表多用 3 个字母表示其功能和用途。例如 DS862 表示三相三线有功电能表（D 为电能表，S 为三相三线，86 为设计序号，2 为改进序号）；DTD18 表示三相四线有功多功能电能表（D 为电能表，T 为三相四线，D 为多功能，18 为设计序号）。电能表的标定电流（又称基本电流）是用于确定电能表有关特性的电流值,该值越小,电能表越容易启动;额定最大电流是指电能表能满足规定计量准确度的最大电流值。当通过电能表的电流在标定电流和额定最大电流之间时,电能计量准确,当电流小于标定电流或大于额定最大电流时,电能计量的准确度会下降。一般情况下,不允许流过电能表的电流长时间大于额定最大电流。一般而言,电度表的最大规格,即其额定电流,通常设定为100A。若电流超出此限制,则必须借助电流互感器,以避免电能表因过载而损坏。在选择电流互感器时,为确保计量准确度,通常会选取线路实际电流的约1.5倍。例如,对于额定电流为100A的线路,推荐的电流互感器规格为150A;对于额定电流为200A的线路,则应选择300A的电流互感器。电能表所接电源的电压表达方式不同。三相三线电能表以相数乘以线电压表示,如 $3×380V$;三相四线电能表以相数乘以相电压/线电压表示,如 $3×220/380V$。

三相电度表的电流线圈与负载电路串联,电压线圈与负载电路并联(电压线圈匝数多,导线细;电流线圈匝数少,导线粗),三相电能表接线如图3-5-6a所示。如果配用电流互感器,则一次侧接线路,二次侧接电度表电流线圈。由于电流互感器的二次电流都是5A,因此电度表的额定电流也应选用5A。这种配合关系称为电能表与电流互感器的匹配,三相电能表经过电流互感器接线如图3-5-6b所示。

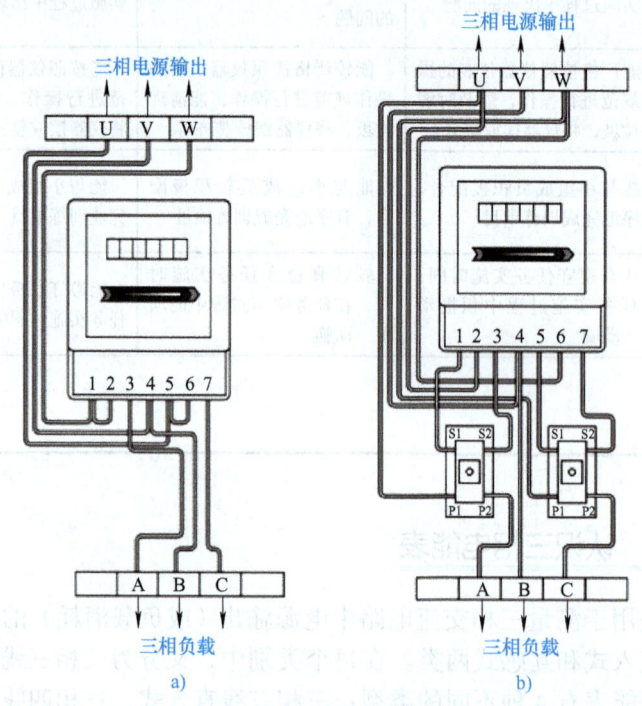

图3-5-6 三相电能表接线

选择哪种接线方式取决于用户的进线和用电需求。对于三相对称负载,如三相变压器和三相异步电动机,三相三线制是合适的选择,因为负载只有三根线,没有中性线,仅适用于这种类型的电能表。然而,如果用户同时有单相负载和三相负载,那就需要采用三相四线制或中性线接地线路,并相应地使用三相四线制电能表。值得注意的是,三相三线制线路不具备调整能力,因此要求三相负载保持基本平衡。因此,三相三线电能表和三相四线电能表的接线方式也会有所不同。这里只介绍三相三线直入式有功电能表和三相四线互感式有功电能表的接线原理。

直入式是三相三线有功电能表的一种常见接线方式，如图 3-5-7 所示。在这种方式下，电能表的电压和电流线圈直接与电源和负载相连，电压线圈的首端应与电流线圈的首端共同接至相线上，无需经过任何中间环节。这种接线方式具有结构简单、维护方便等特点，在电力系统中得到广泛应用。在接线过程中，应遵循正相序接线原则，并将开关和熔断器接在电能表的负载侧。

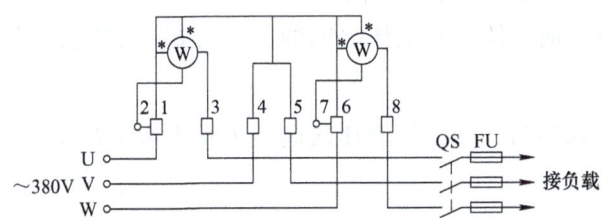

图 3-5-7　三相三线直入式有功电能表接线原理图

三相四线有功电能表由 3 个驱动部件组成，故被称为三元件电能表，它有 11 个接线端子。这种电能表常用于动力和照明混合的供电电路中。图 3-5-8 所示为三相四线互感式有功电能表接线原理图。

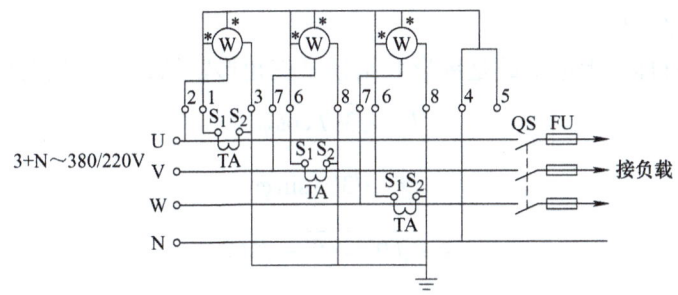

图 3-5-8　三相四线互感式有功电能表接线原理图

为确保安全，电流互感器二次侧的末端 S2 应分别接地。三相四线制在低压配电网中是一种常见的输电线路配置。它包含三条相线，分别是 U、V、W 三相，而第四条线路则是中性线 N 或 PEN。如果该回路的电源侧中性点已接地，那么这条中性线也常被称为零线。在三相四线制系统中，中性线扮演着至关重要的角色，其作用主要体现在以下方面：首先，中性线负责平衡三相负载，确保电流的均衡分配。其次，若采用保护接零的电气设备因绝缘损坏导致碰壳，则短路电流会通过中性线形成回路，由于中性线的阻抗相对较小，因此短路电流会显著增大，从而迅速触发保护装置动作，及时断开电源，确保安全。此外，中性线还是单相 220V 电气设备的电源回路，可为其提供必要的电力支持。中性线的正确接入方式也是至关重要的，它直接影响电能计量的准确性和系统的安全性。

巩固思考

1）三相负载对称时，各相消耗的有功功率相等，则总的有功功率_____。
2）有功功率的功率因数角 φ 仍是_____与_____之间的相位差。
3）三相负载对称时，各相消耗的无功功率相等，则总的无功功率_____。
4）在对称的三相电路中，视在功率为_____。

5）用单相功率表来测量对称三相功率时，常见的测量方法是_____。

项目小结

1）三相电源和三相负载都有星形联结和三角形联结两种接法，负载采用哪种接法需要视负载的额定电压与电源的额定电压而定。

三相负载星形联结时，线、相电压之间的关系为 $U_l = \sqrt{3}U_p$；线、相电流之间的关系为 $I_l = I_p$。

三相负载三角形联结时，线、相电压之间的关系为 $U_l = U_p$；线、相电流之间的关系为 $I_l = \sqrt{3}I_p$。

2）三相负载星形联结时的三相四线制电路中，中性线的作用是强迫电源的中性点与负载的中性点等电位，从而使负载的相电压与电源的相电压相等。

注意：通常三相不对称负载星形联结时不允许没有中性线。

3）三相负载的功率包括有功功率、无功功率和视在功率。它们可以分别由每一相计算或测量，然后相加得出。但三相视在功率 $S = \sqrt{P^2 + Q^2}$，一般不等于各相视在功率的和，除非三相电路对称。

若三相电路对称，无论负载是星形联结还是三角形联结，其三相功率均为

$$P = \sqrt{3}UI\cos\varphi$$

$$Q = \sqrt{3}UI\sin\varphi$$

$$S = \sqrt{P^2 + Q^2} = \sqrt{3}UI$$

拓展训练 3

3.1 三相电源三角形联结时，如果有一相绕组接反，后果如何？试用相量图加以分析说明。

3.2 已知对称三相电源 U、V 相间的电压 $u_{UV} = 380\sqrt{2}\sin(314t + 30°)$V，试写出其余各线电压和相电压的表达式。

3.3 在远距离输电时，如果要输送一定的功率，当输电电压为 220V 时，在输电线上损失的功率为 75kW；当输电电压为 6000V 时，在输电线上损耗的功率又是多少？

3.4 在三相四线制供电电路中，如果测得线电压为 380V，那么其最大值为多少？相电压的有效值和最大值又是多少？

3.5 对称三相绕组接成星形联结，如果 U 相的相电压瞬时值表达式为 $u_U = 220\sqrt{2}\sin(2\pi t + 30°)$V，试求其他各相电压和各线电压的瞬时值表达式，并写出它们的相量形式。

3.6 有一组对称三相负载，其每相负载为 $Z = (8 + j6)\Omega$，把它们接成星形联结，然后接于线电压为 380V 的三相电源上，试求每相负载的相电压、相电流和线电流。

3.7 为什么三相异步电动机可以采用三相三线制供电，而三相照明电路必须采用三相四线制供电？

3.8 三相四线制供电系统中，为什么规定中性线上不得安装熔断器和开关？

3.9 对称三相负载三角形联结，线电压为380V，线电流为17.3A，三相功率为4.5kW。求每相负载的电阻和感抗。

3.10 有一组对称三相负载，$Z=(4-j3)\Omega$，接在$u_U=220\sqrt{2}\sin 314t$ V的对称三相交流电源上，分别计算下面两种情况下负载的有功功率、无功功率和视在功率并比较其结果：（1）负载三角形联结；（2）负载星形联结。

3.11 一台三角形联结的三相异步电动机的功率因数为0.86，效率$\eta=0.88$，额定电压为380V，输出功率为2.2kW，求电动机向电源取用的电流。

3.12 题图3-1为对称三相电路，其有功功率为4.5kW，求：（1）当开关S_2断开时，有功功率为多少？（2）当开关S_1断开时，有功功率为多少？

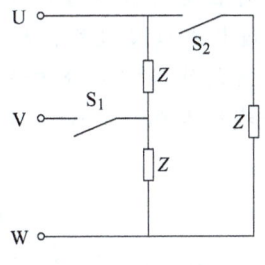

题图3-1 习题3.12图

3.13 一台星形联结的三相异步电动机，接入线电压380V的电网中，当电动机满载时，其额定输出功率为10kW，效率为0.9，线电流为20A。当该电动机输出功率为2kW时，效率为0.6，线电流为10.5A。试求上述两种情况下电路的功率因数，并比较讨论计算结果。

项目 4 暂态电路的分析应用

项目导读

电路的工作状态发生变化时，会导致电路从一个稳定状态转换为另一个稳定状态，此过程称为换路。若电路中存在电感和电容元件，则电路的转换要经过一定的转换过程，这个转换过程称为暂态过程或过渡过程，此时的电路称为暂态电路。

描述暂态电路的数学模型通常是线性常微分方程。如果电路方程是一阶线性微分方程，则相应的电路就称为一阶线性电路。一阶线性电路是工程中最常见和最简单的动态电路。

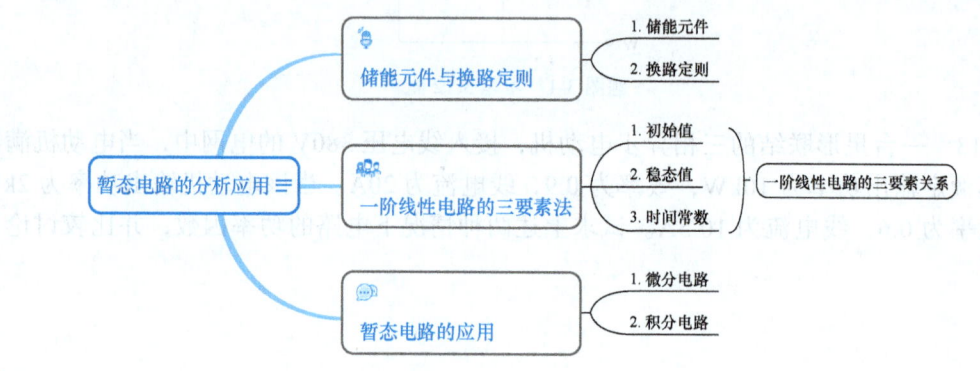

项目目标

知识目标	能力目标	素质目标
1）理解并掌握储能元件与换路定则 2）理解并掌握一阶线性电路的三要素分析法 3）理解并掌握微、积分电路的特点及应用	1）能用换路定则、三要素法分析暂态电路。 2）能正确使用微、积分电路	培养学生的安全用电意识；培养学生的电气职业素养；培养学生的团结协作意识

任务 4.1　储能元件与换路分析

学习目标

知识目标	能力目标	素质目标
1）理解储能元件（电感元件、电容元件）的性质、作用 2）掌握换路的概念、换路定则和三要素法分析一阶线性电路的方法	能运用换路定则分析一阶线性电路的变化规律及应用	培养学生的安全用电意识；培养学生的电气职业素养；培养学生的团结协作意识

案例引入　USB Killer 的破坏能力从哪里来

U 盘全称 USB 闪存盘，是一种使用 USB 接口的，无需物理驱动器的微型大容量移动存储设备，它通过 USB 接口与计算机连接，实现即插即用。如果你看到一个 U 盘，旁边还有一台笔记本计算机，你会怎么做？好奇心会不会驱使你将 U 盘插入计算机？如果这是一个奇特的"U 盘"，如图 4-1-1a 所示，当把这个"U 盘"插入计算机时，如图 4-1-1b 所示，它可能会破坏掉计算机的敏感组件。

图 4-1-1　USB Killer 及被其破坏后的笔记本计算机

计算机正常使用的都是由电源转换过来的 12V、5V 电压，USB 接口使用的也是 5V 供电，电流大多为 1.5A 甚至更低，这种电压通常不会对人体或者计算机造成危害，不过 USB Killer 不一样，一旦接入 USB 接口，它可以通过 USB 接口充电，但对外放电的电压是 200V，而且充放电速度很快，每秒有很多次，在拔出之前都不会停止。200V 电压对计算机来说很危险，后果很严重。

USB Killer 是如何通过 USB 接口破坏计算机的呢？图 4-1-2 所示为 USB Killer 的直流升压斩波电路，就是它将 5V 的低电压升高为 200V 的高电压，其中的储能元件 L、C 威力巨大。那么储能元件 L、C 起了什么样的作用呢？这个电路的工作原理又是什么呢？

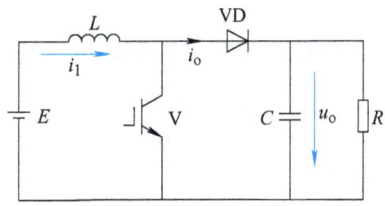

图 4-1-2　直流升压斩波电路

 知识链接

自然界各种事物的运动，在一定条件下都有自己的稳定状态。当条件发生变化时，就要由一种稳态过渡到另一种新的稳态。例如原来静止的电动机接通电源后开始起动，转速由零逐渐上升到稳定的转速，这中间要经历一个时间过程，即起动的过渡过程，由于过渡过程往往只经历很短暂的时间，所以过渡过程又称为暂态过程。

前面任务中分析的电路，无论是直流电路还是交流电路，其中的电压和电流都是某一稳定值或某一稳定的时间函数。当电源恒定或周期性变化时，电路所产生的响应也是恒定或周期性变化的，这种电路称为稳态电路。实际电路的工作状态总是发生变化的，例如电源的接通或断开，电源电压、电路元器件参数改变等，都会使电路中的电压、电流发生变化，当电路中的工作条件发生变化时，电路中的电压或电流也将从原来的稳态值或时间函数变换为另一个稳态值或时间函数,即电路从旧稳态变换为新稳态。电路从一个稳定状态转换为另一个稳定状态,此过程称为换路。在含有电感、电容等储能元件的电路中,这些元件上能量的积累和释放都需要一定的时间。若电路中存在电感和电容元件,则电路的转换不会是一瞬间完成的,而是要经过一定的转换过程,这个转换过程称为暂态过程或过渡过程。此时的电路称为暂态电路。研究换路这个过渡过程十分必要。

1. 电感元件

(1) 电感元件的符号

实际的电感元件通常由导线绕成线圈而成,故实际的电感元件被称为电感线圈。电感线圈是根据电磁感应原理制成的元件,具有限流、滤波、励磁和调谐等作用。图 4-1-3a 所示为常见的电感元件,图 4-1-3b 所示为电感元件的符号。

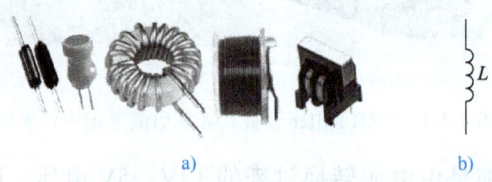

图 4-1-3 常见电感元件及其符号

电感是指单位电流流经电感线圈时所产生的磁链,其定义式为

$$L = \frac{\Psi}{I}$$

电感的单位为亨利(H),简称亨,常用的电感的单位还有毫亨(mH)和微亨(μH)。线圈的电感不仅与线圈本身的因素(如匝数、截面积、电流等)有关,还与线圈中的磁介质有密切关系。

(2) 电感元件的特性

在电压和电流为关联参考方向时,线圈产生的感应电动势为

$$e_L = -\frac{d\Psi}{dt}$$

则电感元件上电压和电流的关系为

$$u_L = -e_L = \frac{d\Psi}{dt} = L\frac{di}{dt} \qquad (4\text{-}1\text{-}1)$$

当电感中流过电流时,电流会产生磁场,线圈就具有了磁场能,其大小为

$$w_L = \int_0^t p\,dt = \int_0^t ui\,dt = \int_0^i Li\,di = \frac{1}{2}Li^2 \qquad (4\text{-}1\text{-}2)$$

图 4-1-4a 所示为电感元件的充电电路。$t=0$ 时,在开关 S 合上的一瞬间,电感线圈会产生一个自感电动势,它与电源电动势方向相反,阻碍充电电流增加。当开关 S 合上后,充电电流以指数形式逐渐增加,直至增大到稳态,此后电流不再增加,线圈充电完成。充电电流的变化曲线如图 4-1-4b 所示。显然,图 4-1-4a 所示为开关 S 合上以前电感的旧稳态电路,图 4-1-4c 所示为开关 S 合上以后电感的新稳态电路。

理想电感元件能实现磁场能和电能的相互转换。理想电感元件不消耗电能,是一种储能元件,且能量的储存和释放是可逆的。

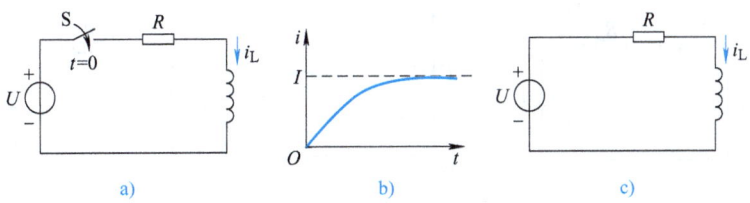

图 4-1-4　电感的充电过程

2. 电容元件

（1）电容元件的符号

实际电容元件（也称电容器）通常是由两块金属板在中间充满电介质（如空气、云母、绝缘纸、塑料薄膜、陶瓷等）构成的。电容元件广泛应用于电力、电子及通信等设备中，具有耦合、滤波、隔直（流）、调谐及补偿等作用。图 4-1-5a 所示为常见电容元件，图 4-1-5b 所示为电容元件的电路符号。

图 4-1-5　常见电容元件及其符号

电容是用来衡量电容元件储存电荷多少的物理量，以 C 表示，其定义式为

$$C=\frac{q}{u}$$

电容的单位为法拉（F），常用单位还有微法（μF）、皮法（pF）等，它们之间的换算关系为

$$1\mathrm{F}=10^6\mathrm{\mu F}=10^{12}\mathrm{pF}$$

（2）电容元件的特性

当电容元件两端的电压发生变化时，电容元件就会充电或放电，从而形成充（放）电电流。在关联参考方向下，电容元件两端的电压与电流的关系为

$$i_\mathrm{C}=C\frac{\mathrm{d}u}{\mathrm{d}t} \tag{4-1-3}$$

当在电容元件两端加上电压时，在电容元件内便产生了电场，电容元件也就具有了电场能。电场能的大小为

$$w_\mathrm{C}=\int_0^t p\mathrm{d}t=C\int_0^u u\mathrm{d}u=\frac{1}{2}Cu^2 \tag{4-1-4}$$

如图 4-1-6a 所示为电容元件的充电电路。$t=0$ 时，在开关 S 合上的一瞬间，电容元件的两个极板上开始有正、负电荷的累积，电容元件两端的电压由零开始逐渐增加。当开关 S 合上后，充电电压以指数形式逐渐增加，直至增大到稳态，此后电压不再增加，电容元件充电完成。充电电压的变化曲线如图 4-1-6b 所示。显然，图 4-1-6a 所示为开关 S 合上以前电容的旧稳态电路，图 4-1-6c 所示为开关 S 合上以后电容的新稳态电路。

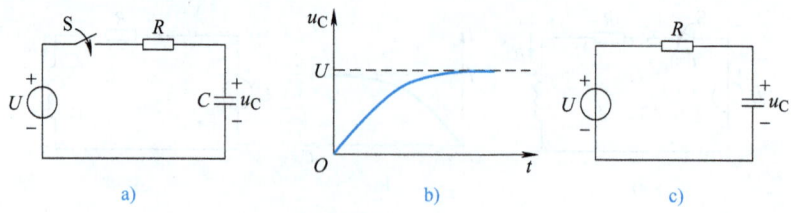

图 4-1-6 电容储能元件充电过程

理想电容元件能实现电场能和电能的相互转换。理想电容元件不消耗电能，是一种储能元件，且能量的储存和释放是可逆的。

3. 换路定则与初始值

通常把电路状态的改变（如通电、断电、短路、电信号突然发生变化、电路参数发生改变等）统称为换路。假设换路发生在 $t=0$ 的瞬间，以 $t=0_-$ 表示换路前的终了时刻，以 $t=0_+$ 表示换路后的初始时刻，则 $u_C(0_-)$ 和 $i_L(0_-)$ 分别表示换路前终了时刻的电容端电压和电感电流；$u_C(0_+)$ 和 $i_L(0_+)$ 分别表示换路后初始时刻的电容端电压和电感电流。在换路的瞬间，u_C 不能跃变，i_L 也不能跃变，这一规律称为换路定则，可以表示为

$$\begin{cases} u_C(0_+) = u_C(0_-) \\ i_L(0_+) = i_L(0_-) \end{cases} \quad (4\text{-}1\text{-}5)$$

换路定则是分析电路暂态过程的一个重要依据，可根据它来确定换路瞬间电路的电压和电流值，即暂态过程的初始值。

求初始值的一般步骤如下：

1）由换路前电路（稳态）求 $u_C(0_-)$ 和 $i_L(0_-)$。

2）由换路定则得 $u_C(0_+)$ 和 $i_L(0_+)$。

3）画出 $t=0_+$ 时的等效电路，$u_C(0_+)$ 相当于电压源，$i_L(0_+)$ 相当于电流源，电压源或电流源的方向与原电路假定的电容电压或电感电流的参考方向相同。由此时的等效电路进而求得其他元件的初始值。

【例 4.1.1】在图 4-1-7a 所示电路中，$U=100\text{V}$，$R_1=60\Omega$，$R_2=100\Omega$ 开关 S 原处于位置 1，电路达到稳态。试求开关 S 由位置 1 转到位置 2 时，电路中 R_2 和 C 的电压及电流初始值。

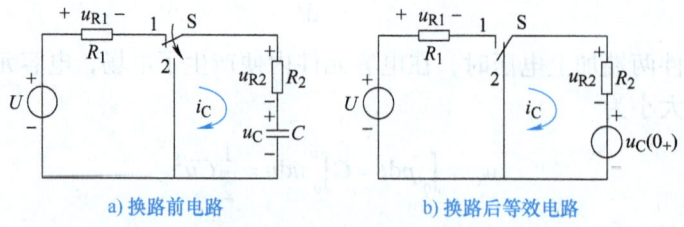

a) 换路前电路　　　　b) 换路后等效电路

图 4-1-7 例 4.1.1 图

解： 选定电压和电流的参考方向如图 4-1-7a 所示。由于电容在直流稳定状态下相当于开路，所以首先求换路前电容的电压，有

$$u_C(0_-) = U = 100\text{V}$$

$t=0_+$ 时的等效电路如图 4-1-7b 所示,根据换路定则得

$$u_C(0_+) = u_C(0_-) = 100\text{V}$$

根据基尔霍夫电压定律得

$$u_{R_2}(0_+) + u_C(0_+) = 0$$

所以

$$u_{R_2}(0_+) = -u_C(0_+) = -100\text{V}$$

$$i_{R_2}(0_+) = \frac{u_{R_2}(0_+)}{R_2} = -\frac{100}{100}\text{A} = -1\text{A}$$

$$i_C(0_+) = i_{R_2}(0_+) = -1\text{A}$$

对 R_1 则有

$$i_{R_1}(0_+) = 0\text{A}$$

$$u_{R_1}(0_+) = 0\text{V}$$

【例 4.1.2】在图 4-1-8a 所示电路中,$U=20\text{V}$,$R=1\text{k}\Omega$,$L=1\text{H}$,电压表内阻 $R_V=500\text{k}\Omega$,设开关 S 在 $t=0$ 时打开,求 S 打开的瞬间,电压表两端的电压。

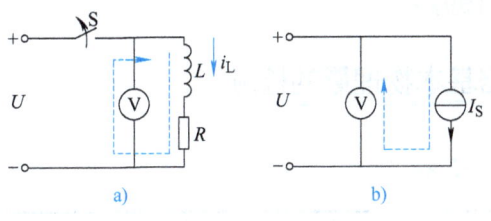

图 4-1-8 例 4.1.2 图

解:换路前有

$$i_L(0_-) = \frac{U}{R} = \frac{20}{1000}\text{A} = 20\text{mA}$$

换路瞬间有

$$i_L(0_+) = i_L(0_-) = 20\text{mA}(大小、方向都不变)$$

换路后,在 $t=0_+$ 时,等效电路如图 4-1-8b 所示,所以

$$I_S = i_L(0_+) = 20\text{mA}$$

$$u_V(0_+) = i_L(0_+)R_V = 20\times10^{-3}\times500\times10^3\text{V} = 10000\text{V}$$

由计算结果可以看出:当电路由旧的稳态到换路的一瞬间,电压表两端的电压就由原来的 20V 一下变化到很高的 10000V。所以,在实际使用中要加电压表保护措施,或先去掉电压表再打开开关 S。

为了保护电压表和开关,在实际应用中可以在电感两端并联一个二极管,如图 4-1-9 所示。

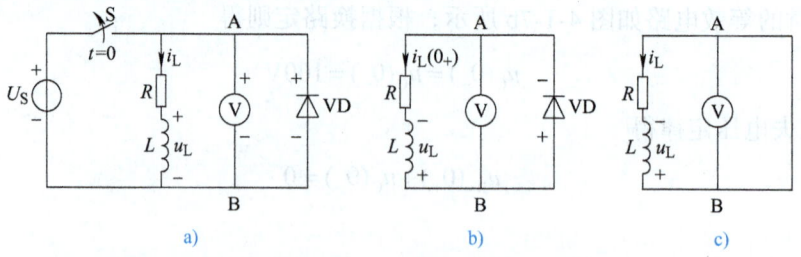

图 4-1-9 电压表的二极管并联保护电路

二极管 VD 的作用相当于电子开关。当开关 S 打开时，二极管导通，将电压表短接，电感的能量就通过与二极管构成的电路释放掉。

与之类似，在 RC 电路中，换路前应将电流表短接，以免初始的冲击电流超过电流表的量程而将电流表损坏。

若在换路瞬间，$i_L(0_-) = I_0 \neq 0$，则电感相当于恒流源，其值等于 I_0。

总结一下换路定则可得：

1）在换路瞬间，u_C、i_L 不能突变。其他电量均可能突变，变不变由计算结果决定。

2）在换路瞬间，若有 $i_L(0_-) = I_0 \neq 0$，则电感相当于恒流源，其值等于 I_0；若有 $i_L(0_-)=0$，则电感相当于断路。

3）在换路瞬间，若有 $u_C(0_-) = U_0 \neq 0$，则电容相当于恒压源，其值等于 U_0；若有 $u_C(0_-) = 0$，则电容相当于短路。

 任务实施 电路基本物理量的检测

一、任务实施所需设备

序号	名称	数量	备注
1	直流稳压电源	1	0～200V
2	万用表	2	数字式、指针式
3	实验电路板	2	电阻、电容若干

二、任务实施参考步骤

1）识别色环电感元件：依据色环标准，识别并读取色环电感的标称值，填入表 4-1-1 中。然后用万用表分别检测色环电感的数值，填入表 4-1-1 中，对比误差并分析结论。

表 4-1-1 色环电感的测量

色环分布			
电感读取值 /mH			
电感测量值 /mH			
误差			

2）识别色环电容元件：依据色环标准，识别并读取色环电容的标称值，填入表 4-1-2 中，然后用万用表分别检测色环电容的数值，填入表 4-1-2 中，对比误差并分析结论。

表 4-1-2　色环电容的测量

色环分布			
电容读取值 /μF			
电容测量值 /μF			
误差			

3）测定电感元件的外特性：按实训图 4-1-1a 所示接线，将一个 15mH 的电感接入 15V 的交流电源，用万用表检测电路中的电压、电流数值，记入表 4-1-3 中。然后逐渐减小交流电源的输出电压，用万用表检测电路中的电压、电流数值，记入表 4-1-3 中。最后在坐标纸上画出电压 – 电流的关系曲线，分析结论。

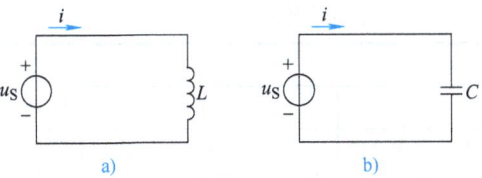

实训图 4-1-1　元件的外特性测试电路

表 4-1-3　电感的外特性

电压 /V					
电流 /A					

4）测定电容元件的外特性：按实训图 4-1-1b 所示接线，将一个 10μF 的电容接入 15V 的交流电源，用万用表检测电路中的电压、电流数值，记入表 4-1-4 中。然后逐渐减小交流电源的输出电压，用万用表检测电路中的电压、电流数值，记入表 4-1-4 中。最后在坐标纸上画出电压 – 电流的关系曲线，分析结论。

表 4-1-4　电容的外特性

电压 /V					
电流 /A					

5）运用实验电路板的电阻、电容等元件，按照图 4-1-7a 所示组成测试电路。在电路中，$U=100V$，$R_1=60Ω$，$R_2=100Ω$，先将开关 S 置于原处（位置 1），使电路达到稳态，测量电路中各元件的端电压及元件上流过的电流，将所测数据记入表 4-1-5。

表 4-1-5　换路定则验证数据

	i_{R1}/A	i_{R2}/A	i_C/A	u_{R1}/V	u_{R2}/V	u_C/V
$t=0_-$						
$t=0_+$						

6）将 S 由位置 1 转接到位置 2，测量电路中 R_1、R_2 和 C 的电压和电流的初始值，将所测数据记入表 4-1-5。

7）比较换路前后，$t=0_-$ 和 $t=0_+$ 时刻的 R_1、R_2 和 C 的电压和电流数值，验证换路定则。

8）为使验证实验更有说服力，可更改电路元件的参数及其连接规律，并将多次测量数据进行比较，使结论更有效。

结论：_____

三、任务实施注意事项

测试 $t=0_-$ 和 $t=0_+$ 两时刻各元件的电压、电流数值时应注意各参数正方向的变化。

四、任务汇报展示评价（见表 4-1-6）

表 4-1-6　电路基本物理量的检测实训项目评价表

实训项目：　　　　　　　　　学生姓名：

序号	考核项目	考核等级			成绩
		A	B	C	
1	任务实施计划决策	计划合理充分、实施过程准确且有完整详细的记录	计划较合理充分、实施过程较准确且有记录	计划较合理充分、实施过程较准确但没有记录	
2	任务实施检查	在规定时间内能较好地完成电路基本物理量的检测，测量数据分析准确	在规定时间内能完成电路基本物理量的检测，测量数据分析较准确	在规定时间内基本完成电路基本物理量的检测，测量数据分析较准确	
3	任务实施评估讨论	能独立完成电路基本物理量的检测，准确分析数据并得出结论，能积极解决任务实施过程中出现的问题	能较独立地完成电路基本物理量的检测，较准确地分析数据并得出结论，能部分解决任务实施过程中出现的问题	能基本完成电路基本物理量的检测，能分析数据并得出结论，能部分解决任务实施过程中出现的问题	
4	仪器使用、维护	能严格按照仪器仪表的操作规范进行操作，能及时清理垃圾，将仪器摆放整齐等	能较严格按照仪器仪表的操作规范进行操作，能清理垃圾，将仪器摆放整齐等	能按照仪器仪表的操作规范进行操作，能清理垃圾，将仪器摆放整齐等	
	团队协作	能与小组成员积极配合，有序地完成训练项目	能与小组成员较积极配合，有序地完成训练项目	能与小组成员配合，基本完成训练项目	
	劳动纪律	认真遵守任务实施时间，在任务实施过程中积极动手、动脑	较认真遵守任务实施时间，在任务实施过程中能动手、动脑	能遵守任务实施时间，在任务实施过程中不够积极	
总评					

视野拓展　一阶线性电路的响应

只含一种储能动态元件的线性非时变电路，通常可以用线性常系数一阶微分方程来描述。因此定义用一阶微分方程来描述的电路为一阶线性电路。在一阶线性电路中，因为含有动态元件，所以当电路换路后，就有一个暂态过程，其响应分为三种情况：零输入响应、零状态响应、全响应，且全响应 = 零输入响应 + 零状态响应。

1. 零输入响应

在一阶线性电路中，若仅有储能元件的初始储能所激发的响应，则称为一阶线性电路的零输入响应。下面分别讨论 RC 电路的零输入响应和 RL 电路的零输入响应。

(1) RC 电路的零输入响应

所谓 RC 电路的零输入响应，是指已充电电容的放电过程。在图 4-1-10a 所示电路中，开关 S 在位置 1 时，电源对电容 C 充电，且已达到稳态，此时电容电压 $u_C(0_-)=U_0$。若在 $t=0$ 时把开关 S 从位置 1 扳到位置 2，则电路输入信号为零，进入过渡过程，图 4-1-10b 所示为换路瞬间的等效电路。

根据基尔霍夫电压定律，可得

$$u_R - u_C = 0$$

代入 $u_R = -iR_C$，$i_C = C\dfrac{du_C}{dt}$，得

$$RC\dfrac{du_C}{dt} + u_C = 0$$

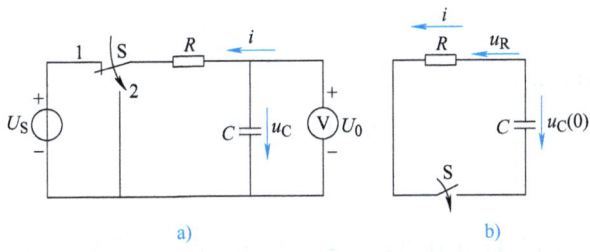

图 4-1-10 RC 电路的零输入响应

当电路的初始值 $u_C(0_+) = u_C(0_-) = U_0$ 时，电容上的响应电压为

$$u_C = U_0 e^{-\dfrac{t}{RC}} \tag{4-1-6}$$

电容上的电流为

$$i_C = C\dfrac{du_C}{dt} = -\dfrac{U_0}{R} e^{-\dfrac{t}{RC}} \tag{4-1-7}$$

RC 称为时间常数，以 τ 表示，单位为秒 (s)，即

$$\tau = RC \tag{4-1-8}$$

零输入响应时，电容上的电流、电压曲线如图 4-1-11 所示。时间常数 τ 的大小直接影响 u_C 及 i_C 的衰减快慢。τ 越大，衰减越慢，暂态时间越长。

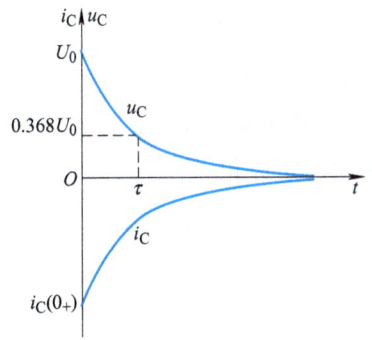

图 4-1-11 RC 电路的零输入响应波形

将式（4-1-8）代入式（4-1-6）和式（4-1-7），可表示为

$$\begin{cases} u_C = U_0 e^{-\frac{t}{\tau}} \\ i_C = \dfrac{U_0}{R} e^{-\frac{t}{\tau}} \end{cases} \qquad (4\text{-}1\text{-}9)$$

【例 4.1.3】 如图 4-1-12a 所示，已知开关 S 原处于位置 1，电路达到稳态，U_S=100V，R_1=60Ω，R_2=40Ω，R=20kΩ，C=1000pF。试求 S 由位置 1 转接到位置 2 并经过 20μs 后的电压 u_C 和电流 i。

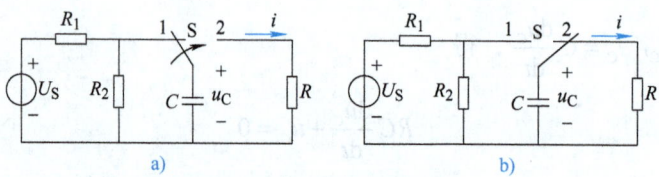

图 4-1-12　例 4.1.3 图

解： 由换路定则可知

$$u_C(0_+) = u_C(0_-)$$

由图 4-1-12a 可得

$$u_C(0_+) = u_C(0_-) = \frac{U_S}{R_1 + R_2} R_2 = \frac{100}{60+40} \times 40\text{V} = 40\text{V}$$

由图 4-1-12b 可得

$$\tau = RC = 20 \times 10^3 \times 1000 \times 10^{-12}\text{s} = 2 \times 10^{-5}\text{s}$$

所以，由式（4-1-9）可得

$$u_C(t) = U_0 e^{-\frac{t}{\tau}} = 40 e^{-\frac{t}{2 \times 10^{-5}}}\text{V} = 40 e^{-5 \times 10^4 t}\text{V}$$

$$i(t) = \frac{u_C(t)}{R} = \frac{40 e^{-5 \times 10^4 t}}{40}\text{mA} = e^{-5 \times 10^4 t}\text{mA}$$

将 $t = 20\mu s = 20 \times 10^{-5}$s 分别代入 $u_C(t)$ 和 $i(t)$，得

$$u_C(t) = 40 e^{-5 \times 10^4 \times 2 \times 10^{-5}}\text{V} = 40 e^{-1}\text{V} = 14.7\text{V}$$

$$i(t) = e^{-5 \times 10^4 t} = e^{-5 \times 10^4 \times 2 \times 10^{-5}}\text{mA} = e^{-1}\text{mA} = 0.37\text{mA}$$

（2）RL 电路的零输入响应

RL 电路的零输入响应是指电感元件的放电过程。在图 4-1-13 所示电路中，开关 S 闭合前电路已经达到稳态，此时电感中的电流 $I_0 = I_S$。若在 $t=0$ 时开关 S 闭合，则电路的初始值 $i_L(0_+) = I_0$。根据基尔霍夫电压定律得

$$u_R + u_L = 0$$

代入 $u_R = R i_L$，$u_L = L\dfrac{di_L}{dt}$，可得

$$\frac{L}{R}\frac{di_L}{dt} + i_L = 0$$

当电路的初始值 $i_L(0_+) = I_0$ 时，电感上的响应电流为

$$i_L = I_0 e^{-\frac{R}{L}t} = \frac{U_S}{R} e^{-\frac{R}{L}t} \tag{4-1-10}$$

电感上的响应电压为

$$u_L = L\frac{di_L}{dt} = -I_0 R e^{-\frac{R}{L}t} \tag{4-1-11}$$

式中，$\frac{L}{R}$ 为 RL 电路的时间常数，单位是秒（s）。它的大小同样反映了 RL 电路的衰减快慢程度。电感上零输入响应时的电流、电压曲线如图 4-1-14 所示。

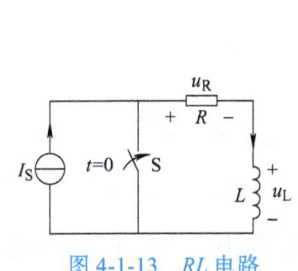

图 4-1-13　RL 电路　　　　图 4-1-14　电感上零输入响应时的电流、电压曲线

（3）零输入响应的一般形式

一阶线性电路的零输入响应是指储能元件储存的初始能量对电阻释放的过程。换路后电路中的电压和电流都按指数规律 $e^{-\frac{t}{\tau}}$ 衰减，一阶 RC 电路、一阶 RL 电路的零输入响应的一般形式为

$$f(t) = f(0_+) e^{-\frac{t}{\tau}} \tag{4-1-12}$$

式中，$f(0_+)$ 为响应的初始值；τ 为换路后电路的时间常数。

在 RC 电路中，$\tau = RC$；在 RL 电路中，$\tau = \frac{L}{R}$。这里的 R 为换路后电路对储能元件 C 或 L 两端的戴维南等效电阻。

2. 零状态响应

一阶线性电路的零状态响应是指电路在换路瞬间储能元件中的初始储能为零，电路中仅有因外加电源作用而产生的响应。

（1）RC 电路的零状态响应

RC 电路的零状态响应，是指电容的充电过程，如图 4-1-15 所示，开关 S 原处于断开状态，电容的初始状态为零，即 $u_C(0_+) = 0V$。在 $t = 0$ 时，开关 S 闭合，电路接通直流电源 U_S，电源向电容充电。根据基尔霍夫电压定律，可得

$$u_R + u_C = U_S$$

代入 $u_R = iR_C$，$i_C = C\dfrac{du_C}{dt}$，得

$$RC\frac{du_C}{dt} + u_C = U_S$$

当电路的初始值 $u_C(0_+) = 0\text{V}$ 时，电容上的响应电压为

$$u_C = U_S(1 - e^{-\frac{t}{RC}})(t \geq 0) \tag{4-1-13}$$

电容上的响应电流为

$$i_C = C\frac{du_C}{dt} = \frac{U_S}{R}e^{-\frac{t}{RC}}(t \geq 0) \tag{4-1-14}$$

零状态响应时，电容上的响应电流、电压曲线如图 4-1-16 所示。

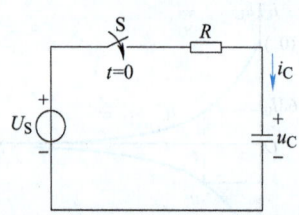
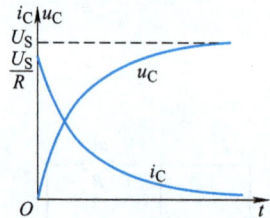

图 4-1-15　RC 电路的零状态响应　　　　图 4-1-16　电容上的响应电流、电压曲线

由上述分析可知：在电容元件接通电源后的充电过程中，电压 u_C 从零值开始按指数规律上升并趋于稳态值 U_S；电路中的电流也会从零跃变到最大值 $\dfrac{U_S}{R}$ 后按指数规律衰减并趋于零值。τ 越大，充电时间越长，反之则充电时间越短。

当 $t = \tau$ 时，$u_C = (1 - e^{-1})U_S = 0.632U_S$，即电容电压增至稳态值的 63.2%。当 $t = (3 \sim 5)\tau$ 时，电容电压增至稳态值的 95%～99.7%，通常认为此时电路已进入稳态。当 $t \to \infty$ 时，u_C 的稳态值可记为 $u_C(\infty)$，此时有

$$u_C(t) = u_C(\infty)(1 - e^{-\frac{t}{\tau}}) \tag{4-1-15}$$

【例 4.1.4】已知电路如图 4-1-17a 所示，$u_C(0_-) = 0\text{V}$，$t = 0$ 时开关 S 闭合。求 $t \geq 0$ 时的 $u_C(t)$、$i_C(t)$ 及 $i(t)$。

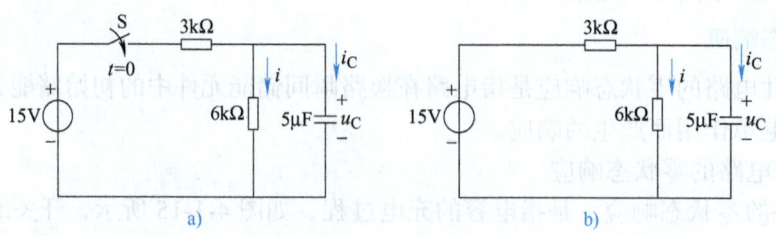

图 4-1-17　例 4.1.4 图

解：因为 $u_C(0_-) = 0\text{V}$，故有

$$u_C(0_+) = 0\text{V}$$

由图 4-1-17b 可知

$$u_C(\infty) = \frac{6}{3+6} \times 15\text{V} = 10\text{V}$$

在图 4-1-17b 中去除电压源后，分析计算 τ 为

$$\tau = RC = \frac{3\times 6}{3+6} \times 10^3 \times 5 \times 10^{-6}\text{s} = 1 \times 10^{-2}\text{s}$$

由式（4-1-15）可得

$$u_C(t) = 10(1-\mathrm{e}^{-100t})\text{V}$$

所以

$$i_C(t) = C\frac{\mathrm{d}u_C}{\mathrm{d}t} = 5\times 10^{-6} \times 1000\mathrm{e}^{-100t}\text{A} = 5\mathrm{e}^{-100t}\text{mA}$$

$$i(t) = \frac{u_C(t)}{6\times 10^3} = \frac{10(1-\mathrm{e}^{-100t})}{6\times 10^3}\text{A} = \frac{5}{3}(1-\mathrm{e}^{-100t})\text{mA}$$

（2）RL 电路的零状态响应

如图 4-1-18 所示，$i_L(0_+) = 0\text{A}$，在 $t=0$ 时，开关 S 闭合，根据基尔霍夫电压定律，得

$$u_R + u_L = U_S$$

代入 $u_R = Ri_L$，$u_L = L\dfrac{\mathrm{d}i_L}{\mathrm{d}t}$，得

$$\frac{L}{R}\frac{\mathrm{d}i_L}{\mathrm{d}t} + i_L = \frac{U_S}{R}$$

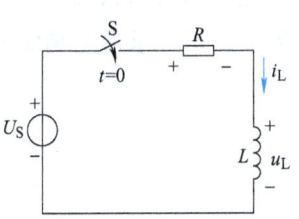

图 4-1-18　RL 电路的零状态响应

当电路的初始值 $i_L(0_+) = 0\text{A}$ 时，有

$$\begin{cases} i_L = \dfrac{U_S}{R}\left(1-\mathrm{e}^{-\frac{R}{L}t}\right) = \dfrac{U_S}{R}\left(1-\mathrm{e}^{-\frac{t}{\tau}}\right) \\ u_L = L\dfrac{\mathrm{d}i_L}{\mathrm{d}t} = U_S\mathrm{e}^{-\frac{R}{L}t} = U_S\mathrm{e}^{-\frac{t}{\tau}} \end{cases} \quad (4\text{-}1\text{-}16)$$

由于 $\dfrac{U_S}{R}$ 是 i_L 的稳态值，可记为 $i_L(\infty)$，故式（4-1-16）中的 i_L 可表示为

$$i_L = i_L(\infty)(1-\mathrm{e}^{-\frac{R}{L}t}) = i_L(\infty)(1-\mathrm{e}^{-\frac{t}{\tau}}) \quad (4\text{-}1\text{-}17)$$

电感上的零状态响应电流、电压曲线如图 4-1-19 所示。

（3）零状态响应的一般形式

由一阶 RC、RL 电路的零状态响应电流、电压的表达式可以看出，电容电压 u_C、电感电流 i_L 都是由零逐渐上升到新稳态值，并且都按指数规律变化，故一阶线性电路零状态响应的一般形式为

$$f(t) = f(\infty)(1-\mathrm{e}^{-\frac{t}{\tau}}) \quad (4\text{-}1\text{-}18)$$

式中，$f(\infty)$ 为电路的新稳态值；τ 为时间常数。

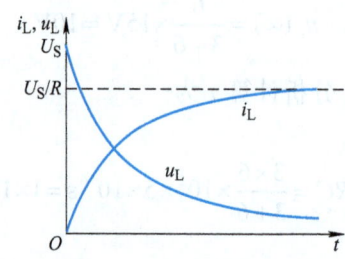

图 4-1-19　电感上的响应电流、电压曲线

3. 全响应

从激励与响应的关系来看，一阶线性电路的全响应可分解为一阶零输入响应和一阶零状态响应的代数和，这也是叠加定理的一个应用。

如图 4-1-20 所示，开关 S 闭合前，电容已经充电，$u_C(0_-) = U_0$。在 $t = 0$ 时，开关 S 闭合，RC 电路与电源 U_S 接通。显然，换路后电路的响应是输入激励 U_S 和初始状态 U_0 共同作用的结果，属于全响应。该电路的微分方程与 RC 电路的零状态响应方程相似，区别在于电路的初始状态不同，此时的初始状态为 $u_C(0_-) = U_0$，待定系数 A 也会有所不同。根据数学知识可求得全响应为

$$u_C = U_S + Ae^{-\frac{t}{RC}} = U_S + (U_0 - U_S)e^{-\frac{t}{\tau}} \tag{4-1-19}$$

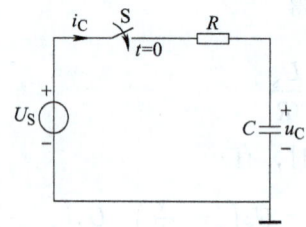

图 4-1-20　RC 电路的全响应

在式（4-1-19）中，第一项是稳态分量，它只与输入的激励有关；第二项是暂态分量，它是由初始值和稳态值之差决定的，只有在初始值和稳态值之差不为零的情况下，才有暂态分量，电路才存在过渡过程。

 巩固思考

1）电流所经过的路径叫作电路，通常由_____、_____和_____三部分组成。
2）实际电路按功能可分为_____电路和电子技术信号电路两大类。
3）在电路中，如果电流 I 的数值为 -5A，则电流的参考方向与实际正方向_____。
4）电路中有 a、b 两点，电压 $U_{ab} = 10\text{V}$，a 点电位 $V_a = 4\text{V}$，则 b 点电位 $V_b =$ _____V。
5）在万用表的读数线上，标有 DC 的代表_____，标有 AC 的代表_____。

任务 4.2　一阶线性电路三要素法的分析与应用

 学习目标

知识目标	能力目标	素质目标
理解并掌握一阶线性电路的三要素法	能正确运用一阶线性电路的三要素分析暂态电路	培养学生严谨的科学态度；培养学生的电气职业素养；培养学生的团结协作意识

 案例引入　一阶线性电路的三要素法

在含有电容、电感等储能元件的电路中，这些元件上的能量积累和释放都需要一定的时间，这一变换过程称为电路的过渡过程。电路的过渡过程虽然时间相对短暂，但对它的研究却是十分重要的。还记得那个可以破坏计算机的"U 盘"吗？直流升压斩波电路就是利用了电感 L 和电容 C 的充放电，让计算机自身提供的 5V 直流电压升高为 200V 的电压，最终使计算机部分电路板受损而瘫痪。但是从辩证唯物主义的角度来讲，凡事都有两面性，都有利与弊两个方面。因此，动态元件的充放电也可以造福人类。例如在电子电路中，可以利用电容充放电或是电感充放电产生脉冲信号，得到想要的不同脉宽、不同形状的波形（例如信号发生器等），或是触发某种电路来产生某些特定的功能。

图 4-2-1a 所示为一种电容三点式振荡电路，图中电感 L 和电容 C_1、C_2 组成具有选频作用的谐振电路，从电容 C_2 上取出反馈电压加到晶体管 VT 的基极，晶体管的输入电压和反馈电压同相，满足相位平衡条件，因此电路能起振，可作为后续电子电路的固定频率振荡器。

图 4-2-1b 所示为单片机的一种按键脉冲复位原理图，它是如何在 Reset 端产生脉冲的呢？图 4-2-1b 的左上端采用了一个按键，按一下再弹起，就给单片机的复位引脚施加了一个脉冲信号，这是个高电平复位电路，C_1 用于实现来电时自动复位，C_2 用于实现按钮复位。R_2 为 C_2 的放电回路，可实现反复操作。

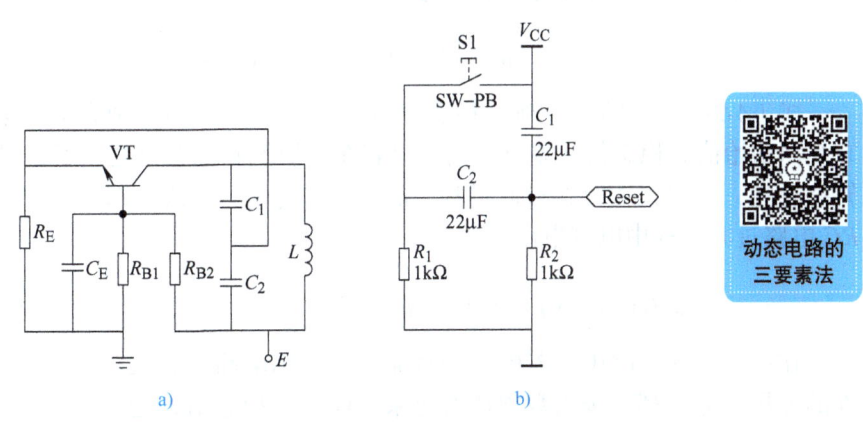

图 4-2-1　振荡一阶线性电路

如果电路方程是一阶微分方程，则相应的电路就称为一阶电路。如果电路方程是二阶

或高阶微分方程，则相应的电路就称为二阶电路或高阶电路。一阶线性电路是工程中最常见和最简单的动态电路，通过建立微分方程进行分析，比较复杂，也给学习带来了一定的压力。本任务将介绍一种分析和计算一阶线性电路过渡过程的简单方法——三要素法。

 知识链接

线性电路中只有一种储能元件时，列写的电路方程是一阶微分方程。在任务 4.1 的视野拓展中可以看出，电路中的电源为恒定的直流电源，换路时电路中的电压、电流都是按指数规律变化的函数。而且在同一个电路中，各支路电流和各元件端电压的变换规律的时间常数 τ 都是相同的。

在图 4-2-2 所示的 RC 电路中，电容元件没有被充电。设在 $t=0$ 时开关 S 闭合，则可列出换路后稳态电路的回路电压方程为

$$iR + u_C = U_S$$

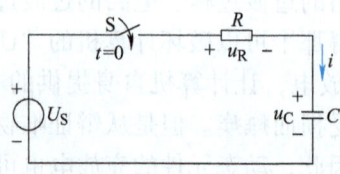

图 4-2-2　RC 电路

由 $i_C = C\dfrac{du_C}{dt}$ 可以得到一个一阶常系数非齐次线性微分方程，即

$$RC\frac{du_C}{dt} + u_C = U_S$$

在图 4-2-2 中，开关 S 闭合前，假设电容已经充电，$u_C(0_-) = U_0$。在 $t = 0$ 时，开关 S 闭合，RC 电路与电源 U_S 接通。显然，换路后电路的响应是输入激励 U_S 和初始状态 U_0 共同作用的结果，属于全响应。该电路的微分方程与 RC 电路的零状态响应的电路方程相似，区别在于电路的初始状态不同，此时的初始状态为 $u_C(0_-) = U_0$，待定系数 A 也会有所不同。根据数学知识可求得全响应为

$$u_C = U_S + Ae^{-\frac{t}{RC}} = U_S + (U_0 - U_S)e^{-\frac{t}{\tau}} \qquad (4\text{-}2\text{-}1)$$

式（4-2-1）中的第一项是稳态分量，它只与输入的激励有关；第二项是暂态分量，它是由初始值和稳态值之差决定的，只有在初始值和稳态值之差不为零的情况下，才会有暂态分量，电路也才存在过渡过程。u 随时间变化的曲线如图 4-2-3 所示。求解得到一阶 RC 电路过渡过程中电容电压的通式，即

$$u_C(t) = u_C(\infty) + [u_C(0_+) - u_C(\infty)]e^{-\frac{t}{\tau}}$$

在一阶线性电路中，若电源为直流电源，则电路中各元件的电压、电流都会按指数规律变化来趋向新的稳态值，趋向新的稳态值的速率与时间常数 τ 有关。所以只要知道换路后的初始值、稳态值和时间常数 τ 这三个要素，就能直接求

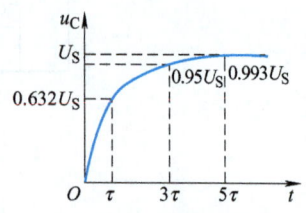

图 4-2-3　u 随时间变化的曲线

出一阶线性电路电压、电流的变化规律，这就是一阶线性电路的三要素法。

如果用 $f(t)$ 表示电路的响应（过渡过程中电路内的电压或电流）；用 $f(\infty)$ 表示换路后的稳态值（需要在换路后的稳态电路中利用电路分析得到）；用 $f(0_+)$ 表示换路后的初始值（要用换路定则及换路前后电路的分析求解，符合换路定则的物理量采用换路前的电路分析求解，其他物理量采用换路后的初始电路分析求解），则一阶线性电路全响应的三要素一般形式可表达为

$$f(t) = f(\infty) + [f(0_+) - f(\infty)]e^{-\frac{t}{\tau}} \qquad (4\text{-}2\text{-}2)$$

式（4-2-2）中的 τ 具有时间的量纲，称其为时间常数，它表征过渡过程变化的快慢。τ 越大，时间指数 $\frac{t}{\tau}$ 越小，电压、电流的过渡量变化就越慢，变化过程也就越慢。反之则变化过程越快。改变电路的相关参数就可以改变时间常数 τ，进而改变过渡过程的快慢。

下面以 RC 电路为例，说明 $f(0_+)$、$f(\infty)$ 和 τ 三要素的求解方法。

（1）$f(0_+)$ 的求解方法

电容电路中的初始值 $u_C(0_+) = u_C(0_-)$，由换路前的等效电路求解，其他元件的端电压或电流的初始值可在 $t = 0_+$ 电路中求得，在 $t = 0_+$ 电路中，电容相当于一个电压源，电感相当于一个电流源；电感元件电路的初始值 $i_L(0_+) = i_L(0_-)$，也由换路前的等效电路求解，其余同 RC 电路。

注意：分析 $f(0_+)$ 的数值时，需要用到换路前和换路后初始状态的等效电路。

（2）$f(\infty)$ 的求解方法

电容电路中的稳态值 $u_C(\infty)$，由换路后 $t \to \infty$ 时的稳态等效电路求得，其他电压或电流的稳态值也可在换路后的稳态电路中求得；电感元件电路中的稳态值 $i_L(\infty)$ 也由换路后 $t \to \infty$ 时的稳态等效电路求得，其他元件端电压或电流的稳态值也可在换路后的稳态电路中求得。

注意：分析 $f(\infty)$ 的数值时，需要用到换路后稳定状态的等效电路。

（3）τ 的求解方法

电容电路中的时间常数 $\tau = RC$，其中 R 应为换路后电容两端所接的除源网络的等效电阻（即 R 是指换路后动态元件两端的戴维南等效电阻）。在 RC 电路中，τ 越大，充电或放电就越慢，τ 越小，充电或放电就越快。在工程上，通常认为过渡过程所需的时间 $t = (3 \sim 5)\tau$，如图 4-2-3 所示。适当调节 R 和 C，就可以控制 RC 电路过渡过程的快慢。在电感电路中，$\tau = \dfrac{L}{R}$，其中的 R 也是换路后电感元件两端所接的除源网络的等效电阻。

【例 4.2.1】在图 4-2-4 中，当 $t = 0$ 时，开关 S 由 1 扳到 2，求 $t \geq 0$ 时的 $u_C(t)$、$i_C(t)$。

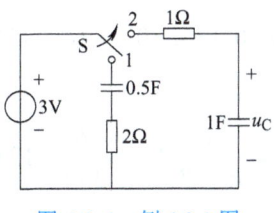

图 4-2-4　例 4.2.1 图

解：先确定 $u_C(t)$ 的初始值，有

$$u_C(0_-) = 0\text{V}$$

由换路定则得

$$u_C(0_+) = u_C(0_-) = 0\text{V}$$

然后确定稳态值 $u_C(\infty)$，由换路后的等效电路得

$$u_C(\infty) = 3\text{V}$$

接下来确定时间常数 τ，电容两端的戴维南等效电阻为

$$R_0 = 1\Omega$$

则时间常数 τ 为

$$\tau = R_0 C = 1 \times 1\text{s} = 1\text{s}$$

所以

$$u_C(t) = u_C(\infty) + [u_C(0_+) - u_C(\infty)]e^{-\frac{t}{\tau}}$$
$$= 3 + (0-3)e^{-t} = 3(1-e^{-t})\text{V}$$

电容上的电流为

$$i_C(t) = C\frac{du_C}{dt} = 1 \times 3e^{-t} = 3e^{-t}\text{A}$$

【**例 4.2.2**】图 4-2-5a 所示电路原处于稳态，在 $t=0$ 时将开关 S 闭合，试求换路后电路中标出的电压和电流，并画出其变化曲线。

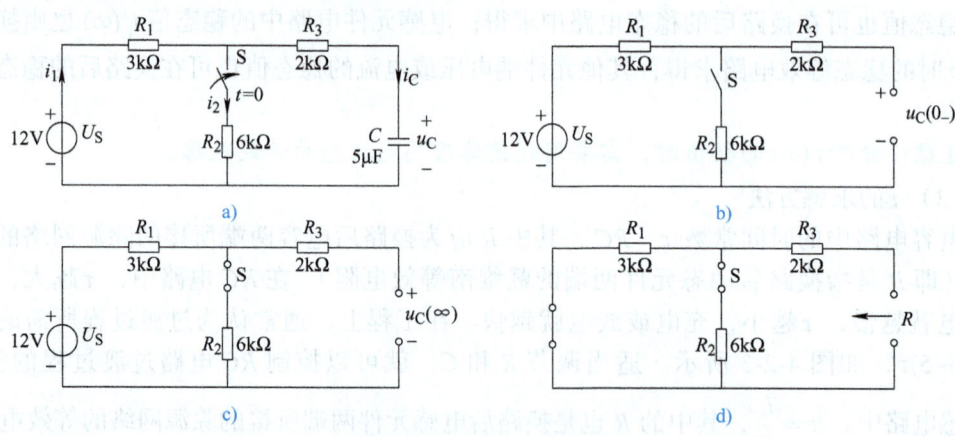

图 4-2-5 例 4.2.2 图

解：对于换路后的电压 $u_C(t)$，由图 4-2-5b 可得

$$u_C(0_+) = u_C(0_-) = U_S = 12\text{V}$$

由图 4-2-5c 可得

$$u_C(\infty) = \frac{R_2}{R_1 + R_2}U_S = \frac{6}{3+6} \times 12\text{V} = 8\text{V}$$

R 应为换路后电容两端所接除源网络的等效电阻,由图 4-2-5d 可得

$$R = R_1 /\!/ R_2 + R_3 = \left(\frac{3\times 6}{3+6}+2\right)\text{k}\Omega = 4\text{ k}\Omega$$

$$\tau = RC = 4\times 10^3 \times 5\times 10^{-6}\text{s} = 2\times 10^{-2}\text{s}$$

所以

$$u_C(t) = u_C(\infty) + [u_C(0_+) - u_C(\infty)]\text{e}^{-\frac{t}{\tau}} = 8 + 4\text{e}^{-50t}\text{ V}$$

对于换路后的电容电流 $i_C(t)$,求解可用三要素法,也可由 $i_C(t) = C\dfrac{\text{d}u_C}{\text{d}t}$ 求得,即

$$i_C(t) = C\frac{\text{d}u_C}{\text{d}t} = \frac{u_C(\infty) - u_C(0_+)}{R}\text{e}^{-\frac{t}{\tau}} = \frac{8-12}{4}\text{e}^{-50t}\text{mA} = -\text{e}^{-50t}\text{mA}$$

对于换路后的两电阻的电流 $i_1(t)$、$i_2(t)$,求解也可用三要素法,或者由 $i_C(t)$、$u_C(t)$ 求得,即

$$i_2(t) = \frac{i_C R_3 + u_C}{R_2} = \frac{-\text{e}^{-50t}\times 2 + 8 + 4\times \text{e}^{-50t}}{6}\text{mA} = \left(\frac{4}{3} + \frac{1}{3}\text{e}^{-50t}\right)\text{mA}$$

$$i_1(t) = i_2 + i_C = \left(\frac{4}{3} + \frac{1}{3}\text{e}^{-50t} - \text{e}^{-50t}\right)\text{mA} = \left(\frac{4}{3} - \frac{2}{3}\text{e}^{-50t}\right)\text{mA}$$

换路后各电压、电流的变化曲线如图 4-2-6 所示。

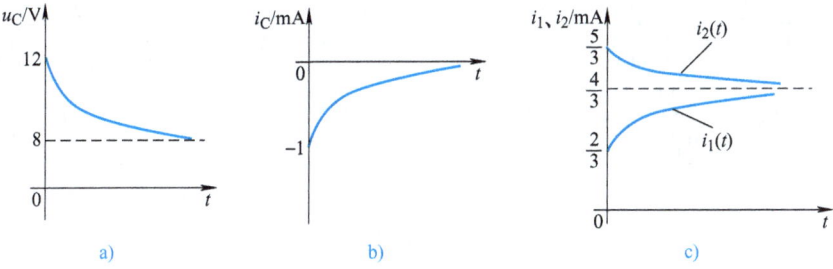

图 4-2-6 例 4.2.2 的电压、电流的变化曲线

【例 4.2.3】电路如图 4-2-7a 所示。试求 $t \geq 0$ 时的 i_L、i_1 及 i_2,并画出变化曲线。

解: 使用三要素法求 i_L,由图 4-2-7c 所示电路可得初始值为

$$i_L(0_+) = i_L(0_-) = \frac{U_{S1}}{R_1} = \frac{12}{6}\text{A} = 2\text{A}$$

由图 4-2-7d 所示电路可得稳态值为

$$i_L(\infty) = \frac{U_{S1}}{R_1} + \frac{U_{S2}}{R_2} = \left(\frac{12}{6} + \frac{9}{3}\right)\text{A} = 5\text{A}$$

时间常数为

$$\tau = \frac{L}{R_1 /\!/ R_2} = \frac{1}{6/\!/3}\text{s} = \frac{1}{2}\text{s}$$

所以

$$i_L(t) = i_L(\infty) + [i_L(0_+) - i_L(\infty)]e^{-\frac{t}{\tau}} = (5 - 3e^{-2t})\text{A}$$

i_1 和 i_2 可用 u_L 求出（或直接用三要素法求），即

$$u_L = L\frac{di}{dt} = [i_L(\infty) - i_L(0_+)]Re^{-\frac{t}{\tau}}$$

$$= (5-2) \times 2e^{-2t}\text{V} = 6e^{-2t}\text{V}$$

$$i_1(t) = \frac{U_{S1} - u_L}{R_1} = \frac{12 - 6e^{-2t}}{6}\text{A} = (2 - e^{-2t})\text{A}$$

$$i_2(t) = \frac{U_{S2} - u_L}{R_2} = \frac{9 - 6e^{-2t}}{3}\text{A} = (3 - 2e^{-2t})\text{A}$$

变化曲线如图 4-2-7b 所示。

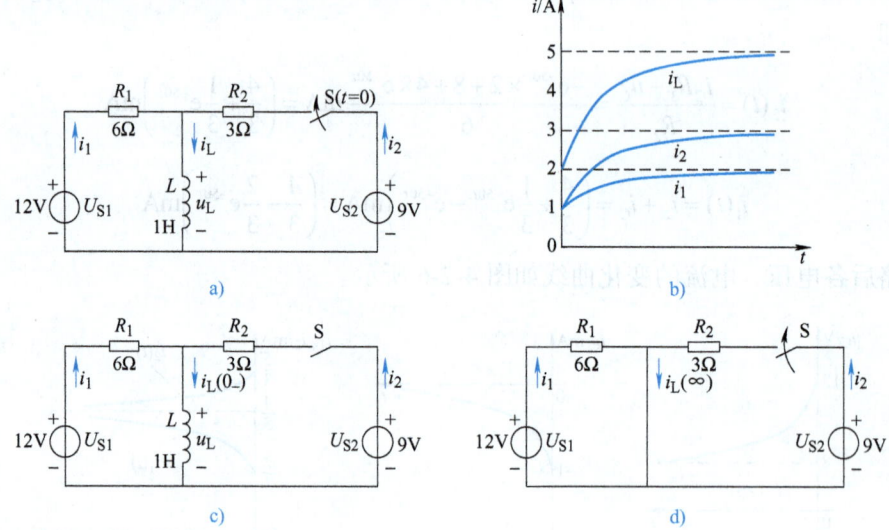

图 4-2-7 例 4.2.3 图

【例 4.2.4】在图 4-2-8a 所示电路中，已知 $U_S = 9\text{V}$，$I_S = 1\text{A}$，$C = 10\mu\text{F}$，$R_1 = 3\Omega$，$R_2 = 6\Omega$，$R_3 = R_4 = 2\Omega$，试求（1）开关 S 打开后的 $u_C(t)$ 和 $i_1(t)$；（2）画出它们的变化曲线。

解：（1）先求电压 $u_C(t)$，由图 4-2-8a 所示电路，得

$$u_C(0_+) = u_C(0_-) = \frac{R_2}{R_1 + R_2}U_S = \frac{6}{3+6} \times 9\text{V} = 6\text{V}$$

由图 4-2-8b 所示电路，得

$$u_C(\infty) = \frac{R_2}{R_1 + R_2}U_S - I_S R_4 = \left(\frac{6}{3+6} \times 9 - 1 \times 2\right)\text{V} = 4\text{V}$$

将图 4-2-8b 所示电路除源，得

$$\tau = R_{eq}C = \left(\frac{R_1 R_2}{R_1 + R_2} + R_4\right)C = \left(\frac{3 \times 6}{3+6} + 2\right) \times 10 \times 10^{-6}\text{s} = 40 \times 10^{-6}\text{s} = 40\mu\text{s}$$

所以

$$u_C = u_C(\infty) + [u_C(0_+) - u_C(\infty)]e^{-\frac{t}{\tau}}$$
$$= [4 + (6-4)e^{-25 \times 10^3 t}]\text{V} = (4 + 2e^{-25 \times 10^3 t})\text{V}$$

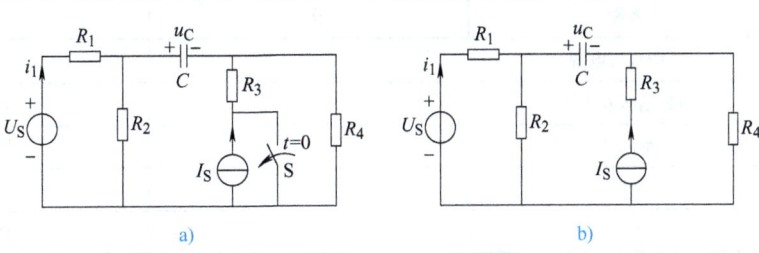

图 4-2-8 例 4.2.4 图

再求电压 $i_1(t)$，由图 4-2-9a 所示电路（基于电源等效变化法等电路分析方法）得

$$i_1(0_+) = \frac{U_S - 6}{R_1 + R_2 // R_4} = \left(\frac{9-6}{3+1.5}\right)\text{A} = 0.66\text{A}$$

由图 4-2-9b 所示电路得

$$i_1(\infty) = \frac{U_S}{R_1 + R_2} = \left(\frac{9}{3+6}\right)\text{A} = 1\text{A}$$

所以

$$i_1 = i_1(\infty) + [i_1(0_+) - i_1(\infty)]e^{-\frac{t}{\tau}} = [1 + (0.66-1)e^{-25 \times 10^3 t}]\text{A}$$
$$= (1 - 0.34e^{-25 \times 10^3 t})\text{A}$$

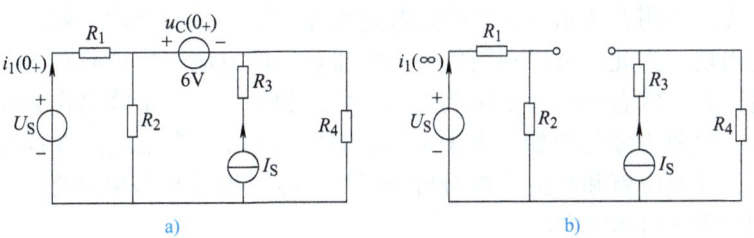

图 4-2-9 例 4.2.4 的初始、稳态等效电路

（2）电压、电流的变化曲线如图 4-2-10 所示。

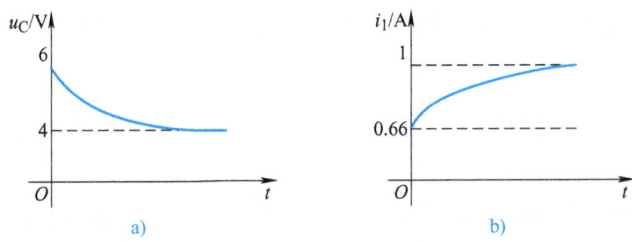

图 4-2-10 例 4.2.4 的电压、电流的变化曲线

任务实施　一阶线性电路的响应测试

一、任务实施所需设备

序号	名称	数量	备注
1	可调直流电源	1	0～30V
2	函数信号发生器	1	数字式
3	示波器	1	数字式
4	电阻	1	100kΩ
5	电容	1	10μF

二、任务实施参考步骤

1. 实训原理

（1）RC 电路的零输入响应和零状态响应

1）电路中某时刻的电感电流和电容电压，称为该时刻的电路状态。例如在 $t=0$ 时，电容电压 $u_C(0_+)$ 称为电容的初始电压值。

2）在没有外加激励时，仅由 $t=0$ 时刻的非零初始状态引起的响应，称为零输入响应，它取决于初始状态和电路特性（通过时间常数 $\tau=RC$ 来体现），这种响应随时间按指数规律衰减。

3）在零初始状态时，仅由在 $t=0$ 时刻施加于电路的激励引起的响应，称为零状态响应，它取决于外加激励和电路特性，这种响应由零开始，随时间按指数规律增长。

4）一阶线性电路的全响应为零输入响应和零状态响应之和，其过渡过程是十分短暂的单次变化过程。要用普通示波器观察过渡过程并测量有关的参数，就必须使这种单次变化的过程重复出现。为此，可以利用信号发生器输出的方波来模拟阶跃激励信号，即利用方波的上升沿作为零状态响应的正阶跃激励信号；利用方波的下降沿作为零输入响应的负阶跃激励信号。只要方波的周期远大于电路的时间常数 τ，那么电路在这样的方波序列脉冲信号激励下，其响应就和直流电接通与断开的过渡过程是基本相同的。

（2）时间常数 τ 的测定方法

用示波器测量零输入响应的波形，根据一阶微分方程的求解得知 $u_C=U_m e^{-\frac{t}{\tau}}$，当 $t=\tau$ 时，即 t 为电容放电时间，$u_C(\tau)=0.368U_m$。此时 t 所对应的时间就等于 τ。亦可用零状态响应波形增加到 $0.632U_m$ 时所对应的时间测得，即电容的充电时间 t。

2. 测试步骤

1）按实训图 4-2-1 连接电路，测量电容 C 两端电压 $u_C(t)$ 的变化，即一阶线性电路的响应测试。

2）用示波器测量电容两端的电压，示波器的测量模式调整为追踪。

3）打开电源开关，使开关和电压源端接触，为电容充电，用示波器记录电容充电时的电压变化 $u_C(t)$，观察电压变化趋势，将数据记入表 4-2-1。

项目4 暂态电路的分析应用

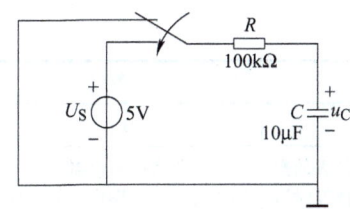

实训图 4-2-1　一阶线性电路的响应测试原理图

表 4-2-1　电容充电电压变化趋势的数据

t	0	τ	2τ	3τ	4τ	5τ	6τ
$u_C(t)$							

4）使开关和另一端接触，为电容放电，用示波器记录电容放电时的电压变化，观察电压变化趋势，将数据记入表 4-2-2。

表 4-2-2　电容放电电压变化趋势的数据

t	0	τ	2τ	3τ	4τ	5τ	6τ
$u_C(t)$							

注意比较观察以下充放电时间。

1）充电时：充电时间 $T = 4.720s$，时间常数 $\tau = 1.080s$。

2）放电时：放电时间 $T = 3.920s$，时间常数 $\tau = 1.200s$。

三、任务实施注意事项

1）电路连接好后方可打开电源，否则会损坏元件及设备，产生误差。

2）注意用示波器动态测量电容两端电压的方法，以便得到正确波形。

四、任务汇报展示评价（见表 4-2-3）

表 4-2-3　一阶线性电路的响应测试实训项目评价表

实训项目：　　　　　　　　　学生姓名：

序号	考核项目	考核等级			成绩
		A	B	C	
1	任务实施计划决策	计划合理充分、实施过程准确且有完整详细的记录	计划较合理充分、实施过程较准确且有记录	计划较合理充分、实施过程较准确但没有记录	
2	任务实施检查	在规定时间内能较好地完成一阶线性电路的响应测试，测量数据分析准确	在规定时间内能完成一阶线性电路的响应测试，测量数据分析较准确	在规定时间内基本完成一阶线性电路的响应测试，测量数据分析较准确	
3	任务实施评估讨论	能独立完成一阶线性电路的响应测试，准确分析数据并得出结论，能积极解决任务实施过程中出现的问题	能较独立地完成一阶线性电路的响应测试，较准确地分析数据并得出结论，能部分解决任务实施过程中出现的问题	能基本完成一阶线性电路的响应测试，能分析数据并得出结论，能部分解决任务实施过程中出现的问题	

（续）

序号	考核项目	考核等级			成绩
		A	B	C	
4	仪器使用、维护	能严格按照仪器仪表的操作规范进行操作，能及时清理垃圾，将仪器摆放整齐等	能较严格按照仪器仪表的操作规范进行操作，能清理垃圾，将仪器摆放整齐等	能按照仪器仪表的操作规范进行操作，能清理垃圾，将仪器摆放整齐等	
	团队协作	能与小组成员积极配合，有序地完成训练项目	能与小组成员较积极配合，有序地完成训练项目	能与小组成员配合，基本完成训练项目	
	劳动纪律	认真遵守任务实施时间，在任务实施过程中积极动手、动脑	较认真遵守任务实施时间，在任务实施过程中能动手、动脑	能遵守任务实施时间，在任务实施过程中不够积极	
总评					

视野拓展　LC振荡电路

振荡（Oscillation），是指往复运动。在电子学领域，振荡器（Oscillator）是一种在没有激励信号的情况下，能自动将直流信号转换为周期性交流信号输出的电子电路。振荡器用于许多测试设备中，可产生正弦波、方波、锯齿波和三角波等波形，也可产生一系列宽度可变或恒定的重复脉冲。如果振荡器输出的是正弦波，则称为正弦波振荡器。常用的正弦波振荡器为LC振荡器。LC振荡器因其良好的相位噪声特性且易于实现而常用于射频电路。由振荡器构成的电路叫振荡电路。LC振荡电路主要用来产生高频正弦信号，一般在1MHz以上。

1. LC振荡电路的工作原理

通过电感（L）和电容（C）两者交替储存和释放能量的方式，LC振荡电路可以产生稳定的正弦波信号。LC振荡电路中的电磁振荡，类似于单摆的机械振荡，这种由电感和电容组成的振荡电路，是一种较简单的振荡电路。

LC振荡电路原理如图4-2-11所示，先将开关置于"1"的位置，电源给电容充电，直到电容两端的电压等于电源电压为止，此时$u_C(\infty)=U$，电容两极板上带有电荷量Q，两极板间建立了电场，储存了电场能$W_C=\frac{1}{2}CU^2$。

然后将开关从"1"换到"2"的位置，电容将通过电路对电感放电，由于电感中的电流不会突变，所以回路中的电流i_L从零按指数规律逐渐增加至最大值I_{Lm}，而电容不断放电，两极板上的电荷逐渐减少，直到电荷全部放完，此时电容极板之间的电压由最大值U_{Cm}下降为零，也就是说，电容的电场能全部转换为电感的磁场能。随着充电电流的减小，电感中电流的变化将会产生自感电动势，阻碍电流减小，自感电动势将使电流沿着原来的方向继续流动，对电容反方向充电，电容极板上的电压又逐渐增大，而充电电流也逐渐减小到零，此时电容两极板之间的电压又达到最大值，电感中的磁场能又转换为电容中的电场能。在电感和电容之间，将发生电场能和磁场能的相互转换，忽略电路中的电阻，在理想状态下，电路中电场能和磁场能的相互转换将永不停止，也就是说，在任何瞬

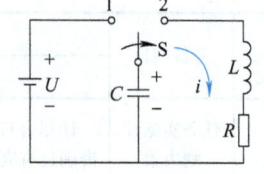

图4-2-11　LC振荡电路原理图

间，电路中的总能量为

$$W = \frac{1}{2}Cu_C^2 + \frac{1}{2}Li_L^2 = \frac{1}{2}CU_{Cm}^2 = \frac{1}{2}LI_{Lm}^2$$

在开始时刻提供给振荡电路一定的能量，以后不再给电路提供能量，电路中的电场能和磁场能反复转换的现象，称为自由振荡。自由振荡进行下去，将得到一个等幅振荡的正弦波形，自由振荡的仿真波形如图 4-2-12 所示。

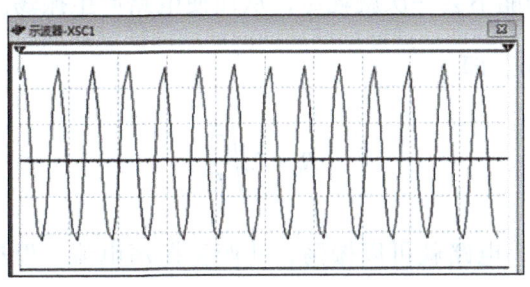

图 4-2-12　自由振荡的仿真波形

2. LC 振荡电路的振动频率

振荡电路中发生电磁振荡时，如果没有能量损失，也不受外界的影响，则电磁振荡的周期和频率，叫作振荡电路的固有周期和固有频率。理论和实践都可以证明，LC 振荡电路中振荡电流和电压的固有角频率为

$$\omega_0 = \frac{1}{\sqrt{LC}}$$

振荡频率为

$$f_0 = \frac{1}{2\pi\sqrt{LC}}$$

3. LC 振荡电路的临界电阻

如果振荡电路中没有能量损耗，则振荡过程中电场能的最大值与磁场能的最大值相等，即

$$\frac{1}{2}CU_{Cm}^2 = \frac{1}{2}LI_{Lm}^2 \qquad (4\text{-}2\text{-}3)$$

由式（4-2-3）可知

$$I_{Lm}^2 = \frac{C}{L}U_{Cm}^2$$

令振荡电路的特性阻抗为 ρ，有

$$\rho = \sqrt{\frac{C}{L}}$$

所以

$$I_{Lm} = \frac{U_{Cm}}{\rho}$$

ρ 越大,则 I_{Lm} 越小,振荡电路的振荡幅度也越小。反之,ρ 越小,则 I_{Lm} 就越大,振荡电路的振荡幅度也越大。

在实际电路中,电路的电阻总是存在,如果电阻较大,当 $R > 2\rho$ 时,电容储存的电场能就会有相当一部分在电流流过电阻时变为热能消耗掉,另一部分变成电感中的磁场能,在磁场能转换为电场能的过程中,全部能量都消耗在电阻上,电路无法振荡,这种现象称为过阻尼。

当 $R < 2\rho$ 时,磁场能不会一次就耗尽,从而使电路产生振荡。所以,一般把 2ρ,也就是 $2\sqrt{\dfrac{C}{L}}$ 称为临界电阻,即

$$R_0 = 2\sqrt{\dfrac{C}{L}}$$

当 $0 < R_0 < 2\sqrt{\dfrac{C}{L}}$ 时,电路就可以振荡,并产生振荡电流,但振荡电流的峰值电压 P_k 会不断减小,直至最后停振,这种振荡称为阻尼振荡,其波形如图 4-2-13 所示。

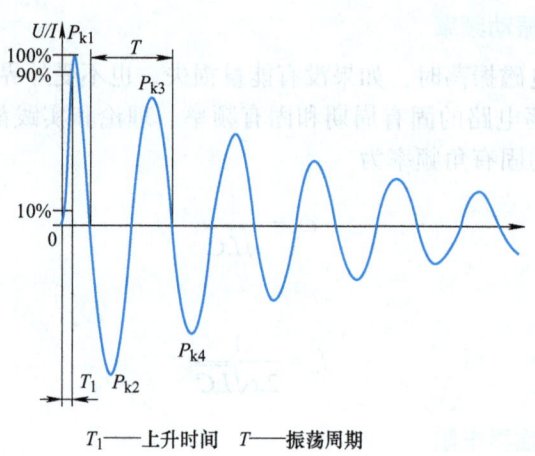

T_1——上升时间　T——振荡周期

图 4-2-13　阻尼振荡波形

在无线电技术中,经常需要等幅振荡,所以需要有电源的能量周期性地补充到振荡电路中,以补偿振荡过程中的能量损耗,以维持等幅振荡。

利用 LC 振荡电路的幅频特性和相频特性,不仅可以进行选频,即从输入信号中选择出有用的频率分量而抑制掉无用的频率分量或噪声(例如在选频放大器和正弦波振荡器中),而且可以进行信号的幅频转换和相频转换(例如在斜率鉴频和相位鉴频电路中)。另外,用 L、C 元件还可以组成各种形式的阻抗变换电路和匹配电路。所以,LC 振荡电路虽然结构简单,但在高频电路里却是不可缺少的重要组成部分。

巩固思考

1)只含有一种储能元件的线性电路,统称为_____电路。

2)只要知道换路后的初始值、稳态值和_____,就能直接求出一阶线性电路电压、电流的变化规律,这就是一阶线性电路的三要素法。

3)_____表示换路后的初始值,要用换路定则及换路前后的电路分析求解。

4）如果 τ _____，时间指数 $\frac{t}{\tau}$ 越小，电压、电流的过渡量变化就越慢。

5）电容电路中的时间常数 _____，其中 R 应是换路后电容两端所接的除源网络的等效电阻。

任务 4.3　微分、积分电路分析与应用

学习目标

知识目标	能力目标	素质目标
理解并掌握微分、积分电路的特点及应用方法	能运用微分、积分电路得到所需要的信号	培养学生严谨的科学态度；培养学生的电气职业素养；培养学生的团结协作意识

案例引入　线性波形变换电路

在数字电子技术的各种应用中，经常要用到矩形波、方波、尖顶波和锯齿波等脉冲波形。一般把具有突变部分的周期性非正弦波形的电流和电压，都叫作脉冲。脉冲技术已广泛应用于电子计算机、通信、雷达、电视、自动控制、遥测遥控、无线电导航和测量技术等领域。

从广义上讲，图 4-3-1a～f 所示的矩形波、方波、尖顶波、锯齿波、三角波、阶梯波等非正弦波信号都是脉冲信号。其中矩形波和方波是较重要的信号波形，它们经常用来作为电路的开关信号和控制信号。许多其他形状的脉冲波形也可以由它们变换得到。

常见的线性波形变换电路有微分电路和积分电路，另外还有非线性波形变换电路。它们可以完成诸如同步、分频、计数、移位寄存、电压比较、延时、扫描、模/数转换和数/模转换、选通、脉冲编码等功能。本任务只学习线性波形变换的微分电路和积分电路。

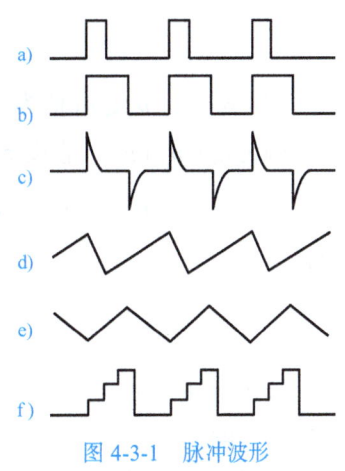

图 4-3-1　脉冲波形

图 4-3-2a 所示为微分电路模型，图 4-3-2b 所示为积分电路模型。两电路的工作原理是什么呢？如何控制输出信号的波形变换呢？

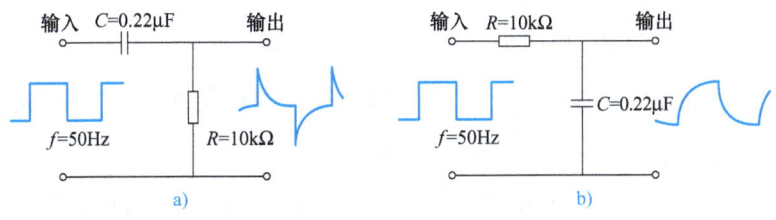

图 4-3-2　微分、积分电路模型

知识链接

1. 微分电路

微分电路主要用于脉冲电路、模拟计算机和测量仪器中。微分电路如图 4-3-3a 所示，图中 u_i 为输入电压，u_o 为输出电压。

若将矩形脉冲序列信号加在电压初值为零的 RC 串联电路上，在矩形脉冲序列的重复激励下，当由 R 两端电压作为响应输出，且满足 $\tau = RC \ll \dfrac{T}{2}$（$T$ 为矩形波脉冲的重复周期）时，就构成了一个微分电路。其输出波形如图 4-3-3b 所示，具体分析如下。

当 $u_i = U$ 时（$0 \leqslant t < t_w$），输出电压为

$$u_o = U e^{-\frac{t}{\tau}}$$

若 $\tau \ll t_w$（一般取 $\tau < 0.2 t_w$），u_o 是峰值为 U 的正尖脉冲。

当 $u_i = 0$（$t_w \leqslant t < T$）时，输出电压为

$$u_o = -U e^{-\frac{t-t_w}{\tau}}$$

若 $\tau \ll t_w$，u_o 是峰值为 $-U$ 的负尖脉冲。

因为 $u_i = u_o + u_C$，假设 $\tau \ll t_w$，所以

$$u_i = u_o + u_C \approx u_C$$

而且

$$u_o = iR = RC \dfrac{du_C}{dt} \approx RC \dfrac{du_i}{dt}$$

微分电路的分析

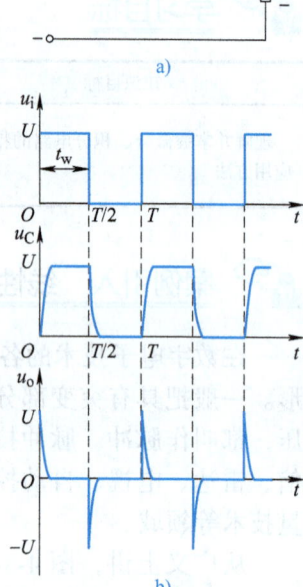
图 4-3-3 微分电路

输出电压 u_o 近似与输入电压 u_i 的微分成正比，因此习惯上称这种电路为微分电路。

所以，RC 微分电路必须满足两个条件：
1）$\tau \ll t_w$。
2）从电阻两端取输出电压 u_o。

积分电路的分析

2. 积分电路

积分电路如图 4-3-4a 所示，其中 u_i 为输入电压，u_o 为输出电压。若将矩形脉冲序列信号加在电压初值为零的 RC 串联电路上，在矩形脉冲序列的重复激励下，由 C 两端电压作为响应输出，且满足 $\tau = RC \gg \dfrac{T}{2}$（$T$ 为矩形波脉冲的重复周期），就构成了一个积分电路。其输出波形如图 4-3-4b 所示，具体分析如下。

当 $u_i = U$ 时（$0 \leqslant t < t_w$），输出电压为 $u_o = u_C$，u_o 随时间变化缓慢增长（$\tau \gg t_w$），当 u_C 还远未增长到稳态值时，脉冲已消失 $\left(t = t_w = \dfrac{T}{2}\right)$。

当 $u_i = 0$ 时（$t_w \leqslant t < T$），输出电压为 $u_o = u_C$，u_o 随时间变化缓慢衰减（$\tau \gg t_w$），当 u_C 还远未衰减到零时，脉冲已消失 $\left(t = t_w = \dfrac{T}{2}\right)$。

所以，输出 u_o 为三角波。

因为充放电过程非常缓慢，所以有

$$u_o = u_C \ll u_R$$
$$u_i = u_R + u_o \approx u_R = iR$$
$$i = \dfrac{u_R}{R} \approx \dfrac{u_i}{R}$$

所以

$$u_o = u_C = \dfrac{1}{C}\int i\,dt \approx \dfrac{1}{RC}\int u_i\,dt$$

输出电压 u_o 近似与输入电压 u_i 对时间的积分成正比，因此称为 RC 积分电路。

与 RC 微分电路相似，RC 积分电路也必须满足两个条件：

1）$\tau \gg t_w$。

2）从电容两端取输出电压 u_o。

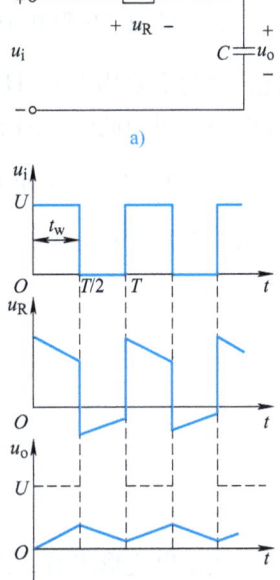

图 4-3-4　积分电路

积分电路可将矩形波转换为锯齿波或三角波，还可将锯齿波转换为抛物波。RC 积分电路在模拟、脉冲数字电路中得到了广泛的应用，由于电路形式、信号源和 R、C 元件参数的不同，RC 电路的应用形式显示出积分、滤波及脉冲分压等各种不同的特性。

在图 4-3-5 中，RC 电路的零输入响应和零状态响应分别按指数规律衰减和增长，其变化的快慢取决于电路的时间常数 τ。

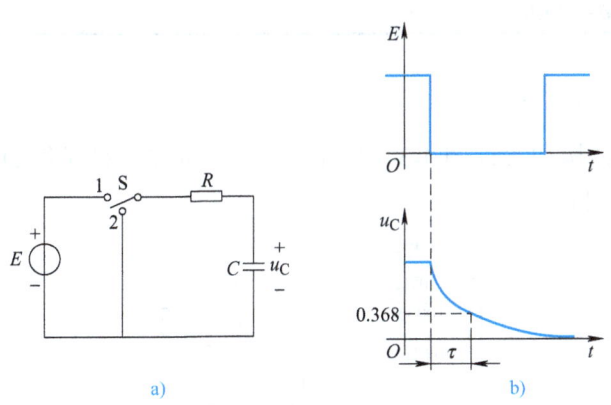

图 4-3-5　时间常数 τ 的测定

1）时间常数 τ 的测定方法：在图 4-3-5a 所示电路中，用示波器测得零输入响应的波形如图 4-3-5b 所示。根据一阶微分方程的求解可知

$$u_C = E e^{-\frac{t}{RC}} = E e^{-\frac{t}{\tau}}$$

当 $t=\tau$ 时，$u_C = 0.368E$，此时所对应的时间就等于 τ。

2）微分电路和积分电路对电路元件的参数和输入信号的周期有着特定的要求。对于一个简单的 RC 串联电路，在矩形脉冲序列的重复激励下，当满足 $\tau = RC \ll \dfrac{T}{2}$（T 为矩形波脉冲的重复周期），且由 R 两端电压作为响应输出，如图 4-3-6a 所示，就构成了一个微分电路，因为此时电路的输出信号电压与输入信号电压的微分成正比。

若将 C 两端电压作为响应输出，且当电路参数的选择满足 $\tau = RC \gg \dfrac{T}{2}$ 时，如图 4-3-6b 所示，即构成积分电路。

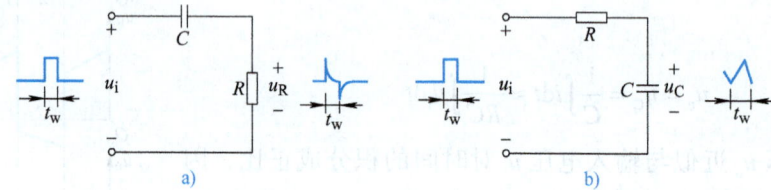

图 4-3-6 微分电路和积分电路

从输出波形来看，微分电路和积分电路起着波形变换的作用。

任务实施 微、积分电路的检测

一、任务实施所需设备

序号	名称	数量	备注
1	函数信号发生器	1	0～30V 可调，2 路
2	数字式万用表	1	
3	双踪示波器	1	
4	直流数字式电压表	1	0～200mV

二、任务实施参考步骤

实训线路板的结构如实训图 4-3-1 所示，首先认清 R、C 元件的布局及其标称值等，然后进行如下测试分析。

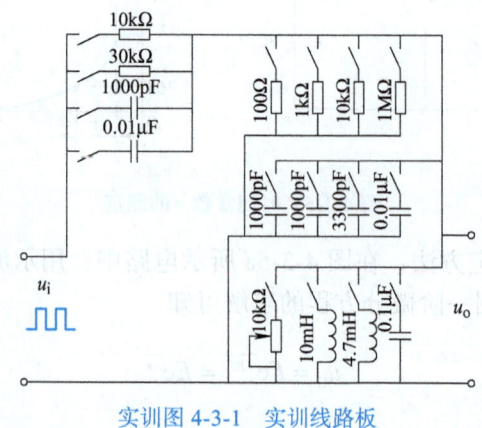

实训图 4-3-1 实训线路板

1）选择线路板上 R、C 元件。

① 令 $R=10\mathrm{k}\Omega$，$C=3300\mathrm{pF}$，组成 RC 微分电路，u_i 接函数信号发生器输出，取 $U_m=3\mathrm{V}$，$f=1\mathrm{kHz}$ 的矩形波电压信号。

将激励 u_i 和响应 u_o 的信号分别通过两根同轴电缆线接至示波器的两个输入口 YA 和 YB，这时可在示波器的屏幕上观察激励与响应的变化规律，求出时间常数 τ，并在实训图 4-3-2 上描绘 u_i 及 u_o 的波形。

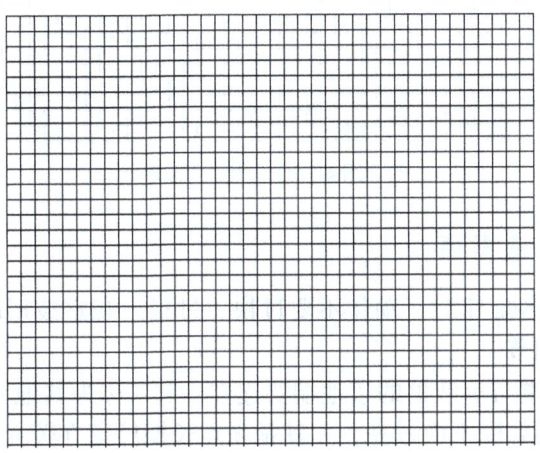

实训图 4-3-2　u_i 及 u_o 的波形 1

少量改变电容值或电阻值，定性观察其对响应的影响，记录观察到的现象。

② 令 $R=10\mathrm{k}\Omega$，$C=0.01\mathrm{\mu F}$，观察并在实训图 4-3-3 上描绘激励与响应的波形。然后继续增大 C，定性观察其对响应的影响。

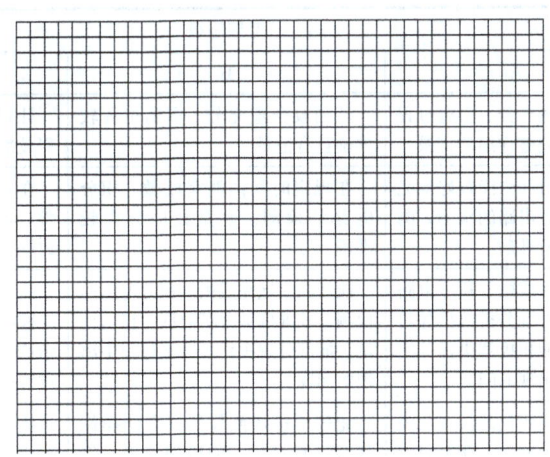

实训图 4-3-3　u_i 及 u_o 的波形 2

2）选择 R、C 元件，组成积分电路，令 $R=1\mathrm{k}\Omega$，$C=0.01\mathrm{\mu F}$。在同样的矩形波信号（$U_m=3\mathrm{V}$，$f=1\mathrm{kHz}$）作用下，观察并在实训图 4-3-4 上描绘激励与响应的波形。然后增减 R，定性观察其对响应的影响，并做记录，当 R 增至 $1\mathrm{M}\Omega$ 时，输入输出波形有什么本质上的区别？

电路分析基础

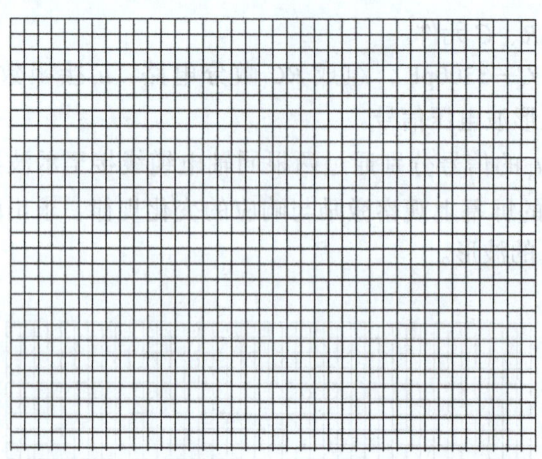

实训图 4-3-4　u_i 及 u_o 的波形 3

三、任务实施注意事项

1）调节电子仪器各旋钮时，动作不要过快、过猛。观察波形时，要特别注意相应开关、旋钮等的操作与调节。

2）信号源的接地端与示波器的接地端要连在一起（称为共地），以防外界干扰影响测量的准确性。示波器的辉度不应过亮，尤其是光点长期停留在荧光屏上不动时，应将辉度调暗，以延长示波器的使用寿命。

四、任务汇报展示评价（见表 4-3-1）

表 4-3-1　微分、积分电路的检测实训项目评价表

实训项目：　　　　　　　　　学生姓名：

序号	考核项目	考核等级			成绩
		A	B	C	
1	任务实施计划决策	计划合理充分、实施过程准确且有完整详细的记录	计划较合理充分、实施过程较准确且有记录	计划较合理充分、实施过程较准确但没有记录	
2	任务实施检查	在规定时间内能较好地完成微、积分电路的检测，测量数据分析准确	在规定时间内能完成微、积分电路的检测，测量数据分析较准确	在规定时间内基本完成微、积分电路的检测，测量数据分析较准确	
3	任务实施评估讨论	能独立完成微、积分电路的检测，准确分析数据并得出结论，能积极解决任务实施过程中出现的问题	能较独立地完成微、积分电路的检测，较准确地分析数据并得出结论，能部分解决任务实施过程中出现的问题	能基本完成微、积分电路的检测，能分析数据并得出结论，能部分解决任务实施过程中出现的问题	
4	仪器使用、维护	能严格按照仪器仪表的操作规范进行操作，能及时清理垃圾，将仪器摆放整齐等	能较严格按照仪器仪表的操作规范进行操作，能清理垃圾，将仪器摆放整齐等	能按照仪器仪表的操作规范进行操作，能清理垃圾，将仪器摆放整齐等	
	团队协作	能与小组成员积极配合，有序地完成训练项目	能与小组成员较积极配合，有序地完成训练项目	能与小组成员配合，基本完成训练项目	
	劳动纪律	认真遵守任务实施时间，在任务实施过程中积极动手、动脑	较认真遵守任务实施时间，在任务实施过程中能动手、动脑	能遵守任务实施时间，在任务实施过程中不够积极	
总评					

视野拓展　非正弦周期信号

1. 非正弦周期信号的概念

电路除了有激励和响应是直流或正弦交流电的情况外，也有非正弦周期函数信号的情况。例如在电路中有几个不同频率的正弦量激励时，响应就是非正弦周期函数；在含有非线性元器件的电路中，正弦激励下的响应也是非线性的；在计算机电路中应用的脉冲信号波形，都是非正弦周期函数。

在非正弦交流电压与电流信号中，有的是非周期性的，如阶跃函数信号；有的是周期性的，如图 4-3-7a、b 所示的脉冲电路中的脉冲电流和矩形波电压，以及图 4-3-7c 所示的半波整流后的电流。这些电压、电流虽然不是正弦量，但却是周期性变化的周期量。这些在工程中常见的周期量通常满足数学里的狄利克雷条件，可以分解为傅里叶级数。

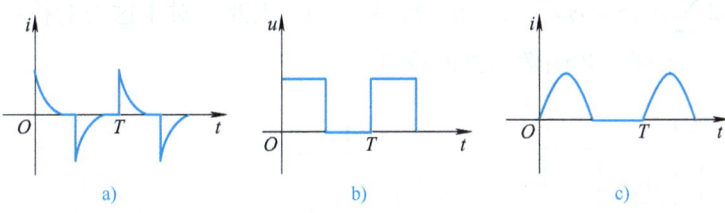

图 4-3-7　非正弦周期信号

对于非正弦周期激励（电压、电流或信号），可应用傅里叶级数方法分解成一系列不同频率的正弦量及恒定分量之和，然后根据线性电路的叠加定理，分别计算在各个正弦量及恒定分量单独作用下电路中产生的同频正弦电流分量和电压分量，再按照时域形式叠加，得到电路在非正弦周期激励下的稳态电流和电压。

2. 非正弦周期波的谐波

非正弦周期波是随时间做周期性变化的非正弦函数，如周期性变化的矩形波、三角波等。这类波形与正弦波相比，都有变化的周期 T 和频率 f，不同的只是波形而已。

一个周期为 T 的函数 $f(t)$，如果满足狄利克雷条件，则 $f(t)$ 可以展开为一个三角级数，即

$$f(t) = A_0 + \sum_{k=1}^{\infty}(A_k \cos k\omega t + B_k \sin k\omega t)$$

这是一个无穷级数，由法国人傅里叶（Fourier）提出，故称为傅里叶级数。A_0、A_k 和 B_k 称为傅里叶系数，它们分别为

$$A_0 = \frac{1}{T}\int_0^T f(t)\mathrm{d}t$$

$$A_k = \frac{2}{T}\int_0^T f(t)\cos k\omega t \mathrm{d}t$$

$$B_k = \frac{2}{T}\int_0^T f(t)\sin k\omega t \mathrm{d}t$$

而非正弦周期波的傅里叶级数展开，关键是计算傅里叶系数的问题。一个非正弦周期波 $f(t)$，可以进行傅里叶分解为直流分量（或不含直流分量）和一系列频率为整数倍的正弦波。这一系列频率为整数倍的正弦波，就称为非正弦周期波的谐波。谐波频率与基波频

率的比值称为谐波次数。其中频率与非正弦周期波相同的正弦波，称为基波或一次谐波；频率是基波频率2倍的正弦波，称为2次谐波；频率是基波频率3倍的正弦波，称为3次谐波；频率是基波频率k倍的正弦波，称为k次谐波，k为正整数。人们通常将2次及2次以上的谐波，统称为高次谐波。

在电工技术中遇到的非正弦周期波，满足狄利克雷条件的，均可展开为傅里叶级数。

3. 波形特征与级数分解

在对称波形的傅里叶级数中，有些谐波分量（包括直流分量，因直流分量是$k=0$的0次谐波分量）可能不存在。因此，利用波形的对称性与谐波分量的关系，可以简化傅里叶系数的计算。

（1）偶函数

如果$f(t)$的波形对称于纵轴，满足$f(t)=f(-t)$，如图4-3-8a所示，则$B_k=0$，在傅里叶级数中只含A_0和$\sum A_k \cos k\omega t$项（$k=1，2，3，\cdots$）。因此，对于这类对称性非正弦周期波，只含直流分量和一系列余弦函数的谐波分量。

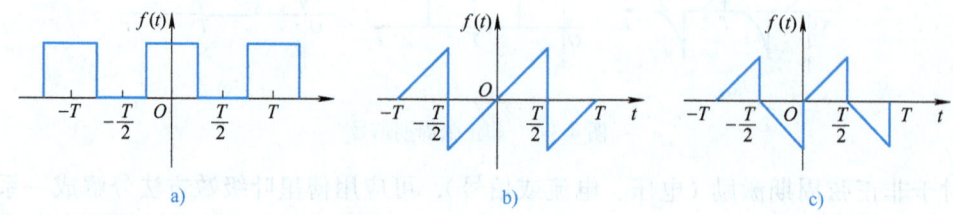

图4-3-8 偶函数、奇函数、奇半波对称函数的波形图

（2）奇函数

如果$f(t)$的波形对称于坐标原点，满足$f(t)=-f(-t)$，如图4-3-8b所示，则$A_0=0$，$A_k=0$，在傅里叶级数中，只含$\sum B_k \sin k\omega t$项（$k=1，2，3，\cdots$）。因此，对于这类对称性非正弦周期波，只含一系列正弦函数的谐波分量。

（3）奇半波对称函数

如果$f(t)$的波形移动半周$\left(\pm \dfrac{T}{2}\right)$后与原波形呈镜像关系，即关于横轴对称，满足$f(t)=-f\left(t\pm\dfrac{T}{2}\right)$，如图4-3-8c所示，$f(t)$的波形不关于纵轴和原点对称，故它不是偶函数或奇函数，此时在傅里叶系数中，$A_0=0$，A_k和B_k中的k为奇数（即$k=1，3，5，\cdots$）。这类非正弦周期波中只含奇次谐波。因此，这类奇半波对称函数称为奇谐波函数。

以上是三种对称波形及其谐波分量情况，下面再介绍半波重叠函数和一种双重对称性函数及其谐波分量的情况。

（4）半波重叠函数

若$f(t)$的波形移动半周$\left(\pm\dfrac{T}{2}\right)$后与原波形重叠，满足$f(t)=f\left(t\pm\dfrac{T}{2}\right)$，如图4-3-9a所示，$f(t)$不对称于纵轴和原点，故它不是偶函数或奇函数，此时在傅里叶系数A_k和B_k中，k为偶数（即$k=0，2，4，6，\cdots$）。这类非正弦周期波只含偶次谐波，因此这类半波重叠函数称为偶偕波函数。

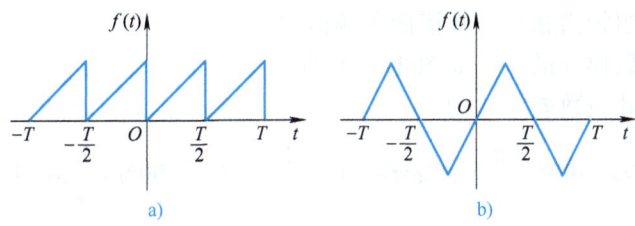

图 4-3-9　半波重叠函数、奇函数且奇半波对称的波形图

（5）奇函数且奇半波对称

若 $f(t)$ 的波形满足 $f(t) = -f(-t)$ 和 $f(t) = -f\left(t \pm \dfrac{T}{2}\right)$，如图 4-3-9b 所示，$f(t)$ 的波形关于原点对称，是奇函数，且移动 $\pm \dfrac{T}{2}$ 后与原波形关于横轴镜像对称，又是奇半波对称函数。此时在傅里叶系数中，$A_0 = 0$，$A_k = 0$，B_k 中的 k 为奇数（即 $k = 1$，3，5…），傅里叶级数中只含 $\sum B_k \sin k\omega t$ 项的奇次谐波。因此，这类奇函数且奇半波对称波，只含正弦函数的奇次谐波。

4. 非正弦周期信号的频谱

在 $f(t)$ 中，各次谐波的幅值和初相位不同，对于不同的 $f(t)$，正弦波的频率成分也不一定相同。为了形象地反映各次谐波的频率成分，以及各次谐波幅值和初相位与频率的关系，这里引入振幅频谱和相位频谱的概念。

在傅里叶级数中，将 $A_k \cos k\omega t$ 和 $B_k \sin k\omega t$ 合并为正弦函数的形式，有

$$f(t) = A_0 + \sum_{k=1}^{\infty}(A_k \cos k\omega t + B_k \sin k\omega t)$$

$$= A_0 + \sum_{k=1}^{\infty}(C_k \sin \varphi_k \cdot \cos k\omega + C_k \cos \varphi_k \cdot \sin k\omega t)$$

$$= C_0 + \sum_{k=1}^{\infty} C_k \sin(k\omega t + \varphi_k)$$

式中，$C_0 = A_0$；$A_k = C_k \sin \varphi_k$；$B_k = C_k \cos \varphi_k$；$C_k = \sqrt{A_k^2 + B_k^2}$；$\varphi_k = \arctan \dfrac{A_k}{B_k}$。

这就是傅里叶级数的第二种三角函数形式。当然，也可以将 $A_k \cos k\omega t$ 和 $B_k \sin k\omega t$ 合并为一个余弦函数，得出第三种傅里叶级数的三角函数形式，即

$$f(t) = C_0' + \sum_{k=1}^{\infty} C_k' \cos(k\omega t + \varphi_k')$$

振幅频谱，是将非正弦周期函数中的各次谐波振幅 C_k 按角频率依次分布形成的图形，其纵坐标表示振幅 C_k，横坐标表示角频率 $k\omega$。以各次谐波的相位 φ_k 为纵坐标，以角频率 $k\omega$ 为横坐标，画出相位频谱图。在频谱图中，对应于某一角频率，表示振幅大小和相位的垂直于横轴的线段，称为谱线。每条谱线的高度表示一个谐波分量的振幅和初相位。

为了方便又直观地表示一个周期信号包含哪些谐波分量，以及各谐波分量所占的比重和它们相互之间的关系，可以画出频谱图来表示和分析。根据上述两种傅里叶级数的三角

函数形式，画出振幅频谱和相位频谱两种频谱图。

例如锯齿波的振幅频谱图，如图 4-3-10 所示。

锯齿波的傅里叶级数展开式为

$$i(t) = \frac{2I}{\pi}\left[\cos(\omega_1 t - 90°) + \frac{1}{2}\cos(2\omega_1 t + 90°) + \frac{1}{3}\cos(3\omega_1 t - 90°) + \frac{1}{4}\cos(4\omega_1 t + 90°) + \cdots\right]$$

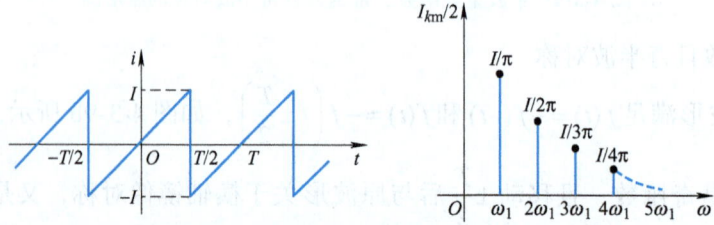

图 4-3-10　锯齿波的振幅频谱图

若无特别说明，本书中的频谱特性均指振幅频谱。

周期函数的频谱具有如下特性：

1）频谱由一系列不连续的谱线组成，称为不连续频谱或离散频谱。频谱的这种性质称为离散性。

2）每条谱线只出现在基波角频率 ω 及其整数倍角频率 $k\omega$ 上，相邻谱线的间隔等于基波角频率。频谱的这种性质称为谐波性。

3）在振幅频谱中，各条谱线的高度随角频率的增加而减小，当角频率无限增大时，谱线的高度就无限减小，频谱逐渐收敛。振幅频谱的这种性质称为收敛性。

周期函数信号的频谱，在信号分析中具有重要的理论与实际意义。

5. 谐波及治理策略

近年来，随着电力电子设备的广泛应用，电网运行中的谐波分量急剧增加，从而严重影响了电能质量，危及用电安全，造成能源浪费。电网中的谐波源主要分为两类：含半导体的非线性元器件（如各种整流设备、变流器、变频器等节能和控制用电力电子设备）和含电弧及铁磁非线性设备的谐波源（如荧光灯、交流电弧炉、变压器和铁磁谐振设备等）。目前，一般民用电网中主要产生 3 次、5 次谐波，而工矿企业中则以 5 次、7 次、11 次谐波为主。

目前，谐波、电磁干扰、功率因数降低并列为电力系统的三大公害。在含有谐波的电网中，视在功率 S 与有功功率 P 和无功功率 Q 之间的关系为 $S>P+Q$，余下的功率就是畸变功率 C；这样，视在功率就成为 3 个功率向量之和，即 $S=P+Q+C$。畸变功率具有无功功率的性质，因此，谐波电流的存在可看作无功功率的增加。它的存在会增加线路和变压器的铜损耗，并使电网的功率因数降低。例如半导体材料生产设备产生的高次谐波电流可以达到 50Hz 基波电流的 60%～90%，大大增加了能耗和对电网的污染。在大型商业建筑中，由于大量使用节能射灯，高次谐波电流达到基波电流的 40%，造成功率因数补偿柜中补偿电容的大量损耗。对变压器而言，谐波电流可导致铜损耗和杂散铜损耗增加，谐波电压则会增加铁损耗。而且谐波也会导致变压器噪声增加。电动机谐波对电动机的主要影响是引起附加损耗，其次是产生机械振动、噪声和谐波过电压。对于开关和其他设备，谐波电流会引起开关的额外温升，并使基波电流负载能力降低。温升的提高对某些绝缘组件而言会降低其使用寿命。对于计算机及部分电子设备,如可编程控制器(PLC),通常要求总谐波电压畸变率(THD)小于5%,且个别谐波电压畸变率低于3%,较高的畸变量可能导致控制设备误动作,进而造成生产或运行中断,导致较大的经济损失。

综上所述,治理电网污染时,抑制、吸收高次谐波势在必行。

按照谐波治理的位置,可以有3个策略(见图4-3-11)。

1)在高压母线上治理,采用的设备有SVC、SVG等。

2)在变压器的下端,即低压母线上治理谐波,可采用无源滤波器、有源滤波器等。但无源滤波器往往会发出额外的容性无功,这在有些场合是不允许的。

3)在设备的电源入口处治理谐波,这称为就地治理。就地治理是最理想的谐波治理策略。因为这相当于将非线性负载转变成了线性负载,谐波导致的很多问题都迎刃而解。

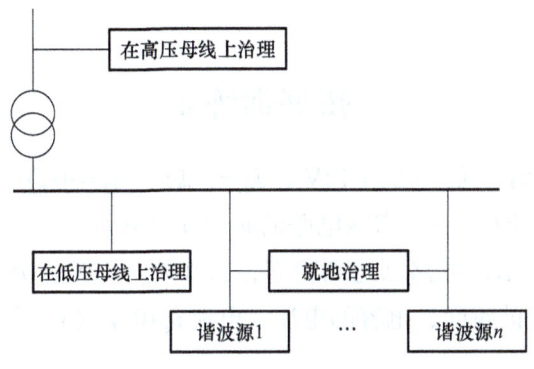

图4-3-11 谐波治理策略

保持电网质量的最有效方法就是在谐波源负载的电源入线处安装谐波滤波器。在谐波源处进行谐波治理,就能消除谐波带来的各种隐患。因此,在进行系统设计时,要尽量考虑就地治理谐波的方法。达到这个目的的管理措施就是,要求电气、电子设备满足相应的电磁兼容标准要求,电磁兼容标准对谐波电流的发射进行了明确的规定。此外,对于无功补偿,也主张尽量在负载处进行,以获得最大的节能效益。

 巩固思考

1)矩形波、尖顶波、锯齿波、三角波、阶梯波等非正弦波信号都是_____。
2)常见的线性波形变换电路有_____电路和_____电路。
3)微分电路可以把矩形波转换为_____。
4)积分电路可以把矩形波转换为_____或_____。
5)微分电路输出波形的宽度与电路的_____有关。

项目小结

1)含有储能元件C、L的电路,从一种稳定的状态变换到另一种稳定的状态必须经过一定的时间,这个变换的过程就是电路的过渡过程。

2)电路换路时的初始值由换路定则确定,换路定则的数学表达式为

$$\begin{cases} u_C(0_+) = u_C(0_-) \\ i_L(0_+) = i_L(0_-) \end{cases}$$

3）RC、RL 电路中只含有一种储能元件，称为一阶线性电路，电路的暂态过程可用三要素法求解分析，三要素法的数学表达式为

$$f(t) = f(\infty) + \left[f(0_+) - f(\infty) \right] e^{-\frac{t}{\tau}}$$

4）RC 充放电电路常用作微分电路和积分电路。微分电路是将 R、C 串联后从电阻两端输出信号，能将方波转换成尖顶波脉冲；积分电路是将 R、C 串联后从电容两端输出信号，能将方波转换成三角波脉冲。

5）RL 充放电电路中，在电路充电完成而突然断开时，电流变化率较大，电感中储存的磁场能在短时间内释放而产生高电压，容易造成危险，在电感两端并联续流二极管是一种有效的保护措施。

拓展训练 4

4.1 如题图 4-1 所示，已知 $U_S = 12\text{V}$，$R_1 = 6\text{k}\Omega$，$R_2 = 4\text{k}\Omega$，$L = 100\text{mH}$，换路前已达到稳态，在 $t=0$ 时断开开关 S，求该电路的 $u_L(0_+)$、$i_L(0_+)$。

4.2 如题图 4-2 所示，电路已达到稳态，已知 $U_S = 10\text{V}$，$R = 6\text{k}\Omega$，$C = 100\mu\text{F}$，现增大 R 值，求增大 R 值的瞬间，电容的电压、电流 $u_C(0_+)$、$i_C(0_+)$。

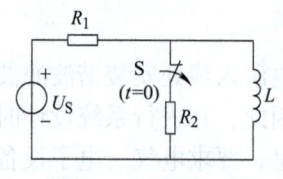
题图 4-1　习题 4.1 图

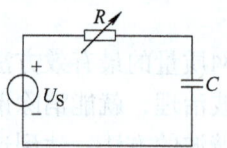
题图 4-2　习题 4.2 图

4.3 在题图 4-3 所示电路中，当开关 S 断开时，求电容 C 两端的电压 $u_C(0_+)$。

4.4 电路如题图 4-4 所示，开关 S 在 $t=0$ 时闭合，求 $i_L(0_+)$。

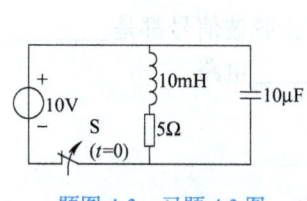
题图 4-3　习题 4.3 图

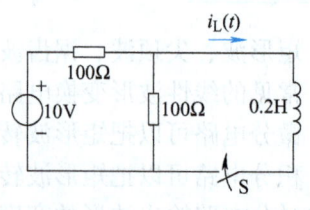
题图 4-4　习题 4.4 图

4.5 如题图 4-5 所示，开关 S 闭合前已处于稳态，已知 $U_S = 10\text{V}$，$R_1 = 6\text{k}\Omega$，$R_2 = 5\text{k}\Omega$，$C = 100\text{pF}$，求开关 S 闭合瞬间电容的电压、电流 $u_C(0_+)$、$i_C(0_+)$。

4.6 如题图 4-6 所示，已知 $U_S = 10\text{V}$，$R_1 = 6\text{k}\Omega$，$R_2 = 4\text{k}\Omega$，$L = 100\text{mH}$，开关 S 闭合前已处于稳态，求开关 S 闭合瞬间电感的电压、电流 $u_L(0_+)$、$i_L(0_+)$ 和电阻 R_1 的电压 $u_{R1}(0_+)$。

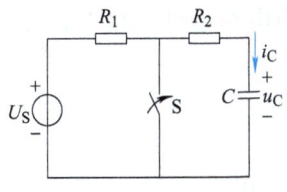
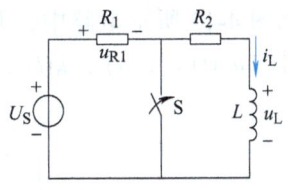

题图 4-5　习题 4.5 图　　　　　题图 4-6　习题 4.6 图

4.7　如题图 4-7 所示，已知电路处于稳态，$U_S=6\text{V}$，$R_1=10\text{k}\Omega$，$R_2=20\text{k}\Omega$，$R_3=20\text{k}\Omega$，$L=0.6\text{H}$。试求开关 S 闭合瞬间的 $u_{R1}(0_+)$、$u_{R2}(0_+)$、$u_L(0_+)$、$i(0_+)$。

4.8　如题图 4-8 所示电路，开关 S 闭合前电感和电容均无储能，求当开关 S 闭合后电感、电容元件的电压、电流初始值。

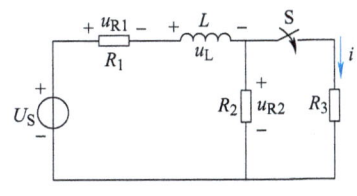
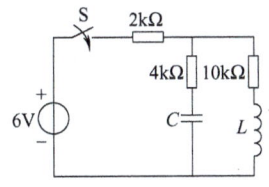

题图 4-7　习题 4.7 图　　　　　题图 4-8　习题 4.8 图

4.9　如题图 4-9 所示，开关 S 处于位置 1 时电路已经处于稳态，在 $t=0$ 时，开关 S 合向位置 2，求电容电压 u_C、电流 i 的初始值和稳态值。

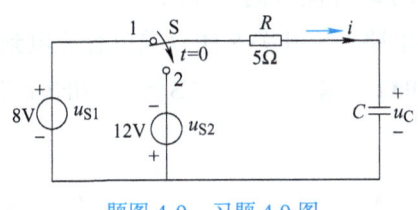

题图 4-9　习题 4.9 图

4.10　如题图 4-10 所示，开关 S 在 $t=0$ 时闭合，换路前电路已经处于稳态，求开关 S 闭合后的电容电压 u_C 与支路电流 i_S、i_2、i_3 的初始值和稳态值。

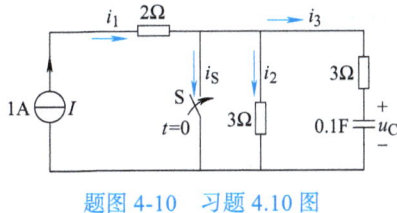

题图 4-10　习题 4.10 图

4.11　求题图 4-11 所示电路中，开关 S 在位置 1 和 2 时的时间常数。

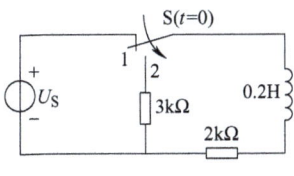

题图 4-11　习题 4.11 图

4.12 在题图 4-12 所示电路中，开关 S 闭合前电路已处于稳态，在 $t=0$ 时开关 S 闭合，求 $t \geq 0$ 时的 $u_C(t)$、$i_C(t)$、$i_1(t)$、$i_2(t)$。

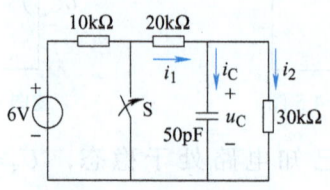

题图 4-12　习题 4.12 图

4.13 在题图 4-13 所示电路中，电路已处于稳态，已知 $U_S = 6\text{V}$，$L = 0.3\text{H}$，$R_1 = R_2 = R_3 = 20\text{k}\Omega$，求 $t \geq 0$ 时的 $u_L(t)$、$i_L(t)$。

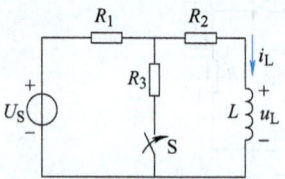

题图 4-13　习题 4.13 图

4.14 在题图 4-14 所示电路中，电容未充电，已知 $U_S = 6\text{V}$，$R = 10\text{k}\Omega$，$C = 10\text{pF}$，求开关 S 闭合后经过多长时间 u_C 才能升高到 4V？

4.15 在题图 4-15 所示电路中，开关 S 闭合前电容充电到 $U_0 = 10\text{V}$。已知 $C = 100\text{pF}$，$R_1 = R_2 = R_4 = 10\text{k}\Omega$，$R_3 = 20\text{k}\Omega$，求：(1) 开关 S 闭合后的时间常数；(2) 经过多少时间后，放电电流下降到 0.1mA？

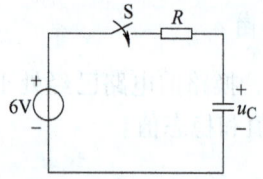

题图 4-14　习题 4.14 图

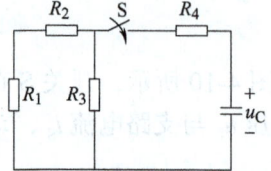

题图 4-15　习题 4.15 图

项目 5　互感耦合电路的应用

项目导读

互感耦合，也称为电磁耦合，指的是两个或两个以上电路构成网络时，某一电路中的电流或电压发生变化，能影响其他电路也发生类似的变化。变压器的互感耦合电路是输配电的基础，广泛应用于工业、农业、交通和城市社区等领域。

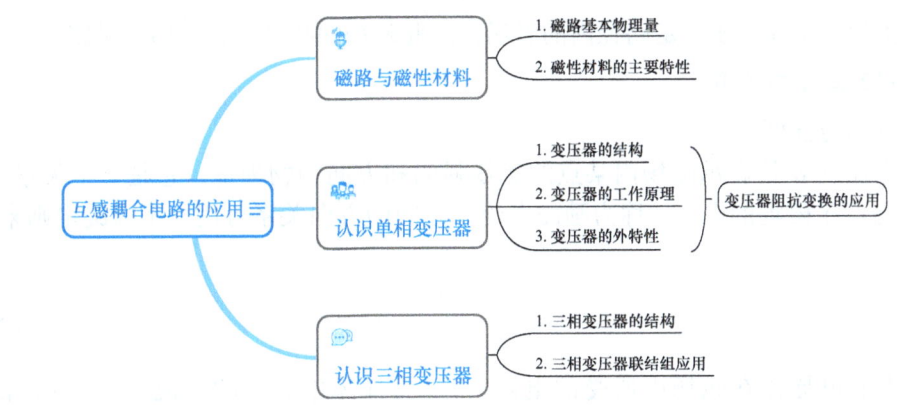

任务 5.1　磁路与磁性材料分析

学习目标

知识目标	能力目标	素质目标
理解并掌握磁路基本物理量的物理含义、方向、单位等	1）能正确选用仪表来测量电路参数 2）能运用基本物理量分析电路	培养学生严谨的科学意识；培养学生的电气职业素养；培养学生的团结协作意识

案例引入　常用低压电器的磁路

工程实践中，设计电机、变压器等电磁设备时，为了使这些设备工作效率高、体积小，人们通常会将线圈绕在导磁性能良好的铁磁材料做成的铁心上，使绝大部分磁通从铁心中通过而形成一个闭合路径，这个磁通的闭合路径称为磁路。线圈称为励磁线圈。线圈中的电流称为励磁电流。磁路的几何形状取决于铁心的形状和励磁线圈在铁心上的位置。图 5-1-1 所示为几种电气设备的磁路。其中图 5-1-1a 所示的变压器磁路是双回路矩形磁路；图 5-1-1b 所示的电磁铁磁路是单回路磁路，回路中有一小段气隙；图 5-1-1c 所示为磁电系仪表的磁路，其回路中有两小段气隙。

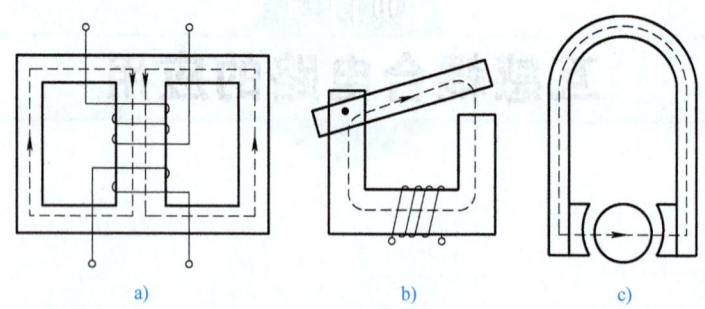

图 5-1-1 几种电气设备的磁路

 知识链接

磁路实际上是局限于一定路径内的磁场，因此磁场的物理量也适用于磁路。

1. 磁路的基本物理量

（1）磁感应强度

磁感应强度 B 是表示磁场内某点的磁场强弱和方向的物理量，它是一个矢量。磁感应强度 B 与产生磁场的电流（称为励磁电流）之间的方向关系可用右手螺旋定则来确定，其大小为

$$B = \frac{F}{IL} \qquad (5-1-1)$$

式中，F 为通电导体在磁场中所受的电磁力；I 为导体中通过的电流；L 为导体的有效长度。

国际单位制中，磁感应强度 B 的单位是特斯拉（T），工程上一般用高斯（Gs）作为磁感应强度 B 的单位，两者的关系为

$$1\text{Gs} = 10^{-4}\text{T}$$

为了形象地描述磁场的方向和强弱分布情况，人们用一些假想的曲线——磁感线（或称磁力线）来表示磁场。磁感应强度大的地方，磁力线密，反之则疏。磁力线上各点的切线方向就是该点磁场的方向。

（2）磁通量

在均匀磁场中，磁通量 Φ 等于磁感应强度 B 与垂直于磁场方向的面积 S 的乘积，即

$$\Phi = BS \qquad (5-1-2)$$

由式（5-1-2）得

$$B = \frac{\Phi}{S} \qquad (5-1-3)$$

由式（5-1-3）可知，磁感应强度在数值上可以看作与磁场方向相垂直的单位面积上通过的磁通量，故磁感应强度又可称作磁通密度。

国际单位制中，磁通量的单位是韦伯（Wb）。工程上其常用单位还有麦克斯韦（Mx），两者的关系是

$$1\text{Mx}=10^{-8}\text{Wb}$$

(3) 磁导率

磁导率 μ 是表示物质导磁性能的一个物理量，磁导率大的介质导磁性能好。磁导率的单位是亨利/米（H/m）。实验测得的真空磁导率为

$$\mu_0 = 4\pi \times 10^{-7} \text{H/m}$$

为了便于比较，工程上通常采用相对磁导率 μ_r，即某种介质的磁导率 μ 与真空磁导率 μ_0 的比值，有

$$\mu_r = \frac{\mu}{\mu_0} \tag{5-1-4}$$

由式（5-1-4）可知，相对磁导率 μ_r 没有单位。

自然界中的物质按其导磁性能大体上可分为非磁性材料和磁性材料。非磁性材料的导磁性能较差，它们的相对磁导率 $\mu_r \approx 1$，如空气、铜、铝、纸、木材、陶瓷、橡胶等。磁性材料则有很强的导磁性能，其 $\mu_r \gg 1$，但不是常数。例如铸铁的 μ_r 在 200～400 之间，硅钢片的 μ_r 在 6000～8000 之间，坡莫合金的 μ_r 则可达 10^5 左右。

(4) 磁场强度

为了表征磁场强弱与产生磁场的电流之间的关系，引入了磁场强度 H。磁场强度 H 的大小等于该点的磁感应强度 B 与该处媒质的磁导率 μ 的比值，即

$$H = \frac{B}{\mu} \tag{5-1-5}$$

由式（5-1-5）可以看出，磁场强度是一个与励磁电流有关，而与磁介质无关的量，磁场强度也是一个矢量，其方向与该点磁感应强度的方向相同，单位是安/米（A/m）。

2. 磁性材料的主要特性

磁性材料广泛应用于变压器、电机、继电器等电磁设备的铁心。磁性材料的主要特性有高导磁性、磁饱和性、磁滞性等。

(1) 高导磁性

磁性材料具有强的磁化特性。在磁性材料内部存在许多小区域，每个小区域内分子间的相互作用使其分子磁铁整齐排列，显示出磁性，这些小区域称为磁畴。在没有外磁场作用时，磁畴排列混乱，磁场互相抵消，对外不显示磁性，如图 5-1-2a 所示。但在外磁场（例如铁心线圈中的电流产生的磁场）作用下，磁畴就会顺着外磁场的方向转向，显示出磁性。随着外磁场的增强（线圈电流增大），磁畴会逐渐转到与外磁场相同的方向上，如图 5-1-2b、c 所示。这样便产生了一个很强的、与外磁场同方向的磁化磁场，使铁磁材料内的磁感应强度大大增强，所以磁性材料具有高导磁性。

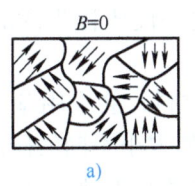
a)
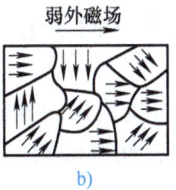
b)
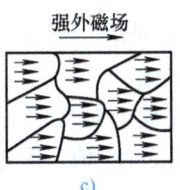
c)

图 5-1-2　铁磁材料的磁化

非铁磁材料的内部没有磁畴，所以不具有磁化的特性。

（2）磁饱和性

如图 5-1-3a 所示，将待测的尚未磁化过的铁磁材料制成横截面积为 S、平均周长为 l 的环形铁心，并绕以 N 匝线圈，调节可变电阻 R，使电流 I 从零逐渐增大，同时用磁通表间接测出相应的磁感应强度 $B = \dfrac{\Phi}{S}$，然后根据测出的电流，应用全电流定律求出 $H = \dfrac{NI}{2\pi R}$，便可绘制 $B - H$ 曲线，如图 5-1-3b 所示。这条曲线即铁磁材料的起始磁化曲线。从图 5-1-3b 中可以看出，起始磁化曲线可分为四段：在 Oa 段，因外磁场极弱，磁畴仅微微转向，产生的附加磁场极弱；在 ab 段，外磁场增强，附加磁场随之增强，磁感应强度急剧上升；在 bc 段，H 继续增大，B 增加缓慢，这是因为在强磁场作用下，磁畴的磁场已大部分转向为与外磁场方向一致，磁路趋于饱和；c 点以后的曲线变得几乎平坦，表明磁畴已几乎全部转向外磁场方向，即使外磁场 H 再增加，磁感应强度 B 增加得也很少，磁路达到饱和状态，c 点称为饱和点。由起始磁化曲线可以看出，曲线每点的 $\dfrac{B}{H}$ 不是常数，即 μ 不是常数。

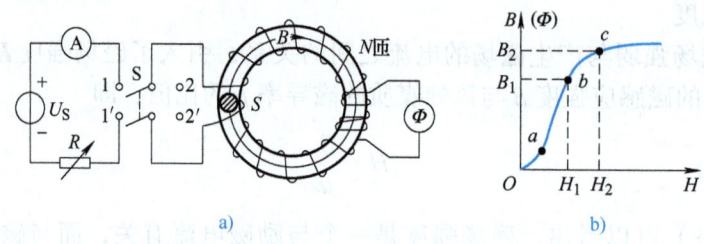

图 5-1-3 铁磁材料的起始磁化曲线

（3）磁滞性

铁磁材料在磁化过程中，当励磁电流 I 增加，使外加磁场增加到某一最大值 H_m 后，如图 5-1-4a 所示的 a 点，B 达到最大值 B_m，然后减小励磁电流 I，即减小 H，B 值也会随之减小，但实验表明，B 并不会按照原来的起始磁化曲线的规律减小，而是会由 B_m 沿 ab 曲线段下降，当 H 减小到零时，B 并未减小到零（曲线上的 b 点），此时的磁感应强度 B_r 称为剩余磁感应强度，简称剩磁。要消除剩磁，必须改变外磁场 H 的方向来进行反向磁化。随着反向磁场的增强，材料逐渐被退磁，直到外磁场 H 反向增加到 $-H_C$（曲线的 c' 点）时，$B=0$，剩磁消除。消除剩磁所需的反向磁场强度的大小 H_C 称为矫顽磁力（或称矫顽力）。继续增大反向磁场到 $-H_m$，B 也相应地反向增至 $-B_m$（曲线的 a' 点）。然后使 H 返回零（曲线的 b' 点），并再次从零增至 H_C（曲线的 c 点），最后增至 H_m，即可得到如图 5-1-4a 所示的一条对称于原点的闭合曲线 $abc'a'b'ca$。铁磁材料在反复磁化的过程中，磁感应强度 B 的变化滞后于外磁场强度 H 的变化，这一性质称为磁滞性，所得到的闭合磁化曲线称为磁滞回线。

为便于计算，工程上对那些磁滞回线狭长的铁磁材料，会采用基本磁化曲线替代。在不饱和区域内对不同的 H_m 值反复磁化，便可得到一系列大小不同的磁滞回线，如图 5-1-4b 所示。将各个不同 H_m 值所对应的各条磁滞回线的顶点连接起来，得到的曲线即基本磁化曲线。基本磁化曲线与起始磁化曲线差别很小，但它所表示的磁感应强度与磁场强度的关系具有平均的意义。

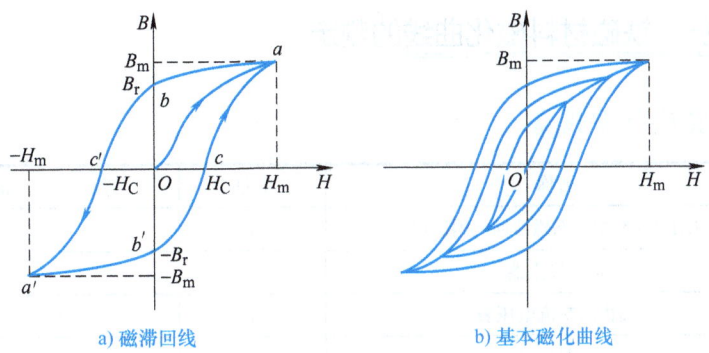

a）磁滞回线　　　　　　　　b）基本磁化曲线

图 5-1-4　磁滞回线

3. 磁性材料的分类

磁性材料按其磁滞回线形状的不同，可以分为 3 种基本类型，即软磁性材料、硬磁性材料和矩磁性材料。

（1）软磁性材料

软磁性材料磁导率高，易于磁化，在撤去外磁场后，磁性基本消失。反映在磁滞回线上就是它的剩磁 B_r 和矫顽力 H_C 都很小，磁滞回线狭长，与基本磁化曲线十分靠近，如图 5-1-5a 所示。常用的软磁性材料有铸钢、铸铁、硅钢、坡莫合金及铁氧体等。电机、变压器等电力设备中的铁心一般采用硅钢片制作；收音机接收线圈的磁棒、计算机中的磁心和磁盘、录音机中的磁带等由铁氧体制作。

（2）硬磁性材料

硬磁性材料的特点是剩磁 B_r 和矫顽力 H_C 都较大，磁滞回线较宽，撤去外磁场后剩磁大，磁性不易消失，如图 5-1-5b 所示。硬磁性材料常用来制作永久磁铁，许多设备如磁电系仪表、扬声器都是用硬磁性材料制作的。钨钢、钴钢、钡铁氧体等是常用的硬磁性材料。

（3）矩磁性材料

有些磁性材料的磁滞回线形状接近矩形，具有较大的剩磁 B_r 和较小的矫顽力 H_C，如图 5-1-5c 所示，称为矩磁性材料。因为矫顽力 H_C 较小，在很小的外磁场作用下就能使材料正向或反向饱和磁化，即易于"反转"，去掉外磁场后，与饱和磁场方向相同的剩磁又能稳定地保持下去，即矩磁性材料具有记忆性。

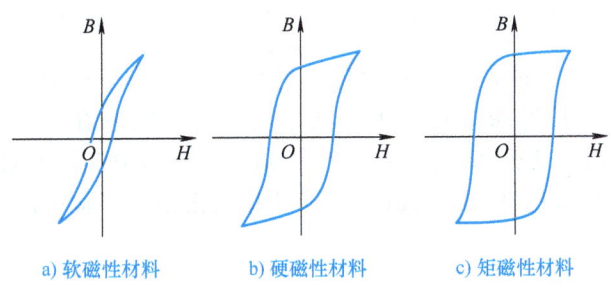

a）软磁性材料　　b）硬磁性材料　　c）矩磁性材料

图 5-1-5　不同材料的磁滞回线

矩磁性材料常用于计算机和控制系统中的记忆元件、开关元件和逻辑元件等。常见的矩磁性材料有镁锰铁氧体及 1J51 型铁镍合金等。

任务实施　铁磁材料磁化曲线的测定

一、任务实施所需设备

序号	名称	数量	备注
1	DH4516N 型动态磁滞回线测试仪	1	
2	信号发生器	1	
3	高内阻交流电压表	1	0～200V
4	透明米尺	1	0～200mA
5	实验电路板	1	

二、任务实施参考步骤

1）DH4516N 型动态磁滞回线测试仪由测试样品、功率信号源、可调标准电阻、标准电容和接口电路等组成，其面板如实训图 5-1-1 所示。

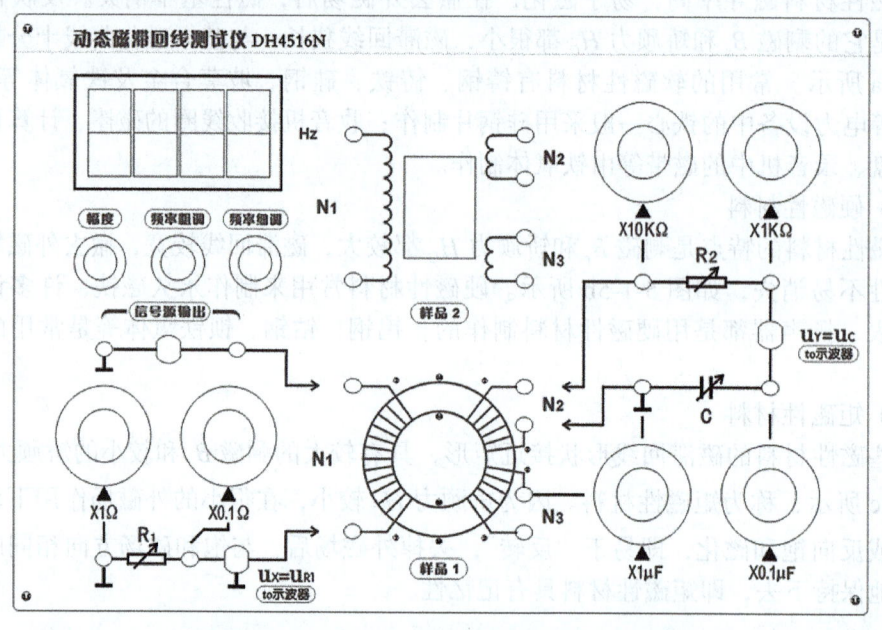

实训图 5-1-1　DH4516N 型动态磁滞回线测试仪面板

测试样品有两种：一种是圆形罗兰环，材料是锰锌功率铁氧体，其磁滞损耗较小；一种是 EI 型硅钢片，其磁滞损耗较大。功率信号源的频率在 20～200Hz 内可调。可调标准电阻 R_1、R_2 均为无感交流电阻，R_1 的调节范围为 0.1～11Ω；R_2 的调节范围为 1～110kΩ。标准电容可选 0.1～11μF，其介质损耗很小。实验可选择一种样品测试或将两种样品对比测试。

测试样品的参数如下。

样品 1：平均磁路长度 $L=0.130$m，铁心实验样品横截面积 $S=1.24\times10^{-4}$m²，线圈匝

数 N_1=150 匝、N_2=150 匝、N_3=150 匝。

样品 2：平均磁路长度 L=0.075m，铁心实验样品横截面积 S=1.20×$10^{-4}m^2$，线圈匝数 N_1=150 匝、N_2=150 匝；N_3=150 匝。

2）参考实训图 5-1-2 接线。样品的更换可通过更改接线位置来完成。

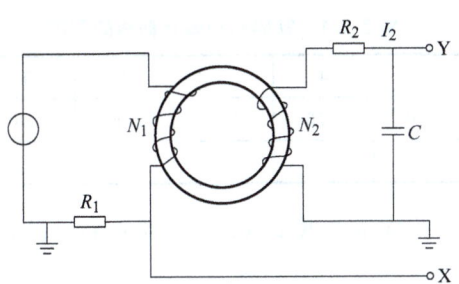

实训图 5-1-2　样品 1 测试电路原理图

3）逆时针调节幅度旋钮到底，使信号输出最小。调节示波器显示方式为 X–Y 方式，示波器 X 输入和 Y 输入选择 DC 方式。

4）接通示波器和测试仪电源，适当调节示波器辉度，以免显示屏受损。开机预热 10min 后开始测量。

5）将示波器光点调至显示屏中心，调节频率调节旋钮，使频率显示窗显示 50.00Hz。

6）退磁过程如下：

① 单调增加励磁电流，即缓慢顺时针调节幅度旋钮，使示波器显示的磁滞回线上的 B 值缓慢增加，达到饱和。改变示波器上的 X、Y 输入衰减器开关（偏转因数旋钮），并将它们的微调旋钮顺时针旋转到底（此时偏转因数旋钮对应的数值处于校准状态），调节 R_1、R_2 的大小，使示波器显示出典型的磁滞回线图形，并使磁滞回线顶点在水平方向上的读数为（-5.00，5.00），此后，保持示波器上的 X、Y 输入偏转因数旋钮和 R_1、R_2 的值固定不变，以便进行 H、B 的测量。

② 单调减小励磁电流，即缓慢逆时针调节幅度旋钮，直到示波器最后显示为一点，位于显示屏的中心，即 X 和 Y 轴线的交点，如不在中间，可调节示波器的 X 和 Y 位移旋钮。在实验中，可用示波器 X、Y 输入的接地开关检查示波器的中心是否对准屏幕 X、Y 坐标的交点。

注意：励磁电流在实验过程中只允许单调增加或减少，不能时增时减。

在频率较低时，由于相位失真，磁滞回线经常会出现如实训图 5-1-3 所示的畸变。这时需要选择合适的 R_1、R_2 和 C 的值，以避免这种畸变，得到最佳的磁滞回线。

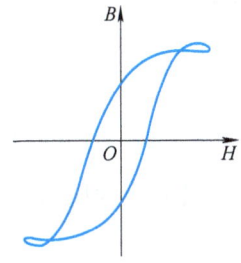

实训图 5-1-3　畸变的磁滞回线

7）测量磁化曲线（即测量大小不同的各个磁滞回线的顶点的连线）。

① 单调增加磁化电流，即缓慢地顺时针调节幅度旋钮，使磁滞回线顶点在 X 方向的读数分别为 0、0.40、0.80、1.20、1.60、2.00、2.40、3.00、4.00、5.00，单位为格（指一大格），记录磁滞回线顶点在 Y 方向上的读数，将数据填入表 5-1-1。

表 5-1-1 铁磁材料磁化曲线的测定

序号	1	2	3	4	5	6	7	8	9	10
X/格	0	0.40	0.80	1.20	1.60	2.00	2.40	3.00	4.00	5.00
Y/格										

注意：在测量过程中应保持示波器上 X、Y 输入的偏转因数旋钮和 R_1、R_2 的值固定不变，并记录下列数据。

$R_1=$_____ Ω；$R_2=$_____ Ω；$C=$_____ F；$S_X=$_____ V/格（X 输入的偏转因数旋钮的读数）；$S_Y=$_____ V/格（Y 输入的偏转因数旋钮的读数）。

② 计算相应的 H（单位为 A/m）和 B（单位为 mT）。

根据 X、Y 的读数可以得到输入示波器 X 偏转板和 Y 偏转板上的电压，即

$$U_X = S_X X$$

$$U_Y = S_Y Y$$

对于样品 1，有

$$H = \frac{N_1 S_X}{L R_1} X$$

$$B = \frac{C R_2 S_Y}{N_2 S} Y$$

8）根据得到的 H 和 B，在实训图 5-1-4 所示的坐标纸上绘制磁化曲线，并给出饱和磁感应强度的大小。

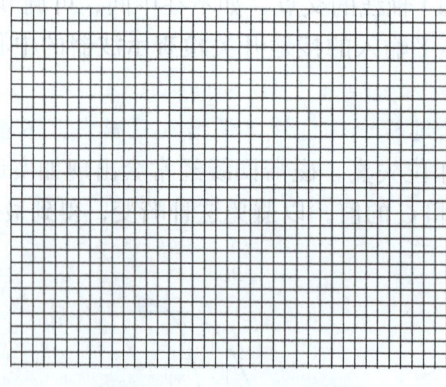

实训图 5-1-4 H—B 坐标纸

9）各小组可进一步讨论，完成磁滞回线的检测。

三、任务实施注意事项

1）因为信号源、电阻 R_1 和电容 C 的一端已经与地相连，所以不能与其他接线端连接。

否则会导致短路，从而无法正确完成实验。

2）在测量时必须先进行退磁，请思考原因。

四、任务汇报展示评价（见表 5-1-2）

表 5-1-2　电路基本物理量的检测任务实施项目评价表

实训项目：　　　　　　　　学生姓名：

序号	考核项目	考核等级 A	考核等级 B	考核等级 C	成绩
1	任务实施计划决策	计划合理充分、实施过程准确且有完整详细的记录	计划较合理充分、实施过程较准确且有记录	计划较合理充分、实施过程较准确但没有记录	
2	任务实施检查	在规定时间内能较好地完成铁磁材料磁化曲线的测定，测量数据分析准确	在规定时间内能完成铁磁材料磁化曲线的测定，测量数据分析较准确	在规定时间内基本完成铁磁材料磁化曲线的测定，测量数据分析较准确	
3	任务实施评估讨论	能独立完成铁磁材料磁化曲线的测定，准确分析数据并得出结论，能积极解决任务实施过程中出现的问题	能较独立地完成铁磁材料磁化曲线的测定，较准确地分析数据并得出结论，能部分解决任务实施过程中出现的问题	能基本完成铁磁材料磁化曲线的测定，能分析数据并得出结论，能部分解决任务实施过程中出现的问题	
4	仪器使用、维护	能严格按照仪器仪表的操作规范进行操作，能及时清理垃圾，将仪器摆放整齐等	能较严格按照仪器仪表的操作规范进行操作，能清理垃圾，将仪器摆放整齐等	能按照仪器仪表的操作规范进行操作，能清理垃圾，将仪器摆放整齐等	
	团队协作	能与小组成员积极配合，有序地完成训练项目	能与小组成员较积极配合，有序地完成训练项目	能与小组成员配合，基本完成训练项目	
	劳动纪律	认真遵守任务实施时间，在任务实施过程中积极动手、动脑	较认真遵守任务实施时间，在任务实施过程中能动手、动脑	能遵守任务实施时间，在任务实施过程中不够积极	
总评					

视野拓展　磁路的基本定律

对磁路进行分析与计算时，常用到磁路的基本定律。磁路的基本定律反映了磁路的磁通量、磁动势和磁阻之间的关系。

1. 全电流定律（安培环路定律）

全电流定律：在磁场中，磁场强度矢量沿任一闭合路径的线积分等于该闭合路径所交链电流的代数和，即

$$\oint H \mathrm{d}l = \sum I \tag{5-1-6}$$

在应用全电流定律时，先对回线选定一个环绕方向，当电流 I 的方向与闭合回线的方向符合右手螺旋定则时，对这个电流取正，反之取负。

2. 磁路欧姆定律

为了便于分析磁路，可利用电路欧姆定律，找出与它对应的磁路欧姆定律，使磁路分

析更加简便。

以图 5-1-6 为例,设某铁心线圈的匝数为 N,通过的电流为 I,由全电流定律不难得到

$$\sum Hl = \sum IN \tag{5-1-7}$$

式（5-1-7）左边为沿磁路中心线一周的总磁压,用 U_m 表示;右边是线圈电流与匝数的乘积,称为磁路的磁动势,用 F_m 表示。

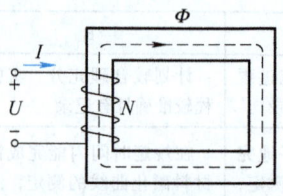

图 5-1-6　磁路欧姆定律

设磁路的横截面积为 S,长度为 l,材料的磁导率为 μ,磁通量为 Φ,则磁压为

$$U_m = Hl = \frac{B}{\mu}l = \frac{l}{\mu S}\Phi \tag{5-1-8}$$

令 $R_m = \dfrac{l}{\mu S}$,则 R_m 称为该段磁路的磁阻,单位是 1/亨（1/H）。那么一段磁路的磁压就等于磁阻与磁通量的乘积,即

$$U_m = R_m \Phi = F_m \tag{5-1-9}$$

式（5-1-9）从形式上看与电路中的欧姆定律相似,故称为磁路欧姆定律。

对空心线圈或气隙磁路来说,由于其磁导率 μ_0 为常数,故磁通量随磁动势变化的曲线是线性的;而铁磁材料的磁导率 μ 不是常数,其磁通量随磁动势变化的曲线是非线性的。因此,在一般情况下,不能应用磁路欧姆定律对磁路进行定量计算,只能用它来对磁路进行定性分析。

磁路和电路有着本质的区别,如电路中有电动势,但电流可为零,而磁路中有磁动势就必有磁通;电流代表某种质点的运动,电路中只要有电流,实际上总有能量损耗,磁通量并不代表某种质点的运动,在维持恒定磁通量的磁路中,磁阻不消耗能量等。磁路与电路的比较见表 5-1-3。

表 5-1-3　磁路与电路的比较

电路	磁路
电动势 E	磁动势 $F_m = IN$
电流 I	磁通量 Φ
电阻 $R = \dfrac{l}{\gamma S}$	磁阻 $R_m = \dfrac{l}{\mu S}$
电压 $U = IR$	磁压 $U_m = R_m \Phi$
电路欧姆定律 $I = \dfrac{U}{R}$	磁路欧姆定律 $\Phi = \dfrac{U_m}{R_m} = \dfrac{F_m}{R_m}$

 巩固思考

1）_____是表示磁场内某点的磁场强弱和方向的物理量。
2）在国际单位制中,磁通量的单位是韦伯,在工程上,常用单位还有_____。
3）铁磁材料具有较强的磁化特性,是因为在铁磁材料内部具有_____。
4）磁性材料在反复磁化过程中的 $B-H$ 曲线,称为_____。
5）磁性材料按其磁滞回线形状的不同,可分为_____、硬磁性材料和矩磁性材料。

任务 5.2　认识单相变压器

 学习目标

知识目标	能力目标	素质目标
理解并掌握单相变压器的结构、运行原理及应用	能正确选择、使用单相变压器	培养学生的安全用电意识；培养学生的电气职业素养；培养学生的团结协作意识

案例引入　电力系统中的变压器

如图 5-2-1 所示的,由发电厂、区域变电所及用户等所组成的含发电、变电、输电、配电和用电等环节的电能生产与消费系统称为电力系统。

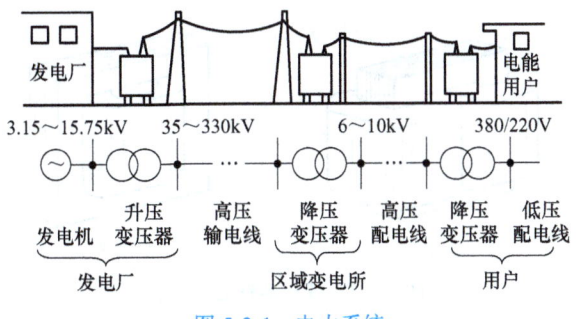

图 5-2-1　电力系统

在电力系统中,升压变压器将发电机发出的电压逐级升高后进行远距离传输,到达目的地后再用降压变压器把电压逐级降低后供用户使用。在测量高电压、大电流时,可利用仪用变压器扩大对交流电压、电流的测量范围。在电子设备和仪器中,可利用小功率电源变压器来提供不同等级的电压,利用耦合传感器传递信号并隔离电路上的直接联系等。变压器虽然大小不等,用途各异,但它们的基本结构和工作原理是相同的。那么,变压器的基本结构包括哪几部分？变压器是如何工作的呢？

 知识链接 1

变压器的基本结构主要包括铁心和绕组两大部分。图 5-2-2 所示为三相油浸式电力变压器的外形。

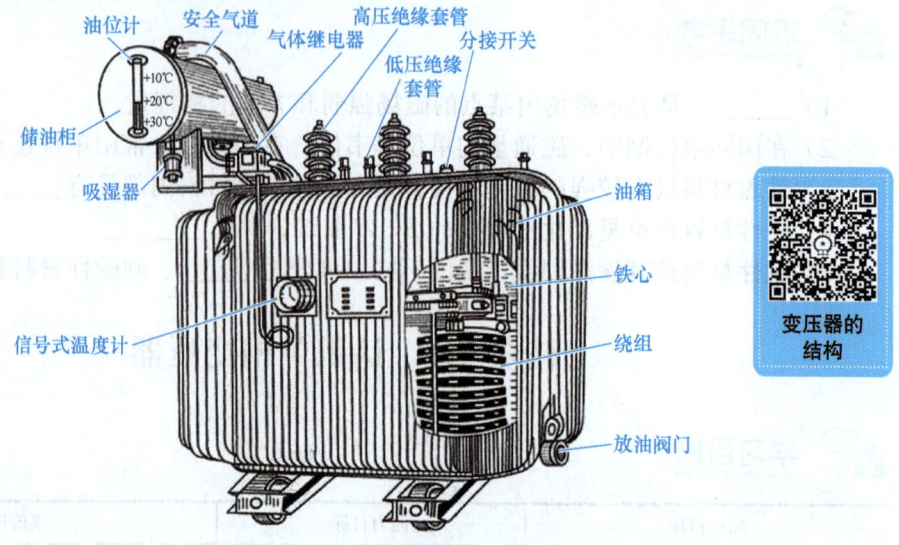

图 5-2-2　三相油浸式电力变压器外形

1. 铁心

变压器的一次、二次绕组都是绕在铁心上的。铁心的作用是构成磁路，让绝大部分磁通经过铁心构成闭合回路。为了提高导磁性能，减少电涡流损耗、磁滞损耗等铁心损耗，变压器的铁心多采用 0.27mm 或 0.15mm 厚的冷轧硅钢片叠压而成。

根据变压器铁心和绕组的装配方式不同，变压器铁心分为心式和壳式两种，分别如图 5-2-3a 和图 5-2-3b 所示。

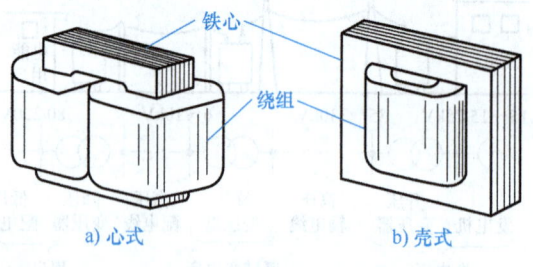

图 5-2-3　变压器铁心的结构

心式变压器的特点是绕组包围铁心，多用于高压的供电变压器；壳式变压器的特点是铁心包围绕组，大多用于大电流的特殊变压器或电子仪器、电视、收音机的电源变压器。

由于变压器在工作时铁心和绕组都要发热，为了不使变压器因过热而损坏绝缘材料，必须考虑散热问题。通常小容量的变压器为空气自冷式，大 / 中容量的变压器为油浸式。

2. 绕组

绕组是变压器的电路部分，常用绝缘铜线或铝线绕制而成，近年来还有用铝箔绕制而成的。变压器的绕组一般包括一次绕组和二次绕组。为了使绕组便于制造，且在电磁力作用下受力均匀，机械性能良好，电力变压器一般会把绕组绕制成圆筒形。按高、低绕组在铁心柱上的排列方式不同，绕组可分为同心式和交叠式两种，分别如图 5-2-4a 和图 5-2-4b 所示。

同心式绕组将高、低压绕组同心地排放在同一铁心柱上。为了便于绕组与铁心之间的绝缘,通常低压绕组在内、高压绕组在外,在高、低压绕组之间及绕组和铁心之间都加有绝缘。同心式绕组具有结构简单、制造方便的特点,国产变压器多采用这种结构。

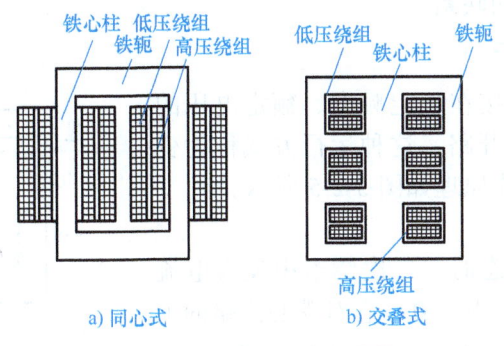

图 5-2-4　变压器绕组的结构

交叠式绕组又称饼式绕组,它将高、低压绕组分成若干个线饼,沿着铁心柱高度的方向交替排列。为了便于绝缘,一般在靠近铁轭的最上层和最下层放置低压绕组。交叠式绕组的主要优点是漏抗小,机械强度好,引线方便,缺点是绝缘比较复杂。这种绕组适用于壳式大型变压器,如大型电炉变压器就采用了这种结构。

3. 附件

为了改善散热条件,使变压器安全可靠运行,电力变压器等大型变压器还设有油箱、储油柜、安全气道等其他附件。

(1) 油箱　电力变压器多采用油浸式结构。小容量的变压器一般采用平壁式油箱,容量稍大的变压器则采用管式油箱,即在油箱壁上焊接散热油管,以增加散热面积。对于容量在 3000～10000kV·A 的变压器,则采用散热式油箱。

(2) 储油柜　在变压器油箱的上面,一般装有一个圆筒形的储油柜,储油柜通过连通管与油箱连通,以保证变压器的器身始终浸在变压器油中。储油柜内的油面高度随变压器油的热胀冷缩而变动,储油柜还能使变压器油与空气的接触面积减小,从而减少空气中氧气和水分的侵入。

(3) 气体继电器　气体继电器装在储油柜和油箱的连通管中间,当变压器内部发生故障(如绝缘击穿、匝间短路等)产生气体或油箱漏油使油面降低时,气体继电器会动作并发出信号,以便工作人员及时处理。若事故严重,气体继电器可使断路器自动跳闸,对变压器起保护作用。

(4) 安全气道　它装于油箱顶部,是一个圆筒,上端口装有一定厚度的玻璃板或酚醛纸板,下端口与油箱连通。它的作用是当变压器内部发生故障引起压力骤增时,让油气流冲破玻璃板或酚醛纸板,以免造成油箱壁爆裂。

(5) 分接开关　油箱盖上面装有分接开关,可调节一次绕组的匝数,当电网电压波动时,变压器本身能做到小范围的电压调节,以保证负载端电压的稳定。

(6) 绝缘套管　油箱上方有三个高压绝缘套管和四个低压绝缘套管,套管内装有电极导电体。

知识链接 2

变压器虽然大小不一,用途各异,但其工作原理是基本相同的。为了分析方便,可把

高压绕组和低压绕组分别画在铁心的两边，接交流电源的绕组称作一次绕组，接负载的绕组称作二次绕组。一次、二次绕组的匝数分别为 N_1 和 N_2。电力变压器的一次、二次绕组没有电的联系，仅有磁的联系。

1. 变压器的空载运行

变压器的一次绕组接在额定频率、额定电压的交流电源上，二次绕组开路，这种运行方式称为变压器的空载运行，其工作原理如图 5-2-5 所示。

（1）电磁关系

变压器空载运行状态时，二次绕组中没有电流通过，即 $i_2=0$，磁动势 $i_2N_2=0$，它对铁心磁路的工作没有影响，只在一次绕组中有交变电流 i_0 通过，i_0

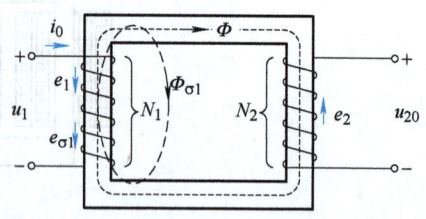

图 5-2-5　变压器的空载运行工作原理

称为空载电流，其在一次绕组中产生交变磁动势 $f_0=i_0N_1$，并在铁心中建立空载磁场，产生交变磁通。空载时，磁通包括主磁通和一次绕组的漏磁通。主磁通用 $\varPhi$ 表示，它既交链一次绕组，又交链二次绕组；一次侧漏磁通 $\varPhi_{\sigma1}$ 只交链一次绕组，不与二次绕组交链。对于一般变压器，漏磁通 $\varPhi_{\sigma1}$ 比主磁通 $\varPhi$ 小得多，尤其是大容量变压器的漏磁通更小，为使问题分析简化，可以忽略漏磁通的影响。变压器空载时，二次绕组电流为零，无功率输出，一次绕组电流 i_0 的作用只是用来产生磁通，所以电流 i_0 又称为变压器的励磁电流。其数值很小，约为额定电流的 3%～8%。根据法拉第电磁感应定律可知，主磁通 $\varPhi$ 在一次、二次绕组上将分别产生感应电动势 e_1 与 e_2，即

$$e_1=-N_1\frac{\mathrm{d}\varPhi}{\mathrm{d}t} \tag{5-2-1}$$

$$e_2=-N_2\frac{\mathrm{d}\varPhi}{\mathrm{d}t} \tag{5-2-2}$$

如果接通负载，则二次侧会在感应电动势 e_2 的作用下向负载输出电功率，所以这部分磁通起着传递能量的作用。漏磁通 $\varPhi_{\sigma1}$ 只与一次绕组交链，在一次绕组中产生漏电动势 $e_{\sigma1}$。

由于路径不同，主磁通和漏磁通有很大差异。主磁通的磁路由铁磁材料组成，具有饱和特性，$\varPhi$ 和 i_0 呈非线性关系，因为铁心的磁导率比空气或变压器油的磁导率大得多，所以绝大部分磁通经由铁心闭合，故主磁通远大于漏磁通，一般主磁通可占总磁通的 99% 以上，而漏磁通占 1% 以下。

为正确表达变压器各量之间的关系，一般采用电工惯例来规定它们的正方向。

1）一次绕组输入电能，故先规定一次电压的参考正方向后，使一次电流的参考正方向与一次电压的参考正方向为关联参考正方向。

2）电流 i_0 在变压器铁心中建立磁通 $\varPhi$，$\varPhi$ 与 i_0 的正方向符合右手螺旋定则。

3）磁通 $\varPhi$ 产生的一次电动势，其正方向与产生该磁通的电流 i_0 的正方向一致。

4）磁通 $\varPhi$ 同时产生二次电动势，其正方向与产生该磁通的电流 i_2 的正方向一致。

5）输出电压（即二次电压）的正方向与二次电动势的正方向相反。

（2）电压变换关系

单相变压器空载运行时，在变压器一次绕组上加正弦交流电压 u_1，设主磁通为

$$\varphi = \Phi_m \sin \omega t$$

式中，Φ_m 为主磁通的幅值；ω 为正弦磁通变化的角频率。

根据法拉第电磁感应定律，一次绕组的感应电动势 e_1 为

$$\begin{aligned} e_1 &= -N_1 \frac{d\Phi}{dt} \\ &= \omega N_1 \Phi_m \sin(\omega t - 90°) \\ &= E_{1m} \sin(\omega t - 90°) \end{aligned}$$

由此可得 e_1 的有效值为

$$E_1 = \frac{E_{1m}}{\sqrt{2}} = \frac{\omega N_1 \Phi_m}{\sqrt{2}} = \sqrt{2}\pi f N_1 \Phi_m = 4.44 f N_1 \Phi_m \tag{5-2-3}$$

由式（5-2-3）可得，二次绕组感应电动势的有效值为

$$E_2 = 4.44 f N_2 \Phi_m \tag{5-2-4}$$

根据基尔霍夫电压定律，一次绕组满足的电压平衡方程用相量表示为

$$\dot{U}_1 = \dot{I}_1 R_1 - \dot{E}_1 - \dot{E}_{\sigma 1} \tag{5-2-5}$$

由于一次绕组的电阻和漏磁感抗数值很小，其两端的电压降也较小，与主磁通电动势 E_1 相比，可忽略不计，于是有

$$\dot{U}_1 \approx -\dot{E}_1 = j4.44 f N_1 \dot{\Phi} \tag{5-2-6}$$

式（5-2-6）表明：
1）主磁通在一次绕组产生的感应电动势有效值等于电源电压的有效值。
2）当电源电压不变时，主磁通基本保持不变。

二次绕组的电压平衡方程用相量表示为

$$\dot{E}_2 = \dot{I}_2 R_2 + \dot{U}_{20} - \dot{E}_{\sigma 2} \tag{5-2-7}$$

由于二次电流 i_2 为零，不产生磁通，R_2 上也就没有电压降。所以二次绕组的电路电压 U_{20} 与感应电动势 e_2 的关系可表示为

$$\dot{U}_{20} = \dot{E}_2 \tag{5-2-8}$$

式（5-2-8）表明：变压器二次绕组的开路电压有效值等于它的感应电动势有效值。

因此，一次、二次电压有效值之比为

$$\frac{U_1}{U_{20}} = \frac{E_1}{E_2} = \frac{4.44 f N_1 \Phi_m}{4.44 f N_2 \Phi_m} = \frac{N_1}{N_2} = K \tag{5-2-9}$$

式中，K 为一次、二次绕组的匝数比，称为变压器的电压比。

式（5-2-9）表明：变压器一次、二次电压之比等于一次、二次绕组的匝数之比。

2. 变压器的负载运行

变压器一次侧接到额定电压的交流电源 u_1 上，二次侧接上负载 Z_L 后的运行状态，称为变压器的负载运行。此时在变压器的一次、二次绕组中分别有一次、二次电流流过，如图 5-2-6 所示。此时变压器向负载输送电能，变压器处于有载状态。

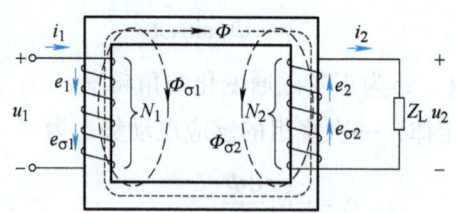

图 5-2-6 变压器的负载运行工作原理

(1) 电磁关系

变压器一次绕组接上交流电压 u_1 时，一次绕组中有电流 i_1 通过，产生的磁动势 i_1N_1 将作用于主磁路上。因为主磁通同时交链一次、二次绕组，所以会在一次、二次绕组中分别产生感应电动势 e_1、e_2。在 e_2 的作用下，二次侧有电流 i_2 产生。i_2 流过二次绕组同样会产生主磁通 Φ 和二次侧漏磁通 $\Phi_{\sigma2}$。所以在变压器负载运行时，除由合成磁动势 $(i_1N_1+i_2N_2)$ 产生的主磁通在一次、二次绕组中感应电动势 e_1 与 e_2（$\dot{E}_1$ 与 $\dot{E}_2$）外，还会分别产生只交链各自绕组的漏磁通 $\dot{\Phi}_{\sigma1}$ 和 $\dot{\Phi}_{\sigma2}$，并分别在一次、二次绕组中感应漏电动势 $\dot{E}_{\sigma1}$ 和 $\dot{E}_{\sigma2}$。一次、二次绕组的电阻分别产生电压降 $R_1\dot{I}_1$ 和 $R_2\dot{I}_2$。即二次侧接上负载后，会有电能输出。

(2) 电压变换关系

变压器负载运行时，一次绕组满足的电压平衡方程用相量表示为

$$\dot{U}_1 = \dot{I}_1R_1 - \dot{E}_1 - \dot{E}_{\sigma1} = -\dot{E}_1 + \dot{I}_1(R_1 + jX_1)$$

由于一次绕组的电阻和漏磁感抗数值很小，其两端的电压降也较小，与主磁通电动势 E_1 相比，可忽略不计，于是有

$$\dot{U}_1 \approx -\dot{E}_1 \tag{5-2-10}$$

二次绕组中的电压平衡方程用相量表示为

$$\dot{U}_2 = \dot{E}_2 - \dot{I}_2R_2 + \dot{E}_{\sigma2} \tag{5-2-11}$$

由于二次绕组的电阻和漏磁感抗的电压降也较小，与主磁通电动势 E_2 相比，可忽略不计，所以二次绕组的电压平衡关系式根据式（5-2-11）可简化表示为

$$\dot{U}_2 = \dot{E}_2 \tag{5-2-12}$$

由式（5-2-10）、式（5-2-12）可知，一次、二次绕组的端电压有效值分别为

$$U_1 \approx E_1 = 4.44fN_1\Phi_m \tag{5-2-13}$$

$$U_2 \approx E_2 = 4.44fN_2\Phi_m \tag{5-2-14}$$

因此，一次、二次绕组的电压有效值之比为

$$\frac{U_1}{U_2} \approx \frac{E_1}{E_2} = \frac{N_1}{N_2} = K \tag{5-2-15}$$

式（5-2-9）和式（5-2-15）称为变压器的电压比 K，变压器一次、二次绕组的电压比等于一次、二次绕组的电动势比，也等于一次、二次绕组的匝数比。因此，如果要使变压器的一次、二次绕组有不同的电压等级，只要改变它们的匝数即可。当 $N_1 > N_2$ 时，$K > 1$，变压器起降低电源电压的作用；当 $N_1 < N_2$ 时，$K < 1$，变压器起升高电源电

压的作用；当 $N_1=N_2$ 时，$K=1$，此时变压器不会变换电源电压，而是起着隔离电源的作用。由此可见，当 N_1 和 N_2 不同时，变压器可将输入的交流电源电压转换成同频率的另一个电压值的交流电。这时，电能可以从一次绕组输入，通过电磁感应的形式传递到二次绕组。

对于已经做好的变压器，其 K 为定值，故二次电压和一次电压成正比，也就是说，二次电压随着一次电压的升高而升高，反之亦然。但加在一次绕组两端的电压必须为额定值，因为当外加电压略超过额定电压时，一次绕组中通过的电流将大大增加，如果把额定电压为 220V 的变压器错误地接到 380V 的线路上时，一次绕组中的电流将急剧增大，使变压器烧毁。

（3）电流变换作用

比较式（5-2-6）和式（5-2-10）可以看出，不论变压器空载或负载运行，当电源电压 U_1 和频率 f 不变时，主磁通的最大值 Φ_m 是个常数。所以，变压器带负载时产生主磁通的磁动势（$i_1N_1+i_2N_2$）基本等于空载时产生主磁通的磁动势 i_0N_1，即有

$$i_1N_1+i_2N_2 \approx i_0N_1$$

由于励磁电流 i_0 很小，与带负载状态时的电流 i_1 和 i_2 相比可以忽略不计，因此有

$$i_1N_1+i_2N_2 \approx 0$$

用相量表示为

$$N_1\dot{I}_1 \approx -N_2\dot{I}_2 \qquad (5\text{-}2\text{-}16)$$

式（5-2-16）中的负号说明，变压器一次、二次绕组的磁动势 $N_1\dot{I}_1$ 和 $N_2\dot{I}_2$ 在相位上接近于反相，即变压器带负载后，二次绕组的磁动势 $N_2\dot{I}_2$ 对一次绕组的磁动势 $N_1\dot{I}_1$ 有去磁作用。可见，一次、二次绕组的电流有效值之比为

$$\frac{I_1}{I_2} = \frac{N_2}{N_1} = \frac{1}{K} \qquad (5\text{-}2\text{-}17)$$

式（5-2-17）表明了变压器的电流变换作用，即一次、二次电流有效值之比等于一次、二次绕组匝数的反比。例如一台变压器的匝数 $N_1 < N_2$，则变压器为升压变压器，电流 $I_1 > I_2$；如果 $N_1 > N_2$，则变压器为降压变压器，电流 $I_2 > I_1$。也就是说，电压高的一边电流小，而电压低的一边电流大。

【例 5.2.1】有一台电压为 220/36V 的变压器，二次侧接一盏 36V、40W 的灯泡，试求（1）若变压器的一次绕组 $N_1=1100$ 匝，二次绕组匝数应是多少？（2）灯泡点亮后，一次、二次电流各为多少？

解：（1）由电压比的公式，可以求出二次绕组的匝数为

$$N_2 = \frac{U_2}{U_1}N_1 = \frac{36}{220} \times 1100 \text{匝} = 180 \text{匝}$$

（2）由有功功率 $P_2=U_2I_2\cos\varphi$，可求得二次电流为

$$I_2 = \frac{P_2}{U_2} = \frac{40}{36}\text{A} \approx 1.11\text{A}$$

由电压比公式可求得一次电流为

$$I_1 = I_2 \frac{N_2}{N_1} = 1.11 \times \frac{180}{1100} \text{A} \approx 0.18\text{A}$$

3. 变压器的阻抗变换

变压器除具有变换电压、电流的作用外，还具有变换负载阻抗的作用。在电子设备中，为使负载获得最大的功率输出，经常对负载的阻抗有一定要求。然而，负载的阻抗一般又是确定的，不能随便更改，为使负载与电源更好地配合，常采用变压器来获得所需的等效阻抗，变压器的这个作用就称为阻抗变换，在阻抗变换后可以实现"阻抗匹配"，从而使变压器二次侧输出最大的电功率。

变压器阻抗变换的原理可由图 5-2-7 所示电路加以说明。若把复阻抗为 Z_L 的负载接到变压器的二次侧，如图 5-2-7a 所示，可将负载阻抗 Z_L 与变压器一起看作电源的负载，如图 5-2-7a 中点画线框所示，该部分可以用一个直接接入电源的阻抗 Z_L' 来等效代替，如图 5-2-7b 所示。

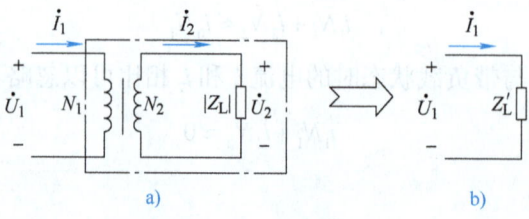

图 5-2-7 变压器的阻抗变换

也就是说，直接接在电源上的阻抗 Z_L' 和接在变压器二次侧的负载阻抗 Z_L 对电源的工作情况等效。由于负载阻抗的大小为

$$|Z_L'| = \frac{U_2}{I_2}$$

从变压器的一次侧来看，如图 5-2-7b 所示，即把变压器和负载一起看作电源的负载，则其等效负载阻抗 $|Z_L'|$ 可变为

$$|Z_L'| = \frac{U_1}{I_1} \tag{5-2-18}$$

将式（5-2-15）和式（5-2-17）代入式（5-2-18），得

$$|Z_L'| = \frac{U_1}{I_1} = \frac{KU_2}{\frac{1}{K}I_2} = K^2|Z_L| \tag{5-2-19}$$

式（5-2-19）说明，变压器二次侧的负载 Z_L，对电源而言，相当于接上阻抗为 $Z_L' = K^2 Z_L$ 的负载。可见，负载阻抗通过变压器变换后的大小是由变压器的电压比 K 确定的。因此，在电子电路（如功率放大器）中，可以通过选择合适的电压器的电压比来获得需要的负载的阻抗，进而从功率放大器的输出端获得所需的输出功率。

【例 5.2.2】 在图 5-2-8 所示的晶体管收音机输出电路中，晶体管所需的最佳负载电阻 $R' = 800\Omega$，变压器二次侧所接扬声器的阻抗 $R_L = 8\Omega$。试求变压器的匝数比。

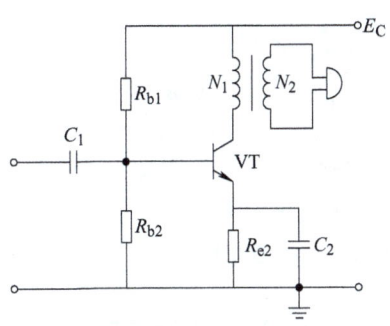

图 5-2-8 例 5.2.2 图

解： 根据变压器阻抗变换公式，有

$$\frac{R'}{R_L} = K^2 = \left(\frac{N_1}{N_2}\right)^2$$

$$K = \frac{N_1}{N_2} = \sqrt{\frac{R'}{R_L}} = \sqrt{\frac{800}{8}} = 10$$

即一次绕组匝数应为二次绕组匝数的 10 倍。

任务实施　变压器的参数测定

一、任务实施所需设备

序号	名称	数量	备注
1	交流电压表	1	0～450V
2	交流电流表	1	0～5A
3	单向功率表	1	
4	实验变压器	1	220V/110V/55V
5	万用表	1	指针式
6	白炽灯	9	220V、15W

二、任务实施参考步骤

（1）变压器的空载实验

注意： 空载实验通常会将高压侧开路，由低压侧通电测量，又因空载时功率因数很低，故测量功率时应采用低功率因数的功率表。此外，因变压器空载时阻抗很大，故电压表应接在电流表外侧。

1）实训图 5-2-1 为变压器的空载实验电路原理图。请利用电工实训台上的铁心变压器及交流电压表、电流表、功率表等仪器仪表，按实训图 5-2-1 接线。

2）AX 为变压器的低压绕组，接 110V。ax 为变压器的高压绕组，选 220V 的那一组。高压绕组不接负载（即让变压器处于空载状态），经指导教师检查或小组共同检查无误后方可通电实验。测量 U_1、U_2、P，将数据填入表 5-2-1 中，并计算 K 值，同样填入表 5-2-1。此时，功率表测量出的数据即为变压器的铁损耗。

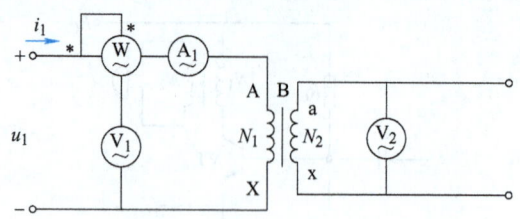

实训图 5-2-1　变压器的空载实验电路原理图

表 5-2-1　变压器的空载实验测定数值

被测量	U_1/V	U_2/V	P/W	K（计算）
数值				

（2）变压器的负载实验

1）实训图 5-2-2 为变压器的负载实验电路原理图。请利用电工实训台上的铁心变压器及交流电压表、电流表、功率表等仪器仪表按实训图 5-2-2 接线，然后保持一次绕组加 220V 不变，在负载端分别加 1、2、3 只灯泡（每只 25W、220V）。

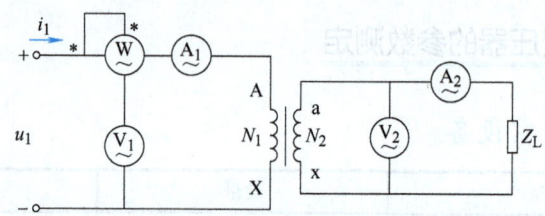

实训图 5-2-2　变压器的负载实验电路原理图

2）变换负载端灯泡的接入数量，每次均测量 U_1、U_2、I_1、I_2 的数值，并计算出阻抗比，记入表 5-2-2 中。然后根据阻抗比和二次侧负载阻抗计算出等效到一次侧的阻抗值。绘制变压器的外特性曲线 $U_2=f(I_2)$。

表 5-2-2　变压器的负载实验测定数值

测试项目	U_1/V	U_2/V	I_1/A	I_2/A	R_C 计算	R'_L 计算	阻抗比（计算）
1 只灯泡							
2 只灯泡							
3 只灯泡							

三、任务实施注意事项

1）注意安全，防止触电。

2）遇异常情况，应立即断开电源，待处理好故障后，再继续实训。

四、任务汇报展示评价（见表5-2-3）

表5-2-3 变压器参数测定实训项目评价表

实训项目：   学生姓名：

序号	考核项目	考核等级			成绩
		A	B	C	
1	任务实施计划决策	计划合理充分、实施过程准确且有完整详细的记录	计划较合理充分、实施过程较准确且有记录	计划较合理充分、实施过程较准确但没有记录	
2	任务实施检查	在规定时间内能较好地完成变压器的参数测定，测量数据分析准确	在规定时间内能完成变压器的参数测定，测量数据分析较准确	在规定时间内基本完成变压器的参数测定，测量数据分析较准确	
3	任务实施评估讨论	能独立完成变压器的参数测定，准确分析数据并得出结论，能积极解决任务实施过程中出现的问题	能较独立地完成变压器的参数测定，较准确地分析数据并得出结论，能部分解决任务实施过程中出现的问题	能基本完成变压器的参数测定，能分析数据并得出结论，能部分解决任务实施过程中出现的问题	
4	仪器使用、维护	能严格按照仪器仪表的操作规范进行操作，能及时清理垃圾，将仪器摆放整齐等	能较严格按照仪器仪表的操作规范进行操作，能清理垃圾，将仪器摆放整齐等	能按照仪器仪表的操作规范进行操作，能清理垃圾，将仪器摆放整齐等	
	团队协作	能与小组成员积极配合，有序地完成训练项目	能与小组成员较积极配合，有序地完成训练项目	能与小组成员配合，基本完成训练项目	
	劳动纪律	认真遵守任务实施时间，在任务实施过程中积极动手、动脑	较认真遵守任务实施时间，在实训过程中能动手、动脑	能遵守任务实施时间，在任务实施过程中不够积极	
总评					

视野拓展 变压器的外特性和效率

1. 变压器的外特性

变压器空载运行时，若一次电压 U_1 不变，则二次电压 U_2 也是不变的。若在变压器二次绕组侧加上负载之后，一是随着二次电流 I_2 的增加，I_2 在二次绕组内部的阻抗电压降也会增加，使二次绕组输出的电压 U_2 随之发生变化。二是由于一次电流 I_1 随二次电流 I_2 变化，因此 I_2 增加时，会使一次、二次绕组漏阻抗上的电压降变化，一次电动势 E_1 和二次电动势 E_2 也会有所变化，这最终会影响二次绕组的输出电压 U_2。

当变压器的电源电压 U_1 和负载的功率因数 $\cos\varphi_2$ 为常数时，二次电压 U_2 随二次电流 I_2 变化而变化的关系，即 $U_2=f(I_2)$ 称为变压器的外特性。变压器的外特性曲线如图5-2-9所示，可由实验测得。当变压器负载运行时，因为变压器内部存在漏阻抗，所以负载电流会在变压器内部产生阻抗电压降，使二次电压随二次电流的变化而变化。变压器二次电压的大小不仅与负载电流的大小有关，还与负载的功率因数有关。当带纯电阻性负载和电感性负载时，变压器的外特性是下降的；带电容性负载时，变压器的外特性可能上翘。下降是由一次、二次绕组内阻抗电压降对主磁通的去磁作用造成的。功率因数越低，下降越剧烈。上翘则是由一次、二次绕组漏阻抗电压降对主磁通的助磁作用造成的。

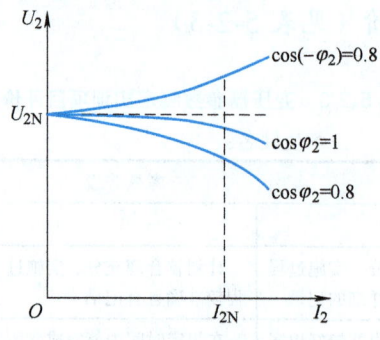

图 5-2-9 变压器的外特性曲线

从空载到满载（二次电流达到其额定值 I_{2N}）的输出电压变化量与空载电压的比值称为电压调整率，二次电压的变化情况，除了用外特性曲线表示外，还可以用电压调整率（$\Delta U\%$）表示。在电力系统中，变压器的负载大多数是电感性负载，因而当负载增加时，输出电压 U_2 总是下降的，如图 5-2-9 所示，当 I_2 从零增加到额定值 I_{2N} 时，若输出电压从 U_{2N} 降低到 U_2，则电压调整率可表达为

$$\Delta U\% = \frac{U_{2N} - U_2}{U_{2N}} \times 100\% = \frac{\Delta U}{U_{2N}} \times 100\% \tag{5-2-20}$$

电压调整率是表征变压器运行性能的重要指标之一，它的大小反映了供电电压的稳定性。在电力变压器中，电压调整率越小越好，一般在 5% 左右。

【例 5.2.3】有一供电用户端的电力变压器将 $U_{1N}=10000\text{V}$ 的高压电降压后对负载供电，要求该变压器在额定负载下的输出电压为 $U_2=380\text{V}$，且该变压器的电压调整率 $\Delta U\% = 5\%$，求该变压器二次绕组的额定电压 U_{2N}。

解：由式（5-2-20）得

$$\Delta U\% = \frac{U_{2N} - U_2}{U_{2N}} \times 100\% = \frac{U_{2N} - 380\text{V}}{U_{2N}} \times 100\% = 5\%$$

可知

$$U_{2N} = \frac{380}{1 - 0.05} \text{V} = 400\text{V}$$

根据该运算结论，请读者分析电力变压器铭牌中为什么在给额定线电压为 380V 的负载供电时，变压器二次绕组的额定电压不是 380V，而是 400V。

2. 变压器的效率

（1）变压器的损耗

变压器的输入功率大部分会输出给负载，但还有一小部分会损耗在变压器的内部。变压器的损耗 ΔP 有铜损耗 ΔP_{Cu} 和铁损耗 ΔP_{Fe} 两部分。即

$$\Delta P = \Delta P_{Cu} + \Delta P_{Fe} \tag{5-2-21}$$

1）铜损耗，包括基本铜损耗和杂散铜损耗。铜损耗是指变压器在带负载运行时，一次、二次电流在各自绕组的电阻上消耗的有功功率。基本铜损耗是指一次、二次绕组内通过电流时引起的直流电阻损耗。杂散铜损耗主要是由漏磁通所引起的集肤效应使导线等效截面积变小，即导线的有效电阻增大而增加的铜损耗，还包括漏磁场在结构部件中引起的

电涡流损耗等。杂散铜损耗为基本铜损耗的 0.5%～20%，有

$$\Delta P_{Cu} = R_1 I_1^2 + R_2 I_2^2 \tag{5-2-22}$$

式中，I_1、I_2 分别为一次、二次电流；R_1、R_2 分别为一次、二次绕组的电阻。

由式（5-2-22）可以看出：变压器的铜损耗与负载电流的二次方成正比，因此铜损耗也称为可变损耗。当变压器的二次绕组短路，一次绕组施加电压使其电流达到额定值时，变压器从电源处吸收的功率称为短路损耗，短路损耗即变压器额定电流下的铜损耗 P_{kN}。在工程中会引入负载系数 β 来表征负载电流的变化，$\beta = \dfrac{I_2}{I_{2N}}$。随负载变化的铜损耗即为 $\beta^2 P_{kN}$。

注意：铜损耗与绕组的温度有关，一般用 75℃时的电阻值来计算。

2）铁损耗，包括基本铁损耗和杂散铁损耗。铁损耗是由励磁电流在变压器铁心中产生的交变磁通引起的，其主要有两种来源。一种是交变磁通在铁心中产生的感应电流引起的热损失，又被称为电涡流损耗，它与铁心的电阻率、厚度有关。还有一种是在交变磁场作用下铁心磁畴的周期性旋转引起的磁滞损耗，它与铁心材料、铁心结构、加工工艺及加工质量等因素有关。

基本铁损耗是指变压器铁心中的磁滞损耗与电涡流损耗，决定于铁心中磁感应强度大小、磁通交变的频率和硅钢片的质量。

杂散铁损耗主要是铁心叠片间的绝缘损伤引起的局部电涡流损耗和主磁通在结构部件中引起的电涡流损耗等。杂散铁损耗为基本铁损耗的 15%～20%。

铁损耗可近似认为与 B_m^2 或 U_1^2 成正比。在电源电压不变时，变压器的主磁通 Φ_m 基本不变，只与主磁通最大值有关的铁损耗也是不变的，而且其近似等于变压器空载损耗，因此也把铁损耗称作不变损耗，即

$$\Delta P_{Fe} = \Delta P_0 \tag{5-2-23}$$

由 $U_1 \approx E_1 = 4.44 f N_1 \Phi_m$ 可知，在频率一定时，变压器一次电压 U_1 越高，主磁通最大值 Φ_m 越大，铁损耗也越大。显然，变压器一次、二次绕组的功率平衡关系为

$$P_1 = P_2 + \Delta P = P_2 + \Delta P_{Cu} + \Delta P_{Fe} \tag{5-2-24}$$

即变压器从电源获得的功率减去变压器内部的损耗，就是供给负载的功率。

（2）变压器的效率计算

变压器输出功率和输入功率的比值称为变压器的效率，一般用百分数表示，即

$$\eta = \dfrac{P_2}{P_1} \times 100\% = \dfrac{P_1 - \Delta P}{P_1} \times 100\% \tag{5-2-25}$$

将式（5-2-21）和式（5-2-24）代入式（5-2-25），得电力变压器的工程使用计算公式为

$$\begin{aligned} \eta &= \dfrac{P_2}{P_1} \times 100\% = \dfrac{P_1 - \Delta P}{P_1} \times 100\% \\ &= \left(1 - \dfrac{P_0 + \beta^2 P_{kN}}{\beta S_N \cos\varphi_2 + P_0 + \beta^2 P_{kN}}\right) \times 100\% \end{aligned} \tag{5-2-26}$$

从式（5-2-26）中可见，变压器的效率与空载损耗、短路损耗、负载性质和负载系数等有关。当不变损耗等于可变损耗时，变压器的效率最高。由于变压器没有旋转部件，不像电机那样有机械损耗存在，因此变压器的效率一般比较高，大多数在 90%～99%。

 巩固思考

1）变压器的铁心是变压器的_____部分，绕组是变压器的_____部分。
2）变压器的铁心按装配方式可以分为_____和_____两大类。
3）变压器的同心式绕组将高、低压绕组同心地排放在同一_____上。
4）电力变压器的一次、二次绕组之间没有____的联系，仅有_____的联系。
5）变压器主磁通在一次绕组上产生的感应电动势的有效值等于_____的有效值。

任务 5.3　认识三相变压器

 学习目标

知识目标	能力目标	素质目标
理解并掌握三相变压器的结构、运行原理及应用	能正确选择使用三相变压器	培养学生严谨的科学意识；培养学生的电气职业素养；培养学生的团结协作意识

 案例引入　电网中三相变压器的并联运行

由于现代发电厂和变电所的容量很大，一台变压器往往不能担负起全部容量的升压或降压任务，于是要采用多台变压器并联运行。图 5-3-1 为区域变电站设备区中的三相变压器并联运行的场景。将几台变压器的一次、二次绕组分别接在一次侧、二次侧的公共母线上，共同向负载供电的运行方式称为变压器的并联运行。

图 5-3-1　区域变电站设备区中的三相变压器并联运行

变压器的并联运行有以下优点：

1）并联运行可以提高供电的可靠性。并联运行的变压器中，如果有某台变压器发生故障，可以把它从电网中切除并进行检修，而电网仍能继续供电。

2）可根据负载大小调整投入并联的变压器台数，以提高运行效率，减少总的备用容量。

3）可以随着用电量的增加，分批安装新的变压器，减少第一次投资。

那么，三相变压器有哪些特点？如何进行分析计算？如何实现三相变压器的并联运行？三相变压器并联运行的条件有哪些呢？

 知识链接

目前，电力系统大多采用三相制，所以三相变压器得到了广泛应用。三相变压器带对称负载运行时，其各相电压、电流大小相等，相位互差120°，因此对三相变压器的分析和计算可取其中一相进行，即三相问题可以转化为单相问题，于是单相变压器的基本理论（基本方程、等效电路、相量图等）完全适用于三相变压器中的任一相。

1. 三相变压器磁路系统

三相变压器可由三台相同容量的单相变压器组成，称为三相变压器组；还可以用铁轭把三个铁心柱连在一起，形成三相心式变压器。三相组式变压器是由三个单相变压器按一定的方式连接起来组成的，如图 5-3-2 所示。每相的主磁通 Φ 各自沿自己的磁路闭合，因此各相之间是独立的，彼此无关。各相磁路的几何尺寸完全相同，即各相磁路的磁阻相等。当一次绕组加上三相对称电压时，三相的主磁通必然对称，三相空载电流也对称。三相组式变压器相对于三相变压器组的优点是：对特大容量的变压器制造容易，备用容量小。但三相组式变压器铁心用料多，占地面积大，只适用于超高压、特大容量的场合。

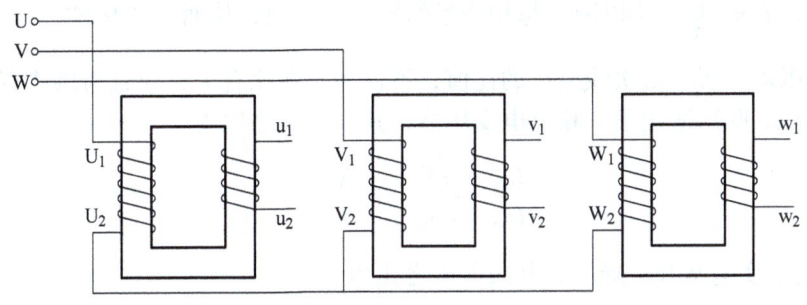

图 5-3-2　三相组式变压器

图 5-3-3a 所示为三相心式变压器的磁路系统，它由三根铁心柱和三组高、低压绕组等组成。高压绕组的首端和末端分别用 U_1、V_1、W_1 和 U_2、V_2、W_2 标识，低压绕组的首端和末端分别用 u_1、v_1、w_1 和 u_2、v_2、w_2 标识。心式磁路的特点是三相主磁通的磁路互相联系，彼此相关。当三相磁路对称时，在公共铁心柱中的总磁通为零，可以将公共铁心柱省去，演变后的三相心式变压器的磁路系统如图 5-3-3b 所示，在演变后的三相心式变压器的铁心中，V 相较短，U、W 相较长，所以 V 相的磁阻较小，在外加三相对称电压时，三相磁通相等，但三相空载电流不等，V 相较小，U、W 相较大。由于一般电力变压器的空载电流很小，这种不对称对变压器负载运行的影响较小，可不予考虑，因而空载电流取三相的平均值。

目前，国内外用得较多的是三相心式变压器，它具有消耗材料少、效率高、维护简单及占地面积小等优点。但在大容量的大型变压器中和运输条件受限的地方，为了减少备用容量及便于运输，往往采用三相组式变压器。

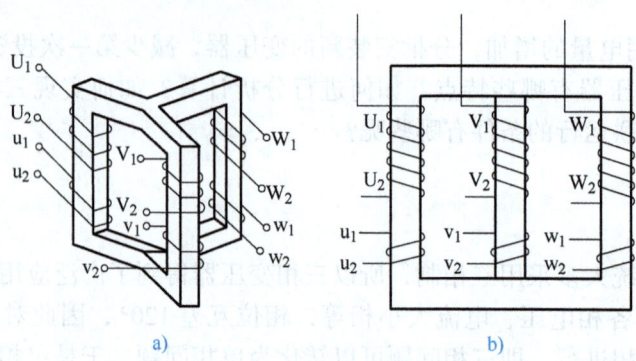

a)　　　　　　　　　　　b)

图 5-3-3　三相心式变压器的磁路系统

2. 三相变压器的电路系统

三相变压器中三相绕组的连接主要有星形联结和三角形联结两种。将三相绕组的末端接成一点，三相首端引出，称为星形联结，用 Y 或 y 表示，如果有中性点引出，则用 YN 或 yn 表示。将三相绕组的首末端依次相连，构成闭合回路，再由三个首端引出，则为三角形联结，用 D 或 d 表示。由图 5-3-3 可知，三相绕组每相的一次、二次绕组是绕在同一个铁心柱上的，并且每相的绕法是一致的。

若高压侧连接成星形联结，$U_p = \dfrac{U_l}{\sqrt{3}}$，可以降低每相绕组的绝缘要求；低压侧连接成三角形联结，$I_p = \dfrac{I_l}{\sqrt{3}}$，可以减小每相绕组的导线截面积，从而节省材料。

三相变压器一次、二次线电压的比值，不仅和匝数比有关，而且与接法有关。

例如：Yyn 联结适用于三相配电变压器，其线电压之比为

$$\dfrac{U_{l1}}{U_{l2}} = \dfrac{\sqrt{3}U_{p1}}{\sqrt{3}U_{p2}} = \dfrac{N_1}{N_2} = K \quad (5\text{-}3\text{-}1)$$

Yd 联结适用于变电站升、降压，其线电压之比为

$$\dfrac{U_{l1}}{U_{l2}} = \dfrac{\sqrt{3}U_{p1}}{U_{p2}} = \sqrt{3}\dfrac{N_1}{N_2} = \sqrt{3}K \quad (5\text{-}3\text{-}2)$$

可以看出，三相变压器的电压比不能简单地用额定值进行计算。

【例 5.3.1】 有一台 Yyn 联结的三相变压器，已知额定容量为 50kV·A、额定电压为 10/0.4kV。问：(1) 变压器的电压比及一次、二次额定电流；(2) 是否允许接入一个额定电压为 400V、额定功率为 45kW、额定功率因数为 0.87 的三相负载？为什么？

解：(1) $K = \dfrac{\dfrac{U_{1N}}{\sqrt{3}}}{\dfrac{U_{2N}}{\sqrt{3}}} = \dfrac{10 \times 10^3}{400} = 25$

$I_{1N} = \dfrac{S_N}{\sqrt{3}U_{1N}} = \dfrac{50 \times 10^3}{\sqrt{3} \times 10000} \text{A} = 2.9\text{A}$

$$I_{2N} = \frac{S_N}{\sqrt{3}U_{2N}} = \frac{50 \times 10^3}{\sqrt{3} \times 400} \text{A} = 72.2\text{A}$$

（2）负载所需的电流为

$$I_L = \frac{P}{\sqrt{3}U_{2N}\cos\varphi} = \frac{45 \times 10^3}{\sqrt{3} \times 400 \times 0.87} \text{A} = 74.7\text{A}$$

因为 $I_L > I_{2N}$，已超载，故不允许将该负载接入。

注意：三相变压器的三相绕组在星－三角联结时，绕组首末端不允许连接错误，请思考原因。

*3. 变压器的联结组标号

并联运行的各变压器必须具备下列三个条件：变压器的电压比应相等、变压器的联结组标号相同、变压器的短路阻抗标幺值（或短路电压）相等。掌握变压器的联结组标号，对正确使用变压器，特别是在多台变压器并联运行时尤为重要。三相变压器高、低压侧线电动势的相位关系与高、低压绕组相电动势的相位关系（即单相变压器的联结组标号）及三相绕组的连接方式有关。下面首先介绍三相绕组的连接方式，然后介绍单相变压器的联结组标号；最后介绍三相变压器的联结组标号。

（1）三相绕组的连接方式

三相绕组通常有两种连接方式，即星形联结和三角形联结。三相绕组的连接方式及每种连接方式对应的相量图形式如图 5-3-4 所示。绕组的三角形联结有反相序三角形联结和正相序三角形联结两种。在电力系统中，常采用正相序三角形联结。

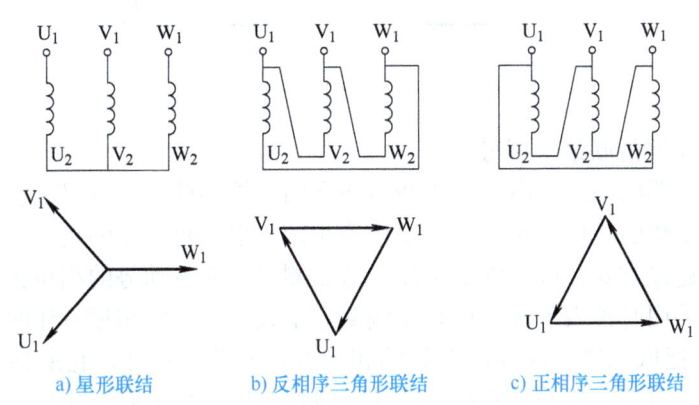

a) 星形联结　　b) 反相序三角形联结　　c) 正相序三角形联结

图 5-3-4　三相绕组的连接方式及其相量图形式

（2）单相变压器的联结组标号

为了表示高、低压绕组电动势的相位关系，人们规定高、低压绕组电动势的正方向均为从首端指向末端，即高压绕组电动势的正方向为 $\dot{E}_{U1U2}$，简写为 $\dot{E}_U$；低压绕组电动势的正方向为 $\dot{E}_{u1u2}$，简写为 $\dot{E}_u$。为了标记高、低压绕组电动势的相位关系，可采用时钟表示法，即把高压绕组电动势的相量 $\dot{E}_U$ 看作时钟的分针（长针），并固定指向时钟的"12点"即"0点"位置上，把低压绕组电动势的相量 $\dot{E}_u$ 看作时钟的时针（短针），它在时钟内指向的数字，就是单相变压器的联结组标号。例如，图 5-3-5 可以表示成 Ii0；图 5-3-6 可以表示成 Ii6。其中，"Ii"表示高、低压绕组为单相绕组，"0"表示低压绕组电动势的相量指向"0点",说明高、低压绕组电动势同相位(因为高压绕组电动势的相量已固定指向"0点");"6"则表示低压绕组电动势的相量指向"6点",说明高、低压绕组电动势反相位。

图 5-3-5a 所示的高、低压绕组绕向相同、标志相同的 Ii0 联结组标号,是国家标准规定的单相变压器标准联结组标号。

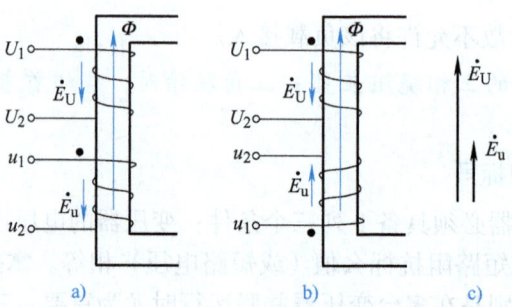

图 5-3-5　首端为同名端

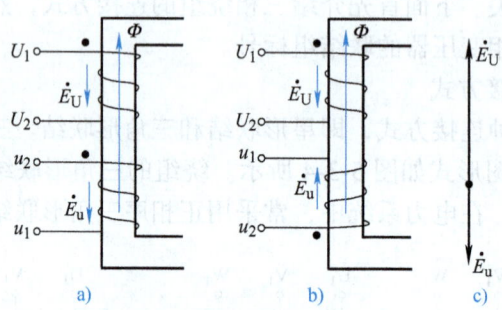

图 5-3-6　末端为同名端

（3）三相变压器的联结组标号

由于三相变压器同一相的高、低压绕组绕在同一铁心柱上,所以三相变压器同一相的高、低压绕组电动势的相位关系与单相变压器相同。根据每一相的高、低压侧电动势相位关系及三相绕组连接方式,可以确定出高、低压侧对应线电动势的相位关系。三相变压器的联结组标号仍采用时钟表示法:把高压侧某一个线电动势的相量看作时钟的长针,并固定指向"0点",把低压侧对应线电动势的相量看作时钟的短针,它所指向的时钟数字便是其联结组标号。由于三相变压器高、低压绕组均可以是星形联结或三角形联结,所以三相变压器联结组标号较多。下面介绍两种典型的三相变压器联结组标号。

1）Yy0 联结:图 5-3-7a 所示为 Yy0 联结,其特点是绕在同一铁心柱上的高、低压绕组的绕向及标志均相同,因此同一相高、低压绕组的首端 U_1 与 u_1、V_1 与 v_1、W_1 与 w_1 分别为同名端。于是高、低压侧的相电动势 $\dot{E}_U$ 和 $\dot{E}_u$、$\dot{E}_V$ 与 $\dot{E}_v$、$\dot{E}_W$ 与 $\dot{E}_w$ 分别为同相位,如图 5-3-7b 所示。画相量图的步骤如下。

① 根据高压侧三相绕组的连接方式及 $\dot{E}_U$、$\dot{E}_V$、$\dot{E}_W$ 大小相等,相位依次相差 120° 的性质,按正相序 U-V-W 画出高压侧的三相对称相电动势相量图,注意要使某一个线电动势相量(这里取 $\dot{E}_{UV}$)固定指向"0点"(向上)。

② 根据低压侧三相绕组的连接方式及低压侧与高压侧相电动势的相位关系($\dot{E}_u$ 与

$\dot{E}_U$、$\dot{E}_v$ 与 $\dot{E}_V$、$\dot{E}_w$ 与 $\dot{E}_W$ 分别同相位），画出低压侧电动势的相量图，并画出与高压侧 $\dot{E}_{UV}$ 对应的线电动势相量 $\dot{E}_{uv}$。

由于 $\dot{E}_{uv}$ 指向"0点"，所以其联结组标号为 Yy0。Yy0 的含义为：高、低压绕组均为星形联结，且高、低压侧对应的线电动势同相位。

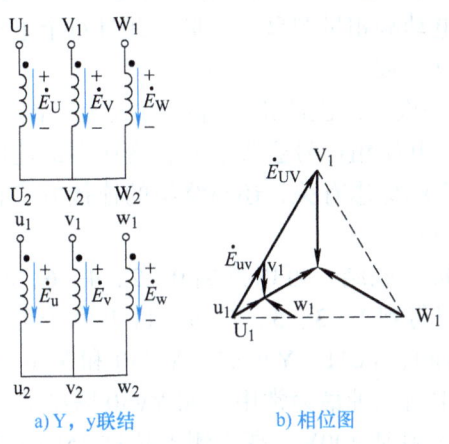

a) Y, y 联结　　　　b) 相位图

图 5-3-7　Yy0 联结

2）Yd11 联结：将 Yy0 联结（图 5-3-7a）中的低压绕组改为三角形联结，如图 5-3-8a 所示（图中各相电动势的相量采用首、末端标出），根据高、低压侧相电动势的同相位关系可知，电动势相量 $\dot{E}_u$ 与 $\dot{E}_U$、$\dot{E}_v$ 与 $\dot{E}_V$、$\dot{E}_w$ 与 $\dot{E}_W$ 分别同相位，再根据三相绕组的串联顺序（u_1-u_2w_1-w_2v_1-v_2u_1），可以得到低压侧电动势的相量图，如图 5-3-8b 所示，其中与高压侧线电动势 $\dot{E}_{UV}$ 相对应的线电动势 $\dot{E}_{uv}$ 指向"11点"，所以其联结组标号为 Yd11，意义为高压绕组星形联结，低压绕组三角形联结，低压侧线电动势超前高压侧线电动势 30°，即高、低压侧的对应线电动势有 30° 相位差。

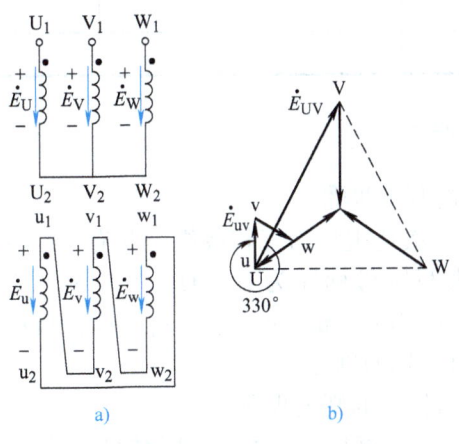

a)　　　　b)

图 5-3-8　Yd11 联结

总之，判别三相联结组标号的方法是：

1）根据高压侧三相绕组的连接方式画出高压侧电动势的相量图，注意要使某一个线电动势固定指向"0点"（向上）。

2）根据低压侧三相绕组的连接方式及低压侧与高压侧相电动势的相位关系画出低压

侧电动势的相量图,并画出对应高压侧指向"0 点"的电动势,它指向的数字就是联结组标号。

为正确画出电动势的相量图,应注意以下两点:

1) 高、低压侧电动势的相序必须一致。

2) 电动势的相量图要与绕组的连接方式相对应。如星形联结绕组的电动势相量图呈星形;三角形联结绕组的电动势相量图呈三角形。并且每个电动势相量的首、末端连接点也与绕组的首、末端连接点一致。

用来表示三相变压器一次、二次绕组的连接方式及一次、二次绕组线电压的相位关系的符号称为联结组标号。联结组标号会影响三相变压器的使用及其并联运行。联结组标号不仅与绕组的绕向和首末端标志有关,还与绕组的连接方式有关。绕组的连接方式有多种,其中常用的有 Yyn 和 Yd。

总之,对于 Yy(或 Dd)联结,可以得到 0、2、4、6、8、10 共六个偶数标号;对于 Yd(或 Dy)联结,可以得到 1、3、5、7、9、11 共六个奇数标号。为了便于制造和并联运行,国家标准规定 Yyn0、Yd11、YNd11、YNy0 和 Yy0 为三相双绕组电力变压器的五种标准联结组标号。其中前三种最为常用,如 Yyn0 联结的三相变压器是动力负载和照明负载共用的,其低压侧一般是 400V,高压侧不超过 35kV;Yd11 联结的变压器,低压侧一般是 10kV,高压侧不超过 60kV。YNd11 联结用在高压侧需要将中性点接地的变压器中,其电压在 35 ~ 110kV 及以上。YNy0 联结用在高压侧中性点需要接地的场合。Yy0 用在只供三相负载的场合。

任务实施　三相变压器联结组标号的判定

一、任务实施所需设备

序号	名称	型号与规格	数量	备注
1	万用表		1	
2	三相变压器		1	

二、任务实施参考步骤

(1) 三相绕组首末端的判定步骤

三相变压器的一次、二次绕组均为三相绕组,共有 12 个接线端子。其中,3 个一次绕组的 6 个端子分别以大写字母标注为 U_1、U_2、V_1、V_2、W_1、W_2。3 个二次绕组的 6 个端子分别以小写字母标注为 u_1、u_2、v_1、v_2、w_1、w_2。判别三相绕组首末端的方法见"【视野拓展】三相绕组首末端的判定"。

(2) 三相变压器联结组标号的判定步骤

三相绕组首末端的端头标记好后,便可进行联结组标号的判定。

1) Yy0 联结的判定:如实训图 5-3-1 所示,将一次、二次绕组都接成星形联结,并将 U_1、u_1 两点用导线连接后,在一次侧(高压侧)加较低的三相电源电压(约 100V),测量 U_{U1V1}、U_{u1v1}、U_{V1v1}、U_{W1w1}、U_{V1w1},记录于表 5-3-1 中。设线电压之比为

$$k = \frac{U_{U1V1}}{U_{u1v1}}$$

计算公式为

$$U_{V1v1}=U_{W1w1}=(k-1)U_{u1v1}$$

$$U_{V1w1}=U_{u1v1}\sqrt{k^2-k+1}$$

且

$$\frac{U_{V1w1}}{U_{V1v1}}>1$$

若实测电压 U_{V1v1}、U_{W1w1}、U_{V1w1} 和用公式计算所得电压相同,则表示连接正确,为 Yy0 联结,然后,将测量值和计算值记录于表 5-3-1 中。

表 5-3-1　Yy0 联结相关数值

测量值					计算值		
U_{U1V1}	U_{u1v1}	U_{V1v1}	U_{W1w1}	U_{V1w1}	U_{V1v1}	U_{W1w1}	U_{V1w1}

2)如实训图 5-3-2 所示,将一次绕组接成星形联结,二次绕组按 $u_1 \to v_2$、$v_1 \to w_2$、$w_1 \to u_2$ 的顺序接为三角形联结。将 U_1、u_1 两点用导线连接后,在一次侧(高压侧)加 50% 额定线电压,测量 U_{V1v1}、U_{W1w1}、U_{V1w1}、U_{U1V1}、U_{u1v1},记录于表 5-3-2 中。

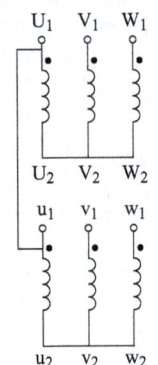

实训图 5-3-1　Yy0 联结的判定

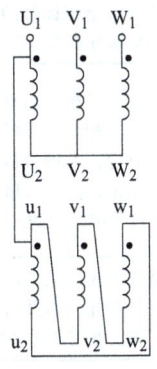

实训图 5-3-2　Yd11 联结的判定

计算公式为:

$$U_{V1v1}=U_{W1w1}=U_{u1v1}\sqrt{k^2-\sqrt{3}k+1}$$

$$U_{V1w1}=U_{W1w1}=U_{u1v1}\sqrt{k^2-\sqrt{3}k+1}$$

若实测电压 U_{V1v1}、U_{W1w1}、U_{V1w1} 与计算值相同,则说明连接正确,为 Yd11 联结。然后,将测量值和计算值记录于表 5-3-2 中。

表 5-3-2　Yd11 联结相关数值

测量值					计算值		
U_{U1V1}	U_{u1v1}	U_{V1v1}	U_{W1w1}	U_{V1w1}	U_{V1v1}	U_{W1w1}	U_{V1w1}

请各小组讨论，设计三相变压器联结组标号的判定电路，并在实训台完成。

三、任务实施注意事项

1）上电前，小组成员必须检查电路，以防绕组短路故障。

2）Yy0 联结时，先要检查二次绕组的线电压是否对称，相电压是否为线电压的 $\frac{1}{\sqrt{3}}$。

3）Yd11 联结时，二次绕组先接成开口三角形联结，用电压表检查开口处电压是否为零，为零时方可接成闭口三角形联结进行实验，各小组可在讨论后设计判定方案，并在与指导教师探讨后开始验证。

四、任务汇报展示评价（见表 5-3-3）

表 5-3-3　三相变压器联结组标号的判定实训项目评价表

实训项目：　　　　　　　　　　学生姓名：

序号	考核项目	考核等级			成绩
		A	B	C	
1	任务实施计划决策	计划合理充分、实施过程准且有完整详细的记录	计划较合理充分、实施过程较准确且有记录	计划较合理充分、实施过程较准确但没有记录	
2	任务实施检查	在规定时间内能较好地完成三相绕组首末端的判定及三相变压器联结组标号的判定，测量数据分析准确	在规定时间内能完成三相绕组首末端的判定及三相变压器联结组标号的判定，测量数据分析较准确	在规定时间内基本完成三相绕组首末端的判定及三相变压器联结组标号的判定，测量数据分析较准确	
3	任务实施评估讨论	能独立完成三相绕组首末端的判定及三相变压器联结组标号的判定，准确分析数据并得出结论，能积极解决任务实施过程中出现的问题	能较独立地完成三相绕组首末端的判定及三相变压器联结组标号的判定，较准确地分析数据并得出结论，能部分解决任务实施过程中出现的问题	能基本完成三相绕组首末端的判定及三相变压器联结组标号的判定，能分析数据并得出结论，能部分解决任务实施过程中出现的问题	
4	仪器使用、维护	能严格按照仪器仪表的操作规范进行操作，能及时清理垃圾，将仪器摆放整齐等	能较严格按照仪器仪表的操作规范进行操作，能清理垃圾，将仪器摆放整齐等	能按照仪器仪表的操作规范进行操作，能清理垃圾，将仪器摆放整齐等	
	团队协作	能与小组成员积极配合，有序地完成训练项目	能与小组成员较积极配合，有序地完成训练项目	能与小组成员配合，基本完成训练项目	
	劳动纪律	认真遵守任务实施时间，在任务实施过程中积极动手、动脑	较认真遵守任务实施时间，在任务实施过程中能动手、动脑	能遵守任务实施时间，在任务实施过程中不够积极	
总评					

*视野拓展　特殊变压器

变压器除了用于交流电压的变换外，还有其他各种用途，如变更电源的频率，作为整流设备的电源，作为电焊设备的电源，作为电炉电源或用作电压互感器、电流互感器等。这些具有特殊用途的变压器通称为特种变压器，由于这些变压器的工作条件、负载情况和一般变压器不同，故不能用一般变压器的计算方法进行计算。

1. 自耦变压器

（1）自耦变压器的结构

普通双绕组变压器的一次、二次绕组之间只有磁的耦合，没有电的直接联系。如果将双绕组变压器的一次、二次绕组串联起来，而二次绕组仍与负载相连，便得到一台降压自耦变压器。

自耦变压器一般分为可调式和固定抽头式两种。实际应用中，常将铁心做成圆形，二次侧的抽头做成滑动的，改变滑动端的位置，可得到不同的输出电压。因此一次、二次绕组之间不仅有磁的联系，还有电的联系。图 5-3-9a 所示为实验室中常用的单相可调式自耦变压器的外形，图 5-3-9b 为其电路原理图，图 5-3-9c 所示为其电路图，自耦变压器的工作原理与双绕组变压器相似。自耦变压器的抽头做成能用手柄操作的自由滑动的触头，从而可以平滑地调节二次电压。与双绕组变压器相比，自耦变压器节约了材料。

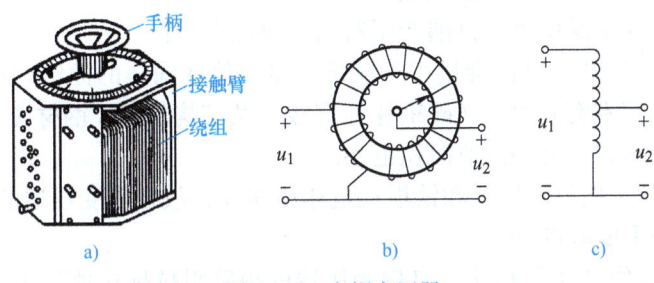

图 5-3-9 自耦变压器

（2）电压关系

自耦变压器也是利用电磁感应原理工作的，如图 5-3-10 所示。

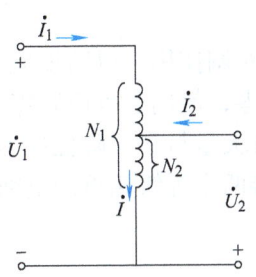

图 5-3-10 自耦变压器工作原理

当一次绕组的两端加交变电压 $\dot{U}_1$ 时，铁心中产生交变磁通，并分别在一次、二次绕组中产生感应电动势 $\dot{E}_1$、$\dot{E}_2$，若忽略阻抗电压降，则有

$$\dot{U}_1 \approx \dot{E}_1 = 4.44 f N_1 \dot{\Phi}_m$$

$$\dot{U}_2 \approx \dot{E}_2 = 4.44 f N_2 \dot{\Phi}_m$$

所以，自耦变压器的电压比为

$$K = \frac{E_1}{E_2} = \frac{N_1}{N_2} \approx \frac{U_1}{U_2} \quad (5\text{-}3\text{-}3)$$

（3）电流关系

由图 5-3-10 可知，三个电流 $\dot{I}$、$\dot{I}_1$、$\dot{I}_2$ 的关系为

$$\dot{I} = \dot{I}_1 + \dot{I}_2$$

对于自耦变压器，其一次、二次电流相位相反，所以

$$I = I_2 - I_1 \tag{5-3-4}$$

$$S_2 = U_2 I_2 = U_2(I_1 + I) = S_{12} + S_2' \tag{5-3-5}$$

式（5-3-5）说明，自耦变压器的输出功率由两部分组成，其中 S_2' 为电磁功率，是通过电磁感应从一次侧传递到负载中去的，与双绕组变压器的传递方式相同。S_{12} 为传导功率，是直接由电源经串联绕组传导到负载中去的，因为一次、二次绕组之间有电的联系，它不增加绕组容量，所以自耦变压器的绕组容量才小于其额定容量。

（4）自耦变压器的主要特点及使用注意事项

和普通双绕组变压器相比，自耦变压器的主要优点是：

1）由于自耦变压器的设计容量小于额定容量，故在同样的额定容量下，自耦变压器的主要尺寸小，可节省有效材料（硅钢片和铜线）及结构材料（钢材），从而降低了成本；质量减小，便于运输和安装，占地面积也小。

2）有效材料减少使得铜损耗和铁损耗也相应减少，故自耦变压器的效率较高。

自耦变压器的主要缺点有：

1）和普通双绕组变压器相比，自耦变压器的短路阻抗标幺值较小，因此短路电流较大，在设计时应注意绕组的机械强度，必要时应适当增大短路阻抗以限制短路电流。

2）由于一次、二次绕组间有电的直接联系，在运行时，一次侧、二次侧都需装设避雷器，以防高压侧产生过电压时，引起低压绕组绝缘的损坏，且自耦变压器必须可靠接地。

使用注意事项：

1）一次侧、二次侧不能随意对调使用，以防损坏变压器。

2）接电源前应将滑动触头调零，使用后也应归零。

综上所述，自耦变压器可节省大量材料、降低成本。目前，在高电压、大容量的输电系统中，自耦变压器主要用来连接两个等级相近的电网，作为联络变压器使用。在实验室中，也经常采用自耦调压器。

2. 仪用互感器

在生产和科学实验中，往往需要测量交流电路中的高电压和大电流，这就需要先用变压器将高电压变换为低电压，将大电流转变为小电流，再用仪表来测量，这种供测量用的变压器称为仪用互感器。仪用互感器分电压互感器和电流互感器两种。

（1）电压互感器

电压互感器的一次侧匝数很多，二次侧匝数较少，工作时一次侧并联在被测电路上，二次侧接电压表或功率表的电压线圈。电压互感器原理图如图 5-3-11 所示。

一次绕组匝数 N_1 大，二次绕组匝数 N_2 小，这样就可以利用一次、二次绕组匝数的不同，把一次侧的高电压变为二次侧的低电压，应注意二次侧的额定电压都规定为 100V。因为电压表或功率表的电压线圈内阻抗很大，所以电压互感器实际上相当于一台处于空载状态的降压变压器。

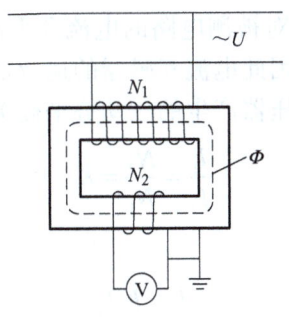

图 5-3-11　电压互感器原理图

如果忽略漏阻抗电压降，则有

$$\frac{U_1}{U_2} = \frac{N_1}{N_2} = K_u$$

或

$$U_1 = K_u U_2 \tag{5-3-6}$$

式中，K_u 为电压比，是个常数。

把电压互感器的二次电压乘以常数 K_u 即为被测电压的数值。测量 U_2 的电压表可按 $K_u U_2$ 来刻度，以便于从表上直接读出被测电压。

实际应用的电压互感器，其一次、二次漏阻抗上都有电压降，因此一次、二次绕组的电压比只是近似一个常数，必然存在误差。电压互感器根据误差的大小分为 0.2、0.5、1.0、3.0 几个准确度等级。

使用电压互感器时应注意以下事项：

1）使用时电压互感器的二次侧不允许短路。电压互感器正常运行时接近空载，如二次侧短路，则会产生很大的短路电流，绕组将因过热而烧毁。

2）为安全起见，电压互感器的二次绕组连同铁心一起，必须可靠接地。

3）电压互感器有一定的额定容量，使用时二次绕组的阻抗不能太小，二次侧不宜接过多的仪表，以免影响互感器的准确度等级。

（2）电流互感器

电流互感器一次绕组匝数很少（一般只有一匝或几匝），二次绕组匝数较多，工作时一次侧串联在被测电路中，二次侧与电流表或其他仪表及继电器的电流线圈连接。电流互感器原理图如图 5-3-12 所示。

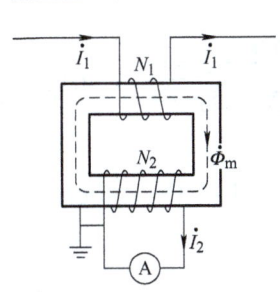

图 5-3-12　电流互感器原理图

电流互感器的阻抗非常小,对被测电路的电流几乎没有影响。在电流互感器工作时,二次侧所接电流表的阻抗很小,因此电流互感器的运行情况相当于一台短路运行的升压变压器。如果忽略励磁电流,由变压器产生的磁动势平衡关系可得

$$\frac{I_1}{I_2}=\frac{N_2}{N_1}=K_i$$

或

$$I_1=K_iI_2 \tag{5-3-7}$$

由式(5-3-7)可见,电流互感器可将大电流变换为小电流。K_i 为电流互感器的变换系数。电流表的读数 I_2 乘以变换系数 K_i 即为被测的大电流 I_1,也可在电流表的刻度上直接扩大 K_i,以便于从表上直接读出被测电流。

由于电流互感器总有一定的励磁电流,故一次、二次电流比只是近似一个常数,因此,把一次、二次电流比按一个常数 K_i 处理的电流互感器就存在着误差。根据误差的大小,电流互感器分为下列准确度等级:0.2、0.5、1.0、3.0、10.0。如 0.5 级的电流互感器表示在额定电流下误差最大不超过 ±0.5%。

使用电流互感器时应注意:

1)二次绕组绝对不允许开路。因为二次绕组开路时,电流互感器处于空载运行状态,此时一次电流全部为励磁电流,使铁心中的磁通密度明显增大。一方面会使铁损耗急剧增加,导致铁心过热甚至烧坏绕组;另一方面将使二次侧感应出很高的电压,不但会击穿绝缘,而且会危及工作人员和其他设备的安全。因此,在原电路工作时,如需检修或拆换电流表或功率表的电流线圈,必须先将电流互感器二次侧短路。

2)为了使用安全,电流互感器的二次绕组必须可靠接地,以防在绝缘击穿后,电力系统的高电压危及测量回路中的设备及操作人员的安全。

3)电流互感器有一定的额定容量,在使用时二次绕组的阻抗不能太大,二次侧不宜接过多的仪表,以免影响电流互感器的准确度等级。

为了在现场不切断电路的情况下测量电流和便于携带使用,可把电流表和电流互感器组合起来,制造成钳形电流表。图 5-3-13a 所示为钳形电流表的外形,图 5-3-13b 所示为原理电路图。电流互感器的铁心呈钳形,用弹簧压紧。在测量时将钳口压开,引入被测导线,这时该导线即是一次绕组,二次绕组绕在铁心上并与电流表接通,然后将铁心闭合,电流表就会显示读数。利用钳形电流表可以随时随地测量线路中的电流,不必像普通电流互感器那样必须固定在一处或者在测量时要断开电路而将一次绕组串联进去。

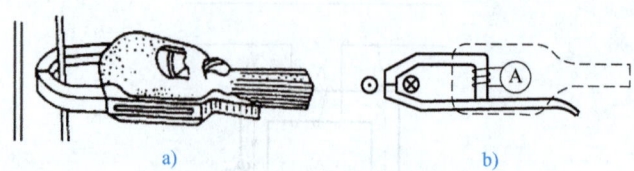

图 5-3-13 钳形电流表

3. 电焊变压器

交流电弧焊接在实际生产中广泛应用。而交流电弧焊接的电源通常是电焊变压器。为了保证焊接质量和电弧燃烧的稳定性,对电焊变压器有以下 4 点要求:

1）电焊变压器应具有 60～75V 的空载电压，以保证容易起弧，但考虑到操作的安全，电压一般不超过 85V。

2）电焊变压器应有迅速下降的外特性，以满足电弧特性的要求。

3）为了满足焊接不同工件的需要，要求能够调节焊接电流的大小。

4）短路电流的大小应合适。短路电流太大，会使焊条过热，金属颗粒飞溅，工件易烧穿；短路电流太小，则引弧条件差，电源处于短路的时间过长。一般短路电流不超过额定电流的 2 倍，在工作中电流要比较稳定。

为了满足上述要求，电焊变压器应有较大的可调电抗。电焊变压器的一次、二次绕组一般分装在两个铁心柱上，以使绕组的漏抗比较大。改变漏抗的方法有很多，常用的有磁分路法和串联可变电抗法两种，图 5-3-14a 所示为带可变电抗的电焊变压器，图 5-3-14b 所示为磁分路电焊变压器。

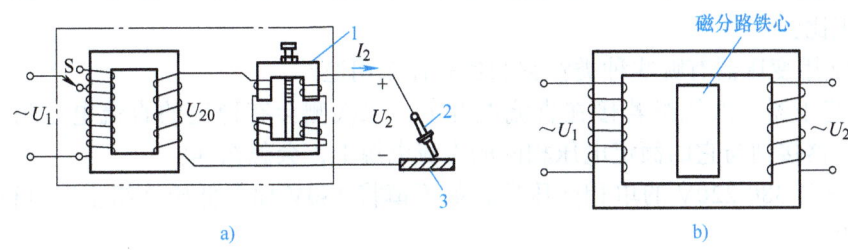

图 5-3-14 电焊变压器的原理图

1—动铁心 2—焊条 3—被加工工件

带可变电抗的电焊变压器中，二次绕组串联可变电抗，电抗的气隙可以用螺杆调节，当气隙增大时，电抗减小，电焊机工作电流增大；反之，电焊机工作电流减小。另外，一次绕组中还备有分接头，以便调节起弧电压的大小。

磁分路电焊变压器在一次、二次绕组的铁心柱中间加装了一个可移动的铁心，提供了一个磁分路。当磁分路铁心移出时，一次、二次绕组的漏抗减小，电焊变压器的工作电流增大。当磁分路铁心移入时，一次、二次绕组间通过磁分路的漏磁通增多，总的漏抗增大，在焊接时，二次电压迅速下降，工作电流变小。这样，通过调节磁分路的磁阻，即可调节漏抗的大小和工作电流的大小，以满足工件和焊条的不同要求。在二次绕组中还常备有分接头，以便调节空载时的起弧电压。

巩固思考

1）三相变压器的铁心一般采用_____结构。

2）三相变压器中三相绕组的连接主要采用_____和_____两种连接方法。

3）三相变压器的电压比是指三相变压器的一次、二次绕组_____的比值。

4）并联运行的各变压器必须满足的条件之一是变压器的电压比应_____。

5）三相变压器 Yy0 联结表示一次、二次线电动势的相位是_____的。

项目小结

1）磁路的基本物理量：磁感应强度、磁通量、磁导率、磁场强度等。

2）磁性材料的主要性质有高导磁性、磁饱和性、磁滞性等。

3）变压器的种类很多，尽管用途不同，但它们的基本结构是相同的，主要包括铁心和绕组两大部分。变压器的损耗主要有铁损耗和铜损耗两大类。

4）电力系统一般采用三相制供电，因而广泛使用三相变压器。三相变压器可以由三台同容量的单相变压器组成，称为三相变压器组，还可以用铁轭把三个铁心柱连在一起，构成三相变压器，称为三相心式变压器。

5）并联运行的各变压器必须具备下列三个条件：变压器的电压比应相等；变压器的联结组标号应相同；变压器的短路阻抗标幺值（或短路电压）应相等。

拓展训练 5

5.1 简单描述磁场中的几个基本物理量及它们的关系。

5.2 磁路的磁阻和哪些因素有关？根据磁路的欧姆定律，是否可以认为磁路的磁压与磁通成正比？

5.3 常用变压器有哪些种类？它们各有什么用途？

5.4 变压器一次绕组若接在直流电源上，二次侧会有稳定的直流电压吗？为什么？如果将变压器接到与它的额定电压相同的直流电源上，会怎么样？

5.5 一台 380/220V 的单相变压器，如不慎将 380V 加在低压绕组上，可行吗？会产生什么现象？

5.6 一台额定频率为 50Hz 的变压器，能否用于 25Hz 的交流电路中？为什么？

5.7 一台 220/110V 的单相变压器，$N_1=2000$ 匝，$N_2=1000$ 匝，电压比 $K=N_1/N_2$，为节省铜线，将一次、二次绕组匝数分别减为 20 匝和 10 匝行吗？为什么？

5.8 一台额定电压为 220/110V 的单相变压器，欲获得 440 V 的电压，能否把 220 V 的交流电源接在变压器低压侧，并从高压侧取 440 V 电压？

5.9 变压器负载增大（I_2 增大）时，为什么一次电流 I_1 也随之增大？这时变压器的铁损耗和铜损耗是否也增大？

5.10 某变压器接上电源正常运行，有人为减小铁心损耗而抽去铁心，结果一接上电源，绕组就烧毁，为什么？

5.11 变压器空载运行时，一次绕组加交流额定电压，这时一次绕组的电阻 R 很小，为什么空载电流 I_0 却不大？

5.12 一台空载运行的变压器，一次侧加额定电压 220V，测得一次绕组电阻为 10Ω，试问一次电流是否等于 22A？

5.13 一台 220/35V 的变压器，已知一次绕组匝数 $N_1 = 1100$ 匝，试求二次绕组匝数。若在二次侧接一盏 35V、100W 的白炽灯，忽略空载电流和漏阻抗电压降，问一次电流为多少？

5.14 如题图 5-1 所示，一台变压器有两个二次绕组，它的一次绕组接在 220V 电压上，一个二次绕组的电压为 6V，输出电流为 2A，匝数为 24 匝，另一个二次绕组的电压为 250V，输出电流为 200mA，求（1）250V 绕组的匝数，一次绕组的匝数；（2）一次绕组的输入功率。

5.15 某晶体管收音机输出变压器的一次绕组匝数 $N_1=600$ 匝，接有阻抗为 225Ω 的扬声器（匹配），现要改接 4Ω 的扬声器，问输出变压器的二次绕组匝数为多少才能匹配？

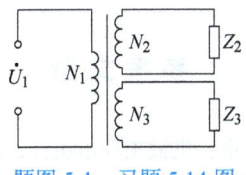

题图 5-1 习题 5.14 图

5.16 三相心式变压器和三相组式变压器相比,具有哪些优点?在测取三相心式变压器的空载电流时,为何中间一相的电流小于两边相的电流?

5.17 某三相变压器一次绕组的每相匝数 $N_1 = 2080$ 匝,二次绕组的每相匝数 $N_2 = 80$ 匝。若一次绕组所加线电压 $U_1 = 6000\text{V}$,试求在 Yy 联结和 Yd 联结时二次绕组的线电压和相电压。

5.18 自耦变压器的功率是如何传递的?为什么它的设计容量比额定容量小?

5.19 使用电压互感器时应注意哪些事项?使用电流互感器时应注意哪些事项?

5.20 为了保证焊接质量和电弧燃烧的稳定性,对电焊变压器有哪些具体要求?

参考文献

[1] 李丽敏. 电路分析基础 [M]. 2 版. 北京：机械工业出版社，2024.
[2] 蔡大华. 电路分析基础 [M]. 北京：机械工业出版社，2024.
[3] 刘原，欧阳宏志. 电路分析基础 [M]. 2 版. 北京：电子工业出版社，2020.
[4] 陆国和. 电路与电工技术 [M]. 3 版. 北京：高等教育出版社，2010.